우연한 만남 이후, 나는 선뜻 "우리 같이 밥 먹어요!"라고 헤이든에게 제안했다. 평소 낯가림이 심해 그런 제안이 쉽지 않은데 이유는 단 하나, 그의 이야기가 궁금했다. 그의 이야기를 듣고 온 그날 밤, 나는 내 인생의 수많은 도전들과 무모했던 순간들을 떠올렸다. 두려움이 많았던 시절에 오히려 더 용감했던 건 왜일까. 지금의 나는 왜 더 겁쟁이가 되어 있는 걸까. 많은 생각에 잠을 설쳤다. 그날 밤은 오래오래 나에게 남을 것 같다. 아마 이 책도 여러분에게 그런 밤을 가져다줄지도 모르겠다.

_문소리(배우)

헤이든은 너도 할 수 있어가 아니라 '너는 할 수 있어'라고 말하는 것 같다. 안하던 짓이 두렵다면, 이 책을 접하면서 하던 짓 같은 착각이 들 것이다. 멈춰 있지 마세요. 자면서 꾸는 꿈은 허구이지만 깨어서 꾸는 꿈은 사실입니다.

_전소민(배우)

'무모하다, 불가능하다, 소용없다'를 모르는 무한 긍정의 힘 헤이든! 그 힘이 이 책에서 그리고 그에게서 온전히 느껴진다. 내 친구 헤이든은 생의 마지막 순간까지 행동하고 도전할 것이다. 나는 행동하는 사람은 우주 10억 광년 너머의 세계까지 갈 수 있다고 믿는다. 이 책 안에 담긴 그의 에너지가 여러분에게 작은 용기로 전해지길 바라며. 쉽지 않아, 하지만 인생 뭐 있니? 우린 잃을 게 없잖아.

_정형석(배우 겸 〈나는 자연인이다〉 성우)

"교포 2세 역할을 토종 한국인 중에서 뽑았다고? 더구나 미국에서 살아본 경험이 없는 배우가?" 미국 교포들의 이야기인 ODK 오리지널의 주인공을 뽑는 오디션에서 헤이든이 뽑히고 촬영까지 끝났다. 헤이든을 표현하는 단어들을 떠올리면 도전, 노력, 긍정 에너지, 그리고 끝까지 최선을 다해서… 이런 것들이 떠오른다. 내가 드라마 제작을 통해 헤이든의 기적을 보았다면, 여러분은 이 책을 통해 그 기적을 느낄 수 있음을 확신한다.

_최준환(CJ E&M America CEO)

난 최선보다 차선을 선택했었다. 그래서 내가 하는 모든 일들이 전부 레드오션 같았다. 이 책을 읽고 레드오션의 빛깔이 푸른빛으로 조금씩 변할 수 있는 힘을 느꼈다. 쇼킹하게, 별거 아니잖아? 우리 한번 해보자!

_김원훈(개그맨)

'위로받기'에만 익숙해진 이 세대에 내 친구 '헤이든'을 소개합니다. 진심으로.

_한진원(영화감독 겸 〈기생충〉 공동작가)

망설이고 주저할 때, 옆에서 응원해줄 이가 없다면 이 책을 읽어라. 긍정왕 헤이든이 온 힘을 다해 응원해줄 것이다. 너도 분명 뭐든 할 수 있다고.

_서준범(영화감독)

영어가 서툴렀던 첫 만남부터 헤이든의 태도는 늘 한결같았다. "형! 일단 해보는 거지 뭐!" 그렇게 늘 일단 해보는 헤이든은 교포로 오해받을 정도로 영어가 성장했다. 그리고 미국 할리우드에서 커리어를 쌓는다는 놀라운 소식을 전했다. 내가 받았던 감동이 이 책을 통해 여러분에게도 전해졌으면 좋겠다! 정보의 홍수 속에서 영어 공부법만 찾아 헤매는 당신에게, 일단 해보는 마인드와 실행력의 중요성을 깨닫게 해줄 강력한 책이다.

_양킹(30만 영어 유튜버)

책 출간에 도움 주신
송가인 가수, 유장영 배우, 안정빈 배우, 주종혁 배우, 이홍내 배우,
예원 배우, 임도윤 배우, 최연청 배우, Jong man Kim님께
감사의 인사 전합니다.
감사합니다.

안 하던 짓 해봐, 지금부터

안 하던 짓 해봐, 지금부터

1판 1쇄 발행　2023년 7월 20일
1판 2쇄 발행　2023년 8월 3일

지은이 헤이든 원
발행인 김정경
책임편집 김광현　**편집** 김승규　**마케팅** 김진학　**표지디자인** studio weme

발행처 터닝페이지
등록 제2022-000019호
주소 04793 서울 성동구 성수일로10길 26 하우스디 세종타워 본동 B1층 101/102호
전화 070-7834-2600　**팩스** 0303-3444-1115
대표메일 turningpage@turningpage.co.kr

ISBN 979-11-981482-6-1 (03190)

헤이든 원 지음

미루지 말고 귀찮아하지 말고

안 하던 짓
해봐,
지금부터

터닝페이지

프롤로그

2023년의 시작, 그리고 겨울 날. 이제부터 내 이야기를 써보려 한다. 과연 잘 써낼 수 있을까? 내 이야기를 다른 이들에게 들려줄 수 있을까? 항상 타인이 창작한 글에 연기를 통해 숨을 불어넣기만 했었는데, 내가 하얀 바탕에 한 자 한 자 잘 적어 내려갈 수 있을까?

내 이야기의 프롤로그는 2023년 1월 28일, 추운 겨울에 시작됐다. 서해 바다의 석양을 마주한 작은 카페의 테라스. 내 옆에는 작은 화로가 있었고, 매연 냄새 속에서 추위에 벌벌 떨며 나는 글을 쓰기 시작했다.

며칠 후, 나는 조금 더 다듬고 잘 써보기 위해 추운 겨울에 쓴 프롤로그 파일을 찾아봤다.

'응? 프롤로그가 어디 있더라?'

모두 예상하시리라. 그렇다. 서해안을 바라보며 썼던 프롤로그

파일을 저장하지 않은 것이다. 추위와 매연 속에 써 내려간 내 진심이 사라진 것이다. 처음엔 허무하기도 하고, 나 스스로가 참 바보 같았다. 한동안 멍하니 모니터를 바라보다 한심하기만 한 자신을 자책하기도 하고, 혹시나 하는 마음에 뒤로 가기 버튼도 눌러보고, 텅 비어 있는 노트북의 쓰레기통을 다시 뒤져보기도 하고, 검색창에 프롤로그도 쳐보고 갖은 노력을 잠시 해봤다.

하지만, 어디에도 없었다. 그리고 한번 지나간 일은 돌이킬 수 없단 걸 깨달았다. 그랬다. 이 진리야말로 내가 31년을 살아오며 몸소 체험해 알아낸 불변의 법칙이었다. 지나간 일은 돌이킬 수 없다! 난 과거를 후회하는 시간이나 집착하는 시간이 가장 아까운 시간이라 생각했다.

지난 일에 대한 생각에 사로잡혀 있을 때 단 한 번도 시간은 멈춰 서거나 거꾸로 되돌아가준 적이 없었다. 마치 스타트 버튼을 누른 트레드밀처럼 정지 버튼을 누르지 않는 이상, 시간은 계속해서 흘러갔다. 나는 누구나 흔하게 겪는 집착과 항상 싸워왔다. 하지만 이제 그 싸움의 시간을 점점 줄여가고 있는 중이다. 과거를 후회하기보다 과거를 반성하는 편이 더 나으니 말이다. 결국 난 이번에는 후회할 일을 만들지 않기로 다짐을 하며 새 작업창을 열었다.

'내가 잘하려고 하면 잘해지나?'

막상 지난 일을 만회하기 위해 다시 시작하려는 순간, 갑자기 힘이 쭉 빠지는 상태를 경험한다. 나는 그 순간이 오히려 더 좋다는 생각이 들었다. 그리고 잘 쓰려 하기보다 내 마음의 소리, 그 순간의 기억, 진솔함과 진정성으로 써보고 싶다고 생각했다.

'그래, 지나간 건 돌이킬 수 없고, 앞으로의 순간들을 다시금 잘 채워나가는 것이 더 중요하지. 그래. 다시 써보자.'

…

3년 전의 나는 영어와는 거리가 멀었다. 그래도 항상 자신감에 차 있었다. 문법은 전혀 신경 쓰지 않고 오로지 진정성 있는 눈빛과 감정 표현으로 외국인과 5분 이상 대화할 수 있는 용기만 가득했던 아이였다. 물론 나만의 착각일지도 모른다. 3년이 지난 후 지금은 교포가 아니냐는 말을 수없이 듣는다. 요즘 내 주변 사람들은 당연히 나를 미국에서 살다온 '교포 친구'라고 자연스럽게 인식한다. 2021년에 미국 땅을 처음 밟았던 '영.알.못'으로서는 최고의 칭찬이 아닐 수 없다.

이쯤 되면 내가 도대체 뭘 했기에 이렇게 자신감이 하늘을 찌르는지 궁금증이 샘솟을 것이다. 그래서 지금부터 내가 짧다면 짧은 3년이라는 소중한 시간이 내 삶을 어떻게 바꾸게 됐는지, 오로지 맨몸과 정신력으로 일궈온 우당탕탕 긍정positive의 힘 이야기를 부끄럽지만, 여러분들에게 전해보려 한다.

사실 내가 자기계발서를 쓴다는 자체부터 놀랄 일이다. 우리 아버지도 내가 책을 쓴다는 말에 웃으셨을 정도다. 심지어 박장대소를 하셨다. 그 마음이 충분히 이해된다. 정말 나조차도 믿기지 않는다. 하지만 사람의 인생이 어떻게 바뀔지는 알 수 없는 일이다.

　나는 자기계발서가 대박 맛집의 엄청난 레시피 같은 비책은 아니라고 생각한다. 서점에 가면 누구나 좋은 습관과 꾸준함 덕분에 성공한 인물들의 이야기가 빼곡하게 담긴 자기계발서를 집어 들 수 있지 않은가. 비법 레시피를 흉내 내듯 그 책에 담긴 이야기들을 그대로 따른다고 해서 모두 성공하지 않는 것만 봐도 난 자기계발서가 여러분들의 삶을 바꿔주지 않는다고 생각한다.

　정말 진심에서 우러나는 이야기를 하자면, 자기계발은 자기 스스로 해내는 것이다. 말 그대로 자기를 계발하는 과정이 있어야 한다. 결코 타인이 내 삶을 살아줄 수 없다. 자기계발서를 사서 읽었다고 해서 당장 내일 새벽 5시부터 내가 일어나는 것도 아니다. 또 당장 내일부터 30분씩 영어 공부를 할 수 있는 것도 아니다. 나도 무라카미 하루키의 《달리기를 말할 때 내가 하고 싶은 이야기》를 읽을 때만 해도 마라톤이나 철인 3종을 당장 시작할 것처럼 의욕이 넘쳤지만 결과는 여러분의 상상에 맡기기로 한다. 그만큼 인생은 나만의 선택과 책임으로 살아가는 것이다. 이보다 공평한 결과가 있을까? 그럼에도 불구하고 나는 왜 자기계발서를 쓰고 있을까?

　그 이유는 단 하나다. 여러분들에게 정말 작디작은 용기를 심어주고 싶기 때문이다. 내 방식을 따라 할 필요도, 최고의 방법이라 생각할 필요도 없다. 그저 내 인생에 변화를 가져다준 방법들을 공유하고 싶을 뿐, 절대 강요하려는 것이 아니다. 이 책을 읽은 독자 중 단 한 사람이라도 내 이야기에 동기부여가 돼 작은 행동을 시작한다면 내게는 그것만으로 충분한 보상일 것이다. 그 행동이 그리 대단하지 않아도 전혀 상관없다. 하루하루 사소한 습관으로 쌓을 수 있는 것이면 좋겠다. 또 하나, 타인에게 해를 입히거나 불편을 주지 않는 선에서 긍정적인 행동을 실행하면 좋겠다.

...

내가 전하고자 하는 이야기 안에는 학문적 연구의 결과도, 실험의 과정도, 엄청난 기술도 담겨 있지 않다. 헤이든 원이라는 한 사람의 이야기만 있을 뿐이다. 이 책을 통해 수십억 지구인 중 한 명인 나라는 사람을 만나 긍정 에너지를 느끼고 가져가길 바라는 마음으로 글을 쓸 것이다. 그러니 책의 저자가 아닌 한 명의 '사람'으로서 어떠한 형식에도 구애를 받지 않고 개인적인 경험을 풀어볼 테니 귀엽게 봐주시길 바란다.

아무쪼록 내 이야기가 독자 여러분에게 지루하게 다가가지 않길 바란다. 책을 읽어 내려가는 동안만큼은 활력을 불어넣어주는 존재가 되면 좋겠다. 출근길에 미소를 짓게 해주고, 일을 마치고 여가 동안 긍정의 에너지를 받으며, 잠들기 전에 편안하고 재미있는 이야기를 들려주는 친구 같은 존재가 되면 좋겠다. 또 내가 들려줄 수많은 내 인연들이 자신들의 사연을 읽고 각자의 기억을 더듬으며 다시금 뿌듯함을 느끼고 미소 지을 수 있다면 더할 나위 없

이 행복할 것이다. 내 소중한 인연들이 다시금 힘차게 한걸음 나아
갈 수 있게 되길 진심으로 바란다.

그리고 나는 오늘도 나아갈 것이다. 지금 이 순간을 살아갈 것이
다. 내가 사랑하는 사람들과 함께 뜨겁게 피어오르는 일출을, 푸르
른 하늘을, 반짝이는 별을, 금빛의 노을을 바라보며 오늘도 그리고
내일도 살아갈 것이다. 잘하지 못해도 괜찮다. 결국 세상을 향해
두드려 가다 보면 생각지도 못한 나만의 글을 써 내려가는 기회를
가져볼 수 있을 것이다. 결국 모든 게 다 하늘의 뜻이지 않나 싶다.
이게 바로 '헤이든'만의 방식이다.

···

추운 겨울, 얼어붙은 손마디를 녹여가며 주홍빛의 노을을 배경
으로 써 내려가던 프롤로그는 물거품이 돼 날아간 것이 아니라 내
마음 어딘가에 고스란히 남아 있을 것이다. 어쩌면 이 글 안에 담
겨 있을 수도 있다. 내 경험을 차곡차곡 쌓아 하나하나 잘 꺼내어
볼 수 있는 배우가 되고 싶었듯이, 차곡차곡 쌓여 있는 경험을 하
나하나 잘 꺼내어보는 글쓴이가 돼보겠다.

그래, 써보겠다. 한 글자, 한 글자. 진심으로, 긍정의 힘으로.
잘하지 못해도 괜찮아.

책의 시작을 알리며.

Be positive.

헤이든 원

차례

세상의 문을
Do, Dream

D-365 프로젝트

긍정의 힘. Positive

영어를 만나다

용기와 밝은 에너지, 원대한 꿈만 꾸던 내게 영어는 더 넓은 세상으로 나아갈 수 있는 발판이 돼줬다. 3년의 영어 공부만으로 할리우드에 진출한다는 것은 무모했을지도 모른다. 그보다 3년 동안 유지한 꾸준한 습관의 힘을 통해 용기를 얻어 할리우드 진출이라는 결과를 얻었다는 말이 오히려 더 현실에 가까울지 모른다.

우리나라에서 늘 핫한 이슈 중 하나는 영어다. 대한민국 사람이라면 누구라도 어려서부터 꾸준히 '영어 공부'를 해왔을 것이다. 또 주변인 혹은 유명인들이 영어를 잘한다고 하면 늘 관심을 받는다. 심지어 통역사의 영어 스타일도 화제가 되곤 한다.

우리나라 사람들은 영어에 대한 갈증이 크다. 하지만 20대 초반까지 영어는 내게 학문 그 이상 그 이하도 아니었다. 나는 내가 외국인들과 의사소통을 하고 있다고 믿으며 살아왔다. 원어민 선생님을 만났을 때도, 외국인 친구를 사귀었을 때도, 유학파 출신인 우리 형을 만났을 때도 문제가 없다고 생각했다.

영어에 대한 내 가치관이 확실히 바뀌게 된 계기가 있다. 20대 초반 뉴질랜드를 여행하면서 영어가 '학문'이 아닌 '소통'이라는 것을 느낀 것이다. 실제로 외국으로 여행을 다녀오고 나면 영어 교육기관을 찾는 발길이 급격하게 늘어난다고 들었다. 직접 경험하고 왔을 때만큼 배움의 절실함을 느끼는 순간이 없기 때문인 듯하다.

내게도 영어에 대한 갈증이 자연스레 늘었던 순간들이 있었다. 입대 후 군생활을 하는 동안 나는 아버지로부터 조금씩 받는 용돈으로 생활을 하고 10만 원도 되지 않는 월급을 차곡차곡 모았다. 얼마 되지 않는 돈이었지만 전역 후 통장에는 80만 원 정도가 모여 있었다. 그 돈으로 여행을 갈까 하다가 뉴질랜드에 있는 사촌형이 떠올라 전화를 걸었다. 마침 곧 방학이라는 형의 말에 나는 그길로 뉴질랜드행 티켓을 찾아봤다. 내 인생에 다시 없을 절호의 찬스라는 생각이 들었다.

홍콩에서 영어의 늪에 빠지다

가장 저렴한 비행기 티켓은 홍콩에서 9시간 체류 후에 다시 14시간을 비행하는 1박 2일 상품 항공권. 가격은 내가 군대에서 모은 금액과 절묘하게 비슷한 수준이었다. 9시간이면 홍콩의 침사추이도 구경하고 맛있는 탄탄멘도 한 그릇 할 수 있겠다 싶어 고민 없이 결정했다. 역시 난 럭키 가이!

홍콩행 비행은 너무 편했다. 외국 항공사라 '코크 플리즈, 비어 플리즈' 하면서 나름대로 외국인 바이브도 느낄 수 있었다. 4시간 가량의 비행 뒤 나는 홍콩에 도착했다. 〈중경상림〉, 〈화양연화〉, 〈무간도〉의 도시를 거닐어볼 생각에 내 마음은 행복으로 가득 찼다. 공항에서 환승역을 찾을 때부터 눈앞에 펼쳐진 낯선 세상이 눈에 들어왔다.

환승을 하려면 'transfer' 사인을 따라 어딘가로 가야 한다고 들은 것 같은데, 낯선 공간에서 나 홀로 떨어져 있으려니 좀처럼 방향을 종잡을 수가 없었다. 이대로 있다간 침사추이를 보러 갈 수 없겠다는 생각에 일단 공항 직원에게 물어보기로 했다.

헤이든   I want to go Tsim Sha Tsui.

직원의 대답은 내가 알아들을 수 없는 언어였다. 그때는 아마도 나 자신이 영어를 잘한다고 생각했던 것 같다. 무슨 자신감에선지 난 영어를 잘하는 사람을 찾아야겠다는 생각에 인포메이션 데스크를 찾아 나섰다. 그리고 당당히 여권과 비행기 티켓을 보여주며

"아이 원 투 고 침사추이."라고 쏘아붙였다. 공항 직원은 내 티켓을 보여달라고 했다. 그러고는 저쪽으로 가면 된다는 식으로 내게 말하는 듯했다. 하지만 그녀가 가리킨 곳은 비행기가 기다리고 있는 정류장이었다.

헤이든　　No, No, No, I want go to Tsim Sha Tsui and come back.
공항직원　No! YOU CAN'T go out.

　명확하게 들렸다. 'CAN'T'는 '할 수 있다'의 부정형이니까 그럼 나는 침사추이에 갈 수 없단 건가? 우선 나는 단호한 태도의 직원에게서 한발 물러나 다급히 와이파이를 찾기 시작했다. 형에게 전화를 하기 위해서였다. 30분 정도를 헤매다 와이파이 신호가 한두 개 잡히는 장소를 찾았다. 곧장 형에게 전화를 걸었다. 그 순간 머릿속엔 이미 시차 따위는 안중에도 없었다.

헤이든　형! 아니, 침사추이에 못 나간대!
형　　　왜? 나 분명히 5시간 경유할 때 나가서 침사추이 보고 왔어.
헤이든　아니 몰라, 내가 침사추이 가고 싶다니까 못 간대, 법이 바뀌었나 봐.
형　　　아 그래? 4년 전이라 그랬나? 법이 바뀌었대?
헤이든　어! 그런 거 같은데. 어떡해?

형	어떡하냐니, 너 9시간이나 홍콩에 있어야 하잖아.

그 순간 자신감이 생겼다. 영어를 할 줄 아는 형이니까 직원에게 형을 바꿔주면 되겠다고 생각한 것이다.

헤이든	형 잠만, 내가 지금 아까 그 직원한테 다시 가서 물어볼 테니까 형이 얘기 좀 해줘 봐.
형	어, 그래 그래!

영어를 완전 잘하는 형이 함께한다는 기분에 아까와는 조금 다른 기세로 다시 그녀를 찾아갔다.

헤이든	Excuse me.
공항직원	?
헤이든	Can I go to Tsim Sha Tsui?
공항직원	Excuse me Sir. You can't go out!
헤이든	Why? Wait a minite! can you call my brother?

이제 형이 공항직원과 통화하면 좋은 방법이 있을 거라며 기대하고 있던 순간, 직원의 표정이 일그러지기 시작했다.

공항직원   Sorry? Excuse me?

직원은 내게 전화를 건넸다. 와이파이 연결이 끊겨 통화 연결이 끊긴 것이다. 직원의 표정을 보니, 한 번만 더 찾아오면 홍콩에서 쫓겨날 것 같았다. 내게 다시 티켓을 보여달라던 직원의 표정은 '자, 꼬맹아. 여기에 있으라고. 여기에 가만히 있고, 9시간 뒤면 비행기 올 거야. 그거 타고 뉴질랜드 가면 돼'라고 말하는 듯했다.

나는 아주 밝게 90도로 고개를 숙여 "땡큐"라고 인사한 후 발길을 돌렸다. 인포메이션 데스크에서 멀어지면서부터 걱정이 앞서기 시작했다. 앞으로 9시간이라니….

결국 난 홍콩의 공항에서 그렇게 9시간을 보냈다. 아쉬운 마음을 뒤로한 채 홍콩에 왔으면 현지 음식이라는 생각에 베이징 덕Beijing Duck을 먹기로 했다. 베이징 덕은 난생처음 먹어보는 맛이었다. 웬만해선 음식을 가리지 않는 나지만 고기를 세 점을 먹고 나자 도저히 먹을 수가 없었다. 어쩌면 베이징 덕이 아니었을지도 모른다.

홍콩에는 발도 내딛지 못하고 꿀꿀해진 긍정맨은 공항 한편에 자리를 잡고 쪼그려 앉아 한참을 생각했다. 지구상에 혼자 남겨진 외톨이가 된 기분이었다. 하지만 내 영어에 실력에 대한 객관적인 분석보다 홍콩의 항공법을 내 마음대로 해석한 탓이었다.

뉴질랜드에서의 007작전

9시간의 체류 시간 동안 홍콩 뉴스와 공항 내에서 무료로 틀어주는 스포츠 경기를 시청하고서 뉴질랜드행 비행기에 올랐다. 샤워도 못 한 상태라 무척 찝찝했지만 14시간만 지나면 큰이모와 형을 만날 수 있다는 생각에 다시금 힘을 내기로 했다.

다행히 뉴질랜드행 비행은 조금은 더 편안하고 설렜다. 기내 서비스로 맥주도 시켜 마셔보고 영화도 보면서 비행다운 비행을 즐길 수 있었다. 그렇게 14시간의 비행을 마치고 뉴질랜드 공항에 도착했다. 정확히 27시간의 비행과 한국에서의 이동 과정까지 더하면 아득한 시간이었지만 과거는 과거일 뿐! 우여곡절 끝에 뉴질랜드 땅에 착륙하는 순간, 희열을 느꼈다!

하지만 뉴질랜드 도착의 기쁨도 오래가지 않았다. 내가 탄 비행기의 승객 중 마지막으로 검사를 받았기 때문이다. 한국인이라면 뉴질랜드의 입국 심사에서 그리 문제가 될 게 없다는 말을 형으로부터 들었지만, 홍콩에서의 경험 때문인지 최대한 쓸데없는 말은 하지 말아야겠다는 생각이 들었다. 왕복 항공권을 보여주고 여행을 하러 왔으며 형의 집에 머물 예정이라고 말하고는 웃음을 지으라는 형의 말처럼 인터뷰에 임했다.

입국 심사를 맡은 백인 형님은 역시나 내게 무엇을 하러 왔냐고 물었다. 나는 형의 말처럼 웃음을 지으며 "트래블링!"이라고 대답했다. 다음으로 어디서 지낼 거냐는 질문에 "커즌!"이라고 답했다.
문제는 세 번째 질문이 들리지 않았다는 것이다.

헤이튼   Pardon?

백인 형님   DANVAL@!#!@# first time?

헤이튼   Oh! Yes! First time!

백인 형님   OK! (손가락으로 밖을 가리키며) Go over there and sit down.

헤이튼   …? Over there?

백인 형님   Yes.

헤이튼   (빅 스마일을 날리며) OK!

　자연스레 문을 통과하고 나오는데 슬슬 불길한 기운이 느껴졌다. 하지만 형이 신신당부한 대로 스마일을 잊지 않았다. 긍정의 스마일로 어둠을 겨우겨우 막아서고 있는 기분이었다.

　입국 심사장엔 나 이외에도 인도 형님 한 명, 파키스탄 누님 한 명, 유럽 형님 한 명까지 글로벌 4인방이 앉아 있었다. 내가 타고 온 비행기의 승객들은 모두 공항을 빠져나간 뒤였다. 지금의 불길한 상황에 불안해진 나는 다시 와이파이 연결을 시도했다. 하지만 잡히지 않았다. 도저히 영문을 모르겠던 나는 당당하게 옆에 있던 직원에게 질문을 해야겠다고 마음먹었다. 아마도 당시의 긴장감 속에서 이뤄진 대화는 이랬을 것이다.

헤이든   (웃음을 잃지 않은 채) Excuse me. I have problem? :)

직원   Yes, AIVNADINI@#!@# your first time, right?

헤이든   Yes! Of course! This is my first time, traveling with my cousin!

직원   Okay, You need to ANLDVSALDFI!@#!@I#IDAVLadf, OKAY? SIT DOWN PLEASE.

헤이든   OK! Thank you! :)

　여전히 상황은 해결될 기미가 보이지 않았다. 하지만 죄를 지은 게 없는 나로선 제일 마지막에 입국 심사대로 왔다는 사실에 의심을 받는 것이라 위안을 삼았다. 그 순간, 직원이 파키스탄 누님을 부르더니 여권에 도장을 찍어주는 것이 아닌가! 파키스탄 누님도 "땡큐!" 하더니 가방을 들고 심사장을 유유히 빠져나갔다. '이렇게 간단하게 나가는 거였구나!' 의문이 서서히 풀리는 듯했다. 그렇게 유럽 형님, 인도 형님을 보내고 나만 홀로 남게 됐다.

　텅 빈 공항에 남은 직원들과 나. 도대체 이게 무슨 상황인지도 가늠하지 못한 채 나는 그저 빨리 여권에 도장을 받고 공항을 빠져나가고 싶은 마음뿐이었다. 대체 내게는 언제 도장을 찍어줄지 기다리던 순간, 저쪽에서 마오리 아줌마가 나를 부르기 시작했다.

마오리 아줌마　　　Hey! Hey!

헤이든　　(주변을 둘러보다 손가락으로 나를 가리키며)…? Me?

마오리 아줌마　　(이쪽으로 오라고 손짓하며) Yeah! Come on!

헤이든　　Why?

마오리 아줌마　　(단호한 목소리로) Come on!

　나는 곧장 가방을 끌고 마오리 아줌마가 오라는 곳으로 갔다. 분위기가 심상치 않았다. 그곳의 직원은 내게 몇 마디 말을 하더니 갑자기 비밀번호를 눌러야 문이 열리는 방으로 나를 데리고 들어갔다. 그곳은 공항의 취조실이었다. 그 순간, 뭔가 단단히 잘못됐음을 느꼈다. 한편으론 내가 잘못한 것이 없는데 이게 무슨 일인지 억울하기도 하고 화가 나기도 했다. 비밀번호를 눌러야 열리는 하는 문을 세 개나 거쳐 들어간 취조실에는 녹음이 되는 방이라는 경고 표시가 있었다. 흡사 미드나 해외 영화에서 폭발테러범과 마약사범들이 갇혀 있던 방과 비슷했다. 그때 직원이 종이를 세 장 정도 건네면서 인터뷰를 할 거라고 했다. 영어도 못하는 내가 무슨 인터뷰를 한단 말인가!

헤이든　　I can't speak english!

직원　　No, you can speak english!

헤이든　　No, I can't speak english!

직원	No, you can speak english! Now we can, so you can speak it. Just try.
헤이든	Try? Really?
직원	Yes!

대체 무슨 상황이 벌어지고 있는지 감조차 잡을 수 없었다. 영어를 못하는 내게 직원이 영어를 할 수 있다며 긍정의 용기를 심어주는 듯한 묘한 상황이 펼쳐지고 있었다. 그런데 생각해보니 실제로 내가 직원과 영어로 대화를 하는 중이었고, 종이에 적힌 영어도 해석이 되는 것 같았다. 물론 해석이 된다 해도 입이 쉽사리 떨어지지 않으니 답답할 뿐이었다. 'That'절도 눈에 들어오고 'How much'도 눈에 들어오지만 무엇 하나 해결되지 않는 답답한 현실에 미칠 노릇이었다. 그때 내 안의 긍정의 왕이 말을 걸어왔다.

야! 너 잘하잖아! 한번 해봐!

눈앞의 현실에서 나를 구원해줄 긍정 모드가 발동하기 시작했다. 직원이 잠시 자리를 비운 사이에 와이파이 연결을 시도해봤지만 역시나 터지지 않았다. 우선 인터뷰에 도전하기로 하고 와이파이를 찾을 수 없다면 로밍을 시도하기로 했다. 명색이 배우 지망생인데 얼굴에서 웃음을 잃지 말고 침착함을 유지하고 부딪혀보기로 했다. 그렇게 직원과의 인터뷰가 시작됐다.

직원은 내게 무려 20개의 질문을 했고 나는 내가 아는 모든 영어 단어와 바디 퍼포먼스를 쏟아내며 대답했다. 상대방이 뭔가 답답해하는 느낌을 느꼈지만 이럴 때야말로 긍정의 힘을 보여줄 때라는 생각이 들었다.

난 아무 죄가 없으니까! 웃는 얼굴엔 침 못 뱉지. 죄도 없는데 어떻게 뱉겠어!

뭔가를 곰곰이 생각하던 직원이 잠시 기다리라고 말하며 방을 나섰다. 시간은 벌써 2시간 30분이 지나 있었다. 방 밖에서는 마약에 취한 것 같은 사람이 나를 보며 히죽거리더니 이리 와보라는 듯 손짓을 했다. 불쾌했다. 지옥 같은 방을 탈출하고 싶었다. 공항 밖에 있을 사랑하는 형과 이모가 생각이 났다. 로밍이라도 켜보려던 찰나 다시 직원이 들어왔다. 그가 내게 이런저런 설명을 해주는데, 오랜 영어듣기 평가로 귀가 좀 열린 기분이었다. 통역사와 통화 연결을 할 테니 다시 인터뷰를 하라는 이야기였다.

오! 대한민국! 드디어 30시간 만에 한국 사람을 만나다니! 통역사와 통화를 시도하는 연결음에 마음이 설렜다. 아직도 이름이 기억난다. 데이비드 김 아저씨. 마치 AI 음성 같은 그의 기계적이며 딱딱한 말투가 내 기분을 잠시 얼어붙게 했지만, 그래도 직원과의 대화보다 훨씬 편안했다. 그런데 데이비드 아저씨는 내게 왜 군대에 갔다가 바로 왔냐고 물었다. 생각해보니 조금 전 인터뷰에서 직업이 뭐였냐는 질문에 군인이라고 답한 것이 화근이었다.

솔저에 폴리스. 데이비드 아저씨는 우선 알겠다면서 모든 질문을 인터뷰해나갔다. 여전히 개운하지 않은 느낌이었다. 하지만 데이비드 아저씨는 친절하게 내 이야기를 모두 해석해 통역해주셨으리라 생각한다.

데이비드 아저씨와 모든 인터뷰가 끝나자 직원이 잠시 또 기다리라 하고 방을 나갔다. 직원이 잠시 자리를 비운 뒤 시간을 보니 3시간 30분이 지나 있었다. 불현듯 밖에서 큰이모가 기다리고 있다는 사실이 떠올랐다! 이러다 출국도 못 할 수 있을 것 같은데 생사라도 알려보자는 생각으로 결국 로밍 서비스를 활성화했다. 지금이라도 늦지 않았겠거니 싶어 이모에게 전화를 걸었다. 곧바로 이모가 전화를 받았다.

이모   썽연! 어디니!

헤이든   이모! ㅠㅠ

이모   아니, 너 왜 안 나와!? 너 비행기는 아까 도착했는데!

헤이든   이모! 저 녹음이 되는 방에 잡혀 왔어요. 죄송해요. 근데 곧 나갈 수

         있지 않을까요? 이모 살려주세요.

이모   어머머! 뭐에!? 이모가 우선 공항에서 한국 직원 찾아서 물어볼 테

니까 형한테도 전화해봐! 형도 엄청 걱정하고 있어!

헤이튼   네!

  이모의 말대로 집에서 기다리고 있는 우리 형이 생각났다. 아직 직원이 돌아오지 않아 형에게 바로 전화를 걸었다.

형   여보세요?! 야 너 어디야!

헤이튼   형! 나 여기 녹음되는 방에 잡혀 왔어! 뭐야 뉴질랜드 !*!@*#&! @#&!!

형   뭐? 와하하하하!

  형은 소문으로만 듣던 곳에 내가 잡혀 있다는 사실에 놀라기도 하고 재미있어하면서 그 방의 분위기는 어떤지 자신이 궁금한 걸 물었다. 하지만 나도 형과 이야기를 주고받으며 긴장이 조금 풀렸던지 그런 형에게 욕을 쏟아부으며 하염없이 웃고 말았다.

  그 순간, 직원이 돌아왔고 나는 형과 직접 통화를 해줄 수 있는지 물었다. 직원은 휴대전화를 받아들고는 형과 통화를 시작했다. 나보다는 훨씬 편안하게 커뮤니케이션하는 모습에 약간의 안도감을 느꼈다. 이윽고 직원은 아주 속 시원한 표정을 지으며 '그래, 알아 알아' 하는 느낌으로 형과의 통화를 마쳤다.

  직원은 내게 휴대전화를 내밀며 형과의 통화를 마무리하라고 했다. 그러자 형은 내게 아직 마지막 인터뷰가 남았으니 전화를 끊는 척하면서 주머니에 넣어둔 채로 인터뷰를 하라고 말했다. 내가 인터뷰하는 것을 들어보려는 속셈이었다. 흡사 007작전 같았다. 나도 내 영어의 문제를 깨닫고 분석해야 한다는 생각이 들었다. 녹음은 불법이니 통화 기능만이라도 살리고 싶었다. 그 상태로 세 번째 인터뷰를 진행했다. 이번에는 이전 질문지와는 달리 조금 더 간결한 10가지 질문이 있었다. 직원이 내게 말했다.

직원　　This is last interview. ANVALNSIWNVALXCV#NL Stamp ADDVLNADLF.

스탬프…? 반가운 단어가 귀에 꽂혔다. 드디어 도장으로 가는 마지막 관문일 거라는 희망이 솟아올랐다. 나는 아까보다 더 밝은 미소를 지으며 당당히 세 번째 질문에 응했다.

그렇게 첫 번째, 두 번째 질문을 만족스럽게 통과한 듯했다. 그리고 세 번째 질문이 이어졌다.

직원　　You won't stay more when you finish your trip, right?

이제는 이쯤 되면 식은 죽 먹기 느낌이었다.

헤이든	No! No, I come back to Korea!
직원	OK!, So, You WON'T STAY more right?
헤이든	NO. NO.

　그러자 직원은 한숨을 푹푹 쉬었다. 그는 뭔가 포기한 듯한 표정을 짓더니 이내 다른 질문들을 이어갔다. 조금 후 그는 티켓의 날짜가 마감인 도장을 찍어줬다. 그러고서 만약 이때까지 너희 나라로 돌아가지 않으면 불법 체류로 간주되고 추방될 수 있다는 뉘앙스의 말을 하는 듯했다.

　도장을 찍어주자마자 직원은 가방을 챙겨서 자신을 따라오라고 했다. 나는 아까 지나온 문을 통과해 밖으로 나올 수 있었다. 세 번째 문을 통과했을 때 내 앞을 비추는 형광등의 빛, 승객들이 출입국 관리소를 통과해 웃는 얼굴 등의 일상과 마주하며 느낀 희열은 이루 말할 수 없었다. 그리고 주머니 속에서 통화 연결 상태로 숨겨져 있던 휴대전화로 인터뷰 과정을 듣고 있던 형은 한참을 웃으며 내게 말을 건넸다.

형	야! ㅋㅋ 너 왜 거기 오래 있었는지 알 것 같다.
헤이든	왜? 왜 그랬던 거야?
형	아니, 니가 마지막 인터뷰할 때 뭐라고 했는지 알아? 너 여기서 안
	살 거잖아, 오래 안 있을 거잖아라고 묻는데, 왜 자꾸 살 거라고 하

느냐고!

헤이든   엥? 무슨 소리야! 나도 그거 알아듣고 안 살 거라고 했는데!

형   그니까. 영어에서는 가끔 반대로 대답을 해야 할 때가 있어! ㅋㅋ 니가 예스를 해야 되는데, 노 노! 라고 답하니까 그 직원도 답답해서 결국은 알겠다고 한 거잖아. 니 마음 알겠고 도장 찍어줄 테니 이때까지 무조건 돌아가라고 하던데?

헤이든   응?… 아!

그랬다. 그때 나는 비로소 내 진짜 모습을 직면하게 됐다. 그렇게까지 내가 영어를 못할 줄은 꿈에도 몰랐다. 부정의문문에 답할 때는 반대로 답해야 한다는 문법이 그제야 머리를 스쳐 지나갔다. 영어의 기본도 모른 채 왜 내가 잡혀 있어야 하는지 답답해했던 나 자신에게 충격을 받았다.

지독한 실전의 경험을 통해 나는 영어의 중요성을 인지한 셈이다. 초중고 과정에서 시험을 치르고 듣기 평가를 하며 꾸준히 배웠던 영어는 내게 무용지물이었다. 내겐 실생활에서 사용할 수 있는 언어가 필요했고 나는 그 언어를 이해하기엔 턱없이 부족했다. 그래도 학생 때 영어를 공부한 시간만 따져도 꽤 될 텐데, 어쩌면 그리도 들리지 않고 부족한 것인지 많은 생각을 품은 채 공항을 나섰다. 그리고 조마조마한 마음으로 나를 기다리시던 큰이모와 뜨거운 재회의 포옹을 했다.

큰이모와 함께 형의 집으로 가는 길에 바라본 뉴질랜드의 풍경은 거짓말같이 밝게 빛나고 있었다. 공기마저도 잡티 하나 없이 맑게 느껴졌다. 형은 초췌한 상태로 도착한 나를 보자마자 침대에서 배꼽을 잡고 떼굴떼굴 구르며 웃음을 터뜨렸다. 지금 와서 돌이켜 보면 포복절도할 만큼 재미있는 에피소드지만, 당시에 나는 정말 심각했다.

뉴질랜드에서 지내며 영어에 대한 갈증은 더욱 커져갔다. 동네 마트를 갈 때나 맥주를 마시러 갈 때 마주치는 사람들, 뉴질랜드 남섬에 위치한 퀸스타운Queenstown을 여행할 때 에어비앤비Airbnb에서 만난 스위스 여성과의 짤막한 대화에서 나는 너무나 충격을 받았다. 특히 퀸스타운에서 만난 스위스 친구는 이제 막 고등학교를 곧 졸업한 열아홉 살의 여학생이었다. 그녀는 자신이 학교를 졸업하고 세계를 여행하고 있다고 소개했다. 스위스를 떠나 런던을 거쳐 호주로, 그리고 뉴질랜드 퀸스타운까지 오게 됐다고 했다.

나보다 어린 나이에 큰 배낭을 메고 세계 곳곳을 여행하고 있다는 말에 나는 충격을 받았다. 만약 내가 고등학교를 졸업하자마자 부모님에게 전 세계를 돌아보겠다고 선언했다면 선뜻 허락을 하셨을지도 확실치 않았다. 같은 지구 위에서 같은 시간을 살고 있는 친구들이 전 세계를 누빌 꿈을 꾸며 산다고 생각하니 가슴에서 뭔가 꿈틀대는 듯했다. 문득 그들의 공통점이 무엇일지 생각하다 보니 영어가 밑바탕에 깔려 있다는 생각이 들었다. 형을 만나러 뉴질

1장 세상의 문을 Do, Dream

랜드로 떠난 여행의 우여곡절을 통해 영어의 필요성을 뼈저리게 느낀 나는 반드시 영어를 마스터해서 훨씬 더 넓은 세상으로 나아가고 싶다고 생각하기에 이르렀다.

그렇게 몇 해가 지나갔다. 외국생활에 대한 동경은 때마침 배우라는 직업과 맞닿아 할리우드에서 한국의 배우로서 내 모습을 펼쳐 보이겠다는 꿈으로까지 이어졌다. 그리고 내 꿈 이야기를 들은 사람들 중에서 함께 목표를 이루고자 하는 사람들도 하나둘 주변에 모여들기 시작했다. 나와는 다른 영역에서 치열하게 미국 생활을 하는 친구들, 또 나와는 다른 방식으로 할리우드 진출을 준비하는 사람들을 보면서 나도 영어를 마스터해 내 무대를 세계로 넓혀야겠다고 다짐했다. 뉴질랜드의 공항에서 시작된 영어와의 인연은 그렇게 '할리우드 배우 되기'라는 인생의 목표로 이어지고 있었다.

알고리즘이 맺어준 인연

'할리우드 배우가 되자'라고 결심한 뒤 생활의 일부가 점점 영어에 대한 관심으로 바뀌어가고 있었다. 그 시작을 SBS 공채 개그맨 출신 영어강사 '권필' 선생님과 함께했다. 필샘 덕분에 나는 영어에 대한 기초부터 차근차근 접근할 수 있었다. 필샘 또한 영어와의 접점이 전무했다가 피나는 노력 끝에 지금의 강사 위치까지 오를 수 있었다는 말이 큰 동기부여가 됐다.

필샘은 나뿐 아니라 주변의 많은 동료 연예인 들에게도 영어에 대한 동기부여를 심어주는 응원과 격려의 전도사 같았다. '야나두' 라는 플랫폼으로 하루에 10분씩 영어 공부를 하는 습관을 들인 것도 필샘의 지도가 있기에 가능했다. 매일같이 영어 공부를 하진 못해도 일주일에 최소 5~6회에 걸쳐 공부하는 습관을 들이고자 노력했다. 동료들과도 매주 영어에 대한 이야기를 나누고 고민하며 영어와 연결된 환경을 조성하고 공유했다.

영어에 대한 접근성을 높이자 더욱더 영어에 대한 관심이 높아졌다. 내 안에서 뜨거운 무언가가 끓기 시작했던 것 같다. 필샘과의 교육을 수료하고 나자 당장 영어권 국가로 날아가 영어를 사용하고 싶은 마음이 들끓었다. 음악과 연기 이외의 무언가를 익히기 위해 이토록 꾸준히 노력한 것이 난생처음이라 오랜만에 느껴보는 반가운 설렘이었다.

With or without

영어 실력을 시험해보는 첫 무대는 런던으로 정했다. 뉴질랜드행 비행기를 탈 때와는 사뭇 다른 느낌이었다. 나름대로 열심히 공부하면서 수많은 벽에 부딪히고 난관을 극복해냈다는 자신감이 있었다. 심지어 영국에서의 입국 심사는 너무나 허무하게 끝나버리고 말았다. 대한민국 여권은 자동입국 심사라는 혜택 덕분에 쉽게 프리패스로 통과한 것이다.

기분 좋게 런던에 도착한 나는 곧장 뮤지컬 〈위키드Wicked〉를 관람하러 바로 웨스트엔드West End로 달려갔다. 웨스트엔드라면 배우들에겐 꿈과 같은 무대다. 런던으로 떠난다고 하자 주변의 동료들

나의 한계를 발견했을 때

1장　세상의 문을 Do, Dream

이 가장 부러워했던 여행 코스였다. 나는 필샘의 특훈을 떠올리며 영어에 대한 자신감에 부푼 채 맥주 한 병을 사 들고는 가장 좋은 좌석에 앉았다.

런던에서는 공연을 관람할 때 맥주를 마실 수 있다고 하니 이런 기회를 놓칠 수 없었다. 무엇보다 장거리 여행에 지친 내게 선물도 주고 싶었다. 마침 크리스마스 시즌 티켓이라 가격이 비쌌지만 나를 위한 선물로 생각하고 큰 결심을 했다. 뮤지컬의 막이 오르기 전까지 앞으로 무슨 일이 벌어질지는 꿈에도 모른 채.

배우들이 등장하고 공연이 시작되자 나는 멘붕에 빠지고 말았다. 연기자들이 서로 인사하며 이름을 부르는 정도의 문장 이외에는 단 한 문장도 들리지 않았던 것이다. 뮤지컬이 시작하기 전의 부푼 마음은 온데간데없이 나는 금세 피로해지고 말았다. 그리고 알 수 없는 기분에 젖어들며 스르륵 눈이 감겼다. 순간적으로 놀라 눈을 떠 보니 커튼콜이 진행되고 있었다. 아뿔싸!

그랬다. 한 문장도 들리지 않는 영어에 지친 피로, 긴 여행에 비롯한 시차, 온몸을 나른하게 만들어주는 맥주 한 병 덕분에 가장 비싼 좌석에서 값비싼 꿀잠을 잔 것이다. 너무 허무했다. 그리고 그때 결심했다. 혹시 외국에서 뮤지컬이나 연극 같은 공연을 볼 거라면 내용을 미리 파악할 것, 시차를 계산해 티켓을 구매할 것, 그리고 절대로 공연 관람 전에 맥주를 마시지 않을 것! 그렇게 처음이자 마지막 웨스트 엔드에서의 공연 관람은 신기루처럼 지나갔다.

또 하나 기억해두면 좋은 정보가 있다. 런던을 여행하며 주문할 때나 무언가를 살 때면 늘 거침없이 내뱉던 영어 문장이 있었다.

Can I get a ○○○?

정말 어디서든 주문이 가능한 치트키 같은 문장이다. 다만 내가 오판하고 있던 것은 바로 항상 되돌아오는 말을 거의 들을 수 없었다는 점이다. 내 질문에 답하는 점원의 말이 "Two or Three?" 같은 숫자로 돌아오지 않고 오히려 되묻려 질문일 경우 나는 늘 알아들은 척 "Um… OK! Please."라고 답해야 했다.

런던을 방문했던 시기의 영어 실력이 딱 그 수준이었다. 그렇다고는 해도 여행을 멈출 수 없었다. 때마침 크리스마스 시즌이어서 여행을 떠나기 전부터 윈터원더랜드Winter Wonderland라는 테마파크 방문을 계획했다. 크리스마스 장식이 화려하게 펼쳐져 축제를 즐기기에 더없이 좋은 기회였다. 넷플릭스에서 방영한 팀 버튼 감독의 〈웬즈데이Wednesday〉에 등장한 놀이공원처럼, 흡사 〈해리포터 Harry Potter〉에서 마법사들이 뛰어놀았을 것 같은 놀이공원처럼 온갖 화려한 불빛의 장식들이 테마파크를 꾸미고 있었다. 벌써부터 크리스마스를 만끽하는 아이들의 웃음소리와 캐롤송이 크리스마스 분위기를 한층 더 돋보이게 해주고 있었다.

들뜬 기분으로 테마파크의 구석구석을 돌아다니던 중 저 멀리서 김이 모락모락 피어나는 풍경이 눈에 들어왔다. 하얀 안개 같은 김 사이로 멋있는 영국 형님들이 바삐 움직이며 맛있어 보이는 핫도그를 팔고 있었다. 마침 배가 고팠던 나는 핫도그 행렬에 동참했다. 그런데 메뉴판에 적힌 것이 영어인지 독어인지조차 분간이 되지 않았다. 아마도 소시지의 종류일 거라고 추측할 뿐이었다. 눈앞에서 줄이 점점 줄어들고 드디어 내 차례가 됐을 때 나는 아주 자연스러운 말투로 "Can I get a hotdog please."를 외쳤다.

그 순간, 그토록 두려워하던 역질문이 날아와 귀에 꽂혔다. 핫도그집 점원이 내게 토핑을 추가할 거라고 묻는 것인지, 사이즈를 고르라는 것인지 도저히 분간이 되지 않았다. 결국 나는 만능 치트키인 "파든pardon?"을 꺼내들었다. 점원은 내게 다시 한번 설명해줬다. 다시 들어도 들리지 않는 점원의 말은 둘째치고 내 뒤로 줄 지어 서 있는 사람들이 나를 압박하는 듯했다. 차마 세 번을 묻는 것은 굉장히 창피할 듯해 고민하고 있는 내게 점원이 살짝 짜증이 섞인 듯한 말투로 다시 한번 더 되물었다.

점원	With? Without?
헤이든	Without please.

점원의 반응에 굉장히 민망했지만, 그래도 그 순간 'Without you'라는 노래가 떠오르면서 굉장히 중요한 토핑을 얹어 먹을 수

있겠다는 기대에 부풀었다. 잠시 뒤 점원이 나를 부르더니 핫도그를 건넸다. 그런데 손에 쥔 핫도그는 내가 상상한 비주얼이 아니었다. 핫도그번에 소시지만 하나 덩그러니 올려져 있었다. 나는 뭔가 잘못됐다는 생각이 들었다.

헤이든	Excuse me? Is it my hotdog?
점원	Yes, it's yours.
헤이든	Where is my topping?
점원	(또다시 짜증 섞인 말투로) You SAID WITHOUT.
헤이든	… What?

내가 받아 든 핫도그는 속재료를 빼놓고 김과 밥만 말아놓은 김밥과 다름없었다. 심지어 간도 돼 있지 않은 맨밥으로 만든 김밥. 여전히 어리둥절해 있는 나를 본 점원은 양파를 가리키고는 내 손을 가리키며 "It's WITHOUT.", 또다시 양파를 가리키더니 "This is WITH, OK?"라고 설명했다. 나는 그 점원의 표정과 한껏 달아올랐을 내 얼굴을 잊지 못한다. 양파를 빼달라고 하고서는 양파가 어디 갔냐고 묻고 있던 격이었다. 그 순간 내 자신이 너무나 부끄럽고, 그동안 공부한 시간들은 다 무엇이었는지 허무하게 느껴졌다.

헤이든	Sorry, I'm so sorry.

우여곡절 끝에 양파를 얹은 핫도그는 엄청 맛있었다. 하지만 역시나 부끄러움은 모두 내 몫. 그래도 아주 좋은 실전 수업을 받은 기분이었다. 그 이후로 'With'와 'Without'은 지금까지도 내가 정확히 사용할 수 있는 단어로 문신처럼 각인됐다. 하지만 아주 조금의 진전이 있었을 뿐, '할리우드 배우'를 향한 여정은 정말 머나먼 이야기처럼 다가왔다.

우연을 필연으로 바꾼 통찰

런던 여행을 마치고 한국에 돌아온 첫날 밤. 이전과는 비교할 수 없을 정도로 영어에 대한 갈증을 느꼈다. 자정이 되도록 잠을 이루지 못한 채 나는 유튜브 검색창에서 영어 공부법을 검색하고 있었다. 알고리즘에 걸린 수많은 영어 공부법들이 눈앞에 펼쳐졌다. 그 중에서 한 콘텐츠가 운명처럼 다가왔다. 양킹이라는 유튜버가 만든 '독학으로 원어민과 영어 할 수 있게 된 비법'이라는 제목의 동영상이었다.

영상 속에서 양킹 형은 자신의 변화 과정을 수치적으로 정확하게 측정하고 기록해 가감 없이 보여주고 있었다. 불과 1년 전에는 버벅대는 영어로 말하던 양킹 형이 1년 후 장면에서는 외국인 친구와 재미있게 대화를 나누고 있었다. 그 영상과 함께 들린 말들이

다소 침체돼 있던 내게 큰 동기부여를 하는 듯했다.

또 양킹 형의 영상에 등장한 한 친구는 "Fake it until you make it.", 즉 "네가 할 수 있을 때까지 속여라."라고 말했다. 정확하게 영어를 하려 들지 말고 그들의 뉘앙스로 그들처럼 말하는 듯 해보라는 의미였다. 영어를 모국어로 사용하지 않는 내게 모든 말을 정확히 전달하는 것은 너무나도 어려웠다. 지금까지도 마찬가지다. 하지만 영어 공부에 고작 1년도 쏟아붓지 않고서 영어를 잘하고 싶어 하는 욕망은 자칫 나를 꺾어버릴 수 있는 나쁜 마음이라는 생각이 들었다. 그러면서도 한편으로는 할리우드에서 연기를 하려면 적어도 하는 척이라도 잘해내야 하지 않겠냐는 생각이 들었다.

양킹 형은 외국인 친구와 대화하면서 "You can make dreams come true.", 즉 "누구에게나 꿈과 희망이 있지만 그냥 품고 살기만 한다면 현실이 될 수 없다."고 말하고 있었다. 자신의 변화 과정을 영상으로 담은 양킹 형의 말이어서 그런지 정말 직접적으로 와닿았다.

또 양킹 형은 장기간에 걸친 목표를 단기에 달성할 순 없으니 작은 성취감을 느끼는 일들을 통해 성취감을 점점 더 키워가야 한다고 강조했다. 인풋과 아웃풋이 쌓이다 보면 언젠가 자신이 이루고자 하는 목표에 도달하게 되고, 진정으로 노력한다면 꿈이 곧 현실이 된다는 것이다. 그와 함께 자신의 성취를 수치로 나타낼 수 있는 방법으로 스톱워치 활용법과 지금껏 공부한 시간을 하나하나 보여줬다.

나는 머리를 한 대 세게 맞은 듯한 느낌이 들었다. 사실 이 영상 조회수도 어마어마했지만, 자신이 변화한 과정과 공부 방법을 날 것 그대로 보여주는 사람을 지금까지 본 적이 없었기 때문이다. 나는 바로 다음 날부터 최소 30분 이상 영어 공부에 쏟겠다고 다짐했다. 그렇게 스톱워치를 사서 지금까지도 30분씩 섀도잉shadowing을 실천하고 있다. 짧다면 짧은 30분의 섀도잉은 내게 작은 성취감을 주기 시작했고, 내 인생의 공허함을 채워주기 시작했다.

원래 배우라는 직업은 공허함이나 허무함을 느끼는 순간이 많은 직업이다. 촬영에 본격적으로 들어가는 순간을 위해 항상 오디션을 보고 기다리고, 현장에서 대기하고, 쉬는 날에는 아르바이트를 해야 한다. 그러는 동안 꿈으로부터 멀어지고 있는 것은 아닌지 불안감도 느낀다. 꿈을 포기하게 만드는 감정과 시간을 효과적으로 잘 활용해야 하는 직업이다.

양킹 형이 소개해준 방법들은 내 마음에 다시금 열정이라는 불을 지펴주었고, 내 삶에 생기를 돋게 해줬다. 무엇보다 공허한 순간들을 채우기에 최고의 방법이란 생각이 들었다. 내게 이로우면 이롭지, 해가 될 게 하나도 없는 방법이었다. 내가 핑계만 대지 않고 포기만 하지 않는다면 말이다. 지금 생각해도 그날 밤 양킹 형의 영상이 지금의 나를 만드는 데 정말 큰 기여를 한 것 같다. 우연을 인생의 필연으로 바꿀 수 있을 만큼 큰 통찰을 제시한 양킹 형에게 감사할 따름이다.

빨리 가려면 혼자 가고 멀리 가려면 함께 가라

나는 양킹 형의 동기부여에 힘입어 영어 공부에 박차를 가하기 시작했다. 새로운 프로젝트도 구상했다. 구체적인 목표와 세부 계획을 설정하고 수치적으로 달성 여부를 표시하면서 할리우드 배우라는 궁극의 꿈에 한 걸음씩 다가가기로 한 것이다. 이른바 D-365 프로젝트를 시작하기로 했다.

가장 먼저 하루의 공부를 마치고 나면 포스트잇을 벽에 붙여 영화의 도시 LA의 랜드마크인 'HOLLYWOOD' 사인을 완성해보기로 했다. 30분에 불과했던 공부 시간은 2시간으로 늘어났고 양킹 형처럼 변화의 과정을 유튜브 영상으로 기록도 했다.

유튜브 채널을 개설할 때 개인적인 기록의 목적도 있었지만, 언젠가 정말 할리우드 배우가 됐을 때 나와 같은 꿈을 꾸는 누군가에게, 또 영어 공부를 하는 사람들에게 용기를 주고 도움이 되는 콘텐츠가 되길 바라는 마음도 있었다. 한편으로는 내가 변화한 과정을 믿지 않는 사람들에게 증거로 보여주기 위해 기록을 남길 목적도 있었다.

열심히 영어 공부도 하고 자신감도 되찾아갈 무렵, 나는 또다시 검색창에 '할리우드 배우 되는 방법'을 검색했다. 그리고 나는 또 다른 필연이 될 우연을 만났다. 바로 '로라의 꿈'이라는 유튜브 채널에 올라온 '할리우드 오디션'이라는 제목의 콘텐츠였다. 그 순간 내 손은 눈보다 빠르게 재생 버튼을 누르고 있었다. 양킹 형과는 다른 끌림이었다.

유튜브 채널의 운영자는 USC 연극과 학생인 로라Laura라는 사람이었다. 내가 본 콘텐츠는 코로나로 인해 한동안 오디션이 없었는데 오랜만에 오디션을 보게 됐다는 소식을 알리는 영상이었다. 영어 대사가 빼곡한 대본을 보여주며 현재 미국의 오디션 상황을 소개하는 내용도 담고 있었다. 또 대본을 함께 읽어줄 친구가 필요하다거나 영어 발음에 자신이 없어 열심히 연구하고 공부하고 있다는 말도 덧붙였다. 실제로 영상 속에는 친구와 통화를 하며 대본 연습을 하거나 영상을 준비하는 모습이 담겨 있었다.

USC라는 대학명에서 느껴지는 왠지 모를 명문대의 포스도 부러웠지만, 무엇보다 연기에 대한 열정을 갖고 있던 로라의 모습이 너무 멋있었다. 그 영상 외에도 아프리카에 가서 봉사한 기록, 할리우드 배우에 도전하는 꿈에 대한 기록을 보며 로라의 선한 에너지를 느낄 수 있었다.

그 순간, 내가 로라의 친구가 된다면 어떨까라는 생각이 들었다. 함께 할리우드 배우가 되고자 도전하고 있으니 영어 공부를 더 열심히 해서 로라의 연습을 도와주면 더없이 좋겠다는 생각이 떠나

질 않았다. 영상의 말미에 로라도 끝없이 도전할 것을 다짐하고 있었다. 로라의 도전에 자극을 받은 나는 댓글을 남겼다.

헤이든 제 채널의 알고리즘으로 '로라의 꿈'을 만나게 됐습니다. 한국의 오디션이든 미국의 오디션이든 오디션을 준비하며 보이지 않는 곳에서 노력하는 배우의 자세나 마음가짐을 다른 분에게도 충분히 공유할 수 있는 영상인 것 같아 좋고요. 저도 배우로서 동감하면서 멋지다는 생각이 드네요! 그곳에서 저보다 한 걸음 앞서 계신 로라님을 응원하며, 혹시 항상 오디션 상대가 필요하시면 저 또한 로라의 대사 파트너가 되어드릴 테니 언제든 편하게 연락주세요. :) 구독해요! 파이팅!

며칠 뒤 내 댓글에 답글이 달렸다.

로라 저 정말 댓글 보면서 너무나도 큰 힘이 되고 뭐라 말할 수 없는 감격이 있었어요. 영상 봐주셔서 감사해요! 지금 미국이신 건가요?

그렇게 로라와 인연이 시작됐다. 자칫 스쳐 지나칠 수 있는 인연의 끈을 내 삶에 가장 중요하고 소중한 인연으로 바꾸게 된 계기를 생각하면, 지금도 참 신기하다. 양킹 형과 로라 이외에도 수많은 인연이 나의 할리우드 배우 도전기에 도움을 줬다. 그리고 나는 작지만 소중한 경험을 통해 사람과의 관계, 인연에 대해 많은 생각을 하게 됐다.

> **우리는 저마다 각자의 시간 속에서 각자의 인생을 만들어가는 중이다. 그러니 다른 게 당연하지 않겠는가. 나만의 색깔로 나만의 시간을 채워가며, 온전한 내 색깔로 남들과는 다르게 살아보면 어떠할까. 다르면 어떠한가. 내 진심과 노력이 함께하고 있으면 됐지.**

긍정의 에너지와 사고를 지향하며 내가 정공법을 추구하듯 편법을 쓰지 않고 정도를 걸어간다면 앞으로도 수많은 사람이 내 에너지의 영향을 받게 될 것이다. 내 주변에 좋은 기운을 전하기 위해서라도 나는 더욱더 긍정적이고 건강한 사고로 성장하고 꾸준히 노력하며 살아가야겠다. 앞으로 얼마나 더 재미있는 인생의 이야기들이 펼쳐질지 기대가 된다.

영어를 통해 만나게 된 인연들 덕분에 내 영어 공부는 이제 공부를 넘어 삶의 일부로 자리를 잡았다. 나 또한 도움을 찾고 있는 사람들에게 에너지를 나누는 사람이 되고 싶다. 그리고 내게 도움을 준 이들에 대한 감사를 절대 잊지 않겠다고 오늘도 다짐한다.

매일 2시간,
D-365 꾸준함 프로젝트

습관의 중요성에 대해 동기부여를 받은 나는 조금 더 구체적이고 수치적인 삶을 살아보겠다고 다짐했다. 하지만 때마침 창궐한 코로나 바이러스로 인해 전 세계는 혼란에 빠져 있었다. 주변 모든 사람이 불안과 위기에 휩싸여 부정적인 마음에 물들어 있던 시기였다.

나는 어떻게든 거대한 혼돈의 조류에 휩쓸리고 싶지 않았다. 강력한 태풍이 휘몰아쳐도 태풍의 눈이 고요하듯 마음의 중심을 잡기 위해 작은 습관들을 만들고 건강한 상태를 유지하고 싶었다. 또한 늘 실천하던 30분의 영어 공부를 더욱 체계적으로 관리하고 싶었다.

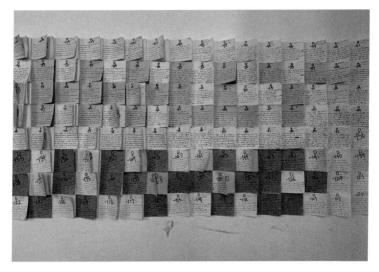

방구석 HOLLYWOOD

긍정의 왕과 500번의 반복 섀도잉

2020년 5월 7일. 앞으로 1년이라는 시간 동안 더욱 단단한 인생을 만들도록 무언가를 꾸준히 해보자고 결심했다. 그렇게 1년을 하루도 빠지지 않고 습관과 다짐을 지켜내고 정확히 1년 뒤에 그토록 가고 싶었던 할리우드에 가기로 했다. 그동안 꾸준함의 힘을 기르며 공부한 영어를 할리우드에서 사용해보기로 했다. 단, 나 자신과의 약속을 지킨 보상으로서 할리우드에 가야 한다는 조건을 내걸었다. 또 내게 주는 생일 선물로 그동안의 노력에 대한 보상이자 새로운 목표를 부여하는 나만의 프로젝트를 시작하기로 했다.

무엇보다 나만의 긍정의 목표를 설정하는 과정이 필요했고, 나 자신을 위한 무언가가 필요했다. 30분의 공부 시간은 2시간으로 늘린 것도, 그동안 틈틈이 읽던 책도 매일 5분씩이라도 꾸준히 읽는 방향으로 바꾸기로 했다.

평소 실천하던 섀도잉만으로는 30분에서 2시간으로 공부 시간을 늘리는 것이 말처럼 쉽지 않았다. 다른 방식의 섀도잉을 떠올리다 드라마나 영화의 장면을 영어 연기로 구현해보면 괜찮겠다는 생각이 들었다. 발음과 속도, 문법 공부에 치중했던 방식에 감정을 조금 더 분석해 접근하는 공부법을 더한 것이다. 배우라는 직업 특성상 연기도 함께 공부할 수 있는 일석이조의 방법이었다. 언어적 영역뿐만 아니라 감정적 영역까지 접근하다 보니 원어민이 말하는 느낌, 말할 때의 제스처나 표현, 감성 등을 따라 하고 간접적으로나마 영어를 쓰는 환경을 느껴볼 수 있었다.

물론 처음에는 굉장히 서툴고 민망했다. 영어로 연기하는 것 자체부터 쉽지 않았다. 대본을 외우기 급급한 수준에서 감정을 표현하기란 더욱 어려웠다. 원어민의 표현을 온전히 소화해내지 못한다면 할리우드 배우가 되지 못할 거라는 생각에 걱정이 앞섰다. 정 어렵다면 할리우드 배우가 되는 꿈을 포기하고 미국 여행이라도 해야 하는 것 아닌가라는 생각이 들었다.

하지만 아직 시작도 하지 않은 상태에서 나약한 마음을 가진 내가 한심했다. 내가 품은 꿈은 할리우드에서 활동하는 배우들과 멋진 하모니를 만들어내는 것임을 다시금 상기시켰다. 지금 당장 연습하는 것들을 일상에서 마주하게 될 텐데, 배우로서의 일상을 견뎌내지 못한다는 것은 말이 되지 않았다.

나는 마음을 다잡고는 낯설고 어렵게만 다가왔던 영어 다이얼로그들을 100번이고 200번이고 달달 외우기 시작했다. 내겐 반복적으로 외우는 것이 가장 좋은 공부 방법이었다. 그렇게 섀도잉을 통해 발음의 구조를 잡아가고 문법을 디테일하게 공부해 단어와 문장의 표현과 의미를 마음속에 새기기를 반복했다. 결국 꾸준히 연습하는 것만이 유일한 방법이었다.

어떤 날은 2시간을 훌쩍 넘기는 날도 있었다. 공부의 분야를 세부적으로 나눠 선택할 수 있고, 각각의 방향 속에서 얻고 싶은 것들이 조금씩 달랐기에 입맛대로 골라먹는 아이스크림처럼 굉장히 재미있게 다가왔다. 특히 첫 연기 영상을 찍는 날, 영어 다이얼로그를 미친 듯이 외우고 촬영했더니 신기하게도 영어로 연기하고 있는 나를 발견했다.

지금 다시 영상을 보면 너무 많이 따라 해서 배우의 감정까지 카피한 듯한 느낌을 지울 수 없지만 그래도 꽤 성공적인 실험이라 생각된다. 결국 그 과정에서 영어로 연기할 수 있는 자신감을 찾게 됐으니 말이다. 안 되면 되게 한다는 정신으로 시간과 노력을 쏟아부은 결과 영어로 감정을 표현할 수 있는 단계에 들어서게 됐으니 보상을 받은 기분이었다. 끈기 있게 무언가를 했을 때 노력의 땀방

울은 결코 배신하지 않는다는 중요한 가치를 느낄 수 있었다.

영어 섀도잉을 하다 보면 너무 호흡이 빨라 쫓아가기 급급한 문장들을 수없이 만난다. 앞에 나온 두 단어 빼고는 따라갈 생각조차 하지 못하는 장면들도 있다. 정말 포기하고 싶은 마음이 굴뚝같은 장면들이 많이 있었는데, 그중에서도 〈굿플레이스The Good Place〉의 문장이 나를 가장 힘들게 했다.

I never found a wallet outside of an IHOP and thought about returning it but so the owner lived out of states and just took the cash and drop the wallet back on the ground.
IHOP 식당 밖에서 지갑을 주웠는데 그것을 돌려줄까 생각은 했어요. 하지만 주인이 다른 주에 사는 걸 알고는 지갑에서 현금을 약간 빼서 다시 그 자리에 던져놓는 짓은 안 했어요.

이 긴 문장을 얼마나 반복 연습했는지 모른다. 나는 영어 섀도잉을 할 때 영상 속 상대 배우와 싱크가 정확하게 맞아 떨어지지 않으면 절대로 다음 문장으로 넘어가지 않았다. 이 문장을 연습할 때도 40분 동안 집중적으로 반복 연습했다. 혀가 꼬일 듯한 답답함 속에서 그만두고 싶은 마음이 정말 많이 들었다. 하지만 그럴 때마다 처음 문장을 읽었을 때, 10분, 20분, 30분 그리고 40분 동안 집중해 연습했을 때의 변화를 확인하자 작게나마 발전하고 있는 모습을 발견할 수 있었다.

나는 작은 변화, 작은 성취감에 초점을 두기로 했다. 연습이 너무 힘들면 바로 조금 전의 내 영상을 다시 확인하며 완벽하지 않아도 괜찮다고 다독였다. 어차피 완벽해질 수 있을 거라는 생각은 하지 않았다. 조금 전의 나, 어제의 나보다 조금이라도 나아졌다면 소중한 내 시간을 성공적으로 잘 보낸 것이라고 생각했다. 내겐 나를 돌아보며 작은 성취감을 느끼는 연습법이 아주 잘 맞았다. 그렇게 다음 날 다시 똑같은 문장으로 섀도잉해보면 곧바로 이전 날만큼 따라가지 못하더라도 조금만 지나면 어제의 나보다 또 발전해 있는 오늘의 나를 마주할 수 있었다. 그렇게 같은 문장에 익숙해지며 10분씩, 5분씩 연습 시간을 줄여나갔다.

며칠 동안 한 문장을 섀도잉해보면 재미있게도 어느 순간 대사를 보지 않고도 노래하듯 연기할 수 있게 된다. 실제로 〈굿플레이스〉 속 문장을 500번 이상 외쳤다고 자신한다. 그러면 한 문장이 온전하게 내 몸에 익어버린 상태가 된다. 그렇게 며칠 전의 나였다면 상상조차 할 수 없는 수준으로 발전한 자신을 발견하며 꾸준히 하면 된다는 양킹 형의 말이 떠올랐다. 정말 기뻤던 순간이었다.

누군가는 조금 더 빠를 수 있다. 누군가는 조금 더 느릴 수 있다. 내게는 딱 그만큼의 시간이 필요했다. 지금 다시 〈굿플레이스〉의 문장을 읽으라고 한다면 그때의 감각이 되살아나 연습 없이도 완벽하게 해낼 수 있다. 만약 그때 내가 포기했다면 내 운명은 어떻게 됐을지 모르겠다. 포기하지 않고 끝까지 목표를 부여잡고 꾸준하게 노력했던 수많은 시도들이 있었기에 지금의 나로 성장할 수 있었다고 확신한다.

그동안 내가 남긴 영상들을 살펴보면 시작과 끝은 항상 '긍정의 힘, POSITIVE'라는 말로 채워져 있다. 이제는 나를 보는 사람들도 모두 '긍정의 왕'이라 부르는 것을 보면 이름을 잘 지은 듯하다. 방구석에서 카메라에 대고 외치던 긍정의 주문이 나만의 에너지와 색깔로 자리 잡은 것이다. 나도 늘 외치다 보니 내가 말하는 대로 점점 더 긍정적으로 변해가는 듯하다. 원래 긍정적 성향이기도 했지만 이제는 99.9퍼센트 긍정만 생각하는 사람이 돼버렸다. 계산해보면 1년 365일 프로젝트를 실천하는 내내 긍정의 힘이라는 말을 하루에 두 번씩, 총 730번 외친 셈이다. 지금까지도 내 삶에 긍정의 힘이라는 작은 메아리가 울려퍼지고 있으니 이보다 더 좋은 것이 있을까 싶다.

책 읽기의 힘

이 글을 쓰기 전, 지난날의 기록들을 찾아봤다. 만감이 교차하는 기분이 들었다. 불쌍하기도 하고 안쓰럽기도 하고, 한편으론 대견하기도 했다. 다만 영어 공부 프로젝트와 함께 시작한 독서 프로젝트에는 영어 공부처럼 많은 시간을 쓸 수 없었다. 나는 원래 책만 읽으면 졸음이 쏟아지는 사람이었다. 심지어 잠이 오지 않을 때 책을 읽을 정도로 나는 책과는 거리가 정말 먼 사람이었다.

내게 꾸준한 독서의 습관을 선물한 사람은 정형석 형님이다. 형석 형님은 잘 알려진 프로그램 〈나는 자연인이다〉의 성우이자 배우다. 나는 20대에 형석 형님을 만났다. 내가 알고 지내는 사람 중에서도 특히 더 존경하는 분이다. 무엇보다 내게 정말 좋은 영향을 주신 감사한 분이다.

형석 형님은 내가 카페에서 아르바이트를 할 때 항상 한쪽에 앉아 책 한 권을 읽었다. 틈틈이 휴대전화를 보는 나와 대조적인 형님의 모습을 보며 마음속으로 참 멋있다고 생각했다. 형님의 멋진 모습을 보면서도 나는 오랜 시간 동안 책을 읽을 생각조차 하지 않았다. 그런데 코로나로 해외여행의 길이 막히고 새로운 경험을 쌓을 수 있는 창구가 막히기 시작하자 문득 형님의 말이 뇌리를 스쳤다.

책을 읽어라. 책은 정말 좋은 친구 같은 존재다.

살다 보면 누군가의 말이 들릴 때가 있다고 하는데 그 순간 나도 경험한 것이 아닐까 싶다. 나는 곧바로 형님에게 연락해 책 몇 권을 추천해달라고 부탁했다. 형님은 여러 책을 추천해주시면서 조금만 읽더라도 꼭 들고 다니라고 말씀해주셨다. 그 말을 새겨듣고 항상 책을 품고 다녔다.

먼저 책 읽기에 하루 5분을 투자하기 시작했다. 하지만 말처럼 쉽지 않았다. 그래도 내게 맞는 방법을 찾고자 하루 5분씩 책을 읽어갔다. 며칠에 걸쳐 5분에서 10분으로, 10분에서 15분으로 책 읽는 시간을 늘리거나 10분씩 2번을 읽는 등 책을 읽는 습관을 조금씩 들이기 시작했다.

처음 책 읽기를 시작하는 사람들에게 5분은 두 쪽도 넘기기 힘든 시간이다. 그런데도 5분씩 책 읽기를 꾸준히 실천한 것은 작은 성취감 때문이기도 하지만, 적어도 하루에 5분 이상은 읽을 거라는 확신이 있었기 때문이다. 또 책 읽기는 단 5분일지라도 투자할 만한 가치가 있다고 생각했다.

실제로 책 읽기를 실천하자 좋은 시너지 효과들이 생활 곳곳에서 나타나는 것을 느꼈다. 예를 들어 책을 읽다가 5분이 지나도 지금 읽던 장까지는 모두 읽어야겠다고 생각하며 긍정의 억지를 부리기 시작한 것이다. 긍정의 억지를 부리기 시작하니 5분에서 8분으로 책을 읽는 시간이 늘었다. 3분을 더 읽었다고 생각하니 정말 뿌듯했다. 그리고 생각보다 책 읽기가 재미있었다. 이렇게 긍정의 힘과 꾸준함의 힘으로 책 읽기에 습관을 들였고, 지금까지도 매일 책을 읽고 있다.

책 읽기에 관해서는 단연코 형석 형님에게 정말 감사하다. 특히 미국 할리우드에 도전장을 내밀었을 때 사주신 11권의 책이 많은 도움이 됐다. 90일의 여정 동안 가장 친한 친구이자 동행이었다. 나는 형님이 알려주신 방법대로 항상 가방 속에 읽고 싶은 책 한 권을 넣어 다니면서 외로울 때나 지칠 때 꺼내 읽었다. 그런 시간을 보내고 나서야 나는 비로소 책의 진정한 의미를 알게 됐다. 책은 정말 좋은 친구다.

2023년 2월 14일. 한강이 내려다보이는 63빌딩의 한 카페에서 형석 형님과 책에 관해 대화를 나눴다. 책은 항상 그 자리에 있으면서 언제나 대화를 나눌 수 있는 친구 같은 존재, 내게 무엇도 강요하지 않고 내가 다가가기 전까지 항상 나를 기다려주는 친구 같은 존재, 인생에서 흔들리는 순간이 찾아왔을 때 정말 필요한 친구 같은 존재가 아닐까 생각하게 됐다. 그렇게 좋은 책 한 권을 만나면 내가 주도하는 줄만 알았던 만남의 순간까지도 상대방의 가치를 배우고 따르고 받아들일 수 있게 되는 순간으로 바뀌어가는 듯하다. 그리고 거창한 이야기가 아니어도 수많은 사람들에게 내가 겪은 과정에서 찾은 좋은 에너지를 전달하고 싶다는 생각이 들었다.

작은 습관의 힘

D-365 프로젝트를 실천하면서 내가 수확한 것들은 긍정의 힘과 꾸준함의 힘, 그리고 건강한 마음과 단단하면서도 유연해진 마음이다. 영어, 책 읽기, 복싱 스킬 같은 단순한 기술보다 세상 무슨 일이든 결국 할 수 있다는 마음을 갖게 된 나 자신이 대견하다.

나도 사람이기에 두려울 때가 많다. 하지만 인생은 계속해서 선택하고 살아가야 하는 것이지 않은가. D-365 프로젝트를 통해 얻은 힘을 잃지 않고 좋은 방향으로 나아간다면 내일의 삶은 오늘의 삶보다 더 건강해져 있을 것이라 믿는다. 이런 마음들이 모여 행동이 뒤따르게 된 것이다. 결국 중요한 것은 마음이었다.

지금 생각해보면 살면서 겪은 힘든 일들은 뼈를 깎는 고통도 아니요, 단지 조금 피곤하고 귀찮을 일들뿐이었다. 잠시 포기하고 싶은 마음이 들더라도 하루만 지나 다시 생각해보면 내 선택에 따라 그 자리에서 멈출 것인지, 긍정적인 방향으로 나아갈 것인지 결정된다. 그렇다면 조금만 생각을 바꾸면 지금보다 더 건강한 삶을 유지할 수 있지 않을까? 나는 현재 내가 가진 습관의 가치를 알게 해준 2021년도의 나 자신에게 감사한다. 그때의 헤이든이 없었다면 지금의 헤이든이 없을 것이다.

만약 그때의 내가 단 하루라도 포기했다면, 어쩌면 지금의 나는 이 글을 쓰고 있지 않을지도 모른다. 넓은 미국의 땅에서의 도전을 하지 않았을지도 모른다. 할리우드에서 데뷔할 수 없었을지도 모르고 레드카펫의 영광을 누릴 수 없었을지도 모른다. 무엇보다 지금까지 만난 수많은 소중한 인연을 만날 수 없을지도 모른다. 내 모든 삶이 완전히 뒤바뀌었을지도 모른다.

이것 하나는 꼭 전하고 싶다. 혹시 지금 무언가를 하고 싶다는 생각이 드는 사람이 있다면 단 1분이라도 작은 것부터 성취해보길 바란다. 그 작고 소중하며 귀한 마음을 실천에 옮기고 꾸준함의 힘을 발휘해 작은 습관 하나부터 만들어보길 권한다. 걷기, 하늘 바라보기, 영어 단어 1개 외우기, 강의 1개 보기, 팔굽혀펴기 10개 하기 같은 것도 괜찮다. 지금까지의 삶에서 벗어나 아주 조금일지라도 발전적인 방향으로 시작할 수 있는 자신만의 무언가가 있다면 지금 당장 경험해보길 바란다. 그런 다음 자신이 흥미를 느끼는지 아닌지 판단하면 그만이다.

세상엔 내게 맞는 것과 맞지 않는 것이 존재한다. 내게 맞는 것이라고 해서 계속해서 재미만 있을 수도 없다. 노력을 해야 하는 순간이 분명 존재한다. 오히려 노력을 쏟는 시간이 가장 길지도 모른다.

손흥민 선수가 득점왕에 오를 수 있었던 것은 아버지와 함께 꾸준히 기본기를 연마했던 시간이 있기 때문이다. 그처럼 자신이 관심을 가질 수 있는 영역에 흥미를 찾고 꾸준히 근육을 길러봤으면 한다. 어쩌면 살을 에는 듯한 고통을 겪지 않아도, 비싼 값을 치르지 않아도 마음만 먹으면 공짜로 기를 수 있는 것이 바로 긍정의 힘과 꾸준함의 힘으로 쌓아올린 습관이다. 2023년 2월 11일의 내가 2021년의 내게 드라마 〈시그널〉에서처럼 무전을 칠 수 있다면 이렇게 말해주고 싶다.

고생했어, 정말 고맙다. 너 임마, 그거 계속해. 잭팟이다!

비자 없이 떠나는
워킹 홀리데이

영어 공부를 하는 방법 중에 대표적인 것이 워킹 홀리데이다. 주로 해외에 일정 기간 머물면서 생활비도 벌고 현지 언어도 배우는 일석이조의 방법으로 잘 알려져 있다. 내가 선택한 영어 공부 방법 중 하나도 6개월간의 워킹 홀리데이였다. 하지만 해외가 아닌 우리나라에서 워킹 홀리데이를 떠난 것이다. 그때의 경험이 내 영어 실력을 한 단계 업그레이드시켜줬다고 믿는다.

할리우드 진출을 위해 영어 공부 시간을 2시간으로 늘리고서 6개월 정도 지난 때의 일이다. 그때 나는 섀도잉, 스크립트script 연습 등 모든 방법을 총동원해 매일 2시간씩 공부 시간을 채워가고 있었다. 지루함과 싸우는 힘든 시기였다. 포기하고 싶은 순간도 정말 많았고, 내가 무엇을 하고 있는지 헤매기도 많이 했다.

나의 현실을 평가하기 위한 방법을 찾던 중 전화로 영어를 테스트할 기회를 발견했다. 내가 마주한 현실은 충격 그 자체였다. 영어 공부 18개월 차임에도 불구하고 잔뜩 긴장한 채 선생님의 말은 하나도 알아듣지 못하고, 대답도 불분명했다. 그냥 한마디로 영어를 너무 못했다. 가장 큰 문제는 질문이 무엇인지도 모르면서 이해하고 있는 척하려는 태도였다.

현실에 대한 냉철한 파악 없이 무작정 긍정의 정신력 하나로 버텨왔다는 생각마저 들었다. 1년 6개월 동안 공부했으면서 동사 자리에 명사를 넣는 실수를 계속했다. 또 과거형과 미래형을 배운 적도 없다는 듯 자신 있게 똑같은 시제로 말하는 실수도 여전했다. 그나마 근성 하나만큼은 인정할 만했다. 테스트를 마친 후 영어 선생님은 이런 말씀을 해주셨다.

선생님　　영어를 좋아하고 즐기는 건 너무 좋은 자세예요. 그런데 즐기기만 하면 안 돼요. 두잉doing만 하고 있는 것은 효율적이지 못해요. 왜 내가 이걸 하고 있는가, 왜 내가 섀도잉을 하고 있는가에 대해 의문을 가져보면 좋겠어요. 그런 의문을 가지고 왜 영어를 공부하는지에 대한 이유까지 찾는다면, 더욱 도움이 될 거예요.

헤이든　　네…. 고맙습니다. 선생님…!

전화 영어 테스트는 영어 공부를 하는 목적을 다시금 생각하는 기회가 됐다. 왜 섀도잉을 하는지에 대한 답을 찾자 어떻게 섀도잉을 할 것이고 어떤 강의를 봐야 할지, 지금 하고 있는 공부와 어떻게 병행할 것인지 등 조금 더 구체적인 방향들이 하나하나 잡혀가기 시작했다. 그리고 어떻게 행동해야 하는지, 주변 환경을 어떻게 변화시킬 수 있을지에 대한 생각으로 이어졌다.

동교동에서 워킹홀리데이를 외치다

사실 전화 영어 테스트의 피드백을 듣고 나는 큰 충격을 받았다. 내 기대보다 훨씬 부족한 현실을 마주하고는 영어에 대한 자존감이 떨어지려 한 것도 사실이다. 하지만 다시금 새로운 방법을 강구해보는 것이 낫다고 생각하게 됐다.

그 순간, 만약 지금 코로나만 아니었다면 해외에서 워킹 홀리데이를 경험해볼 수 있었을 거란 생각이 들었다. 게다가 그때 나는 앞으로 워킹 홀리데이를 다녀올 수 없는 나이로 넘어가기 직전인 스물아홉 살이었다. 지금 당장 해외로 나갈 수 없는 처지가 되니 더욱 워킹 홀리데이에 대한 간절함이 컸던 듯하다. 그러자 갑자기 이런 생각이 들었다.

이태원에 가면 외국인들이 정말 많은데, 그중에서 혹시

가게를 운영하는 사람이 있지 않을까? 만약 영어를 쓰는 외국인 사장님 밑에서 일한다면, 돈도 벌고, 영어도 쓸 수 있잖아. 게다가 비행기 티켓값이며 생활비는 걱정하지 않아도 되고. 워홀러나 이민자들이 말하는 향수병 같은 것도 절대 없을 테고. 지금의 내 상황에선 최선이 아닐까?

그 즉시 나는 알바 취업정보 사이트에 접속해 '영어 우대'라고 검색했다. 영어 우대라고 적혀 있다고 해서 꼭 필요하다는 말은 아닐 거라며 마음대로 해석하면서. 일단 서류 전형에서 영어를 잘한다고 나를 소개하고 면접에서 자신감을 무기로 통과하겠다는 전략이었다.

알바 취업정보 사이트에는 영어 우대자를 찾는 구인 정보가 정말 많았다. 구인 정보 게시글 사이에서 바로 일주전에 올린 '탐스피자'라는 상호의 게시글이 운명처럼 내 눈에 들어왔다. 동교동에 위치한 탐스피자는 탐Tom이라는 사장님이 운영하는 피자가게로, 영어로 대화할 수 있는 서버를 찾는다고 했다.

검색을 해보니 한 백인 형님이 미소를 머금은 얼굴로 피자를 들고 있는 사진이 나왔다. 또 유튜브에서 찾은 영상 몇 개에서는 탐이라는 사장님이 연신 영어를 쓰면서 외국 바이브를 제대로 보여주고 있었다. 매장의 음식이며 분위기도 진짜 외국에서 볼 법한 펍의 분위기였다. 나는 곧바로 이력서와 함께 장문의 메일을 보냈다.

하루가 지나고, 이틀이 지나도 답변은 돌아오지 않았다. 도저히 기다리기만 할 순 없었다. 메일을 다시 보내기보다는 좀 더 개인적으로 접근하는 것이 좋을 거라는 생각에 탐스피자의 인스타그램을 뒤져 탐에게 디엠Direct Message을 보냈다. 어떻게든 탐스피자에서 일을 하고 싶다는 마음을 전하고 싶었다.

Hello, Tom. I'm Hayden.

Nice to meet you. I sent my resume to your email. But I didn't get your answer. I really wanna work at your shop. Because I'm an actor in Korea, thesedays I've been studing English to become an Hollywood actor. So I need to increase my English skill too. So if you give me a chance to work at your restaurant, I'll do my best service as an waiter. And then if you have already another server, I can wait till when you find new server. I really wish to work at your restaurant, Tom! I'm looking forward to interview with you soon.

Have a great day.

안녕하세요. 탐. 저는 헤이든이에요.

만나서 반갑습니다. 제 이력서를 이메일로 보냈습니다. 그러나 아직 답장을 받지 못해서요. 저는 정말 당신의 가게에서 일을 하고 싶습니다. 저는 한국의 배우인데 요즘 할리우드 배우가 되고 싶어서 영어 공부를 시작했습니다. 그래서 사실 제 영어 실력을 향상시켜줄 게 필요해요. 만약 당신의 레스토랑에서 일할 기회를 주신다면 웨이터로서 최선을 다해서 일하겠습니다. 그리고 만약 당신이 이미 서버를 두고 있다면 당신이 새로운 서버를 찾을 때까지 기다릴 수 있어요. 정말 일하고 싶습니다, 탐! 당신과 곧 면접을 보기를 학수고대합니다.

오늘 행복한 하루 보내세요.

얼마나 고민하고 고치기를 반복하며 써 내려갔는지 모른다. 또 디엠을 몇 차례 보낸 후 드디어 탐에게 답장이 왔다.

Oh, I'm sorry. My wife couldn't check our email. She's gonna check your resume and then my wife gonna contact you.

아, 죄송해요. 제 아내가 이메일 확인을 못 했었네요. 아내가 이력서 확인하고 연락드릴 겁니다.

희망의 불씨가 타오르기 시작했다. 역시 두드리면 안 되는 건 없었다. 그렇게 나는 2020년 10월 19일 월요일, 탐스피자에서 첫 인터뷰에 임했다.

처음 마주한 그레이스는 너무나 따뜻하고 좋은 인상을 가진 사람이었다. 나는 그레이스에게 정말 이 일을 하고 싶고, 내 가게처럼 최선을 다하겠다고 말했다. 더불어 내가 왜 이 일을 하고 싶은지에 대한 이유를 분명하게 설명했다. 그레이스는 내 도전 정신이 정말 멋지다면서 내 예상대로 외국인 손님이 정말 많이 찾아온다고 설명해줬다. 특히 탐과 계속 얘기를 나누는 단골들이 있으니 그들과도 대화를 나누다 보면 영어 실력이 더 좋아질 거라면서 진정으로 격려해줬다. 그러면서 바로 이번 주부터 출근해보라고 했다.

오디션에 합격했을 때만큼이나 기뻤다. 정말이지 말 그대로 날아갈 것 같은 기분이었다. 방구석을 탈출해 진짜 영어를 사용하는 곳에서 일할 수 있게 된 것이다. 이거야말로 진정한 워킹 홀리데이라는 생각이 들었다. 호랑이를 잡으려면 호랑이 굴에 들어가야 한다는 말처럼 진짜 영어를 쓰려면 영어굴에 들어가야 하는 법. 역시, 옛말은 틀림이 없다.

시간은 배신하지 않는다. 때를 기다릴 뿐

그렇게 D-365 프로젝트에서 남은 6개월 정도의 시간을 불태우리라 다짐하며 탐스피자에서의 첫 근무가 시작됐다. 막상 일을 시작하자 매순간 벌벌 떨렸다. 탐과의 대화에서도 어색한 미소를 지을 뿐, 내가 그와 대화를 하는 것인지, 벌을 받고 있는 것인지 모를 만큼 이상한 기분이 들었다. 영어를 쓰는 곳에서 일을 시작한 만큼 똑 부러지게 알아듣고 일 잘하는 직원이 돼서 탐에게 피해를 주지 않으려고 긴장한 탓이었다.

한번은 탐이 냉장고에서 어떤 재료를 가져오라고 했는데 못 알아들은 적이 있다. 나는 호기롭게 "파든pardon?"이라고 외쳤다. 그런데 탐은 조금 전과 똑같이 말할 뿐이었다. 당연했다. 탐이 원하는 재료는 바뀌지 않았고, 단어도 변하지 않으니 말이다. 한 번 더 물어보고 나서 나는 탐이 말한 재료를 알아들었다는 척 "오케이!"라고 대답하고 말았다.

나는 탐이 원하는 것이 무엇일지 유추해가며 고기덩어리 하나를 집어 들었다. 내가 가져간 재료를 본 탐은 자신이 원하는 재료가 아니었던지 바디랭귀지로 설명하기 시작했다. 마치 〈가족오락관〉의 한 장면처럼. 그 순간, 탐이 말한 재료가 무엇인지 떠올랐고 나는 빛의 속도로 "아! 아임 쏘리!"를 연발하며 재료를 가져다줬다. 그리고, 이런 일상이 탐스피자에서는 매일같이 반복됐다. 긍정의 왕이라 불리던 내가, 자신감의 아이콘이던 내가 진짜 무너지지 않으려고 얼마나 애를 썼는지 모른다. 그때를 생각하면 정말 지금도 식은땀이 나는 듯하다.

본격적으로 탐스피자 생활을 하면서 많은 외국 손님들을 마주했다. 모두 한국에 사는 외국인 형님들이었다. 캐나다에서 온 마크 형, 인도에서 온 수딕 형, 미국에서 온 준, 러시아에서 온 피터 형, 그리고 호주에서 온 오지코리안 친구 등을 만났다. 그들은 마치 향수를 달래기라도 하듯 매일같이 가게를 찾았다. 먼 타국에서 생활하는 것이 얼마나 고될지, 또 가족은 얼마나 보고 싶을지 생각하니 안타깝기도 했지만, 한국이 좋아 이곳에서 도전을 이어가는 모습을 보며 많은 감동을 받았다. 물론 내 영어 실력을 키우는 데 많은 도움을 준 사람들이라 고마운 마음도 있었다.

아마도 그레이스가 없었다면 탐스피자에서 일하는 것을 포기했을지도 모른다. 모든 순간이 관문처럼 느껴졌다. 설거지를 하는 동안에도 탐과 손님들이 나누는 대화들을 들으며 듣기 평가를 하듯 온 신경을 집중했지만, 인사말과 음식 주문 이외에는 외계 언어를 듣는 듯했다. 너무나 빠른 대화 속도, 들리지 않는 단어들, 익숙치 않은 영어 어순이 발목을 잡았지만 다시 한번 나를 돌아보게 만들어줬다. 그리고 그때 생각했다. 시간이 필요해. 시간이.

외국에서 살다 온 우리 형이나 지인들에게 언제 어떻게 영어를 하기 시작했는지 물으면 대부분 시점이 달랐다. 하지만 공통점은 있었다. 바로 영어에 쏟아붓는 '시간'이다. 대부분 하나같이 영어가 들리는 '때'가 찾아온다고 했다. 어쩌면 탐스피자에서 일하는 바로 그 '시간'을 잘 버텨낸다면 나도 영어가 들리는 '때'를 만날 수 있지 않을까라는 생각이 들었다. 그리고 원어민처럼 영어를 완벽하게 구사하겠다는 불가능한 미션을 달성하려는 마음을 접고 지금 눈앞에 펼쳐진 상황을 더 긍정적으로 바라보자고 생각했다. 영어를 잡으러 '영어'굴에 들어온 이상, 두려움에 굴복하기보다 맞서보자고 말이다.

나는 탐은 물론이고, 단골들과 어울리려 노력했다. 그리고 나는 근무를 시작한 이후 모든 손님들에게 영어로 응대를 했다. 영어가 불편하신 분들에게는 한국말로 응대를 하기도 하면서 영어의 활용도를 높였다. 그러면서 주 5일을 근무하다 보니 시간이 지나자 나는 외국인 손님들뿐만 아니라 한국인 손님들에게도 영어로 응대를 할 수 있었다.

영어라는 언어가 가진 에너지

탐스피자는 기본적으로 오픈 전부터 웨이팅이 있는 가게다. 손님들은 기다림에 지쳐 있다가도 한국인 직원이 나와 영어로 안내를 하는 모습에 신선함을 느끼는 듯했다. 게다가 바쁘게 돌아가는 가게에서는 직원들이 딱딱하고 정제된 기본적인 예의만 갖춘 언어를 쓰기 쉽다. 하지만 이상하게 나부터도 영어를 사용하게 되면 손님들에게 조금 더 밝은 에너지로 감사의 표현을 더 많이 하게 됐다.

활기차게 영어로 서빙하는 내게 손님들은 "한국인 아니세요?"라고 묻기도 했다. 진짜 미국인인 줄 알았다거나 미국인으로 오해하는 분들도 있었다. 심지어 코리안—아메리칸 친구들도 나와 몇 마디를 나눠보고는 나를 자신과 같은 코리안—아메리칸으로 보기도 했다. 나는 영어에 대한 자신감이 더욱 늘어갔다. 이대로 계속 공부한다면 내가 그토록 꿈꾸던 할리우드에서 미국인들과 함께 연기할 수 있겠다는 희망도 커졌다. '영.알.못'인 내가 영어 연기만 해도 성공이라고 생각했는데 정말로 모든 사람을 속일 수 있는 진짜 연기자가 될 수 있겠다는 자신감이 들기 시작했다.

영어로 서빙을 하는 동안 민망한 순간을 겪기도 했다. 자신감 넘치게 영어로 응대했다가 아주 자연스럽게 영어로 역질문을 하는 네이티브들을 만났을 때가 대표적이다. 때로는 못 알아들으면서 얼버무리기도 했지만, 실수하지 않기 위해 곧바로 한국어로 "이거 말하시는 거죠?"라고 하기도 했다. 영어 실력을 키우는 것도 중요했지만, 탐에게 피해가 가면 안 된다는 생각에 궁여지책으로 한국어를 쓰는 경우도 있었다. 그러면 손님들은 "어? 한국분이셨어요?"라고 놀라셨지만, 나로서는 정말 부끄러웠던 순간들이었다.

그런데 신기하게도 영어로 응대하다 실수하는 날들은 점차 줄어갔다. 단번에 알아듣지 못해 헤매던 손님들의 요구사항들도 하나둘 빠르게 알아들을 수 있었다. 지금 돌이켜보면 중요한 건 시간이었다. 점점 더 영어에 많이 노출되면서 나도 모르게 조금씩 성장한 듯하다. 이제는 영어권 국가 어디를 가더라도 "What can I get for you?"는 누구보다도 자신 있게 말할 수 있다고 자부한다.

I will show you

누구나 언어를 배울 때 지속적으로 가졌으면 하는 마음이 있다. 바로 작은 성취감 느끼기. 예를 들어 "What can I get for you?"라는 문장은 내가 영어 공부를 할 때에 배웠지만 까맣게 잊고 있던 문장이다. 나는 주로 대답하는 것을 위주로 공부했기 때문에 "Can I get a ~?"에 조금 더 비중을 두고 공부를 할 수밖에 없었다. 하지만 탐스피자 근무를 시작하기 전에 공부하며 배운 영어, 일을 시작하고서 직접 문장을 사용하며 일주일 동안 익힌 영어, 짧게는 한 달에서 길게는 6개월 후에 사용하는 영어를 비교하면 확연히 달라진 모습을 발견할 수 있었다.

작은 성취감이 모이자 점점 더 자신감이 붙었다. 나는 일주일이 지났을 때도 내가 어떤 문장을 점점 내 것처럼, 내 말처럼 자연스레 사용함에 감사하고 뿌듯함을 느꼈다. 이 작은 성취는 내가 스스

진정한 영어 스승님, 동교동 피자왕과 삼겹살 회식

로 하기 가장 쉽고, 꾸준히 해야 하는 거라 말씀드리고 싶다. 이게 없으면 정말이지 한순간에 무너지기가 십상이다.

한번은 탐이 손님들에게 나를 소개한 적이 있다. 내가 영어 공부를 해서 할리우드에 갈 것이고 그 준비를 위해 탐스피자에서 일하고 있다고 말이다. 많은 사람이 내게 응원과 격려의 말을 건넸지만, 부정적으로 보는 손님도 있었다. 특히 한국에서 외국 배우로 활동하고 있는 손님이 내 이야기를 듣더니 이렇게 말했다.

손님   할리우드를 가겠다고? 미국에서 연기 공부 해본 적은 있어?

헤이든   아니, 아직 한 번도 가본 적 없지.

손님	그래? 그럼 지금 그렇게 해서 너가 할리우드를 갈 수 있다고 생각하는 거야?
헤이든	응. 나는 가능하다고 생각하고 매일 꾸준히 해보고 있어.
손님	푸하하하, 미치겠다. 미국에 가본 적도 없는 네가 무슨 수로 할리우드를 가. 친구야 할리우드는 말이야. 네가 생각하는 그런 곳이 아니야. 그곳은 세계의 모든 배우들이 모여서 경쟁하고 살아남으려고 발버둥 치는 곳이야. 사이즈가 완전히 다르다고. 내가 미국에서 연기공부를 하다 와서 잘 아는데, 꿈 깨. 그게 너의 그 아까운 시간을 지켜줄 거야.
헤이든	…. 내가 보여줄게.
손님	푸하하, 그래 마음대로 해봐. 진짜 재미있는 녀석이네.

그 순간 부끄러움, 민망함, 분노 같은 온갖 감정이 복합적으로 느껴졌다. 하지만 나는 바 테이블 밑으로 두 주먹을 불끈 쥐었다. 옆에서 그의 말을 듣던 탐은 자기 생각은 다르다며 조언을 해줬다.

탐	나를 봐라. 나도 이 피자가게를 하기 전까지 그냥 식당에서 일만 했어. 그런데 피자가게가 마지막이라고 생각하면서 죽을 각오로 시작했는데, 지금 이거 봐. 그래도 동교동에서 맛집으로 인정받았잖아. 아니야, 헤이든 할 수 있어, 꿈꾸고 노력하면 돼.

지금도 그날의 장면이 잊히지 않는다. 그의 표정, 말투, 나를 정말 한심하게 바라보는 눈빛까지도. 그는 내게 정말 강력한 부정의 에너지를 전했지만, 나는 두 주먹을 불끈 쥐면서 다시금 강력한 긍정의 에너지를 되찾고자 노력했다. 그리고 내가 그에게 웃어 보이며 전한 말을 더욱더 간절하게 지키고 싶어졌다.

I will show you.

나는 기필코 할리우드에 갈 것이라고, 반드시 그에게 내 좋은 소식을 전할 것이라고 다짐했다. 그렇게 이를 악물며 퇴근한 후 컴퓨터 앞에 앉아 3시간을 더 공부했던 기억이 난다. 탐스피자에서 일하는 동안 유일무이한 일이긴 했지만, 그와 비슷한 시선과 눈빛은 여전히 존재했다.

탐도 그날의 일을 기억하고 있었다. 그날 내 어깨가 참 쓸쓸해 보이고, 안쓰러워 보였다고 했다. 무엇보다 예의 없는 손님의 말에 웃음으로 응대하는 모습이 고마웠다고 했다. 내가 진짜로 웃고 있는 것이 아님을 깨닫고는 손님만 아니었다면 자신이 먼저 한 대 때려주고 싶었다고도 했다. 이런 말 한마디 한마디가 나를 지탱하게 만들었다.

한국에서 찾은 워킹 홀리데이는 영어도 배우고 돈도 벌고 좋은 사람들도 만나고 일석이조를 넘어 일석삼조, 일석오조, 일석십조였다. 할리우드에 도전하기 전 6개월이라는 시간은 좋은 경험이자 훌륭한 밑거름이 됐다. 내가 탐스피자를 선택한 순간은 마치 바둑에서 가장 중요한 '신의 한 수'를 둔 것이나 마찬가지다

Arrival 1

1년이란 시간 동안 한 평 남짓한 공간에 종이 포스트잇으로 할리우드라는 사인을 만들어가며 하루하루 쉼 없이 달려왔다. 누군가는 무모하다 말하고 누군가는 좋은 생각이라며 응원과 지지를 보내줬다. 나 또한 수많은 충동과 갈등 속에 하루하루를 지내왔다.

　지난 1년을 돌이켜보면 그땐 미처 깨닫지 못한 내 성장한 모습이 눈에 들어온다. 영어의 주어와 서술어도 몰랐던 내가 점점 주어와 서술어의 조합을 궁금해했고 문장의 배열을 정확하게 이해하고자 공부를 하기 시작했다. 그렇게 인풋들이 하나하나 쌓여가면서 어떻게 하면 올바른 아웃풋으로 끄집어낼지 끝없이 고민했다. 또 영어에 관심 있는 사람들과 함께 어울리며, 서로 정보들을 공유하고 응원하고 격려하며 지내는 날들이 이어졌다. 그 과정에서 점점 세상에 대한 궁금증이 더욱 커지고 조금씩 자신감이 쌓여갔다.

그 시간과 자신감 덕분에 런던으로 여행을 떠날 수 있었다. 런던의 여행에서는 지금까지 배웠던 것을 가감 없이 써보려고 노력했다. 비록 엎어지고 깨지고 양파를 넣지 않은 핫도그를 받았음에도 불구하고 웃음을 잃지 않으며 양파를 다시금 받아내는 근성까지 얻었다. 이러한 시행착오가 내 것이 되는 과정을 통해 경험의 소중함을 체험했다.

영어로 소통하고 싶다는 목표, 할리우드 배우가 되고 싶다는 목표, 꾸준히 무언가를 하는 사람이 되고 싶다는 목표의 방향성이 비슷한 사람들을 만날 수 있었던 순간들에 감사함을 느낀다. 대한민국에서 한국말을 할 줄 알면서 일부러 영어를 써가며 대화를 할 때, 나보다 영어 잘하는 사람들을 만나 다른 질문을 받을까 두려울 때, 냉탕과 온탕 같았던 순간의 기억이 성장의 동력이지 않을까 싶다. 탐스피자에서 만났던 손님들의 얼굴들도 떠오른다. 그들의 삶을 옆에서 지켜볼 수 있다는 데 너무나 감사했고, 참 좋은 경험이었다.

내 꿈을 위해 영어를 배우고 쓰면서 다양한 사람을 만나게 됐다. 사람을 만나고 인연을 소중히 여기고 사랑하다 보니 친구가 되고 새로운 인연이 됐다. 각자 살아온 인생의 깊이를 공감할 수 있었고 교감할 수 있었다. 그들과 함께할 순간들을 생각하면 너무나 설렌다. 이 글을 쓸 수 있는 것도 소중한 그 친구들 덕분이지 않을까.

내 영어의 기초를 잘 잡아주고 지금까지도 옆에서 항상 응원해주는 권필 선생님, 미국으로 떠나기 전까지 계속해서 영어를 잘 잡아주고 교정해준 다이앤Diane 선생님, 그리고 우리의 만남을 도와준 연주님, 습관의 힘과 꾸준함의 힘을 많은 사람에게 알려주고 있는 양킹 형, 미국행과 미국에서의 생활, 오디션 정보 등 정말 많은 도움을 준 친구 로라, 영어를 잘하지도 못하는 나를 믿어주고 영어 실력이 늘 수 있게 직접 도와주고 지금까지도 항상 따뜻하게 대해주는 동교동 최고의 피자 맛집 사장님 탐과 그레이스, 책 읽기의 길에 들어서게 해주고 배우로서, 사람으로서 좋은 길에 안내해주고 지금도 함께 열정적으로 공부하고 함께 고민을 나누는 소중한 내 친구 형석 형님이 있기에 지금의 내가 있다고 생각한다.

내가 나를 지지해준 인연과 내 소중한 가족들 등 감사한 사람들의 이름을 하나하나 나열하는 이유는 내가 한 발을 뗄 수조차 없을 만큼 힘들 때 용기를 낼 수 있게 옆에서 큰 힘을 실어줬던 사람들이기 때문이다. 이들의 도움 없이 혼자서는 절대 할 수 없음을 내가 가장 잘 알고 있다. 너무나 고맙고, 보답하겠습니다.

미지의 세계로
Do, Dream

아메리칸 드림

저곳에 갈 수 있을까

불가능, 그것은 아무것도 아니다

D-365 프로젝트가 끝나갈 때쯤이자 미국으로의 도전을 30일 앞
둔 시점에 로라로부터 연락을 받았다. 오디션 정보가 있다면서 내
게 연락을 준 것이다. 로라가 알려준 오디션의 캐릭터도 내게 잘
어울릴 것 같았다.

　로라의 유튜브 채널에 내가 댓글을 남긴 것을 계기로 우리는 정
말로 몇 개월 뒤 영어 연기를 서로 도와주는 사이가 됐다. 로라
가 알려준 오디션은 참가 자격 조건이 북미 지역only American citizen or
Canadian Citizen으로 제한돼 있었다. 하지만 간단하게 물러날 헤이든
이 아니다. 이 오디션 또한 내 가능성을 시험해볼 좋은 기회라 생
각했다. 고스톱을 쳐본 사람은 누구나 알 만한 격언에도 있지 않은
가. 못 먹어도 고! 안 되면 되게 해보자.

운명과도 같은 인터뷰

우선 오디션에 지원해보고 안 된다고 하면 포기하면 그만이다. 내가 무례하게 행동하지 않는 이상 손해 볼 일은 없었다. 그렇게 나는 영화 담당 캐스팅 디렉터에게 메일을 보내어 지원을 해도 되는지 물어봤다. 그리고 로라의 도움을 얻어 캐스팅 디렉터가 내 연기 콘텐츠를 확인할 수 있도록 영상에 영어 자막을 넣고 유튜브에 콘텐츠를 올리는 작업부터 시작했다. 그리고 최대한 예의를 갖춰 담당 캐스팅 디렉터에게 메일을 보냈다.

Hello, Damian. I'm Hayden. Good to talk to you. I'm an actor from Korea. Acting in Korea has been great, buy I wanna go to Hollywood and become an actor there too. So I'm so preparing hard to go there. So my friend who knows my situatuion recommended me about your project. That's why I'm trying to write a message to you. You know, I can converse with foreigners in English, But I'm not a native speaker. I read the audition Bio, and I think the man character suits me so I really wanna try to apply this audition! I sent my acting reel here. I recently appreared as a co-star in Netflix called the Uncanny Counter. I would like to make a self tape for it and send it to you soon! Could I join it?

안녕하세요, 데이미언. 저는 헤이든입니다. 반갑습니다. 저는 한국의 배우입니다. 한국에서의 활동을 잘하고 있어요. 그러나 저는 할리우드에 가서 할리우드 배우도 되고 싶습니다. 그래서 그곳에 가기 위한 준비를 열심히 하고 있어요. 제 친구가 당신의 프로젝트에 대해 소개해줬습니다. 그래서 제가 당신에게 메시지를 보낼 수 있었어요. 저는 외국인과 영어로 대화할 수 있어요. 하지만 원어민 수준은 아닙니다. 그리고 오디션 역할 소개를 읽었는데 그 역할이 저와 잘 어울릴 거라 생각해요. 그래서 이 오디션에 정말 지원하고 싶었습니다. 제 연기 영상을 보냈습니다. 저는 최근 〈경이로운 소문〉이라는 넷플릭스 드라마에 출연했어요. 셀프 테이프를 정말 만들어서 보내드리고 싶어요. 제가 참여해도 괜찮나요?

며칠 뒤 캐스팅 디렉터에게서 답장이 왔다.

Hi Hayden! So nice to meet you! Yes, Please apply! Check the link in my bio. Looking forward to your tape :) And let me know if u have any issues :)

안녕하세요, 헤이든 씨! 반가워요. 네, 보내주세요! 제 링크에 있는 내용을 확인해보시고요. 당신의 영상 기대하겠습니다. 다른 궁금한 점 있으시면 연락주세요. :)

눈웃음이 가득한 답장에 나는 환호성을 질렀다. 역시 기회는 두드리는 자에게 오는 것! 더불어 로라와 함께 미국 영화 오디션을 같이 준비할 수 있게 됐다는 사실이 가장 기뻤다.

나는 로라 덕분에 얻은 오디션 기회를 살려 열심히 준비했다. 영어 연기는 처음이지만 로라의 도움을 많이 받아 첫 셀프테이프self tape를 제작했다. 셀프테이프 제작 과정에서도 로라와 함께 호흡을 맞춰보고 서로 더 좋은 신scene을 만들기 위해 고민하며 같이 호흡하는 그 순간이 정말 행복하고 설렜다. 새로운 설렘 앞에서 함께 동행해주는 친구가 있어 정말 든든했다.

셀프테이프를 보내고 며칠 뒤, 합격 통보를 받게 됐다. 내가 오디션에서 패스를 하다니 믿기지가 않았다. 그동안 꾸준히 공부해온 나에게 주는 선물과도 같았다. 캐스팅 디렉터는 나와 파이널 인터뷰를 진행하고 싶다고 했다. 나는 생애 처음으로 '헤이든 원

Hayden Won'이라는 이름이 박힌 영어 대본을 받았다. 그 순간이 정말 어찌나 설렜는지 모른다. 방구석 영어가 이제는 사람들과 함께 호흡하며 주고받을 수 있는 연기로 거듭나도록 성장했다는 사실이 정말 놀라웠다.

그동안 도움을 준 많은 분들이 떠올랐다. 해외에 살고 있는 많은 '아침이'분들도 내가 가상 인터뷰를 할 수 있도록 도와주셨다. 아침이는 클럽하우스로 진행했던 '굿모닝 아침마당'이라는 프로그램의 청취자들을 부르는 말이다. 특히 다이앤 선생님은 전체 스크립트 연습부터 오디션 인터뷰까지 도와주셨다. 내 이름이 적힌 대본을 들고 찾아가 선생님과 함께 환호를 지르던 순간, 앞으로 내 인생이 전혀 다른 방향으로 펼쳐질 거라는 느낌이 들었다. 더군다나 영화의 촬영 일자와 할리우드 진출을 목표로 삼은 날짜가 거의 같은 시기여서 운명적으로 느껴졌다.

파이널 인터뷰는 파이널 오디션 개념이었다. 기본적인 자기소개, 스태프와 영화 소개로 가벼운 토크를 나눈 후 사전에 나눠준 스크립트로 다시 연기를 하는 순서로 이뤄졌다. 처음부터 끝까지 모든 과정이 영어로 진행되는 만큼 긴장감이 컸다. 코로나 시국이라 줌 미팅으로 인터뷰가 이뤄져 이제는 미국 진출을 위한 오디션도 랜선으로 볼 수 있는 세상이 왔음을 새삼 느꼈다.

전화 인터뷰와는 정말 달라도 너무 달랐다. 사실 파이널 인터뷰에 앞서 로라에게 인터뷰를 도와줄 수 있냐고 도움을 요청한 상태였다. 그토록 중요한 오디션에서 내가 한마디도 알아듣지 못하면 어쩌나 하는 걱정이 들었기 때문이다. 하지만 인터뷰 전, 다이앤 선생님이 해주신 말이 내 마음을 바꿔놓았다.

다이앤 선생님은 난관에 부딪쳐도 밀어붙이는 게 헤이든이고, 그게 긍정의 힘 아니냐면서 지금껏 열심히 잘해왔으니 충분히 할 수 있을 것이라고 용기를 주셨다. 한번 의지하기 시작하면 계속 의지하고 싶어질 테니 혼자 힘으로 부딪쳐보라고도 하셨다. 나약한 내 모습을 만인 앞에 들킨 느낌이었다. 결국 나는 로라의 도움을 받지 않고 혼자 해보기로 했다.

다행히 인터뷰를 진행하는 스태프의 말을 어느 정도 알아듣고 대답을 할 수 있었다. 완벽하진 않아도 한국에서 찾은 워홀의 효과를 제대로 보는 듯했다. 영어를 하다 보면 점점 들릴 거라던 그레이스 말이 맞았다. 만약 로라의 도움을 받았다면, 이러한 희열을 온전히 느낄 수 없을뿐더러 다이앤 선생님의 말대로 나답지 않았을 거라는 생각이 들었다. 참 고마운 사람들이다.

인터뷰를 마친 후에는 연기를 하는 과정이 있었다. 두 번 다시 찾아오지 않을 순간이기에 나는 온 신경을 집중해 연기에 임했다. 그동안 수없이 몰입하고자 노력하면서 읽었던 대본이기에 실수 없이 마쳤다. 그런데 두 번째 연기가 끝나는 순간, 정적이 감돌았다. 그러더니 갑자기 인터뷰에 참여했던 스태프들의 박수 소리가 들렸다. 그때 감독님의 말이 기억에 남는다.

You did a really great job.

연기자들은 그 한마디를 듣기 위해 며칠을 고민하고 되뇌고, 또 고민하고 되뇌기를 반복한다. 오디션이 끝났을 때 느낀 희열은 성패를 떠나 정말 말로 형용할 수 없는 쾌감에 가까웠다. 무엇보다 이번 오디션은 내게 너무나 특별한 경험을 안겨줬다.

세상의 모든 이야기가 예상 가능한 대로 흘러간다면 재미가 없는 법. 오디션 결과, 나는 아쉽게도 캐스팅되지 않았다. 아마도 나보다 더 좋은 배우가 있었을 것이고, 다른 이유가 또 있었을지 모른다. 하지만 오디션을 담당한 캐스팅 디렉터는 비자 문제가 가장 큰 걸림돌이었다고 말해줬다. 결과의 이유가 무엇이든 잘 받아들이는 편인 나조차도 그 결과는 참 받아들이기 힘들었다.

실로 충격이었다. 미국에 가서 연기를 하고 싶다고 선언하면서도 정작 중요한 부분을 놓치고 있기 때문이다. 하지만 오디션을 계기로 나는 O-1 비자visa의 존재를 정확히 알게 됐고 첫 셀프테이프도 만들어볼 수 있었다. 무엇보다 내가 영어로 감정을 전달할 수 있는 수준에 도달해가고 있다는 확신을 얻은 것이 컸다. 그것만으로도 긍정의 시그널을 얻은 셈이었다. 아쉬운 마음은 빨리 떨쳐버려야 하는 법. 누군가에겐 탈락과 실패, 부정의 시그널이 될 수 있는 계기도 결국 어떻게 마음을 먹고 받아들이냐에 따라 긍정의 시그널로 바뀔 수 있다. 결국 이 모든 것은 나 스스로 만들어가는 것이다.

흔들리더라도 나를 믿어

아쉬운 마음을 뒤로한 채 나는 미국행을 준비하기 시작했다. 미국행을 준비하면서 내가 정말 미국에 갈 수 있을지 의심이 들었다. 막상 눈앞에 다가오니 너무나 머나먼 나라로 느껴졌다. 1년 가까이 방구석에 할리우드 사인을 만들며 친근하게 여겨왔지만 정말 알 수 없는 미지의 세계 같았다. 코로나 확진자도 너무나 많았고 백신의 보급도 이제 막 시작될 때여서 정말 설렘과 기대보다 두려움이 너무나 컸다.

미국행을 본격적으로 준비하면서 미국의 집값과 물가가 발목을 잡았다. 10년 동안 연기 생활과 아르바이트를 하며 모은 소중한 돈으로 감당이 될지, 그토록 큰 나라에서 얼마나 살 수 있을지 걱정됐다. 불행 중 다행으로 코로나로 인해 비행기 티켓값은 그리 비싸지 않았다. 160만 원 정도면 왕복 티켓을 살 수 있었다.

렌트비는 기본적으로 한 달에 1,000~1,500달러 수준이었다. 우리나라로 따지면 월세 120만~170만 원 선에서 1인 가구가 살 만한 집을 구하라면 어디서든 구할 수 있을 것이다. 과연 이것만으로 미국에서 살 수 있는 것일까? 두려움이 앞섰다. 다행히도 LA에 사는 두 명의 친구, 버지니아에 사는 한 명의 친구, 해외에 사는 '아침이들'이 내 정보통이 돼줬다. 그들의 정보에 따르면 코로나가 너무 심각한 상황이라 밖에 나가지 못한 지 1년 정도가 됐고 이제 사람들이 슬슬 왕래하기 시작한다고 했다. 하지만 나로서는 정말 모든 것이 두려울 수밖에 없었다.

지금 미국에 가면 여러모로 참 힘들 것 같은데, 내가 가서 무엇을 할 수 있을까? 차라리 영화에 캐스팅되고 갔으면 정말 좋았을 텐데.

지나간 미련과 두려움에 매몰된 나는 무심코 신세한탄과도 같은 말을 내뱉기도 했다. 하지만 그런 내 마음을 잡아준 건 바로 사람이었다. 지금까지 내가 매일을 하루같이 공부해온 것을 지켜보고 응원해준 사람들. 그들 모두가 내게 진심 어린 이야기를 해줬다.

헤이든, 이미 이렇게 꾸준하게 한 것 자체가 정말이지 대단한 일이야. 분명 그 힘을 믿고 가봐야 더 큰 세상을 만날 수 있고, 그 힘으로 네 삶의 시각이 조금은 더 넓어질 거야. 지금 가지 않으면, 오히려 더 큰 동력을 상실할 수 있어. 이미 넌 멋진 사람이니까 부담 갖지 마. 이제 너에게 진정한 보상을 선물해줄 때가 되지 않았을까? 너

의 미래의 가치에 투자한다고 생각하고 다녀와.

난 다시 한번 두 주먹을 불끈 쥐고 티켓팅을 해버렸다. 삶이란 운명과도 같은 것이며 이게 곧 내 운명이라고 생각했다. 돈이 부족해지면 다시 벌면 되지만 내 시간은 무엇과도 바꿀 수 없으니까. 모든 두려움을 떨쳐내고 내 미래에 과감하게 투자하기로 했다. 과거의 내 노력에 대한 보상이라는 생각으로 앞으로 어떤 일들이 벌어지더라도 덤덤하게 받아들여야겠다고 생각했다.

가능과 불가능이라는 양자택일의 옵션을 생각한다면, 무수한 감정이 생기기 마련이다. 불가능이라고 생각했을 때 따라오는 수많은 부정의 꼬리표들은 내 인생의 선택을 가로막을 것이 분명했다. 나는 불가능이라 단정하기보다 조금 더 가능성을 열어두고 조심성이라는 처방을 통해 예방하며 대처해나가기로 했다.

불가능보다 오히려 가능성을 생각할 때 내 인생의 여정에 더 도움이 될 것이다. 모두가 불가능하다고 생각할 때 가능성을 떠올리는 긍정의 힘으로 달려온 지난날의 나에게 부끄럽지 않고 싶었다. 그렇게 나는 다시 한번 내 가능성을 믿고 확신의 힘으로, 신뢰의 힘으로 미국이라는 세상에 발을 내디뎠다. 아메리칸 드림을 위해. 나아가 나를 위해.

출발, Departure 1

D-360

No big deal.

별거 아니야.

D-11

I met my dad today. He was shocked when
I told him that I go to Hollywood things. He
knew this is my dream but he thought about
that's dangerous to go there. That's parent's
mind. I respected it. I know why he worries
about me. But I'll do it myself. Just for me.

신비로운 비행, 마법 같은 이끌림

Only this can make me growing up. I'm gonna go to Hollywood and feel there in person.

오늘 아버지를 만났다. 내가 할리우드에 간다는 이야기를 했을 때 아버지는 충격을 받으셨다. 아버지는 그게 내 꿈인 걸 알지만 그곳에 가는 게 정말 위험하다고 생각하셨다. 부모님의 마음이지. 나는 존중한다. 그가 무엇을 걱정하는지 안다. 하지만 나는 내 최선을 다할 것이다. 나를 위해. 이것만이 나를 성장하게 하는 길이다. 나는 할리우드에 갈 것이고 그곳을 직접 느껴볼 것이다.

D-10

I think good luck always follows me when I challenge something. If I didn't challenge anythings. I couldn't get a chance. I won't feel anythings. Life is that I make myself. We have to keep dreaming until I die. Always I have to challenge just for me. That'll be happy life although I'm not rich.

내가 무언가를 도전할 때 행운은 항상 나를 따른다고 생각한다. 만약 내가 도전을 하지 않았더라면 나는 아무런 기회도 얻지 못했을 것이다. 나는 아무것도 느낄 수 없을 것이다. 인생은 내가 만들어가는 것이다. 우리는 죽을 때까지 꿈을 꿔야 한다. 나는 나를 위해 항상 도전을 해야 한다. 그것이 부자가 아니더라도 행복하게 사는 삶이다.

D-7

I'm so happy these days. Because I've got many cheering from other people. Now I know how can I standing here and challenging everything with my courage. Because of people who are belive me. They always beli eve me with out suspicious. I'm gonna show for them how can I success.

요즘 너무나 행복하다. 왜냐하면 사람들로부터 많은 격려를 받기 때문이다. 이제 나는 내가 어떻게 이곳에 서서 용기를 가지고 모든 것에 도전할 수 있는지 알 것 같다. 바로 나를 믿어주는 사람들 때문에. 그들은 하나의 의심도 없이 나를 믿어준다. 그래서 그들에게 내가 어떻게 성공을 하는지 꼭 보여줄 것이다.

D-1

While I've been studying English for 2 years, I've been taking many good exprience. I can meet various people, I can talk with foriengners. I can understand other cultures. If you can speak English, you can go every where. You can feel it how big world is. I'm here in LA, it's not a dream. IT's NOW!

2년 동안 영어 공부를 하면서 많은 경험을 하고 있다. 나는 다양한 사람을 만날 수 있다. 외국인과 대화도 할 수 있다. 나는 다른 문화를 이해할 수 있다. 만약 당신이 영어를 할 수 있다면 당신은 어느 곳이든 갈 수 있다. 세상이 얼마나

넓은지 당신은 느낄 수 있다. 나는 LA에 왔다. 이건 꿈이 아

이다. 바로 지금!

1년간 매일 2시간씩 영어 공부를 하면서 방 뒤 벽에 포스트잇으로 할리우드 사인을 만들었다. 각 포스트잇에는 출국을 앞둔 마지막 날까지 하루하루의 다짐을 적었다. 포스트잇에 담긴 문장은 360여 개에 이르지만 가장 처음 적은 것과 마지막 목표 달성을 앞두고 적은 문장이 눈에 들어왔다. 일부 틀린 부분들이 있어 부끄럽지만 그동안 많이 성장했다고 느껴진다.

아직도 나는 포스트잇을 모두 갖고 있다. 한 장 한 장 붙였을 때의 마음이 아직도 고스란히 담겨 있기에 절대 버릴 수 없을 듯하다. 그리고 그동안 매일같이 희망을 걸고 조금 더 나아지겠다는 생각으로 버텨왔던 내게 드디어 D-365 프로젝트의 끝이자 새로운 시작을 앞둔 출발의 날이 다가왔다.

드넓은 세상에 펼쳐 보인 작디작은 나만의 날갯짓. 힘껏 날아오르고자 한다면 부단한 노력이 필요하다는 말을 굳게 믿으며 날개를 젓고 또 저었다. 비상을 위해 쌓아온 내 작은 날갯짓들이 정말 나를 날아오르게 도와줬다.

2021년 5월 5일. 영어 공부에 습관을 들이기 시작하고서 2년이 다 돼가는 시점이 지나고 드디어 미국행에 나섰다. 90일간의 여행을 해본 적 없는 나로서는 무엇부터 챙겨야 할지 앞이 깜깜했다.

출국 전날에 겨우 짐을 쌀 정도였다. 혹시 모를 미국 내 여행에 대비해 겨울부터 여름까지 커버할 수 있는 옷가지며 운동화들, 형석 형님이 선물해준 책 11권 등을 챙기니 어느 순간 집은 텅 비어 있었다.

텅 빈 집을 뒤로하고 공항에 도착하니 드디어 긴 여정을 떠나야 한다는 사실이 와닿았다. 눈물이 흘렀다. 사실 무서웠다. 정말 열심히 공부하며 준비했는데, 코로나라도 걸리거나 총기사고라도 나면 어떻게 해야 할지 막막했다. 차라리 2년 동안 총알 피하는 연습을 할걸 그랬나 싶어 많이 울었다. 하지만 살아가는 동안 스스로 만들어낸 두려움이라는 벽을 끊임없이 깨부숴야 한다.

공항에서 마지막 인사를 하며 손을 흔드는 아버지며, 사랑하는 사람들의 얼굴이 지금까지도 선명하게 남아 있다. 나를 걱정하는 마음을 꾹 참고 웃으며 보내주려던 그 얼굴들. 끝까지 내게 용기를 건네준 그 마음들. 가족들의 얼굴을 마지막까지 기억하려 열심히 바라보다 문득 이제는 진짜 혼자라는 생각이 들었다. 그리고 나 스스로 이겨내야 하고 이미 시작된 이상 즐겨보자고 다짐했다. 지금 껏 생각했던 계획들을 차근차근 시작해보자고 마음먹었다.

두려움을 잊게 해준 메모

그렇게 LA행 비행기에 올랐다. 비행 중에 내가 달성할 목표는 딱 하나였다. 책 한 권을 다 읽는 것. 형석 형님의 선물 중 한 권을 골라서 꼭 읽어보기로 했다. 내가 고른 책은 20세기 가장 영향력 있는 인물 중 한 사람인 오프라 윈프리의 《내가 확실히 아는 것들》이었다. 윈프리는 "당신이 확실히 아는 것이 있다면 무엇인가?"라는 질문을 받은 후 한 편씩 써 내려갔다고 한다. 과연 그 질문에 대한 윈프리의 대답이 무엇일지, 그녀가 무엇을 깨달았는지 알고 싶었다. 내가 계획한 여정을 마치고 나면 나도 내 나름대로 대답할 수 있는 사람이 되길 바랐다.

순간을 담아내는 마법의 노트

이륙하기 전부터 책을 펼쳤다. 무모한 도전을 하고 있는 만큼 나 자신을 헤이든 윈프리라 생각하며 읽어나갔다. 책을 읽으면 읽을수록 지금의 내 모습과 비슷한 부분이 겹쳐 보이며 감정이입이 됐다. 책 속 문장들이며 윈프리의 생각이 내 마음을 많이 건드렸다. 내 첫 여정의 설렘과 함께 메모를 남겨두기로 했다.

책의 머리말에서 자신에게 질문을 던지면 나 자신을 발견할 수 있다는 문구가 와닿았다. 어떻게 하면 진정한 나를 발견하고 들여다볼 수 있을까? 13시간의 비행에서 잠시나마 나 자신을 만나볼 수 있을까? 너무나 추상적이고 어려운 말이었다. 그래도 그때 적은 메모들에는 당시의 내 감정이 아주 잘 적혀 있다.

온전한 '나'를 위해, 그렇게 행복한 '나'의 베풂으로 행복해질 내 사람들을 위해. 내가 원하는 것을 음미하는 방법, 그것이 곧 내 삶의 태도다.

돌이켜보면 나는 내 삶을 항상 긍정적으로 바라보려 노력하고 있었다. 그 마음이 내 시각을 더욱더 넓혀준 듯하다. 그 시각이 내 삶의 철학과 같이 나만의 색깔로 자리매김해 여기까지 올 수 있었다. 그 끝은 나만의 성공이 아닌, 사랑하는 사람들과 더불어 사는 삶이길 바란다.

LA로 가는 여정에서 내가 가져가는 책들을 모두 읽기만 해도 그처럼 아름답고 크나큰 땅 미국에서의 경험은 엄청날 것이다.

윈프리의 책에는 독서에 대한 중요성을 이야기하는 대목이 있다. 독서가 성장의 발판이 될 것이고 꾸준히 독서를 한다면 조금씩 자신을 성장시켜줄 거라고 했다. 그 대목을 읽고서 내가 여행을 위해 챙긴 책들을 생각하니 마음이 훨씬 더 든든해졌다. 내 꿈의 무대인 할리우드가 있는 미국에서 어떤 성과를 얻지 못해도, 책만 읽고 돌아온다고 해도 계속 성장할 수 있을 거라는 믿음이 생겼다.

지금 나를 움직이게 하는 이 힘은 나를 높여줄 동력이 될 것이다. 그 동력이 그리 크지 않더라도 나를 인정할 때, 비로소 인정할 때 우리는 더욱더 지혜로워질 수 있다.

지금 이 순간의 끌어당김과 경험의 중요성들을 이야기하는 대목을 읽으며 적은 메모들이다. 그때 나는 비행기 안에서 지금껏 처음 경험한 순간들과 그 속에 있는 나를 돌아보며 지금부터 펼쳐질 새로운 경험들이, 나를 미국으로 이끈 힘이 나를 높여줄 동력이 될 거라 생각했다. 꾸준히 나만의 경험을 토대로 새로운 길을 만들어 나간다면, 나 또한 나만의 경험을 전할 수 있는 사람으로 성장할 수 있을 것이다.

우선 나를 이끌어줄 동력의 크기를 계속해서 쌓아나가야 했다. 또 나 자신을 잘 들여다볼 줄 아는 사람이 돼야 했다. 내가 지금 두려운지, 욕심을 내는지, 남들에게 잘 보여지고 싶은지, 내가 지금 이 일을 진짜 사랑해서 하는 것인지 끊임없이 자문할 필요가 있었다. 그러기 위해선 진심으로 인정하고 반성하며 살아감으로써 조금씩 더 지혜로워지고 성장할 수 있을 거라는 다짐을 하며 메모를 적어 내려갔다.

> 비록 당장 정상에 오를 순 없어도, 이렇게 오르다 보면
> 분명히 정상을 맞이할 엄청난 순간이 찾아오겠지. 하지
> 만 그 기쁨도 잠시, 다시 또 새로운 꿈을 꾸며 그 도전을
> 즐기며 살아갈 나를 응원한다. 확신한다.

사람들은 각자 저마다의 정상에 오르려 끊임없이 노력한다. 속도도 제각각이다. 앞의 메모를 남길 때 문득 형석 형님의 말이 떠올라 메모에 함께 적었다.

> 에베레스트를 등정하는 산악인들도 정말 생사의 고비
> 와 싸워가면서 정상에 오르겠지. 그 정상에서의 기쁨은
> 전혀 알 수 없지만, 그들의 삶에서 그 순간은 가장 최고

의 순간이겠지. 하지만 다시 내려와야 할 때가 되면 내려와야 하겠지. 다시 밑에서 우리는 새로운 높은 봉우리를 바라보며 다시 오르려 하겠지. 그렇게 무언가를 향해 오르려고 하다 우리는 죽겠지.

나도 미국으로 떠나는 첫 여정이라는 산을 1년여 동안 올라왔지만 어느 순간 다시금 내려가 새로운 봉우리를 오르려 노력할지 모른다. 그렇게 계속 살아갈 거라는 생각에 이르자 지금의 이 마음이 내 삶에서 정말 중요하다고 느껴졌다. 이러한 마음을 내게 일러줄 친구와 책이 내게 든든한 버팀목이 돼준다는 사실, 이토록 건강한 삶이 곧 건강한 동기라는 생각이 다시금 떠올랐다.

그냥 서 있으라, 나를 사랑하는 사람을 위해, 나를 사랑할 사람들을 위해. 이 생에서 진심을 다하자.

윈프리의 책에는 우리가 사랑하는 가족들에게, 선대의 사람들에게 강인함을 물려받았다는 문구가 있다. 사람은 저마다 상처 입거나 겁에 질린 것처럼 살아가면서 어려움에 처한 경험들을 갖고 있다. 하지만 그런 순간들에도 불구하고 우리는 여전히 이곳에 서 있고, 결국 시간은 흐른다. 그렇게 그냥 서 있기만 해도 괜찮은 것이 바로 우리의 삶이라는 의미다.

우리는 시간이라는 트레드밀 위에 서 있을 뿐이다. 흘러갈 것은 다 흘러가기 마련이다. 흘러간 것보다 다가올 것을 위해 앞으로 나아가는 것이 우리의 삶이다. 여기 서 있으라는 말의 진짜 의미는 가만히 있으라는 뜻이 아니다. 상처를 받는 순간에도 잠식되지 않고 자신에게 닥친 역경을 고스란히 이겨낼 수 있다면 지금 자신이 처한 모든 것도 결국 지나갈 테니 그냥 그대로 서 있으라는 의미다.

90일간의 여정을 시작하다

LA로 가는 비행기 안에서 나는 내 여정의 첫 번째 관문인 책부터 다 읽겠다는 마음으로 윈프리의 책을 다 읽었다. 무엇보다 책에 등장하는 수많은 대답 중에서 내 가치관과 연결된 부분이 많아 읽는 내내 기분이 좋았다. 서로를 사랑하고, 베풀고, 나누고, 역경을 이겨내 앞으로 나아가고, 생각을 전환하고, 인내하고, 노력하고, 행동하고… 책 속에 담긴 수많은 문장들이 처음 LA로 가는 내 마음을 더욱 달아오르게 만들었다.

LA로 가는 첫 비행에서 지금 도착까지 전 10여 분 남짓한 이 시점에 책을 다 읽었다. 선한 영향력을 내려놓지 않고, 나누고 베풀며, 나만의 길을 걷다 보면 정말 성공

이 아닌 행복이 돌아올 거라는 큰 확신이 생긴다. 3개월의 여정이 내 자신에게 소중한 자산이 될 거라는 생각에 너무 행복하고 기쁘다. 지금 창 너머로 LA가 보인다. 드디어 도착했다. 이곳에.

그 순간, 하늘에서 내려다본 아메리카 대륙은 생전 처음 보는 모습이었다. 거대한 산들이 큰 대지에 끝도 없이 펼쳐져 있었다. 비행기가 점점 도심으로 다가갈수록 레고 블록 같은 주택들이 가로세로로 지어진 풍경이 보이기 시작했다. 마치 도시를 건설하는 게임 속 세상처럼 보였다. 그렇게 나는 D-365 프로젝트를 수행한 끝에 고대하던 미국 땅에 도착했다. 앞으로 어떤 일들을 만들어갈지, 어떤 인연과 경험을 접하게 될지 기대가 됐다.

일단 마음가짐부터 가볍게 먹기로 했다. 아무리 대단한 업적을 남긴 사람들일지라도 나는 그들을 특별하게 생각하지 않았다. 모두 인간의 영역에서 행해진 것들이기에 나라고 못 할 것은 없기 때문이다. 물론 그만한 노력의 대가와 여러 능력이 필요하겠지만, 지레 겁부터 먹을 필요는 없었다. 그들이 대단하다는 생각에만 빠져 있다면 내가 다가갈 수 없는 벽을 스스로 치는 것이나 마찬가지다. 그들의 업적을 칭송하는 데 그치기보다 그들의 노력에 존경심을 보내고 내게 필요한 과정을 하나씩 밟아나간다면 내 가능성을 더욱 성장시킬 수 있을 것이다.

스치듯 스며든 인연

미국이라는 나라에서 정말 많은 사람을 만났다. 사람과의 인연을 소중히 대한 복이라 해도 될 만큼 소중한 만남들이다. 그들과의 만남이 어떻게 시작됐는지 되짚어보기로 했다.

굿, 모닝과 아침이들

한국에서 영어 공부를 시작하던 시절로 거슬러 올라간다. 당시 나는 책 읽기, 하늘 보기 등 매일매일의 루틴을 꾸준히 실천하고 있었다. 또 하나의 실천 사항이 있었는데, 바로 '클럽하우스'라는 플랫폼에서 다양한 사람들과 이야기를 나눠보는 것이었다. 〈전생에

110   2장 미지의 세계로 Do, Dream

무슨 죄를 지었길래〉를 작업했던 최고의 파트너이자 동행자 서준 범 감독님은 한창 영어 공부를 하고 있던 내게 영어 공부처럼 매일 시간을 정해놓고 클럽하우스를 해보지 않겠냐고 제안을 하셨다.

'클럽하우스'라는 신규 플랫폼이 등장하자 코로나로 인해 오프 라인 모임을 갖지 못하게 된 많은 사람이 유입됐다. 먼저 우리는 활동 시간대를 블루 오션인 아침 7~9시로 정했다. 우리는 클럽하 우스에 우리만의 대화방, '아침마당'을 만들었다. 굿과 모닝이라는 콘셉트를 활용해 매일 아침 사람들의 고민을 들어주는 대화방이 었다. 단, 해결해주기보다 고민을 들어주는 역할만 고수했다. 어떤 고민도 다 들어주고 "네, 잘 들었습니다."라는 감사의 인사를 건넬 뿐이었다.

모름지기 사람은 자신의 고민을 잘 들어주기만 해도 응어리진 마음이 풀어지기 마련이다. 또 조언이나 충고를 듣기보다 그냥 비 밀을 털어놓는 행위 자체를 목적으로 삼기도 한다. 자신의 내면에 꽁꽁 숨겨뒀던 이야기를 풀어놓을 때 느끼는 해방감과 자기만족 을 통해 인생의 다른 시작을 경험할지도 모른다.

신기하게도 많은 사람이 '아침마당'을 좋아해줬다. 생각보다 많 은 사람이 고민에 빠져 있었다. 나는 자신의 고민을 솔직하게 털 어버릴 수 있는 그들의 용기가 너무 멋있어 보였다. 한국과 시차 가 있는 외국의 한인들도 많이 참여하기 시작했다. 락다운이 있던 나라에 사는 사람에게는 유일한 소통의 창구 역할도 됐다. 그렇게

'굿모닝 아침마당' 클럽에서 만난 사람들은 매일같이 서로의 일상들을 공유하는 사이가 됐다. 그리고 감독님과 나는 많은 사람들과 소통하며 어느덧 클럽하우스계의 이상벽과 이금희가 돼 있었다.

감독님과 나는 클럽하우스에서 재미있는 일을 하나 기획했다. 바로 '굿모닝이 간다'라는 프로그램이었다. 코로나 시기에 해외에 계신 분들의 사연을 듣다 보니 가족들을 만나지 못하는 안타까움이 전해졌다. 그럼 국내에 계신 가족들을 대신 만나 소식을 전해드린다면 좋겠다는 생각이 들었다. 우리의 기획에 많은 사람이 호응해줬고, 호주에서 받은 사연을 시작으로 광주와 순천을 거쳐 창원, 진주를 돌며 다양한 가족들의 소식을 전하기도 했다.

첫 주자는 호주에서 딸기를 따는 청년 용승 씨였다. 그는 항상 딸기를 따면서 우리의 플랫폼을 매일같이 청취했다고 한다. 용승 씨는 전라도 순천에서 반찬가게를 하고 계신 할머니를 꼭 대신해서 만나달라고 했다. 편찮으신 할머니의 안부도 궁금하고 손자뻘인 사람들이 찾아뵈면 큰 힘이 될 것 같다는 마음이 너무 예뻐 작게나마 보탬이 되도록 순천으로 향했다. 마치 〈TV는 사랑을 싣고〉의 진행자가 된 기분이었다.

할머니를 만난 우리는 용승 씨의 영상편지를 보여드렸다. 화면 속 손자의 모습을 보며 눈물을 흘리시던 할머니는 마치 통화라도 하시는 듯 "아가, 할머니는 잘 있다. 우리 아가 건강해라. 아가 보고 싶다."라고 말씀하셨다. 나와 감독님, 동행한 추정훈 배우도 모두 눈물을 훔쳤다. 한 사람의 삶에서 이렇게 행복한 순간을 선물하는 기쁨이 얼마나 큰지 느낄 수 있던 하루였다.

그렇게 우리는 용승 씨의 바람을 들어준 이후로도 각 지역을 찾아다니며 많은 '아침이' 멤버들을 직접 만나러 다녔었다.

굿모닝 아침마당의 인연 in LA

당시 우리의 모습이 '아침이' 멤버들에게 많은 감동을 줬는지 그 이후로 우리의 클럽은 점점 더 결속력이 생겼다. 그 덕분에 나도 이렇게 '아침이' 멤버들의 사연을 소개할 수 있게 됐다. 특히 아무 연고도 없는 내가 LA 땅에 처음 도착했을 때 나를 배웅해준 사람이 있었다. 바로 'LA 준 형'. LA 준 형이 로스앤젤레스국제공항으로 마중을 나온 것은 감동적이었다. 처음 준 형을 만났을 때, 우리는 매일같이 목소리로 안부를 나눈 사이여서 그런지 전혀 어색하지 않았다. 클럽하우스를 100일 이상 진행하며 많은 사람을 만났고 그중에서도 끝까지 함께했던 분들 사이에는 서로에 대한 믿음과 신뢰가 쌓였던 것 같다.

LA 준 형에게는 정말 많은 도움을 받았다. 처음 LA에 도착하자마자 도시의 현 상황을 자세하게 알려주고 이곳저곳을 구경시켜주기도 하셨다. 며칠에 걸쳐 LA에서 맛으로 정평이 나 있는 핫도

그 집부터 리틀도쿄, 산타모니카까지 완벽한 투어를 시켜주셨다. 아무튼 준 형 덕을 보면서 사람의 인연이 이렇게도 만날 수 있다며 신기해했다.

그중 가장 기억에 남는 장소는 산타모니카와 할리우드 사인이 있는 그리피스파크Grifith Park였다. 산타모니카는 LA에서 처음 가본 바다로 각인돼 있다. 노트북 메인화면에 나오는 명소 같은 바다 위에 작은 놀이동산이 펼쳐져 있는데, 미국까지 오는 과정에서 경험한 모든 두려움을 모두 날려버릴 만큼 시원하고도 멋진 광경이었다. 하늘을 날아다니는 갈매기 떼, 바다 위로 부서지는 파도, LA에서 처음 본 바다의 냄새, 그리고 내 옆에 있는 신기한 인연까지 모든 박자가 맞아떨어진 순간이었다. 그때 클럽하우스로 생중계를 진행했는데, '아침이' 멤버들도 우리의 만남을 얼마나 신기해했는지 모른다. 나는 그때 비로소 삶의 새로운 재미를 느꼈고 인연에 대한 새로운 관점도 생겨났다.

다음으로 기억에 남는 곳은 D-365 프로젝트의 진짜 목적인 할리우드였다. 준 형과 함께 할리우드 사인을 볼 수 있는 곳으로 가던 길목 하나하나까지도 너무나 신기했다. 산 중턱에서 'HOLLYWOOD' 사인이 나를 반기는 듯했다. 나는 매번 사인이 눈에 들어올 때마다 환호성을 질렀다. 드디어 포스트잇으로 만든 할리우드 사인이 아닌, 진짜 할리우드 사인을 눈앞에서 볼 수 있다는 사실에 가슴이 벅찰 지경이었다.

곧이어 준 형은 나를 그리피스 파크라는 곳으로 데려갔다. 구불구불한 주차장을 오르면서 곳곳의 트레일이 눈에 들어왔다. 차편이 아니어도 올라올 수 있다니 정말 매일 오르고 싶다는 생각이 들었다. 주차장에 도착해 한층 더 가까워진 할리우드 사인을 바라볼 때에는 마음 깊은 곳에서부터 뜨거운 무언가가 느껴졌다. 준 형도 그런 내 기분을 눈치챘는지 잠시 혼자만의 시간을 가져보라고 하셨다.

지금까지의 과정들이 스크린에 펼쳐지듯 그려지면서 그곳에 서 있다는 사실에 가슴이 너무나 벅차올랐다. 지금까지 나를 응원해주고 옆에서 힘이 돼준 사랑하는 사람들이 너무나 보고 싶었다. 이곳으로 날 데려와준 준 형에게도 너무나 감사한 마음이 들었다. 언젠가 이곳에서 좋은 연기자로 자리 잡아 내게 도움의 손길을 내민 사람들 하나하나 잊지 않고 멋지게 보답하고 싶었다. 산을 타고 불어오는 시원한 바람을 맞으며 두 손 모아 간절히 염원했던 그 순간, 내게는 너무나 큰 의미가 있는 'HOLLYWOOD' 사인을 만끽한 그 순간을 아직도 잊을 수가 없다.

준 형과는 더 많은 추억들을 쌓아갔다. LA 다저스 스타디움에서 직관을 하며 현지인들이 즐기는 온갖 먹거리부터 즐길 거리들을 경험했다. 또 현지인들이 좋아하는 오래된 삼겹살 집에서 삼겹살도 먹어보고 유니버설 스튜디오Universal Studios에서 영화도 관람했다.

마침 〈블랙 위도우〉가 상영 중이어서 준 형과 관람을 했다. 뉴질랜드에서 자막 없는 영화를 봤을 때와는 느낌이 확연히 달랐다. 자막 없이도 영화를 이해하며 보고 있는 내 모습에 무척 놀라고 신기했다. 대사를 전부 이해하는 것은 아니었지만 적어도 영화의 흐름을 따라가는 것이나 배우들의 농담을 들으며 웃고 있는 나를 발견했다. 그렇게 조금씩 할리우드로 다가가고 있는 듯했다.

오디션이 가져다준 인연

미국에 오기 전에는 LA에 아는 사람이 전혀 없다고 생각했다. 그런데 막상 와서 사람들의 온기를 느끼니 참 행복했다. 나는 인복이 참 많은 것 같다. 한국에서 첫 작품을 함께했던 영호 형과의 만남도 이어졌고, 친한 친구인 택수와의 만남도 미국에서의 생활에 든든한 버팀목이 돼줬다. LA에서 지낸 시간을 비롯해 모든 것이 사람이 있었기에 가능한 일이었다.

모든 것에 감사함을 느끼며 지내던 어느 날, 엄청난 메일을 하나 받았다. 출국 전 오디션을 통해 만났던 캐디, 즉 캐스팅 디렉터가 내 미국 도전기 소식을 듣고는 셀프테이프를 할리우드 매니저들에게 전했다는 것이다. 게다가 카일Kyle이라는 매니저가 내 연기를 마음에 들어하며 관심을 보였다면서 만나자고 했다. 이게 대체 무슨 일인가 싶었다. 현재 활동하는 할리우드 매니저가 나를 만나겠다는 메일을 보낸 것이다. 나는 손이 덜덜 떨릴 만큼 믿기지 않았다.

나중에 들은 바에 따르면, 카일은 영화 〈데드풀Deadpool〉, 〈크레이지 리치 아시안Crazy Rich Asian〉 등에 출연한 여러 아시아 배우들의 매니저로 굉장히 유명하다고 했다. 나는 카일과 메일로 일정을 주고받았고, 실제로 미팅도 가졌다. 사실 그때 나는 카일의 말을 잘 알아듣지도 못했다. 카일은 나를 배려해 천천히 말했지만, 나는 도무지 긴장을 떨칠 수 없어 어떻게 대화를 했는지조차 모를 정도였다.

아마도 욕심이 너무 앞섰던 탓이리라. 확실히 대화를 하는 가운데 여유가 없었다. 왜 그런 때가 있지 않은가. 사람이 너무나 간절하면 온몸에 힘이 잔뜩 들어가게 되고 모든 것이 부자연스러워 보이는 순간 말이다. 아마 그때의 내가 그랬을 것이다. 너무도 간절하니 잘하고는 싶은데, 마법처럼 잘할 수 있는 부분도 아니고, 또 놓치고 싶지는 않으니 어떻게든 최선을 다하려고 발버둥치는 도전자의 애처로운 모습. 하지만 지금 생각하면 직접 카일을 만나 이야기를 나눴던 용기 하나만큼은 스스로 칭찬해줄 만한 것 같다.

무엇보다 나를 잊지 않고 카일을 소개시켜준 캐디에게 너무나 감사했다. 카일과의 인연은 지금까지도 이어져오고 있다. 앞으로 미국에서 함께 일할 수 있는 매니저 친구가 생겼다는 사실만으로도 내게는 너무나 크나큰 행운이지 않을까 싶다.

나에 대한 믿음이 인연을 만든다

내가 맺은 인연 중 로라를 빼놓을 수 없다. 로라는 할리우드에서 활동하고 있는 배우 에이미 박Ami Park을 내게 소개시켜줬다. 에이미가 굉장히 긍정적이고 좋은 에너지의 소유자이니 LA에 가서 만나보면 좋을 것 같다고 했다. 로라 덕분에 나는 그로브Grove라는 곳에서 에이미를 만났다. 에이미말고도 미국 명문대 재학 중인 다은이라는 친구도 함께 알게 됐다.

　오랫동안 미국에서 살아온 친구들을 만나게 되자 나는 긴장을 했다. 그로브로 가는 내내 영어 공부를 조금이라도 더하고자 했던 내가 떠오른다. 그런데 친구들은 한국말로 "안녕하세요!"라고 인사하며 자신들이 한국말을 잘할 수 있으니 너무 걱정하지 말라고 했다. 솔직히 영어를 준비해갔으니 영어로 하면 좋았겠지만, 긴장감에 지쳤는지 다행이라 생각하고는 한국말로 대화를 이어갔다. 아마도 카일과의 대화가 내 마음 같지 않았던 탓이 컸을 것이다. 아직도 부족한 내 수준을 누구보다 자신이 잘 알고 있어 다소 소극적인 자세를 취한 듯하다.

　에이미와 다은이는 내게 미국의 시스템에 대해 친절히 알려줬다. 또 두 친구 모두 한국 콘텐츠와 현장에 대해 궁금해하기에 우리는 서로 많은 정보를 공유했다. 대화를 하는 동안 나는 미국 현지의 사회 이슈를 많이 접했고, 처음으로 미국에서 살아가는 한국인들의 삶에 대해서도 다시금 생각하게 됐다. 먼 나라 이야기 같던 인종차별 문제, 문화와 세대가 다른 부모와의 의견 충돌 등 교포들만이 느낄 수 있는 문제들을 생각해보는 중요한 시간이었다. 그들의 이야기를 듣고 있으니 내가 정말 미국에 대해 아무것도 모른 채 왔다는 생각이 들었다.

다은이는 내게 자신이 운영 중인 팟캐스트potcast에 출연해볼 생각이 없냐고 제안했다. 라디오만큼 메인 스트림은 아니겠지만, 그래도 자신들의 소중한 자리에 초대해준 것에 감사하며 기꺼이 응했다. 단, 다은이와 함께 팟캐스트를 운영하는 파트너 소피아Sophia가 외국인이어서 모든 대답을 영어로 해야 하는 부담감이 있었다. 하지만 다은이는 내게 혹시라도 답하기 어려우면 한국말로 통역을 해줄 테니 걱정말라고 했다. 따뜻한 친구라는 생각이 들었다.

팟캐스트에 출연하기로 한 나는 사전에 준비할 수 있게 문항을 먼저 달라고 다은이에게 부탁했고, 그 인터뷰 질문대로 답변을 연습하기로 했다. 아무리 준비를 해도 현장에서는 긴장한 탓에 말이 제대로 들리지 않기도 했다. 그때마다 다은이의 도움으로 넘어갈 수 있었다. 어설프고 서툴렀지만 너무나 값진 경험이었다. 미국에서 팟캐스트에 참여하다니 전화 영어를 시작한 후 실력이 일취월장한 것이 아닌가 싶었다. 팟캐스트에 초대해준 다은이와 소피아, 그리고 다은이를 소개해준 에이미, 무엇보다 에이미를 소개해준 내 친구 로라에게 너무 고마운 마음이 들었다.

수많은 인연을 만나면서 LA에서의 생활은 정말 긴장과 즐거움 사이를 오가는 듯했다. LA에 처음 도착해 5일 정도 머물렀던 '힐 링 게스트하우스'라는 곳에서 맺은 인연도 잊을 수가 없다. 이곳이 LA에서의 첫 베이스 캠프였다. 게스트하우스의 사모님은 매일 아 침 정말 맛있는 샌드위치와 과일주스를 내어주셨다. 돈을 아끼며 지내온 나에겐 퀄리티도 퀄리티지만 여러모로 최고의 서비스였다.

잠깐 소개한 것에 불과하지만 나는 미국을 여행하며 정말 많은 사람을 만났다. 모든 인연이 그냥 스쳐 지나갈 수 있었던 사람들일 지 모른다. 하지만 난 그들에게 감사의 마음을 전하고 그들과의 인 연을 소중히 담아두고자 했다. 아마 그런 마음이 있었기에 지금 내 가 이 글을 써 내려갈 수 있지 않았을까.

사람은 모두 각자의 방식으로 살아간다. 누군가는 정말 위험하 다고 하겠지만, 또 생각보다 안전할 수도 있다. 나는 우선 나 자신 을 믿었고, 내 느낌을 믿었다. 자신에 대한 믿음을 키우기 위해서 더욱더 솔직하게 진실 되게 행동하고자 노력했다. 사람과의 관계 에서 계산적으로 굴지 않고 솔직하게 진정 나다운 모습을 보여주 고자 노력했다. 나를 만난 시간이 단 하루일지라도 진심을 느낄 수 있고 부담을 느끼지 않도록 타인을 배려했다. 말처럼 쉽지 않을 수 있다. 지금의 나도 너무나 사람들과의 관계는 여전히 어렵다.

하지만 사람을 사랑하는 것만큼 가치 있는 일이 또 있을까. 스쳐 도 스며들 수 있는 인연을 누구도 알지 못하듯, 우리 인생에 또 어떤 소중한 인연이 다가올지 모른다. 그러니 자신을 더욱 가꾸고 수많은 인연을 받아들일 마음속 방들을 잘 준비해둬야 하는 것은 결국 내 몫이다. 그리고 그 방에 찾아온 소중한 인연을 잘 맞이하며 살아야 하지 않을까 싶다.

모두들 정말 감사합니다. 모두. 우리 또 만나요, See you soon.

헤이튼이 간다

LA에서의 한 달간 참 많은 사람을 만났다. 원래 계획은 LA에서 세 달간 지내는 것이었다. 하지만 미국에 오고 난 뒤 모든 계획이 즉흥적으로 바뀌기 시작했다. 사실 나는 고등학생 때부터 지금까지 다이어리를 쓸 만큼 계획형 인간이었다. 계획은 내 생활의 일부였다. 하지만 미국 여정에서 나는 새로운 나를 받아들이기로 결심했다. 즉흥적 상황이 많이 발생하자 너무 골머리 앓지 말고 눈앞의 현실을 있는 그대로 받아들이기로 마음을 바꿨다. 어차피 어떤 상황 속에서도 나만의 루틴을 또 만들어갈 것이기에 즉흥과 계획의 컬래버레이션이라는 새로운 콘셉트를 받아들이기로 한 것이다.

어디로 가야 하죠

뉴욕에서의 즉흥 여행 - 단테와 테디 형님을 만나다

첫 시도는 뉴욕행이었다. 뉴욕은 세계 최고의 도시이자 모든 사람이 한번쯤 가보고 싶은 곳이니 어쩌면 당연한 결정이 아니겠는가. 사실 처음에는 굉장히 고민을 많이 했었다. 하지만 뉴욕행을 결심하는 데 큰 역할을 한 인연이 있었다. 로라를 통해 소개받은 단테 Dante라는 친구다. 단테는 잠시 한국으로 여행을 왔다가 로라를 통해 나와 식사도 하고 홍대 투어도 하면서 친해졌다. 그때 단테는 뉴욕에 꼭 놀러오라고 했다. 또 내가 미국 여행을 준비하는 과정을 SNS로 보고는 메시지를 보내주기도 했다.

단테뿐만 아니라 배우이자 성우인 이문희 형님도 내가 미국에 도전하러 간다는 이야기를 듣고는 대학 동문인 테디Teddy 형님을 한번 만나보라고 소개시켜주셨다. 테디 형님은 문희 형님과 함께 연기과를 졸업하고 중국을 거쳐 뉴욕으로 거처를 옮기고 현재 뉴욕에서 배우 활동을 하고 있는 한인 배우다. 뉴욕의 비즈니스 프로세스에 대한 정보를 배우기 위해 최적의 인연을 소개받은 것이다.

'아침이'분들도 내 결심에 쐐기를 박아주셨다. 미국 동부에 사는 아침이분이 나서서 뉴욕행 계획을 짜보자고 제안한 것이다. 애틀랜타에 사는 존 형이 중심이 되어 뉴욕에 사는 서현 님과 지현 님, 기회가 되면 LA 준 형도 함께 뉴욕에 와서 여정을 즐겨보면 좋겠다고 말씀해주셨다. 미국까지 왔는데 못 할게 무엇이냐는 생각으로, 나는 뉴욕행 티켓을 사버렸다. 이렇게 또 한 번 운명적 끌림에 반응해 계획에 없던 새로운 일을 꾸미기 시작했다. 한국에서 벌였던 〈굿모닝이 간다〉의 연장선상처럼 미국에서 〈헤이든이 간다〉를 시작한 것이다. 인생 뭐 있나!

나는 큰 기대를 안고 뉴욕행 비행기에 몸을 실었다. 뉴욕에 도착해 공항을 나선 후에 '아침마당'에서 매일 목소리로 대화를 나누던 존 형을 드디어 만났다. LA 준 형 이후 미국에서 가진 두 번째 만남이었다. 마치 어제 저녁 소주 한잔하며 이야기를 나눈 친한 형을 다시 만난 기분이 들었다.

존 형과 나는 한인 택시를 타고 뉴욕의 중심 맨해튼Manhattan으로 향하면서 기사님과 이런저런 이야기를 나누기도 했다. 기사님이 뉴욕에서 살게 된 이야기를 들으며 다른 한인분들은 어떻게 오시게 됐을지, 그들의 삶은 지금 어떨지 궁금해졌다. 기사님은 초등학교 교장 선생님으로 근무하다 교회를 통해 뉴욕으로 이민을 오게 되셨고 지금은 사정상 택시를 운행 중이라고 하셨다.

내가 초등학생 나이일 때 교장 선생님이셨던 기사님의 링컨을 타고 뉴욕에서의 생활에 대한 이야기를 들으며 맨해튼으로 입성하는 기분이 색달랐다. 마치 초등학교에서 중학교로 올라가는 설렘 같은 것이 느껴졌다. 그렇게 기사님과 대화를 나누는 도중 저 멀리서 낯익은 풍경이 보이기 시작했다. 노래방에서 나오는 화면 속에서 지겹도록 본 뉴욕, 얼리샤 키스Alicia Keys의 뮤직 비디오로만 보던 뉴욕이 눈앞에 펼쳐지기 시작했다. 기사님은 저 멀리 보이는 엠파이어스테이트Empire State 빌딩부터 빌딩 숲의 어느 끝자락을 가리키면서 그곳이 월스트리트Wall Street라고 설명해주셨다. 빼곡한 빌딩숲을 보며 왜 뉴욕을 빌딩 정글이라고 하는지 알 것 같았다.

그런데 이상하게도 정작 맨해튼의 중심으로 들어갈수록 뉴욕에 대한 기대감이 점점 떨어지기 시작했다. 우선 날씨가 너무 별로였다. 한여름이기도 하고 때마침 비가 와서 습하기도 하고, 무엇보다 LA와는 너무나 다른 날씨에 실망감마저 느껴졌다. 무엇보다 뉴욕의 마천루를 보고 있으니 오래된 아파트와 빌딩이 즐비한 서울 도심 한복판의 느낌과 다르지 않았다.

숙소에 도착한 존 형과 나는 짐을 풀고 둘만의 시간을 보내기로 했다. 형은 뉴욕 방문 선물이라면서 '킨스스테이크하우스 Keenssteakhouse'라는 유명한 음식점에 나를 데리고 갔다. 링컨 대통령이 자주 방문한 스테이크 집으로도 유명했다. 존 형과의 저녁은 정말 완벽했다. 처음 만난 사이라는 게 믿기지 않을 만큼 잘 맞는 느낌이었다. 미국으로 이민을 가서 살았다면 아마도 형님처럼 살지 않았을까 싶을 만큼 우리는 비슷한 부분이 많았다.

식사를 마친 우리는 뉴욕의 한인타운을 방문했다. LA의 한인타운이 종합운동장 느낌이라면, 뉴욕의 한인타운은 문방구 옆 골목 같은 느낌이었다. 한국음식점이 빼곡하게 들어찬 골목 같다고나 할까. 때마침 미국에 백신이 풀린 시기와 맞물려 사람들도 외부 활동을 활발하게 시작하던 때였다. 또 BTS의 인기 덕분에 한인타운의 한국음식점과 바들은 외국인들로 인산인해를 이뤘다. 나는 뉴욕에서 특별한 저녁을 사준 존 형에게 대접을 하고 싶었다. 우리는 2차로 조개탕과 소주를 마셨는데, 호기롭게 계산을 한다고 나섰다가 살인적인 소주값에 놀라고 말았다. 그래도 형과의 시간, 한인타운의 그 새벽 감성과 소주의 정겨움은 잊지 못할 것이다.

즉흥 여행 둘째 날, 경험과 용기를 얻다

존 형과 환상적인 첫째 날을 보내고 둘째 날에는 지현 님, 서현님과 함께 시간을 보냈다. 타임스퀘어부터 센트럴파크까지, 그리고 한인타운에 위치한 '허네임이즈한Her name is Han'이라는 식당과 늦은 새벽에 들른 어느 피자집까지 모두 환상적이었다. 둘째 날에 우리 네 사람은 다 같이 모여 정말 재미있는 시간을 보냈다. 특히 타임스퀘어와 센트럴파크를 보고 나서 내가 뉴욕에 온 이유를 알게 됐다. 내가 상상했던 바로 그 뉴욕의 모습 그대로였다. 세계 최고의 도심 같은 느낌. 번잡하긴 하지만 바로 그런 분위기가 이곳이 왜 세계 최고의 도시인지를 보여주는 듯했다. 또 센트럴파크는 너무 넓어서 마음먹고 조깅을 해보고 싶다는 생각이 들었다.

셋째 날에는 뉴욕에 살고 있는 존 형의 대학 친구, 내 친구 단테도 합류해 시간을 보내기로 했다. 어느 순간 정신을 차려보니 나는 미국의 친구들과 함께 뉴욕 거리를 거닐고 있었다. 얼마나 든든했는지 모른다. 그때의 나를 따뜻하게 맞이해준 그들에게 너무나 고마운 마음을 전한다.

특히 뉴욕에서 지내는 동안 나는 단테의 배려로 단테의 집에서 지낼 수 있었다. 뉴욕에서 지내는 한 달의 기간을 집값으로만 계산하면 금액이 어마어마하다. 숙박비를 아끼게 도와준 것도 그렇지만, 자신의 방을 내준 단테에게 정말 뭐라고 감사의 말을 해야 할지 모를 정도다. 내가 거실에서 자겠다고 고집을 부려도 단테는 자신의 방을 내어주는 것이 자메이카의 룰이라고 단호하게 말했다. 손님인 내가 자신의 방에서 자는 게 맞는다고 못을 박은 것이다. 지금도 그 마음을 생각하면 너무나 고맙다.

나는 단테에게 고마운 마음을 표현하고 싶었다. 고민 끝에 매일 매일 맛있는 음식을 최선을 다해 대접하는 것으로 단테의 배려에 보답하기로 했다. 마침 요리를 좋아하는 사람으로서 장기를 살려볼 기회였다. 거기다 단테가 한국의 문화를 굉장히 사랑하는 친구라는 것이 요리 대접을 선택하는 데 한몫했다. 단테의 집에 머무는 동안 김치찌개, 김치볶음밥, 라볶이 등 많은 음식을 만들어 함께 먹으며 고마운 마음을 전했다.

단테의 집에서 먹고 자고 뉴욕의 생활을 즐기며 지내던 중, 어메이징한 만남이 나를 기다리고 있었다. 영어 한마디 못 하던 시절부터 내 영어를 틈틈이 봐준 다이앤 선생님이 시카고에서 뉴욕으로 넘어온 것이다. 우리는 뉴욕의 한 태국 식당에서 만나기로 했다. 다이앤 선생님을 뉴욕의 거리에서 만났을 때 인생 참 재미있다는 생각이 들었다. 서울 역삼동도 아니고 뉴욕이라니.

그리고 또 한 명의 인연, 문희 형님이 소개시켜준 테디 형님과의 만남도 기다리고 있었다. 나는 다이앤과의 반가웠던 만남을 마치고, 테디 형님을 만나러 갔다. 테디 형님은 동부에서 몇 안 되는 한국인 배우이자 조언자로서 너무나 좋은 이야기를 많이 해주셨다.

테디 형님도 나를 보니 자신의 옛날 생각이 난다고 하셨다. 무엇보다 지금 동부는 우리 아시아 배우들이 활동하기에 너무 좋은 여건을 갖추고 있다고 조언해주셨다. 테디 형님에게 배우로서의 미국 생활 이야기를 들을수록 나도 얼른 동참하고 싶은 생각이 샘솟았다.

그런데 갑자기 테디 형님이 내 연기를 한번 보고 싶다고 하셨다. 연기자로서 너무나 기분이 좋은 순간이었다. 나는 용기를 내어 내가 출연한 영상을 보여드렸다. 테디 형님은 내게 가능성이 있다고 말씀해주시며 칭찬과 응원을 아끼지 않으셨다. 그리고 O-1 비자 외에도 다른 비자를 얻는 여러 방법도 설명해주셨다. 미국에서 활동 중인 배우가 인정을 해주는 순간은 내겐 그 어느 때보다 큰 힘이 됐다.

테디 형님도 처음 뉴욕에 왔을 때 타임스퀘어 중앙에 서서 수많은 광고판에 자신의 얼굴이 한번이라도 나오기를 간절히 바랐다고 한다. 그리고 실제로 몇 년 후 형님이 찍은 광고가 타임스퀘어에 나왔을 때를 결코 잊지 못한다고 하셨다. 그래, 그게 인생이지. 이제부터 나도 나를 도와준 친구들의 시간이 아깝지 않게 소중한 순간들을 만들고 싶어졌다.

다이앤 선생님과 테디 형님을 만난 이후 며칠 동안 나는 단테와 함께 베슬The Vessel, 하이라인파크High Line Park, 차이나타운China town 등 뉴욕의 구석구석을 여행했다. 그리고 잠시 워싱턴으로 떠났다.

워싱턴 DC - 미국의 심장에서 느낀 것들

워싱턴디시를 찾은 것은 고등학교 친구인 원화와의 만남 때문이었다. 원화는 고등학교 졸업 후 곧바로 워싱턴으로 유학을 떠났고 지금은 버지니아공대를 다니고 있었다. 다행히 내가 뉴욕에 갔던 일정과 원화의 방학 일정이 겹친 덕분에 우리는 지구 반대편에서 2박 3일의 짧은 여행을 함께하는 계획을 세웠다.

뉴욕에서 워싱턴까지는 버스를 타고 이동했다. 차로 7시간 정도 걸리는 거리여서 새벽 6시에 집을 나섰다. 버스를 타고 가는 길 자체도 너무 좋은 경험을 선사했다. 책 한 권을 읽으면서 친구를 만나러 가는 기대감을 갖고 설레는 길을 나섰지만 꽤 긴 시간 덕에 엉덩이는 무지 아팠다.

긴 시간 끝에 드디어 원화를 만났다. 하지만 만남의 기쁨도 잠시, 친구가 숙소로 예약한 에어비앤비 주인과 연락이 닿지 않았다. 나는 우선 에어비엔비 메모에 적혀 있던 호수를 찾아가 무작정 벨을 눌렀다. 한 아저씨가 인터폰으로 무슨 일이냐 묻더니 이 집은 에어비앤비가 아니라 자신의 집이라고 했다. 나도 여행을 참 많이 다녀봤지만 에어비앤비 사기는 처음 당해봤다.

숙소를 예약한 원화는 멘붕에 빠졌다. 오랜만에 만나는 친구와 여행으로 기분이 들떠 있었는데 아마도 모든 것을 망친 기분이 들었을 것이다. 백악관 근처에서 묵을 수 있는 기회를 놓치고 싶지 않았던 나는 원화에게 우선 환불을 신청하고 기가 막힌 다른 방을 구할 수 있는 운명적 기회라고 위로했다.

나는 곧장 방을 찾기 시작했고 정말 백악관 근처에서 한 호텔을 찾게 됐다. 역시나, 럭키 가이. 새로 찾은 호텔은 지어진 지 100년 정도 된 클래식한 호텔이었다. 방도 정말 넓고 주변에 바와 식당도 있어 위치적으로도 너무나 좋았다. 원화도 너무나 만족해했다. 모든 일에는 다 뜻이 있는 법이다.

원화와 나는 짐을 풀고 우선 백악관 쪽으로 향했다. 백악관 주변에 세워진 워싱턴 기념비부터 영화 〈남산의 부장들〉에 나온 링컨 대통령 기념관까지, 의외로 볼 곳이 많았다. 무엇보다 친구와 워싱턴 한복판을 걷는다는 것 자체가 낭만적이었다. 걷는 내내 우리는 그동안 서로가 경험했던 이야기들을 나눴다. 참 행복했던 순간이었다.

첫날 백악관을 둘러본 후에는 '올드에빗그릴Old Ebbitt Grill'이라는 햄버거 가게에 들렀다. 이곳에서 먹은 햄버거는 지금껏 내가 먹어본 햄버거 중 가장 맛있었다. 또 백발의 노인 바텐더가 인상적이었다. 끊임없이 주문을 받으며 칵테일을 만들고 그 와중에 손님들과 시시콜콜한 농담까지 나누는 능력에 감동했다. 진정한 프로는 자기 일을 사랑하고, 그 일을 즐기는 사람이 아닐까, 그리고 일과 인생을 즐기는 직업이 있다면, 바로 그와 같은 것이란 생각이 들었다. 정말 멋있는 바텐더였다.

둘째 날, 우리는 조지타운George Town이라는 곳으로 갔다. 조지타운대학교는 미국의 빌 클린턴 대통령 등 많은 정치가를 배출한 전통의 명문 대학교다. 조지타운은 2년 전 방문했던 옥스퍼드의 클래식함에 모던함을 믹스한 느낌이었다. 옥스퍼드가 웅장하고 앤티크한 느낌이라면 이곳은 클래식하면서 아기자기하고 현대적인 느낌이었다. 우리는 조지타운 학생이라도 되는 양 이곳저곳을 누볐다. 나는 클래식함을 잘 간직하고 있으면서도 현대적인 분위기가 너무 좋았다.

지구의 반대편에서 친구를 만난 2박 3일은 짧지만 강력한 여운을 남겼다. 너무나 행복했던 기억이었다. 나와 함께 소중한 시간을 동행해준 원화에게 다시 한번 고마움의 인사를 전한다. 원화가 건강하게 잘 지내고 있으면 좋겠다. 문자해봐야지.

뉴욕으로 돌아오다 - 퀘렌시아, 회복의 장소

원화와의 행복한 2박 3일을 보내고 다시 뉴욕으로 돌아왔다. 뉴욕의 저녁은 확실히 워싱턴과 다른 분위기를 자아내고 있었다. 확실히 도시다운 느낌이 전해졌다. 화려한 네온사인들이 나를 반겼고, 끊임없이 들리는 자동차 클랙슨 소리, 너나없이 분주하게 돌아다니는 사람들. 서울의 강남을 빼다 박은 듯했다.

뉴욕에 돌아온 나는 단테와 색다른 장소에 가보기로 했다. 가장 인상 깊었던 장소는 9.11메모리얼9/11 Memorial이다. 단테와 함께 역에서 내려 걸어가는 도중에 나는 갑자기 마음이 울컥하는 것을 느꼈다. 9.11 테러는 아직도 내 머릿속에 강렬한 잔상으로 남아 있다. 초등학교 3학년 시절, 나는 집에 혼자 있던 시간이 많았다. 하루는 부모님이 저녁까지 외출을 하셨고, 평소 혼자 있는 걸 그리 좋아하는 편이 아니었던 나는 TV를 켜놓고 무서움에 떨며 잠이 들었다. 갑자기 "삐이-"하는 소리에 나는 잠이 깨버리고 말았다. 시간을 보니 자정 무렵이었다. TV에서는 연신 속보를 전하고 있었다. 9.11 테러가 터진 것이었다. TV에서는 비행기가 빌딩을 들이받는 장면이 나오고 있었다. 그 장면이 너무나 충격적이고 무서운 나머지 나는 엄청 울면서 엄마에게 전화를 했다.

생생한 라이브 뉴스로 접한 기억 때문에 내겐 큰 사건의 하나로 기억돼 있다. 그런 기억 속 장소를 20년이 지난 이후 처음 방문하려니 가슴속에서 뜨거운 아픔과 슬픔 같은 감정이 밀려왔다. 내가 방문했을 때는 주변 빌딩들을 재건축하고 있었다. 바로 옆에는 희생자들을 추모하는 공원이 조성돼 있었다. 공원으로 들어서며 참사 현장에서 아름다움을 느낀다는 것이 참 아이러니했다. 이윽고 말로 설명할 수 없는 기분이 들었다.

비행기 테러로 무너져내린 쌍둥이 빌딩이 있던 자리에는 정사 각형의 인공폭포가 만들어져 있었다. 인공폭포의 주변에는 희생자의 이름들이 수를 가늠할 수 없을 만큼 적혀 있었다. 희생자들의 이름을 바라보다 나도 모르게 눈물이 흘렀다. 그토록 수많은 생명들의 이름을 하나하나 만질 순 없었지만, 그래도 한 분 한 분의 이름을 어루만지며 그들의 온기를 느꼈다. 어린 시절 테러 뉴스에 잠이 깨어 무서움에 떨며 눈물을 흘렸었지만, 20년이 지난 후에야 그 슬픔의 의미를 깨달은 듯해 너무나 미안한 마음이 들었다. 누구라도 뉴욕에 가게 된다면 9.11메모리얼에 가서 희생자들을 추모하는 시간을 가지면 좋을 것이다. 지금 그때를 생각하면서 글을 쓰고 있는 중에도 우리 모두 소중한 생명이고 똑같은 사람들이니 서로에게 감사하고 도우며 살아야 하지 않을까, 라는 생각이 든다.

뉴욕에서의 두 번째 여정에는 카우스KAWS라는 유명 작가의 전시회에도 다녀왔다. 평소 나는 미술 전시에 큰 관심을 갖지 않았다. 하지만 단테가 워낙 전시를 좋아해 함께 가보기로 했다. 카우스 작품은 하나같이 'ⅹ'자의 귀여운 눈을 가진 것이 특징이었다. 클래식한 만화의 캐릭터에 작가 본인만의 색깔을 컬래버레이션한 느낌이랄까. 그의 작품이 잠실의 석촌 호수에서 전시됐다는 기록 영상을 보면서 더욱 놀랐다. 역시 모르면 그냥 지나칠 수밖에 없는 법, 아는 것이 힘이라는 걸 새삼 깨닫는 시간이었다.

이후에는 타임스퀘어에도 다시 들러 뉴욕에서의 시간을 마음껏 누렸다. 그날 혼자서 거닐던 뉴욕의 거리가 너무나 좋았다. 나는 뉴욕에 점점 더 매력을 느끼기 시작했다. 특히 책 한 권을 들고 허드슨 강변을 자주 걸어다녔는데, 그때 적은 메모에 류시화 시인의 책에서 읽은 퀘렌시아Querencia에 대한 이야기가 적혀 있다.

퀘렌시아란 스페인어로 회복의 장소를 의미한다. 투우사와 경기를 한바탕 치룬 소가 심신의 안정을 취할 수 있는 장소라고 한다. 당시 퀘렌시아에 대해 읽으며 나 또한 살면서 지치는 순간마다 호흡을 골라야 하고, 호흡을 고를 수 있는 나만의 장소가 꼭 필요하겠다는 생각이 들었다. 나만의 퀘렌시아가 여러 군데 있다면, 지친 몸과 마음을 쉬게 할 나만의 장소가 많다면 얼마나 행복한 일인가. 세계 곳곳에 나만의 퀘렌시아를 만드는 상상을 하는 것만으로도 이미 휴식을 취하는 기분이 든다.

나는 뉴욕으로 떠나면서 많은 사람 덕분에 너무나 행복하고 좋은 순간들을 누렸다. 또 그만큼 사람들의 눈치를 보고 나름대로 배려를 하느라 알게 모르게 지쳐 있었을지 모른다. 미국으로 떠난 나의 여행은 자유를 누리는 듯 보이지만, 한편으로는 무언가를 이뤄야 한다는 불안감과 압박감이 함께 내재돼 있는 행위이기 때문이다. 또 나는 여행을 계기로 주변 사람들이 내 속도에 맞추느라 조금 불편해하지는 않았을지 반성하는 시간도 갖게 됐다. 평소 나만의 시간이 필요하다는 생각을 해본 적이 흔치 않던 나로서는 뉴욕 여행에서 비로소 나만을 위한 온전한 휴식과 반성의 시간이 필요하다고 느끼기 시작한 것 같다. 그리고 뉴욕에서의 시간은 진정한 회복의 시간이었다.

뉴욕에서의 여정을 보내던 중 예상치 못한 제안을 받았다. 때마침 단테가 자신의 친구들과 마이애미 여행을 하기로 했는데, 일주일 정도 자신들과 함께 여행을 가보자고 제안한 것이다. 내가 영어 새도잉을 하기 전에 본 미드가 〈덱스터Dexter〉였는데, 바로 그 드라마의 배경인 마이애미로의 여행이라니! 역시, 인생은 우연과 필연의 연속이 맞는 듯하다. 나는 단테에게 여행에 초대를 해줘 너무 고맙다는 인사로 여행 제안을 수락했다. 단테의 친구들과 함께하는 예정에 없던 여정이 또 내게 얼마나 행복하고 멋진 추억을 안겨줄지 기대가 됐다. 그렇게 난 뉴욕에서 마이애미로 떠나게 됐다.

마이애미 - 35달러의 행복

뉴욕을 떠나 마이애미에 도착하자 비가 추적추적 내리고 있었다. 여행 첫날부터 비가 내리는 것이 뭔가를 암시하는 듯했다. 하지만 날씨에 굴할 헤이든이 아니지 않은가. 이내 마음을 가다듬고 공항에 마중을 나온 단테의 친구들과 인사를 나눴다. 조이Joy와 애덤 Adam은 모두 단테의 대학 시절 친구들이라고 했다. 조이는 자메이카에서 국가대표로 활약할 정도로 훌륭한 테니스 선수였고, 지금은 마이애미에서 테니스 코치를 하며 살고 있다고 했다. 애덤은 비주얼 포토그래퍼로 미국에서 활동을 하고 있었다.

나는 마이애미에 머무는 동안은 친구들에게 불편을 끼치고 싶지 않아 조이의 집 근처 숙소를 따로 잡기로 했다. 다음 날, 설레는 마음으로 잠자리에서 일어났다. 나는 아침 일찍 일어나 일출을 보는 것을 정말 좋아한다. 특히 여행지 근처에 바다든 산이든 일출을 볼 수 있는 곳이라면 반드시 새벽에 일어나 일출의 기운을 느끼는 것을 즐긴다. 마이애미에서도 전날에 비가 내려 보지 못한 바다와 함께 멋진 일출을 보고 싶어 새벽같이 일어나 해안으로 향했다. 조깅을 해도 좋겠지만, 백사장에 들어가거나 바다로 뛰어들지 몰라 가벼운 산책을 할 겸 조리를 신고 나섰다.

새로운 곳에서 맞이하는 아침이면 늘 그렇듯 동네 주변을 둘러보고 바다로 갈 수 있는 가장 빠른 루트를 찾기 시작했다. 내가 묵은 숙소 앞의 오션뷰는 대부분 호텔들이 차지하고 있었다. 아쉬운 마음을 뒤로하고 해변의 길을 따라 걷기 시작했다. 무작정 걷다 보면 생각지도 못한 좋은 장소를 발견할 수 있고 그곳에서 무엇을 하면 좋을지 상상하는 것만으로도 즐겁다. 무엇보다 남들은 모르는 나만의 장소가 생기는 묘한 쾌감이 있다.

숙소 주변 동네를 파악하고 돌아온 후 가볍게 요기를 하고 책을 챙겨 비치펍으로 향했다. 바텐더에게 주문한 블루문 한 잔과 함께 하는 독서의 시간은 기가 막힐 정도로 좋았다. 불현듯 매일 이곳을 찾아 책을 읽다가는 비용이 만만치 않게 들겠다는 생각이 들었다. 맥주 한 잔에 7달러 정도였으니 두 잔이면 14달러에 팁까지 더하면 거의 20달러 정도의 비용을 지불해야 한다. 밖을 돌아다니며 책 읽기 좋은 장소를 찾아나설까 했지만, 이곳이 마이애미라는 사실이 발목을 잡았다. 분명 아침이 조금 지나고 해가 들면 굉장히 뜨거워질 것이다. 햇빛은 피하면서 바다도 잘 보이는 까다로운 조건을 충족시키는 나만의 퀘렌시아를 찾아야겠다고 생각했다.

문득 마이애미가 속한 플로리다주는 캘리포니아주와 다르게 밖에서 술을 마실 수 있다는 친구의 말이 떠올랐다. 그리고 해변에서 발견한 수많은 비치체어를 들고 다닌다면 어디서든 나만의 자리를 만들 수 있을 거라는 생각이 들었다.

나는 곧장 마트로 달려갔다. 비치체어의 가격은 15달러 정도였다. 그런데 선뜻 지갑에 손이 가질 않았다. 바에서는 20달러를 고민 없이 썼으면서 당장 15달러를 지불하지 못하는 모순적인 자아와 갈등했다. 거짓을 조금 보태어 1시간을 고민했던 것 같다. 15달러도 못 쓰는 바보처럼 보이겠지만, 그때의 내가 그저 싫지만은 않다. 그 짧은 고민을 하는 시간조차도 나 자신을 돌아보는 소중한 시간이라는 생각이 들기 때문에. 지나친 자화자찬이려나.

결국 나는 15달러짜리 비치체어와 버드라이트 18캔을 사서 집으로 향했다. 총 27달러를 지출해 일주일 동안 마실 맥주와 자릿값을 완벽하게 해결한 것이다. 이보다 완벽한 소비가 있을까 싶었다. 냉장고에 맥주를 채워넣는데 세상을 다 얻은 기분이 들었다. 나는 곧바로 나만의 이동식 펍을 만나기 위해 비치체어와 맥주 두 캔을 챙겨서 집을 나섰다. 셀프 파라솔을 위해 우산 하나도 챙겨나갔다. 점심으로는 집 앞에 있는 맥도날드에 들러 빅맥을 투고했다. 한쪽 손에는 비치체어를 끼고 다른 손에는 버드라이트에 빅맥을 들고 해변으로 향하는 여행객이라니, 지금 상상해도 내 모습이 정말 웃겨 보였을 것 같기도 하다.

해변에 도착해 얼마 지나지 않아 왠지 정겨워 보이는 자리를 하나 찾았다. 지금도 그때 그 자리를 찾아가보라면 눈을 감고도 찾아갈 수 있을 것이다. 그날 이후, 나는 해변의 그 자리에만 앉아 있었으니 말이다. 그렇게 나는 비치체어에 앉아 빅맥과 맥주로 나만의 즐거운 점심시간을 보냈다. 노상에서의 시간이 그토록 행복할 수 있다는 것을 그때 처음 깨달았다.

그런데 어느 순간 주변을 둘러보니 그 근처에서 노상의 공간이 마치 자신의 자리인 양 누워 있는 사람들이 눈에 들어오기 시작했다. 백사장에서 노숙을 하시는 듯했다. 한 분은 유럽 느낌의 아저씨였고 한 분은 젊은 흑인 여성이었다. 비치체어에 앉아 저들의 삶은 어떨지 생각했다.

LA에서 본 노숙자들과는 분위기가 사뭇 달랐다. 그들은 그냥 말없이 바다로 저벅저벅 걸어가 발을 담근 채 수평선을 한참 동안 바라보며 서 있었다. 그들의 주변에 행복하게 뛰어 노는 아이들과 가족들이 있어 아이러니한 대비를 이뤘다. 이토록 다른 삶을 살고 있는 사람들이 같은 시간과 공간 속에서 있다는 사실에 생각이 깊어졌다. 어떤 인생이 좋고 나쁘다고 말하진 못해도 정말 각자 다른 삶의 모습과 이야기를 갖고 살고 있다는 생각이 들었다.

그날 그 순간, 마이애미 해변에는 작은 비치체어 하나에도 행복을 느끼고, 빅맥과 버드라이트만 먹어도 든든해져 기분이 좋아지는 내가 있었다. 해변과 맞닿은 곳에 지어진 으리으리한 호텔의 레스토랑에서는 에어컨의 시원한 바람을 맞으며 화려한 음식들을 즐기는 사람들이 있었을 것이다. 그날 내가 느낀 것은 단순히 무엇이 더 좋고 나쁘다는 가치 판단을 떠나 같은 시간 속에서 다른 삶이 존재한다는 사실이 전부였다. 그것뿐이었다.

그때 난 내가 스스로 찾아내어 누리고 있는 내 삶이 무엇보다 좋고 행복했다. 세상 어느 누구도 부럽지 않았다. 15달러짜리 비치체어에 앉아 책도 읽고 다이어리도 정리하며 나만의 시간을 보내는 것이 너무나 행복했다. 내가 듣고 싶은 음악을 듣고, 내 생각을 정리하고 느끼고 다시 생각하고, 맥주를 마시고, 책을 읽는 별것 아닌 모든 행동이 내겐 세상 무엇보다 행복으로 다가왔다. 점점 나 자신을 조금씩 알아가고 있다는 기분이 들었다. 그렇게 조금씩 성장하고 있다는 생각이 들었다.

나는 마이애미의 친구들과 함께 리틀 하바나Little Havana에 들러 쿠바의 문화도 즐기고 보트와 제트스키도 타면서 미국과는 다른 이색적 분위기를 즐겼다. 그리고 선장님의 스페인 친구들과 함께 보드카를 마시면서 행복한 시간도 보냈다. 집 앞 작은 항구에서 작은 스피커 한 대를 놓고 춤을 추며 노는 그들의 일상이 부러웠다. 누구는 작은 통통배에도 이렇게 만족감을 느끼고 있고, 다른 누구는 집채만 한 요트나 화려한 호텔에서 부러울 것 없는 시간을 보내는 세상이 참 아이러니하면서도 매력적으로 느껴졌다. 하지만 난 그날의 순간이 다른 무엇보다 값지고 행복하게 느껴졌다. 그거면 충분했다.

마이애미는 내게 정말 많은 기억과 영감을 선물한 곳으로 남았다. 마지막 날 아침에도 나는 맥모닝 세트를 사서 매일 아침 시간을 보냈던 해변의 내 자리로 향했다. 이날에는 점심까지 해결할 수 있게 세트를 두 개나 샀다. 오후에 비행기를 타기 전까지 마지막 여유를 즐기기에는 충분했다. 그날도 어김없이 노숙자 두 분이 아침을 맞이하고 있었다. 그 순간 나는 내 손에 있는 맥모닝 중 하나를 먼저 일어난 사람에게 전하고 싶은 마음이 들었다. 어찌 보면 나는 그들에게 불청객처럼 찾아와 일주일이나 머물던 이방인으로 보였을 것이다. 그럼에도 불구하고 아무 말 없이 자신의 자리를 허락해준 그들에게 감사의 마음을 전하고 싶었다고나 할까.

책을 읽으며 동태를 살피고 있는데, 흑인 여성분이 먼저 일어나는 모습이 보였다. 그녀는 늘 그랬듯이 바다로 들어가서는 발을 담구고 또 한참을 서 있었다. 지금 그녀의 모습을 보는 것이 마지막이라고 생각하니 왠지 벌써부터 그리운 마음이 드는 듯했다. 이윽고 그녀가 자신의 자리로 돌아왔다. 나는 뭐라고 말하며 맥모닝을 건넬지, 혹시 그녀가 어리둥절해하거나 너무 고맙다고 말하면 뭐라고 답해야 할지 고민하다 아무 말도 필요 없겠다는 생각이 들었다. 그냥 아무렇지 않게 "Have a great day!" 한마디를 건네면 충분하리라 생각하고는 그녀에게 다가갔다. 그런데 그녀는 아주 퉁명스럽게 당연하다는 듯 "Thank you."라고 말하며 돌아가는 것이 아닌가.

이 찝찝한 기분은 뭘까 싶었다. 내 자리로 돌아와 그녀를 보니 그 자리에서 바로 맥모닝을 먹고 있었다. 내가 생각한 드라마와 현실은 너무나 달랐다. 이런 것이 현실일까. 그래도 그녀가 맛있게 먹는 모습을 보니 기분은 좋았다. 마이애미와 그곳에 만난 인연에 대한 내 감사의 표시를 다 한 것으로 만족하기로 했다.

마이애미에서의 마지막 날, 책에서 재미있는 이야기를 하나 읽었다. 아주 옛날, 한 부족에선 곧 태어날 아이를 족장으로 점지하고 9년 동안 동굴 속에서 살게 한다고 한다. 9년을 동굴에서 산 아이에게 부족 사람들은 세상 밖으로 나갈 것인지, 그곳에 더 남을 것인지를 두고 선택권을 준다. 만약 동굴에 남아 더 살 것을 선택한다면, 아이는 족장이 되는 대신 18년을 동굴에서 더 살아야 한다. 총 27년을 동굴 안에서만 살아야 하는 것이다. 아이는 그렇게 어두컴컴한 동굴에 갇혀 자기수행의 과정을 거치는 것이다.

내가 만약 27년간 동굴 안에서 자기내면을 들여다보며 살았다면 어땠을까. 평범하게 태어나 수많은 생명과 사물들, 산과 바다로

나의 퀘렌시아

둘러싸인 환경의 소중함을 모르고 사는 사람보다 훨씬 더 감사함을 느끼지 않을까. 물론 그런 마음을 갖기 위해 30년에 가까운 시간을 훈련해야 한다는 것이 참 혹독하다는 생각이 들었다. 하지만 결국 자신과 가까운 모든 것들에 감사하고 사랑하는 마음을 전하는 삶을 살아야 한다는 교훈이 담겨 있다고 생각한다.

삶의 어떤 과정이든 모두 나름대로 이유가 있을 것이다. 그런 만큼 지금 나에게 주어진 순간들을 더욱 소중히 여기며 살아가야 한다. 내일은 내일의 태양이 뜨듯 지금 힘들고 아픈 감정을 느끼더라도 모두 지나갈 것이다. 또 내 곁에 있는 것들을 소중히 여기고 사랑할수록 모든 것이 내게 기댈 어깨를 내어주고 삶의 동력이 돼줄 것이다.

　마이애미는 내게 많은 것을 선물해줬다. 하지만 새로운 인연들과 함께한 멋진 순간만큼 소중한 것은 없었다. 무엇보다 내가 살아온 시간을 돌아보며 한층 더 성숙한 나로 거듭나게 해줬다. 그보다 멋진 선물이 또 있을까. 역시 여행의 진정한 묘미는 인생에 대한 공부를 할 수 있다는 점일 것이다. 즐거웠다, 마이애미.

뉴욕에서의 마지막 - 뉴욕을 달리다

마이애미에서 뉴욕으로 돌아오니 마치 집에 돌아온 듯한 포근함을 느꼈다. 인간은 적응의 동물이라는 말을 실감했다. 하지만 뉴욕에서의 생활도 어느 덧 3주째, 마지막 시간을 보낼 때가 다가오고 있었다. 길다면 긴 미국에서의 여정도 3분의 2를 지나가고 있었다.

　뉴욕을 떠나기 전날 아침에도 나는 어김없이 조깅을 하며 그동안 다녀봤던 곳을 모두 돌아보기로 했다. 하이라인으로 가는 길에서 마주한 뉴욕의 구석구석이 그토록 예쁜지 몰랐다. 마치 이별을 앞둔 연인을 눈에 담기라도 하듯 조깅 도중에 멈춰 서서 사진도 정말 많이 찍었다.

　새로운 여행지를 달리다 보면 낯선 길이 익숙한 내 길이 되는 기분이 든다. 그렇게 뉴욕의 하이라인을 따라 처음 단테와 가봤던 베슬까지 이곳저곳을 누볐다. 베슬 위에도 다시 올라 허드슨강을 다시 한번 느껴봤다. 허드슨 강줄기를 따라 남쪽으로 향하다 보면 내가 가장 좋아했던 리틀아일랜드Little Island를 만나게 된다. 그래도 한번 갔던 곳이라 아쉬움은 크게 없어 그저 먼발치에서 바라봤고, 바라보기만 해도 좋았다.

한 발 한 발 내디디며 주변을 둘러보니 이전에는 보이지 않던 공원들이 보이기 시작했다. 진짜 뉴욕의 매력을 발견한 듯했다. 수영복을 입은 사람들이 잔디밭에 누워 태닝을 즐기고 있었다. 서울 도심에서는 상상도 못 할 일이 아닌가. 여의도공원이나 다를 바 없는 공원인데 이곳 뉴욕에서는 여기저기서 태닝을 하는 사람들을 쉽게 볼 수 있었다. 도심 한가운데서 자유를 느끼는 사람들의 모습을 보며 새로운 세상에 온 듯 너무나 좋았다. 다음에 또 뉴욕을 방문한다면 나도 잔디밭에 누워서 태닝을 해보겠다고 다짐했다. 나는 새로운 경험이 주는 즐거움을 뿌리칠 수 없는 듯하다. 그곳 사람들과 동화되는 기분이랄까.

리틀아일랜드를 거쳐 첼시마켓까지 방문한 나는 혼자만의 조깅을 마무리하기로 했다. 그날 저녁에는 단테를 비롯해 뉴욕의 친구들과 저녁 식사를 하기로 돼 있었다. 우리는 맨해튼의 반대편인 브루클린으로 가기로 했다. 지하철로 이동을 하며 문득 단테에게 고마운 마음이 들었다. 만약 나 혼자 뉴욕을 돌아다녔다면 지하철을 타는 단순한 경험조차 두려운 순간이 돼버렸을지 모른다. 그만큼 친구라는 존재는 낯선 환경, 낯선 사람들 사이에 있어도 이겨낼 수 있는 힘을 주는 듯하다.

오후 5시 30분, 우리는 도미노파크Domino Park라는 곳에 도착했다. 나를 실망시키지 않으려는 듯 날씨는 최고였다. 맨해튼의 빌딩 정글 사이로 비치는 석양을 배경으로 도미노 파크에서는 라이브 밴드가 연주를 하고 있었다. 말로 표현하지 못할 만큼 가슴이 벅차올랐다. 사람들이 괜히 뉴욕을 사랑하는 게 아니었다.

스페인어 교수인 단테는 친구들과 스페인어로 대화를 나눴다. 그 덕분에 인사부터 이름을 말하는 방법까지 공짜로 배우는 레슨 같은 시간을 보냈다. 친구들과 영어로 이야기도 나누고, 스페인어도 배우고, 내가 한국어도 가르쳐주는 언어 교환의 현장이자 문화 교류의 장이 펼쳐졌다. 그런데 갑자기 단테가 자메이카에 함께 가는 것이 어떻겠냐고 제안을 했다. 그 순간 나도 결심했다. 다음 번 책을 쓸 때는 꼭 자메이카에 대한 경험담을 담아내면 좋겠다고 말이다. 그날 저녁 친구들과 식사를 마치고 2차로 들른 펍에서 우리는 자유롭게 춤추고 놀며 뉴욕에서의 마지막 밤을 즐겼다. 그라시아스 아미고Gracias, Amigo!

마지막 날, 단테는 내게 어딜 가보고 싶으냐고 물었다. 나는 일말의 망설임 없이 브루클린 브리지Brooklyn Bridge라고 답했다. 노을을 배경으로 다리를 걸어서 건너보고 쉐이크쉑SHAKE SHACK 버거도 먹으면 좋겠다고 말이다. 또 마지막으로 지현 님과도 함께 시간을 보내기로 했다. 너무 설렜다.

그렇게 뉴욕에서의 마지막 순간이 다가오고 있었다. 다리 아래 아이스크림 가게에서 만난 우리는 아이스크림을 하나씩 사 들고 브루클린 파크를 걷기 시작했다. 맨해튼 방향으로 일렬로 늘어선 벤치를 노을이 비추고 있었다. 누가 말해주지 않아도 왜 이곳이 최고의 야경 스팟인지 알 수 있었다. 마치 과거의 사람들이 건물이 아닌 석양을 감상하도록 뉴욕을 건설했다고 해도 믿을 만큼 낭만적인 분위기였다. 한 폭의 액자를 바라보고 있는 듯한 느낌을 주는 뉴욕의 풍경이 더없이 좋았다.

우리는 쉐이크쉑 버거를 포장해 공원 벤치로 향했다. 벤치에 앉아 햄버거를 베어 무는 동안 태양은 점점 지평선을 향해 내려오고 있었다. 어느덧 파란 하늘은 주황빛으로 물들고 점점 어두워지는 밤하늘에 화답하듯 빌딩 정글이 불빛을 밝히기 시작했다. 장관이었다. 뉴욕에 만난 최고의 순간이었다. 자연과 인간의 건축 양식이 자아내는 멋진 광경을 함께 바라보는 친구들이 있어 더욱 환상적이었다. 세상을 다 가진 듯한 기분이 바로 이러하지 않을까.

노을과 야경을 즐긴 우리는 브루클린 브리지로 향했다. 브루클린 브리지는 뉴욕을 대표하는 다리이자 클래식한 양식으로 유명하다. 다리를 지었던 당시의 냄새와 온기가 남아 있는 것처럼 느껴질 정도다. 브루클린 브리지에서 바라본 빌딩 정글이 점점 눈앞으로 다가오자 압도당하는 기분이었다. 자연이 아닌 도시의 풍경에 압도당하긴 처음이었다. 나는 뉴욕에서의 마지막을 최고의 순간으로 만들어준 단테에게 너무나 고마워 나중에 꼭 보답하겠다는 내용의 손편지를 남겼다. 정말 뉴욕에, 미국에 오길 잘했다는 생각이 드는 마지막 밤이었다.

애틀랜타 - Let's go Hawks!

미국에서의 여정은 애틀랜타로 이어졌다. 존 형이 무심코 던진 한마디가 발단이었다. 사실 단테가 거의 3주 내내 방을 내어준 것에 너무 미안한 마음이 들던 차에 존 형의 초대는 너무나도 고마운 제안이었다. 뉴욕을 떠나는 날, 단테와 나는 뜨거운 포옹을 나눴다. 로라로부터 이어진 단테와의 인연, 그리고 단테 친구들의 따뜻한 마음이 다시금 떠올랐다.

단테와 마지막 인사를 나누고 나는 애틀랜타로 향하는 비행기에 몸을 실었다. 문득 LA에서 뉴욕으로 오던 날, 새벽에 탔던 우버 UBER의 기사님이 해준 말이 떠올랐다. 그때 나는 기사님에게 뉴욕에 가본 적이 있냐고 물었다. 그러자 기사님은 LA에서 30년 정도 살면서 같은 서부 지역인 샌디에이고는 가봤어도 뉴욕에는 한 번도 가본 적이 없다고 했다.

30년이라면 내가 살아온 인생보다 긴 시간이다. 그가 살아온 삶

2장 미지의 세계로 Do, Dream

의 흔적과 내 삶의 흔적이, 사람의 인생이 이토록 다를 수 있다는 사실이 새삼 놀라웠다. 처음 미국 LA에 온 나는 뉴욕, 워싱턴, 마이애미를 거쳐 이제 애틀랜타로 향하고 있었다. 어떤 마음이 삶의 흔적에 차이를 만들어내는지 궁금했다. 모험심, 아니면 호기심, 그도 아니면 역마살일까? 아직도 정답은 알 수 없다. 어쩌면 내 마음과 다른 사람들의 마음이 맞닿았기 때문이지 않을까?

물론 다른 누군가와의 교감 없이 혼자 여행을 하는 사람도 있다. 나라면 과연 그렇게 혼자 떠날 수 있었을까? 떠날 때는 혼자처럼 보였지만 어느 순간 주변을 둘러보니 나는 여러 사람들의 도움을 받고 있었다. 참 고마운 인연들이다. 그동안 내게 물심양면으로 신경을 써준 이들을 떠올리다 문득 비행기 창문으로 내려다본 애틀랜타는 뉴욕과는 달리 수풀로 우거진 풍경이 펼쳐져 있었다.

공항에는 존 형이 마중을 나와 있었다. 애틀랜타에서는 공항에서 10분 정도 떨어져 있는 존 형의 집에서 일주일 정도 머물기로 했다. 뉴욕에서 만났을 때와는 또 다른 느낌이었다. 실제로 본 지는 나흘밖에 되지 않았지만 정말 가까워진 느낌이었다.

애틀랜타의 일주일은 시작부터가 환상적이었다. 존 형이 대뜸 자신의 친구 누나의 결혼식 파티에 가자고 제안한 것이다. 어리둥절한 내 표정을 본 형은 미국에 왔으니 꽁스키(공짜 위스키)도 마시면서 미국식 결혼 파티 문화도 흠뻑 느끼면 좋지 않겠냐며 아무 문제 없다는 듯 말했다. 하지만 아무리 그래도 일면식도 없는 사람의 결혼식에서 논다는 게 선뜻 내키지는 않았다. 형은 괜찮다며 이미 친구에게 말해뒀다고 나를 설득했다.

마침 정장 한 벌을 챙겨오기도 해서 최소한의 예의는 갖출 수 있을 듯했다. 문제는 구두였다. 여행을 오면서 구두까지 챙겨오지 못한 것이다. 그러자 형이 자신의 구두를 신으라며 선뜻 내주는 것이 아닌가. 그렇게 난 짐도 풀지 않고 집에 도착하자마자 샤워를 한 후 정장을 꺼내 입었다. 형이 구두에 이어 넥타이까지 내어주어 겨우 결혼식 하객룩을 완성할 수 있었다.

나는 애틀랜타에 도착하자마자 형과 형수님을 따라 결혼식장으로 향했다. 결혼식이 이뤄지는 장소는 뉴욕의 첼시마켓을 만든 디자이너의 또 다른 명소인 '폰즈시티마켓Ponce City Market'이었다. 마켓에는 정말 많은 사람이 북적이고 있었다.

한국식 결혼 문화에 익숙한 나는 식장에 도착하자마자 축의금 봉투부터 찾기 시작했다. 그때부터였다. 지금껏 경험하지 못한 결혼식 풍경이 나를 기다리고 있었다. 우선 식장에는 하얀 천을 덮어 만든 버진로드virgin road 주변으로 의자들이 늘어서 있고 정장을 차려입은 신랑의 친구들이 무언가를 준비하고 있었다. 식장 한편에는 굉장히 큰 스테이지와 테이블, 그리고 디제이부스(?)가 있었다. 클럽을 식장으로 대여한 것이 아닌가 싶었다.

잠시 뒤 결혼식이 시작됐다. 어제까지 뉴욕에서 브루클린의 노을 속에 있던 내가 지금은 애틀랜타의 결혼식장에 앉아 있다는 사실이 믿기지 않았다. 인생이 참 재미있다고 생각됐다. 결혼식은 참 아름답게 진행됐다. 두 사람을 바라보는 모든 사람의 애정 어린 눈빛과 그들의 마음이 온전히 전해진 듯했다.

우선 나는 진한 위스키 한 잔을 들고 자리에 앉았다. 이제부터 저녁을 먹으며 하객들은 신랑신부에게 축하 인사를 건네고 가족들도 하객들에게 감사 인사를 전하는 토스트 타임이 시작된다고 했다. 미드에서 종종 봤던 장면이 떠올랐다. 우리나라로 치면 피로연장에서 신랑신부에게 덕담을 건네고 하객에게 감사 인사를 전하는 시간이었다. 미드에서나 봤던 장면을 직접 목격할 수 있다니 너무 기대됐다. 그런데 신부의 아버지가 갑자기 존 형의 친구들을 한 명씩 호명하더니 내 이름까지 불러 너무 놀라고 말았다.

신부 아버지   헤이든이란 친구가 먼 한국에서 우리 딸의 결혼식을 축하해주기 위해 왔다고 합니다. 그에게 너무나 감사하다는 인사를 전하며, 그가 이곳에 있는 동안 즐겁고 행복한 순간들을 만들고 갔으면 좋겠습니다. 와주셔서 고맙습니다.

나는 신부 아버지의 센스 있는 인사 말씀을 소중한 선물처럼 한 자도 놓치지 않고 마음에 담아두고 싶었다. 무엇보다 정말 신기한 경험이었다. 내 이름이 TV에, 그리고 영화의 엔딩 크레딧에 나올 때만큼 기분 좋은 순간이었다.

토스트 타임이 끝나자 디제이부스에 있던 점잖게 생긴 분이 갑자기 클럽 음악을 틀기 시작했다. 그날의 디제이는 신랑신부를 식장 한가운데로 이끌었고, 웨딩드레스를 입은 신부는 그 음악에 맞춰 격렬하게 춤을 추기 시작했다. 이윽고 신부 어머니와 아버지까지 무대로 나오시더니 댄스타임은 한층 더 격해지기 시작했다. 나중에는 하객들 모두 몰려나와 둥그렇게 큰 원을 만들고 다 같이 춤을 추기 시작했다. 정말 모두 행복해 보였다. 나중에 존 형에게 들어보니 그날의 결혼식은 규모가 작은 축에 속한다고 했다. 그날 나는 꽁스키와 파티 같은 결혼식 분위기, 나를 환영해준 사람들과 함께하는 시간에 한껏 취했다.

애틀랜타에 도착하자마자 찾아간 결혼식과 함께 첫째 날은 정신없이 지나갔다. 둘째 날 아침 비로소 나는 애틀랜타의 진짜 풍경을 마주할 수 있었다. 존 형의 집 근처에는 큰 공원이 하나 있었다. 나는 존 형의 반려견 머피와 함께 아침 산책을 하며 동네 구석구석을 둘러봤다. 한국에서는 산림휴양지에서나 볼 법한 거대한 나무들이 공원을 가득 메우고 있었다. 머피와 함께 산책까지 하니 그곳의 자연에 내가 흡수되는 듯한 기분마저 들었다. 그 순간 나는 사랑하는 반려견과 함께 미국에서 매일 산책하는 로망이 하나 더 생겼다.

산책을 마치고 돌아온 나는 존 형과 무엇을 할까 이야기를 나눴다. 마침 주말이어서 존 형은 자신의 친구 집에 놀러 가자고 했다.

나는 뭐든 좋았다. 그렇게 우리는 맥주를 챙겨 형의 친구 집으로 향했다. 형은 미국에서는 주말이면 보통 이렇게 논다면서 미국 문화를 체험하는 기회가 될 거라고 말했다. 뉴욕으로의 여정에서부터 애틀랜타의 깜짝 결혼식까지 모두 놀라움의 연속이었는데, 이번에는 또 존 형이 어떤 깜짝 선물을 내게 선사할지 기대가 됐다.

존 형과 함께 찾아간 자리는 형의 대학교 동기 모임이었다. 10년 넘게 만나고 있는 베스트 프렌드들이었다. 그들은 주말마다 모여서 함께 시간을 보낸다고 한다. 친구의 집 뒤로는 강이 펼쳐져 있었다. 존 형의 친구들은 낯선 손님인 내게도 친근하게 다가와 인사를 건네며 곧바로 맥주를 건넸다. 그러더니 이내 선크림을 바르라며 내게 건넸다. 우리는 낚시의자, 튜브, 맥주박스를 챙겨 강가로 향했다. 강 위에는 이미 튜브에 몸을 맡긴 사람들이 한 손에는 맥주를 든 채 둥둥 떠다니고 있었다. 칠chill하고 쿨cool한 미국의 주말이 눈앞에서 펼쳐지고 있었다.

그렇게 나는 존 형의 친구들과 햇빛이 내리쬐는 강물 위에 튜브를 띄우고 몸을 맡겼다. 그리고 시원한 맥주 한 모금과 함께 이런저런 이야기도 나눴다. 물론 그들의 대화를 온전히 다 알아듣지는 못했지만 개의치 않았다. 그냥 그 순간이 너무 행복했다. 태양이 뜨거울 땐 고개를 젖혀 강물에 머리를 적시며 더운 기운을 쫓고, 갑작스레 내리는 비도 온몸으로 맞으며 시원함을 즐겼다. 주말을 이렇게 자유롭게 보내는 이들이 너무나 부러웠다. 가까이 있는 것,

작은 것을 즐기며 진정한 행복을 찾아 즐기는 삶을 그들에게서 볼 수 있었다. 그날 그 강물에 띄운 튜브 위에 누워 바라본 맑은 하늘과 구름, 태양이 아직도 감각에 남아 있다. 너무 행복한 하루였다.

애틀랜타에서의 시간도 하루하루 어메이징하게 흘러갔다. 존 형은 여행자들이 가면 좋을 법한 코카콜라 뮤지엄이며 애틀랜타 아쿠아리움에도 나를 데려가줬다. 코카콜라의 본사가 애틀랜타에 있어 그 지역의 스포츠 경기장이나 코카콜라 음료대가 비치돼 있는 공공장소에 가면 모두 무료로 마실 수 있다는 말을 듣고는 깜짝 놀랐다. 또 전 세계에서 가장 큰 수족관이라는 애틀랜타 아쿠아리움은 너무 신비롭고 멋있었다. 무엇보다 존 형은 NBA 동부지구 파이널에 진출한 애틀랜타 호크스의 경기를 직관하는 기회를 내게 선사했다. 아무리 농구에 관심이 없는 사람이라도 전 세계적인 스포츠인 NBA의 파이널 경기를 직관하는 기회를 놓칠 리 없을 것이다. 그렇게 나는 존 형과 함께 스테이트팜아레나State Farm Arena에서 진짜 미국의 열기를 즐겼다. 현지 팬들의 함성 소리에 동화된 나는 어느덧 자신도 모르게 미친 듯이 "렛츠고 호크스!"를 외치고 있었다. 소름이 돋았다.

존 형 덕분에 애틀랜타에서도 정말 많은 추억을 쌓았다. 무엇보다 형과 함께 집에 돌아와 집 앞 의자에 앉아 밤하늘을 수놓은 별들을 바라보면서 살아온 이야기, 앞으로 살아갈 이야기 등 이런저런 이야기를 나눴던 시간이 기억에 남는다. 따지고 보면 우리가 어떻게 만났는지, 얼마나 만났는지는 중요하지 않았다. 나와 마음이 맞는 사람, 나를 온전한 나로서 봐주는 사람들을 언제 어디서든 만날 수 있고 그들과 좋은 인연이 될 수 있다는 것을 형과 하루하루 지내면서 느꼈다. 그리고 모두에게 보답하고 싶다는 생각이 많이 들었다. 저 광활한 우주에 가득한 별에 비하면 우리는 참으로 짧은 인생을 살 뿐이다. 하지만 우리에게 주어진 시간 동안 소중한 인연들에게 감사하면서 살아간다면 그보다 멋진 인생이 있을까.

시애틀 - 자연이 아름다운 나라, 미국

애틀랜타에서 행복한 일주일을 보낸 후 나는 미국 서부의 가장 끝 지역인 워싱턴주 시애틀로 떠났다. 시애틀에 가게 된 것은 또 다른 인연 덕분이다. 역시 아침마당을 통해 만나게 된 시애틀 준 님이다. 미국에서 로펌을 운영하고 계신 준 님은 내가 미국에 왔다는 소식을 듣고는 전화를 걸어왔다. 그러고는 코로나로 인해 웃음도 잃고 굉장히 우울한 나날을 보내던 시기에 아침마당 덕분에 웃을 수 있었다고 했다. 그 보답으로 내가 만약 시애틀에 온다면 호텔과 렌터카를 선물하고 싶다고 했다. 나는 마음만 감사히 받겠다고 여러 차례 정중히 사양했지만, 준 님은 자신의 마음을 꼭 받아주면 좋겠다고 했다. 결국 준 님의 요청을 받아들이기로 한 나는 시애틀에 가기로 했다.

애틀랜타에서 시애틀까지 가는 비행시간은 자그마치 6시간으로 생각보다 길었다. 6시간 비행이면 기내식이 나올 줄 알고 밥을 걸렀던 것이 실수였다. 비행기에 오르고 내리는 시간까지 합하면 꼬박 10시간 이상을 굶은 셈이다. 주린 배를 움켜쥐고 시애틀에 도착하자마자 나는 준 님이 선물해준 렌터카를 찾으러 갔다. 나는 출국 전에 미리 국제운전면허증을 발급받아 온 덕분에 렌터카를 무사히 수령할 수 있었다. 또 미국에서는 면허증과 함께 여권을 반드시 챙겨야 하니 혹시 미국에서 운전을 계획 중이라면 기억해두면 좋을 것이다.

시애틀에서의 첫 과제로는 준 님에게 인사를 드리는 것이 마땅했지만 준 님의 퇴근 시간을 고려해 친구를 먼저 만나기로 했다. 일전에 내가 출연했던 다은이의 팟캐스트 공동 진행자인 소피아가 시애틀에 살고 있었기 때문이다. 나는 렌터카를 몰고 소피아가 사는 동네로 출발했다. 아침마당을 통해 한국에서 시도했던 〈헤이든이 간다〉를 미국 땅에서 하고 있는 기분이었다.

나는 시애틀의 벨뷰Bllevue라는 곳에 도착했다. 그리고 줌으로만 만난 소피아를 드디어 실제로 만나게 됐다. 옛 친구를 오랜만에 만나는 것처럼 반가웠다. 소피아는 비행과 배고픔에 지친 나를 위해 덤플링을 포장해 가져오는 센스를 발휘했다. 소피아의 집 앞 공원에 자리를 잡고 앉은 우리는 이런저런 이야기를 나눴다. 배가 고프

기도 했지만 만두 맛은 기가 막혔다. 조금 후 소피아는 내게 꼭 보여주고 싶은 곳이 있다면서 나를 집 근처로 데려갔다.

정말 미국이라는 나라의 매력은 그 한계가 어디까지일까. 소피아와 함께 도달한 장소는 작은 스위스와 같은 느낌을 주는 곳이었다. 뉴질랜드에서 가본 퀸스타운과 마이애미를 적절히 섞어놓은 듯한 분위기를 느낄 수 있었다. 작은 만 주변으로 아기자기한 집들이 즐비하고, 물 위는 카약과 요트를 타는 사람들이 맑은 날씨를 한껏 즐기고 있었다. 나는 소피아에게 연신 "I love it!"이라고 말하며 미국의 자연과 그곳에서 살아가는 사람들을 부러워했다. 소피아와 나는 휴식 시간이 짧아 아쉬웠지만, 곧 다가올 독립기념일 불꽃놀이를 함께하기로 기약한 나는 다음 일정을 소화하기 위해 차로 이동했다. 드디어 나를 시애틀로 인도한 준 님을 만나러 가기로 한 것이다.

준 님과 만나서 물심양면으로 도움을 주신 것에 대해 깊은 감사의 말씀을 전하고 이런저런 이야기를 나눴다. 정말 많은 생각을 하게 된 시간이었다. 누구나 살다 보면 인생의 기로에 서는 순간을 맞이할 것이다. 당시의 나도 지금까지와는 전혀 다른 인생의 선택을 해야 하는 갈래길에 서 있었다. 지금 내가 어떤 선택을 하느냐에 따라 앞으로의 삶이 어떻게 달라질지 가늠할 수 없었지만, 내 주변에서 내게 도움을 주는 좋은 사람들이 있어 두려움 같은 것은 없었다. 준 님과 대화를 나누며 지금의 이 시기를 좀 더 치열하게 살아내고 좀 더 즐겁게 맞이한다면 미래가 훨씬 더 재미있을 것 같다고 생각했다. 그리고 준 님처럼 주변에서 내게 도움을 주는 이들에게 꼭 보답을 하자고 다짐했다. 준 님과는 다음 날 저녁 식사 약속을 잡고 시애틀에서의 첫 일정을 마무리했다.

둘째 날, 아침 일찍 호텔 주변을 산책하고서 나를 만나기 위해 한국에서 날아온 친구들을 픽업하기 위해 설레는 마음을 안고 공항으로 향했다. 그 친구들과는 내 미국 여정과 별개로 미국 서부 로드트립을 계획하고 있었기 때문이다. 그런데 사실 친구들을 만나기 전 사소한 말다툼이 있었다. 돌이켜보면 내가 잘못한 부분도 있어 친구들에게 미안한 마음이 들었다. 내 마음에 여유가 없어 각자의 생각을 존중해주지 않았던 것 같다. 나를 지지하고 믿으며 나를 따라 먼 곳까지 와준 친구들에게 너무 미안한 마음이 들었다. 아무튼 우여곡절 끝에 대한민국이 아닌 미국에서 우리는 시애틀의 대표 명소인 개스웍스파크Gasworks Park, 준 님이 추천한 마운트레이니어국립공원Mount Rainier National Park 등을 둘러보며 이색적이고도 즐거운 경험을 남길 수 있었다.

그리고 소피아와 만나기로 했던 시애틀에서의 마지막 날. 그날은 미국의 독립기념일이기도 했다. 나는 소피아와 친구들과 함께 벨뷰 다운타운 파크에서 불꽃놀이를 감상하기로 했다. 미국의 공휴일인 만큼 시애틀 도심은 차와 사람으로 가득했다. 우리는 소피아의 남자 친구 집에 차를 주차해두고 공원의 한쪽에 앉아 시애틀의 하늘을 수놓는 불꽃놀이를 구경했다. LA에서는 폭죽소리를 총소리로 오해하기도 했는데, 시애틀에서는 축제를 알리는 폭죽소리로 분명하게 알 수 있어 더욱 반가웠다. 한강에서 열리는 여의도 불꽃축제에 비하면 미약하지만, 그래도 미국이라는 낯선 땅에서 친구들과 새로운 문화를 즐기는 것 자체로 이색적인 정취를 느낄 수 있었다. 게다가 미국의 온 국민이 즐기는 축제 같은 독립기념일을 경험할 수 있는 기회가 얼마나 되겠는가.

미국의 독립을 기념하는 폭죽은 자정을 넘겨서까지 계속됐다. 반짝반짝 빛을 내며 하늘에서 터지는 불꽃을 보며 어쩌면 우리의 삶과 닮아 있다는 느낌이 들었다. 어떤 불꽃은 높은 곳을 비추고 어떤 불꽃은 낮은 곳을 비추다 모두 사라져버리고 만다. 우리는 모두 각자의 위치에서 어떤 빛을 내게 될까. 불꽃의 종류가 무한하듯 우리 인생도 다양하게 펼쳐지지 않을까. 시애틀에서의 마지막 밤에 불꽃을 보며 할리우드 사인 앞에서 가장 많이 들었던 김진호의 〈폭죽과 별〉 가사가 떠올랐다. 정상에 올라 수십 번 들었던 노래 가사에서 인생에 대한 영감을 받은 기분이다. 불꽃같은 인생이다.

달리기의 힘

나는 달리기를 참 좋아한다. 마라톤까지는 아니고, 가벼운 조깅 정도를 꾸준하게 즐긴다. 특히 여행을 갔을 때 새로운 풍경을 보며 아침에 달리기를 좋아한다. 새로운 곳에 대한 경계심, 낯선 환경에 대한 두려움, 소통이 잘 안 되는 답답함을 날려버리기에 달리기만한 것이 없기 때문이다. 내가 어디에 있고, 앞으로 어떻게 지내야하며, 주변에 어떤 시설들이 있는지를 달리기를 통해 살펴보는 것이 습관이 됐기 때문이다. 결국 나는 이방인이라는 생각을 떨치기 위해 찾은 나만의 루틴이다.

이방인의 위치에서 주변 사람들에게 거침없이 질문할 용기가 있냐고 물으면 시원하게 대답을 하지 못한다. 누구라도 계속 물어보면 귀찮아할 것이고 나 또한 불편하기도 하고 상대방에게 미안해할 것이기 때문이다.

그렇게 나는 여행 때마다 아침 조깅을 하면서 나만의 영역을 만들어나갔다. 아주 어려서부터 다져진 나만의 습관이었다. 새로운 곳에 가서 늘 새로운 것을 받아들이기만 하는 여행보다는 남들보다 한 발짝이라도 미리 가서 돌아보기를 즐겼다. 그리고 궁금한 것을 물어봐서 새로운 것들을 내가 직접 보고 듣고 경험한 것으로 만드는 과정이 더 기분 좋은 여행을 만드는 방법이 됐던 것 같다. 내가 아는 길, 내가 아는 가게, 내가 아는 맛집, 내가 아는 카페를 하나씩 만들어가는 과정은 결국 언제든 주체적인 선택을 할 수 있는 기반이 됐다.

조금씩 천천히 다가가기

아침 달리기 후에 반드시 들르는 필수 코스는 동네 마트다. 마트는 달리기 후에 수분을 섭취할 음료도 살 수 있고, 현지의 식료품을 구경하며 우리나라의 물가와 비교하는 재미도 누릴 수 있는 곳이다. 요리를 좋아하는 나로서는 마트만큼 눈이 쉬지 않고 돌아갈 만한 장소가 없다. 간혹 한국 식재료를 보면 반갑기도 하고 현지 음식이 입에 맞지 않으면 신라면 하나 사다 끓여 먹으면 되니 안정감마저 느낄 수 있다.

미국에서도 나는 거의 매일같이 달렸다. 어느 곳을 가더라도 달리거나 달리지 않으면 걷기라도 했다. 처음 LA에 도착했을 때, 게스트하우스 사장님에게 근처에 안전한 공원이 있는지를 가장 먼저 물었다. 낯선 곳에서 돌아다니면 사고가 날 수 있다는 말을 많이 들었던 터라 안전도 중요했기 때문이다. 게스트하우스 사장님은 박찬호 선수가 LA다저스에서 선수 생활을 할 때 조성한 서울공원을 추천해주셨다. 이렇게 달리기를 하다 보면 색다른 정보를 얻기도 한다.

그렇게 한인타운에 있는 내내 나는 계속 달렸다. 일주일에 네 번 이상은 달린 듯하다. 달리는 동안에는 아무 생각을 하지 않아서 좋고, 뛰기 전에는 정말 피곤하지만 뛰고 나면 내 몸이 점점 깨어나는 기분이 들어 더 좋다. 선선한 아침 날씨까지 더해진다면 금상첨화다. LA에서는 아침 8시 전이 달리기에 좋다. 해가 뜨기 시작하면 따사로운 캘리포니아의 햇살이 금세 대지를 뜨겁게 달구기 때문이다. 아니면 해가 질 녘을 추천한다.

신기하게도 어디를 달리든 혼자서 달리다 보면 어느 순간 누군가와 함께 달리게 된다. 특히 공원이 잘 조성돼 있는 미국 같은 나라에서는 조깅을 하는 사람들을 쉽게 만날 수 있다. 미국에서는 사람들과 잠시 눈이라도 마주치면 누구라도 가볍게 "굿모닝!"이라고 인사를 하는 모습을 쉽게 만난다. 짧은 인사에 불과하지만 그런 행동들이 소속감 같은 것을 느끼게 해준다. 나는 그 순간이 너무 좋았다. 가벼운 눈인사나 '굿모닝'이라는 인사가 새로운 시작을 여는 아침에 좋은 에너지를 불어넣는 느낌을 주기 때문이다. 혹여나 내게 작은 영향력이라도 생긴다면 한국에서도 가벼운 인사를 나누는 문화를 전파하고 싶다.

두려움을 떨치기 위한 달리기

나의 달리기 루틴은 LA에서도 멈추지 않았다. 먼저 아침에 일찍 일어나 그날 돌아다닐 곳을 정하고 오후에 다시 찾아가보는 식이었다. 똑같은 곳만 뛰지 않고 여기저기 돌아다니면서 낯선 곳에 대한 두려움을 떨쳐버리는 것이다. 다양한 곳을 돌아다니다 보면 어느 순간 사람 사는 세상은 모두 똑같다는 생각도 든다. LA 준 형이 데려갔던 그리피스 파크 주변의 트레일 코스에 처음 도전할 때에도 약간의 두려움이 밀려왔다. 처음에는 산 입구까지만 가보는 식으로 달리기를 했다. 그러다 천천히 페이스를 조절하며 뛰어보는 식으로 두려움을 극복해보기로 했다.

준 형과 함께 차로 왔던 그리피스 파크 트레일 코스는 우리나라의 산세와는 달리 달리는 데 어려움이 없어 보였다. 무엇보다 나 자신의 한계를 시험해보고 싶었다. 처음 달릴 때 난코스를 두 군데 정도 만났다. 발이 무거워지는 느낌과 함께 멈추고 싶다는 생각이 정점을 찍은 듯했다. 또 경사가 생각보다 심해 앞으로 치고 나가는 느낌이 들지 않는 데다 호흡도 턱 밑까지 차오르는 듯했다. 마치 내가 트레일 코스에 진 것 같은 느낌이었다. 그 순간 지금 멈추지 말고 차라리 조금만 더 달려보자고 생각했다. 그럼 어쨌든 과거의 나를 지금의 내가 이긴 것일 테니 말이다. 그렇게 생각하고 달리기를 거듭하기를 몇 차례 하고 나자 결국 내가 계획했던 정상에 자연스레 다다를 수 있었다.

아직도 그 당시 터질 듯 뛰던 심장, 당장이라도 풀려버릴 듯한 다리의 느낌이 전해지는 듯하다. 하지만 무엇보다 정상에 올랐을 때 눈앞에 펼쳐져 있는 할리우드 사인을 발견했을 때, 중간에 포기하지 않고 뛰어 올라오길 잘했다는 생각이 들었다. 손만 뻗으면 할리우드 사인이 손에 닿을 듯한 그 느낌이 정말 좋았다. 세상 사람들이 몰라줘도 상관없었다. 나 자신의 한계를 극복하는 순간의 희열을 온전히 즐기기에는 충분했다.

지금 당장 달리기를 포기하고 싶은 마음을 이겨낸 작은 힘. 그 힘은 영어 공부를 할 때의 마음과도 비슷했다. 그때도 정말 공부하고 싶지 않은 마음과 중간에 포기하고 싶은 마음이 수차례 거듭됐다. 그럴 때마다 지난 시간들을 돌이켜봤다. 달리기를 할 때도 똑같이 뒤를 돌아봤다. 어느새 상당한 거리를 달려와 있는 나 자신을 발견할 수 있었다. 중간에 포기하고 싶은 마음을 누르고 눌러 한 걸음씩 달려온 내가 그 자리에서 뒤를 돌아보고 있었다. 만약 앞만 보고 갔다면 한없이 멀어 보이는 길을 앞두고 포기했겠지만, 조금씩 조금씩 먼 거리를 좁혀가고 있는 나를 발견하면서 새로운 힘을 얻었던 것 같다.

그렇게 나는 매일 산으로 달려갔다. 어떤 날은 그냥 동네 산책이나 할까 싶은 날도 많았지만 다시금 마음을 가다듬고 매번 산을 달렸다. 아니, 그보다 달리고 싶었다. 처음 미국에 와서는 내가 할 수 있는 일이라고 해봐야 나 스스로를 만족시키는 성취감을 꾸준히 만드는 것밖에 없었기 때문에 나를 더욱 새로운 도전들 속으로 이끌었던 것 같다. 그렇게 달려 도착한 곳에 그토록 내가 보고 싶어 하고, 가고 싶어 했던 할리우드가 있으니, 이보다 더 완벽한 보상이 있겠는가.

달리기는 최고의 습관

뉴욕에서도 마찬가지였다. 더운 여름이어서 달리기는 힘들었지만 그곳의 분위기를 알려면 달리면서 관찰하는 수밖에 없었다. 허드슨 강변에서는 달려도 달려도 가까워지지 않는 거대한 자유의 여신상에 놀라기도 하고, 뉴욕의 상징이라 할 수 있는 브루클린 브리지를 보며 운동과 관광이라는 일석이조의 혜택을 마음껏 즐겼다. 캘리포니아의 부에나 파크Buena Park에서 지낼 때도 디즈니랜드까지 달려서 가봤다. 지금 생각해보니 혼자서 정말 다양한 무모한 도전을 했던 것 같다.

달리기의 장점은 무엇보다 시원한 바람을 맞으며 달리다 보면 전날의 잡념, 고민, 스트레스 등이 순식간에 사라져버린다는 것이다. 물론 하루하루 지내다 보면 또 다시 마음을 괴롭히는 일들이 생길 것이다. 하지만 언젠가 또 맞이해야 할 일들이라면 마음의 짐에 눌려 지치기보다 훌훌 털어내는 습관을 길러야 한다. 내겐 달리기가 좋은 해결 방법이 돼줬다. 내 마음과 몸의 건강을 유지하는 데 도움이 되는 최고의 습관이다.

내가 건강하지 않으면 내가 아무리 좋아하는 사람도 지켜낼 수 없기에 나 스스로를 지켜내야 한다. 나 자신이 온전하고 건강한 사람일 때 비로소 주변 사람들을 돌볼 수 있기 때문이다. 디즈니랜드까지 달리면서 나는 이봉주 선수는 달릴 때 행복했을지 궁금해졌다. 그리고 42.195킬로미터를 달리는 사람도 있는데, 디즈니랜드까지 달리는 건 아무것도 아니라는 생각으로 달리기도 했다. 물론 내 신체 능력을 간과한 무리한 시도였다.

하지만 나는 앞으로도 달릴 것이다. 마음에 남은 잡념을 털어내기 위해, 시원한 아침 공기를 마시기 위해 매일매일 달릴 것이다. 신체 건강을 유지하고 새로운 아이디어를 얻고 듣고 싶은 음악을 마음껏 들을 수 있으니 앞으로도 계속 달릴 것이다.

행운을 모으는 방법

사람들은 내 행운을 스스로 모아야 한다고 말한다. 나는 처음 그 말을 들었을 때 그 의미를 알 수 없었다. 행운이라는 것은 우연히 찾아온 기회나 무언가가 내 삶을 지켜주고 도와준다는 정도로만 생각했다. 과연 어떻게 행운을 모은다는 것인지 종잡을 수 없었다. 미국에 가기 전, 나는 하루하루를 의식적으로 행동하자는 마음을 먹었다. 한마디로 하루하루 덕을 쌓아보기로 했다.

미국에 도착한 후 90일간 나는 하루도 빠지지 않고 덕을 쌓았다. 하루하루 좋은 일을 하면 좋은 에너지가 쌓여 나를 지켜줄 것이라고 생각했다. 나는 어떤 일을 하면 좋을지 찾아보기로 했다. 우선 대상을 하나로 정하지 않기로 했다. 사람이든 사물이든 나만의 방식으로 보답을 한다는 규칙을 세웠다.

덕을 쌓기로 하다

첫 번째 좋은 일은 길가에 쓰러진 킥보드를 일으켜 세우는 것이었다. 내가 미국에 있을 당시는 코로나로 인해 서로 접촉을 최소로 하는 분위기가 강했다. 그래서인지 LA 시내에는 공유 킥보드가 방치돼 있는 경우가 많았다. 나 한 사람이 LA 시내에 있는 모든 킥보드를 일으켜 세우진 못하지만 적어도 눈에 보이는 킥보드만큼은 세워두기로 했다. 킥보드를 만지고 난 후에는 바로 손을 씻었다.

두 번째 좋은 일은 쓰레기 줍기였다. 지구에 대한 덕을 쌓아보자는 마음으로 캔이며 종이컵, 과자봉지처럼 길에 버려진 쓰레기를 하루에 한 번 이상 주워보기로 했다. 쓰레기를 주워 쓰레기통에 넣는 행동만으로도 기분이 굉장히 뿌듯해지는 것을 느꼈다. 무엇보다 내가 계획한 것을 실행하는 기분이 너무 좋았다. 킥보드와 마찬가지로 내가 모든 쓰레기를 주울 수는 없겠지만, 적어도 내 눈에 띈 것은 못 본 척하지 않았다. 한번 습관을 들이고 나자 쓰레기를 보고도 무심코 지나치고 나면 그동안 쌓은 덕이 사라지는 기분이 들어 산책이며 조깅을 하는 시간이 늘어나기도 했다.

세 번째 좋은 행동은 관광지에서 사람들에게 추억 만들어주기였다. 아마도 가장 많이 실천한 행동일 것이다. LA에 머물 때 자주 올랐던 그리피스 천문대는 관광객들이 끊이지 않는 명소다. 평소 사진을 찍기 싫어하는 사람들도 여행지에서는 사진을 찍고 싶은 마음이 들기 마련이다. 그래서 나는 관광객처럼 보이는 사람을 발견하면 내가 더 적극적으로 사진을 찍어주겠다고 물어보곤 했다. 그렇게 "Do you want me to take a picture?"라는 말을 너무 자주 하다 보니 말이 입에 붙어버릴 지경이 됐다. 하지만 그것도 실전 영어 공부라 생각했다.

관광객들에게 먼저 다가가 사진을 찍어주겠다고 제안하면 99퍼센트는 "Oh! Thank you!"라고 화답해줬다. 사진을 찍은 후 그들에게 보여주면 "Oh my god! Thank you so much!"는 기본에 때때로 "Appriciated!"라고 답해줬다. 그들의 삶에 작은 추억을 만들어주고, 덕도 쌓고 나는 자연스레 영어 공부도 하는 일석이조의 효과가 아주 톡톡했다.

파퀴아오를 만나다

나는 자칭 그리피스 천문대의 사진사로서의 활동을 이어갔다. 그런데 하루는 멕시코 사람들에게 사진을 찍어줬는데, 그들이 나를 불러 세우는 것이었다. 그러더니 "Are you Boxer?"라고 물었다. 아마 내가 마무리 운동으로 섀도복싱을 하는 것을 본 모양이었다. 나는 "No, I'm not a boxer."라고 답했다. 혹시라도 내게 스파링을 제안할지 모르니 솔직해져야 했다.

멕시코 관광객	아, 여기에 파퀴아오가 온다고 했거든요. 당신이 파퀴아오랑 같이 훈련하는 사람인 줄 알았죠.
헤이든	파퀴아오요? 실례지만 파퀴아오가 여기 왔었다고요?
멕시코 관광객	네, 어제도 저기 주차장에서 훈련하고 그랬어요.
헤이든	언제요? 언제 왔는지 알아요?
멕시코 관광객	아마, 7시쯤이었던 걸로 기억해요.

당시 매니 파퀴아오Manny Pacquiao가 에롤 스펜스 주니어Errol Spence Jr.와 시합을 하기로 돼 있어 LA에 트레이닝 캠프를 차린 것이었다. 복싱을 좋아하는 한 사람으로서 영웅적인 선수를 직접 본다면 그것만큼 기쁜 일은 없을 것이다. 나는 다음 날 새벽부터 그리피스 천문대로 향했다. 6시 30분에 공원 입구에 도착해서 8시까지만 기다려보기로 했다. 그런데 아니나 다를까, 필리핀계 복서들이 공원 입구 앞에서 몸을 풀고 있었다. 나는 복서 중 한 명에게 다가가 오늘 파퀴아오가 그곳에 오는지 물었고, 그 복서는 조금 후에 올 거라고 대답했다. 그 순간 내 심장은 터질 듯 요동치기 시작했다.

나는 호기심이 일어 그 복서에게 어떤 훈련을 하는지 물었다. 복서는 산 정상까지 뛰어오른다고 했다. 나는 그 대답에 놀라고 말았다. 마치 내가 나의 앞날을 내다본 사람이라도 된 듯 그동안의 달리기 훈련의 덕을 보겠다고 생각했다. 혹시나 하는 마음에 나는 함께 뛰어도 될지 복서에게 물었다. 그들은 하나같이 문제없다고 대답했다. 나는 숨이 가빠졌다. 그런데 그런 내 모습을 보던 복서들은 의심스러운 듯 내게 정상까지 뛰어올라가야 하는데 가능하겠냐고 물었다. 나는 아주 자신만만한 표정을 지으며 여기를 매일같이 뛰어오른다고 답했다.

얼마 후 꿈에 그리던 세계 챔피언이 내 눈앞으로 다가오고 있었다. 도저히 현실이라고 믿어지지 않았다. 나는 내 달리기 실력을 파퀴아오에게 뽐낼 절호의 기회라 생각하고 숨을 고르기 시작했다. 그곳에 먼저 도착해 있던 복서들은 파퀴아오의 러닝메이트였다. 나는 세계 챔피언과 함께 뛰는 것만으로도 무한한 영광으로 생각하며 그들의 뒤를 바짝 쫓았다. 달리는 동안 복서들이 내게 괜찮냐고 가끔씩 물어봤지만 나는 아무렇지도 않다는 듯 엄지를 치켜세우며 미소를 지어 보였다. 하지만 이미 나는 한계에 가까워지고 있었다.

결국 챔피언과 복서들을 따라 겨우겨우 목적지에 도달했다. 세계 챔피언과 함께 달려서 좋았던 것도 잠시, 그들은 내가 기쁨의 여운을 느낄 순간도 허락하지 않고 또 달리기 시작했다. 내가 늘 도착점으로 삼는 천문대 뒤로 솟아 있는 높은 봉우리가 최종 목적지인 듯했다. 다시 내면의 나와 저울질을 하기 시작했다. 결국 죽이 되든 밥이 되든 한번 죽을힘을 다해 뛰어보기로 했다. 함께 달리던 복서 중에는 중간에 포기한 사람도 있었다. 봉우리까지 달리는 도중에 정말 구역질이 나올 정도로 힘들었지만 결국 정상에 도착해 파퀴아오와 사진도 찍었다.

　그날 나는 실로 엄청난 성취감을 느꼈다. 과연 세계 챔피언은 아무나 될 수 없다는 것도 깨달았다. 엄청난 체급 차를 극복한 파퀴아오의 훈련 중 일부를 함께했을 뿐이지만 역시 노력만이 살길이라는 생각이 들었다. 그리고 그동안의 내 모습이 떠올랐다. 미국에 와서 덕을 쌓아보겠다는 생각을 했고, 그런 계획을 실천하다 우연히 내가 가장 좋아하는 세계 최고의 선수와 훈련을 하는 기회를 얻을 수 있었다. 역시 나는 럭키 가이!

다시 돌아오지 않을 오늘

사실 이 말을 하기 위해 파퀴아오와의 일화를 언급한 것이다. 나는 세계 최고를 꿈꾸기보다 그들만큼 노력하는 사람이 되고 싶어졌다. 나 자신에게 부끄럽지 않을 만큼 최선을 다하고 싶어졌다. 그 노력만이 나만의 가치를 만들 수 있다고 느꼈기 때문이다. 내가 정상이라고 생각하는 목표는 누군가에겐 중간 지점일 수 있다. 그 누군가가 정상이라고 생각하는 곳도 또 다른 누군가에게는 중간 지점일 수 있다. 한 치 앞을 알 수 없는 운명 앞에서 새로운 난관을 계속 맞이하며 살아가야 한다면 우리는 계속해서 위를 향해 오르는 삶을 살아야 할 것이다. 파퀴아오의 뒤를 따르며 나도 멋진 사람들의 발자취를 따라 살아야겠다는 마음을 먹었다. 그리고 매일 매일 행운을 모으는 행동을 실천해야겠다고 마음먹었다. 행운을 모으려면 선의를 베풀고 선한 영향력을 펼쳐나가야 한다. 그런 작은 선의들이 모여 폭발하는 힘, 눈에 보이지 않지만 강력한 그 힘을 나는 믿는다.

만약 내가 그리피스 천문대에서 관광객들에게 사진 찍기를 하며 덕을 쌓지 않았다면, 내가 매일 산에 오르지 않았다면 파퀴아오와 뛸 수 있었을까? 결국 준비돼 있는 자가, 지금 당장 준비하고 있는 자가 행운을 잡는다.

Stepping stone - 행운은 행동하는 사람이 누리는 축복

미국에서 지낸 지 두 달, 슬슬 여행을 마무리할 시간이 다가오고 있었다. 미국에 건너오면서 책을 챙겨왔지만 여행자로서의 생활을 즐기느라 계획한 만큼 읽어내질 못한 것이 못내 아쉬웠다. 하지만 미국 여행을 계기로 나는 책에 대한 생각이 많이 바뀌었다. 혼자 있는 시간에 틈틈이 책을 펼치는 행위만으로도 마음이 충분히 든든해지는 것을 느꼈기 때문이다. 남은 기간 동안에는 읽지 못했던 책들을 읽는 시간을 가져야겠다고 생각했다. 그렇게 3개월도 되지 않는 기간 동안 11권의 책을 다 읽었다는 게 믿기지 않는다. 여행을 통해 좋은 습관을 더욱 견고히 만든 것 같아 기분이 좋았다. 이게 다 형석 형님 덕분이다. 나도 형님에게 좋은 선물을 하는 좋은 친구가 되고 싶다는 생각을 했다.

또 틈틈이 할리우드만의 생활을 누리기 위해 유니버설 스튜디오에도 가보고 그리피스 파크도 매일 오르면서 알차게 보내기로 했다. LA에서 만난 인연들 이야기를 빼놓을 수 없다. 에이미는 내게 지난 10년 동안 할리우드에서 배우로 왕성하게 활동하고 있는 김종만(미국식으로는 종맨킴) 선배님을 소개시켜줬다.

종만 선배님은 자신이 배우로서 걸어온 과정, 예술인 비자에 대한 정보 등 할리우드 배우가 되고 싶어 하는 내게 많은 이야기를 들려주셨다. 원래는 잠깐 인사를 나누려고만 했었는데, 내가 1년 동안 영어 공부를 꾸준히 했다는 말을 들으시더니 칭찬을 아끼지 않으셨다. 종만 선배님처럼 할리우드에서 활동하고 있는 선배님을 만날 수 있게 된 것이 정말 신기했다. 그동안 나를 믿고 열심히 하길 잘했다는 생각이 들었다.

종만 선배님 외에도 클럽하우스를 통해 만난 소중한 인연인 찰스 형님과의 만남도 잊을 수가 없다. 찰스 형님은 자신의 방송 〈여행을 켜라〉에 나를 초대해주셨다. 또 할리우드 스타의 거리에서 내 이름을 새긴 사인을 선물로 주셨다.

또 다른 새로운 인연이 있었으니 바로 스티브 삼촌이었다. 스티브 삼촌은 아침이들 중 한 분인 상욱 삼촌의 지인 분이다. 선글라스 브랜드를 운영하시는 분이신데, 내가 미국에 있는 동안 상욱 삼촌을 통해 선물을 보내주시기도 하고 의미 있는 일들을 할 수 있도록 도와주셨다. 더욱이 스티브 삼촌은 공항과 자신의 집이 가깝다면서 공항까지 태워주시기도 하셨다.

90일간의 시간을 돌이켜보니 행복했던 기억뿐이다. 나는 미국에 오는 선택만 했을 뿐인데 정말 생각지도 못한 수많은 일을 경험하게 됐다. 사람들이 말하는 운이 좋다는 의미가 새롭게 다가왔다. 뭔가를 결심하고 그것을 행동에 옮길 때 일어나는 우연 같은 일련의 일들이 비로소 진짜 내 경험이자 내 것이 되는 듯하다. 그렇다면 세상의 모든 행운은 곧 행동한 자가 경험할 수 있는 축복이지 않을까라는 생각이 들었다. 만약 내가 행동하지 않았더라면 내가 경험한 일들은 결코 일어나지도 않았을뿐더러 나는 평소와 다를 바 없는 삶을 살아가고 말았을 것이다. 지금 와서 돌이켜보면 상상하기조차 싫다.

나는 90일간의 여정에서 느낀 것을 기반으로 한국에서도 내가 생각하는 새로운 것들을 꾸준히 상상하고 도전하고 실행하기로 다짐했다. 내 상상이 내 노력과 결합되면 결국 현실로 다가온다는 것을 경험했고 또 믿고 있기에 이러한 마음을 잊지 않고 습관의 힘과 꾸준함의 힘을 계속 유지할 거라고 다짐했다. 그런 힘들이 나를 한 걸음 더 나아가게 하고 어쩌면 내가 생각하지도 못한 일들을 해낼 수 있는 동력을 만들어줄 거라는 확신이 들었다. 비로소 나만의 루틴이 생긴 것이다. 정말 너무 행복했고 고마웠다. 미국, 그리고 90일간의 여정에서 만난 모든 인연들에게 감사하다.

Arrival 2

할리우드에 가기 위해 준비한 1년의 기간과 그동안 모은 에너지를 방출했던 90일간의 여정은 28년간 살아온 내 삶의 방식을 크게 바꿨다. 그 여정의 끝에 남은 것이 있다면 습관의 힘과 꾸준함의 힘, 그리고 사람의 중요성을 깨달았다는 것이다. 1년 동안 꾸준하게 영어를 공부하지 않았다면 단발적인 도전에 그쳤을지 모른다. 오랜 시간 버티는 힘을 기르지도 못했을 것이다. 하지만 나는 그동안 할 수 있다고 수천 번 스스로 되뇌며 긍정의 힘을 부르짖었다. 포기하고 싶은 순간에도 한 번 더라고 외칠 수 있는 사람으로 성장해 있었다.

미국에 가서도 나를 포기하게 만드는 유혹은 계속됐다. 끊임없이 이어지는 선택의 고비들 앞에서 나는 반드시 장애물들을 넘어

서겠다고 생각했다. 또한 지금 넘어지더라도 나 자신이 무너지는 것은 아니라고 다독였다. 사람은 힘든 일 앞에서 넘어져봐야 일어설 줄 알게 되고, 자신이 왜 넘어졌는지를 알 수 있는 법이다. 타인의 시선으로 보면 나는 계속 넘어지기만 하는 사람이었을지 모른다. 1년 동안 영어 공부를 하던 모습을 보며 누군가는 내가 넘어져 울고 있다고, 방황하고 있다고, 한심한 친구라고 생각했을지 모른다. 한국에서 안 되니 이제는 할리우드에 가려는 것처럼 보였을지도 모른다. 나도 사람들의 시선들을 굉장히 중요하게 여기며, 아니 그보다 신경 쓰며 살았다. 어쩌면 사람들의 시선에 나를 맞추며 살아왔을지도 모른다.

하지만 남들이 보기에 내가 넘어진 것처럼 보이는 순간에도 나는 다시 일어났다. 내 앞길에 대해 고민하고 다시 도전하고 지쳐 쓰러져도 앞으로 나아가고 다시 넘어지기를 반복했다. 그러다 문득 다른 사람들이 내 인생에 별 관심이 없다는 것을 깨달았다. 결국 타인의 한마디, 타인의 시선에 의미를 부여하는 것도 나 자신이었던 것이다. 그리고 넘어져도 다시 일어나야 하는 것 또한 나 자신이었다.

나는 자신과 타인의 관계에 대한 깨달음을 얻은 후 비로소 스스로 일어나는 힘을 기른 것 같다. 내게 깨달음과 에너지를 선물한 미국에 다시 가고 싶어졌다. 90일 동안 거의 아무런 계획 없이 흘러가는 대로 나를 맡겨보니 반드시 계획을 세우는 것만이 옳은 것도 아니고, 계획을 세우지 않는 것만이 옳은 방법도 아니라는 것을 알게 됐다. 어떤 상황에서든 중심을 찾는 삶을 살아야 한다는 생각이 들었다.

무엇보다 나는 특정한 스타일의 사람이라는 틀에 나 스스로 가두고 싶지 않았다. 그런 생각을 이어가다 보니 타인을 함부로 판단할 수 없다는 생각도 들었다. 미국에 다녀온 후 가장 많이 달라진 것은 내가 더 이상 다른 사람들에게 넘어져 있는 사람으로 보이지 않았다는 것이다. 점점 더 많은 사람의 시선이 조금씩 달라지는 것을 느꼈다.

정말 세상은 너무나 넓었고, 한국에 돌아온 나는 다시 이곳에서의 삶을 이어가야 했다. 한국의 시간도 미국의 시간과 똑같이 흘러가고 있었다. 더구나 시간은 누구에게나 공평하게 주어진 자원이 아닌가. 모두에게 공평한 시간 속에서 나는 무엇을 할 수 있을지 궁금해졌다. 그리고 할리우드에서 살아가기 위해, 일을 하기 위해 어떻게 해야 하는지 본격적인 시뮬레이션을 하기 시작했다.

무엇보다 중요한 0-1 비자를 해결해야 하는 숙제가 가장 먼저 현실로 다가왔다. 한국에서는 유재석 비자, 싸이 비자로 불리는 0-1 비자를 얻어야 미국에서 예술인으로서 일을 할 수 있기 때문이다. 오디션을 통해 비자의 존재에 대해 한번 경험했으므로 더 이상의 준비는 필요하지 않았다. 다시 미국에 가야 할 이유, 즉 오디션을 찾아보기로 했다. 오디션이라는 기회 또한 나 스스로 만들어야 했다. 다른 누구도 아닌 나를 위해서 말이다.

한국으로 돌아오는 길, 한 번 더 오프라 윈프리의 책을 펼쳐봤고, 이렇게 메모했다.

> 그 후, 90일 동안 책은 내 여정을 외롭지 않게 해주는 정말 좋은 친구였다. 언제 어느 곳에서든 나 스스로와 이야기할 수 있게 도와주며, 어떤 큰 메시지보다 지속적인 영감을 줬다. 90일이 지난 지금, 그 디딤돌을 밟은 나로서는 책에게 더할 나위 없이 감사하다.
>
> _90일간의 여정을 마치며, 헤이든 원

오디션을 향해
Do, Dream

할리우드에 한 걸음

외로운 비행, 하지만 아름다울 비행

무모한 도전? 무한 도전!

한국에 돌아온 나는 정확히 다시 이전의 삶으로 돌아갔다. 배우 유장영 형님이 운영하는 '진전복 삼계탕'에서 일을 도와드리기도 했다. 또 서준범 감독님이 연출한 티빙TVING 오리지널 드라마 〈내과 박원장〉에 출연 중인 형석 형님의 매니저가 돼 현장에도 함께 나갔다. 서빙도 서빙 나름대로 힘든 일이지만 매니저 입장이 되어 현장에 나가니 마음이 뒤숭숭했다.

나는 무엇을 원하는가

현장에서는 배우든 매니저든 항상 대기하는 것이 가장 큰일이다.

배우는 대중이 자신을 배우로 알아봐주기 전까지 기다려야 하는 프리랜서인 셈이다. 하지만 또 다르게 생각하면 시간에 구속돼 있지 않기 때문에 하나의 직업이 아닌 여러 직업을 가질 수 있는 자유로움도 주어진다. 어디에나 동전의 양면 같은 속성은 있는 법이다. 하지만 형석 형님은 나를 매니저가 아닌 동행자로서 대해주셨다. 현장의 스태프에게도 나를 동행이라 소개하며 페이까지 챙겨주셨다. 프리랜서인 나로서는 너무나 감사한 일이다. 나도 형님의 동행자로 현장에서 함께하는 시간이 정말 즐거웠다.

물론 돌이켜보면 현장에 가 있는 동안 속상한 순간도 있었다. 형석 형님이 〈내과 박원장〉을 촬영하기 전에도 종종 현장에 동행하기도 했지만, 〈내과 박원장〉을 촬영하기 시작하면서부터는 고정적으로 나가게 된 것이 원인이었다. 현장 사람들이 내 포지션을 진짜 매니저로 받아들이게 된 것이다. 형님과의 동행을 결정했을 때에는 별문제가 아니라고 생각했지만 배우로서 카메라 앞에 서고 싶은 마음이 더 컸다. 다른 배우들이 촬영하는 현장의 뒤에서 지켜보는 것밖에 하지 못하는 자신을 보며 나도 모르게 무언가가 쌓인 듯했다. 아마도 내가 느낀 가장 솔직한 마음일 듯싶다.

결국 마음속에서 곪아 있던 것이 터지고 말았다. 촬영을 조금 일찍 마친 날, 평소와는 다르게 형님은 감독님을 비롯해 다른 배우들과 함께, 그리고 매니저들은 매니저들끼리 나뉘어 저녁 식사를 하게 됐다. 테이블 하나를 사이에 두고 배우와 매니저가 따로 밥을 먹었을 뿐인데, 그 자리에서 나는 밥을 한 숟가락도 먹지 못했다. 그때 나는 내가 배우가 아닌 매니저로 현장에서 부대끼며 사실은 마음이 상당히 다쳤다는 것을 깨달았다.

서준범 감독님과는 이전에 작품을 함께한 적이 있었다. 내가 처음으로 주인공을 맡았던 드라마 〈전생에 무슨 죄를 지었길래〉가 서준범 감독님의 첫 작품이다. 나와 함께 작품을 만들던 감독님이 내가 매니저를 맡은 형님과 함께 작품을 만들고 있다는 현실, 그리고 같은 공간에 있지만 배우와 매니저라는 다른 위치에서 서로 다른 길 위에 서 있다는 현실을 그 순간에는 받아들이기가 너무 힘들었던 것 같다. 당연히 감독님과 형님은 이전부터 나를 계속 챙겨주시고 신경 써주셨지만 나 혼자서 속앓이를 하고 있었던 것 같다. 결국 그날 내 마음이 무너져버리고 말았다.

미국에서 많은 일을 겪고 돌아왔지만, 현실 속 나는 제자리에 머물러 있다는 생각에 너무 속상했다. 첫 한파가 찾아온 그날, 밖에서 두세 시간을 서성이며 펑펑 울었다. 그렇게 한파 속에서 이러지도 저러지도 못하며 서성대다 보니 어느새 발가락부터 감각이 사라지는 것이 느껴졌다. 이러다 큰일 나겠다 싶어 차키를 찾아 주머니를 뒤졌다. 아뿔싸. 차키를 식당에 두고 온 것을 그때 깨달았다. 이러지도 저러지도 못한 채 형님이 나오기를 기다려야 했다.

회의를 마치고 나온 형님은 추위에 떨고 있던 나를 보시더니 너무나 미안해하셨다. 진심으로 속상해하는 형님을 보는 것만으로 내겐 큰 위로가 됐다. 그때 나는 그 느낌이 무엇인지 많은 생각을 했다. 내 마음이 내 포지셔닝 자체를 받아들이지 못하고 있었던 것이다. 나는 형님을 도와주는 매니저이자 동행, 그 이상도 그 이하도 아니었다. 하지만 배우라는 자아를 그 사이에 끼워넣고 있었던 것이다. 온전히 내 착오였다. 그때 나는 확실히 마음을 먹었다. 나는 나대로 배우로서 준비를 잘하고 있으니 현장에서는 형님에게 도움이 되도록 노력하자고 말이다. 그렇게 생각하니 한결 마음이 가벼워지는 것을 느꼈다.

그날의 다짐 이후 현장을 바라보는 관점도 달라졌다. 현장에서 보내는 시간은 곧 배우로서 가장 중요한 것을 배울 수 있는 순간이라는 생각이 들었다. 그렇게 나는 난생처음 모니터 화면 뒤에서 배우들의 연기를 살피기 시작했다. 또 스태프들을 관찰하며 창작의 현장을 유심히 관찰하고 마음에 담았다. 내겐 그 무엇과도 바꿀 수 없는 배움이었다.

마음을 내려놓으니 매니저로서 형님에게 더 집중할 수 있었다. 그리고 이전에 아닌 척, 괜찮은 척하던 내가 부끄러웠다. 무엇보다 형님에게 너무 죄송스러웠다. 또 현장은 내게 지금까지 볼 수 없던 시각을 갖추게 해주는 즐거운 공부의 장으로 다가왔다.

누군가 현실과 꿈 사이에서 힘들어하고 있다면 이제는 나도 말할 수 있다. 과거의 내가 꿈꾸던 미래가 현재에서 이뤄지지 않았다고 해서 자신을 부정할 수는 없다. 그 모든 순간이 내 삶의 줄기 중

일부이며, 나 자신은 어제도 오늘도 내일도 그저 나 자신일 뿐이다. 과거의 화려했던 순간도 결국 지나간 과거가 된다. 과거의 영광과 행복에 취해 뒤만 돌아보며 사는 것만큼 부질없고 미련한 것은 없다. 지금 이 순간을 살고 지금 이 순간을 더욱 단단하게 만들어보겠다는 노력만이 가치가 있을 뿐이다. 결국 내게도 그런 깨달음이 신의 한수였다.

셀프테이프, 나답게

나는 미국에서 돌아온 후 가을과 겨울을 지나면서 다시 영어 공부를 시작했다. 미국 오디션에도 지원하는 것을 멈추지 않았다. 그러던 중 백스테이지Backstage라는 미국의 오디션 플랫폼에서 단편 영화 〈대부Daebu〉 오디션이 있다는 정보를 얻었다. 코리안 아메리칸 갱스터를 다룬 이야기인데 나는 이민자 출신의 젊은 보스 '박Park' 이라는 역할에 지원했다. '박'은 원래 보스의 아들로 '제임스James' 라는 보스를 죽이기 위한 음모를 꾸미는 것으로 설정돼 있었다. 나는 '박'이라는 역할에 매력을 느꼈고 설레는 마음으로 셀프테이프를 준비했다. 오디션을 위해 받은 영어 대본을 얼마나 많이 외웠는지 모른다. 너무 많이 연습을 하다 보면 자칫 듣기 거북한 말버릇이 생길 수 있어 주의해야 했다. 그리고 세부적인 발음이나 처음

보는 단어를 제외하면 일상적 용어는 어느 정도 느낌을 낼 수가 있었다. 특히 내가 모르는 단어나 말하기 어려운 문장을 소화해야 할 때면 로라나 다이앤 선생님이나 친구들의 도움을 많아 발음이나 강세에 대해 조언을 구했다.

〈대부〉의 두 신을 담은 첫 셀프테이프는 며칠 동안 준비를 해서 4시간에 걸쳐 찍었다. 셀프테이프 하나에 내 운명이 걸렸다는 생각으로 정말 열심히 찍었던 것 같다. 다행히 셀프테이프를 본 앨버트 창Albert H. Chang 감독님이 나를 한번 더 보고 싶다면서 직접 메시지를 보내왔다. 무엇보다 모든 대사를 한국어로 해줄 수 있냐고 물어보셨다. 영어 대사는 이미 외우고 있으니 내 장점을 가감없이 보여줄 수 있겠다고 생각했다. 나는 곧장 한국어 대사로 바꾼 연기를 셀프테이프에 담아 감독님에게 보냈다. 영어 대사로 연기한 셀프테이프를 만든 다음이어서 그런지 몰라도 훨씬 수월하게 연기한 느낌이었다.

앨버트 감독님의 답변을 기다리던 중에 또 한 통의 메일을 받았다. 로라가 2021년 11월에 알려줘 지원했던 작품 〈웨스턴애비뉴Western Avenue〉의 오디션에 대한 공고문이었다. 미국에 사는 9명의 한인 주인공들의 이야기가 중심인 작품으로 2022년 1월 LA에서 오디션을 본다는 내용이 담겨 있었다. 나는 카일과 유진이라는 역할에 끌렸다. 2022년 새해가 밝았고 고민 끝에 다시 한번 미국에 가기로 결심했다. 반드시 이번 기회를 잡고 싶었다. 더 이상 내 마음이 흔들리지 않도록 곧바로 티켓팅을 했다. 경험상 고민이 될 때는 우선 티켓을 구매하는 순간 고민은 사라지고 생각의 회로가 미국에 가는 것으로 집중되기 때문이다. 그렇게 나는 두 번째 LA행 편도 티켓을 구매했다.

티켓팅을 하고 나서 놀라운 일이 또 하나 생겼다. 앨버트 감독님에게 보낸 두 번째 셀프테이프에 대한 답장이 온 것이다. 감독님은 나와 직접 미팅을 해보고 싶다고 하셨다. 미국에 가야 할 이유가 더욱 분명해진 것이다. 나는 우선 명확한 이유를 만들어준 하늘에 감사했다. 코로나로 인해 대부분 줌 미팅을 이용하는 분위기였지만 나는 내 에너지를 많은 사람에게 직접 보여주고 싶었다. 직접 내 연기를 보여주는 것이 훨씬 더 유리하다고 판단했기 때문이다.

자고로 배우는 그 자체로 스토리가 있어야 흥미를 끄는 법이다. 나는 내 스토리를 직접 만들어야겠다고 생각했다. 두 오디션 모두 참가 조건으로 LA에서 거주하는 사람이라고 단서를 달았기 때문이다. 당연히 그들은 내가 한국에 있는 줄 몰랐다. 이번 기회에 '헤이든'이라는 내 브랜드를 제대로 스토리를 입혀 미국에 도전하자고 마음먹었다. LA로 가기 위해 가방을 챙기며 생각했다. 지금부터 벌어질 일들은 무모한 도전일까, 무한도전일까. 그렇게 난 새로운 설렘과 함께 두 번째 LA행 비행기에 몸을 실었다.

끝까지 가라

미국으로 떠난 두 번째 여정. 무작정 떠난 첫 번째 여정의 설렘과는 달리, 이번에는 오디션이라는 목표가 있어서 기분이 조금 달랐다. 편도 티켓을 구매해 비행기에 몸을 싣고서 오디션을 잘 보자는 마음 하나로 책과 오디션 대본을 손에서 놓지 않았다. 특히 〈대부〉의 스크립트는 모두 영어여서 '바를 정' 자를 그려가며 100번 정도는 읽었다. 이렇게 하지 않으면 너무나 불안했기 때문이다. 내가 정말 외울 수 있을지, 연기할 수 있을지 끊임없이 의심이 들었다. 다행히 연습량이 점점 많아질수록 불안감보다는 자신감이 더 올라왔다. 물론 오디션을 앞둔 지원자의 불안감은 숙명 같은 것이라 쉽게 사라지진 않는다.

비행기가 착륙을 준비할 때쯤 미국 특유의 산맥과 함께 저 멀리 할리우드 사인도 보이기 시작했다. 다시 보니 정말 반갑고 다시 한 번 가슴이 뛰기 시작했다. 공항에 도착해서는 한번 경험한 덕분인지 익숙하게 출입국 관리소를 통과했다. 인터뷰가 길어져도 두려움이 없었다. 뉴질랜드와 지난번의 미국 입국 심사와 비교하면 현지인을 대하는 영어 실력이 일취월장해 있었다.

오디션 - 할리우드의 중심에 서는 날까지

그렇게 내 두 번째 여정이 시작됐다. 우선 방을 구하기 전까지 영호 형의 집에서 지내기로 했다. 정말 고마웠다. 나는 형과 대화를 나누다 〈웨스턴애비뉴〉의 오디션에 지원해보라고 이야기를 했다. 놀랍게도 형은 자신도 바로 그 오디션을 보러 가야 한다고 했다. 오디션 시간을 물어보니 화요일 2시 반이라고 했다. 내가 3시 오디션이었으니 이 정도면 운명 아닐까 싶었다. 영호 형은 한국에서 함께 드라마 데뷔를 했던 사이다. 그런데 미국에서 제작되는 드라마 오디션을 같이 보게 됐다니 너무나 설렜다. 우리는 둘 다 잘해보자고 다짐을 하면서 맹연습에 돌입했다. 역시 호흡을 나눌 수 있는 파트너가 있으니 여러 방식으로 연기를 연습할 수 있어 큰 힘이 됐다.

하루는 연기 연습을 마친 후 영호 형이 갑자기 어디를 가자고 했다. 형은 꼭 가고 싶은 곳이 있다면서 나를 차에 태워 버뱅크Burbank 쪽으로 데려갔다. 대체 어디를 가는 것인지 궁금해 물어보니 형은 마음이 조금 힘들 때나 무너지려할 때면 용기를 얻고 힘을 얻는 곳에 가려고 한다고 대답했다. 우리가 도착한 곳은 유니버설 스튜디오였다. 차창 밖으로 지나가는 건물들의 외벽에는 유니버설에서 제작한 영화의 포스터들이 붙어 있었다. 형은 자신의 얼굴이 나온 포스터가 스튜디오 건물 외벽에 걸리는 상상을 하며 마음을 다잡곤 했던 것이다. 그제야 형이 나를 그곳에 데려간 이유를 알았다.

짧지만 강렬했던 순간을 내게 선물한 형에게 정말 고마웠다. 이것이 진짜 인생이란 기분이 들었다. 나도 자신에게 힘을 실어주는 순간들을 하나하나 기억할 줄 아는 삶을 살고 싶어졌다. 그리고 너무나 행복했다. LA에서 차로 20분만 달려와도 꿈에 그리던 할리우드를 볼 수 있으니 말이다. 우리는 설레는 상상을 하며 미래의 우리 모습을 마음속에 담았다.

며칠 후 드디어 오디션을 보는 날 아침이 찾아왔다. 나는 그간 준비한 것들을 복기하면서 형에게 든든하게 먹고 힘을 내자는 의미로 닭가슴살 볶음밥과 카레를 만들어줬다. 우리는 밥을 먹고서 이제는 너무나 익숙한 서울공원을 함께 뛰었다. 공원을 몇 바퀴 돌고 새도복싱도 하면서 땀을 뺐다. 한결 가벼워진 몸으로 우리는 오디션 장소로 향했다. 오디션은 LA에서 조금 떨어진 어바인Irvine에서 진행될 예정이었다. 우리의 오디션 시간은 오후였지만, 오디션

장소 근처 뉴포트 비치라는 곳에서 커피 한잔을 마시며 마지막 연습을 하기 위해 일찍 출발했다.

　어느 직업이나 마찬가지겠지만, 특히 배우라는 직업은 멘탈 컨트롤이 정말 중요하다. 오디션이라는 시험대 앞에서 최선을 다했어도 떨어지기를 반복하다 보면 쉽게 지칠 수 있기 때문이다. 그래도 영호 형처럼 함께 오디션을 준비할 수 있는 파트너가 있다는 사실에 정말 감사함을 느껴졌다. 그렇게 우리는 뉴포트 비치의 한 레스토랑에서 오디션 연습을 시작했다. 그늘 밑이라 공기는 시원했고 눈앞에는 요트 정박장이 펼쳐져 있었다. 두 사람의 운명은 상관없다는 듯 그곳의 풍경은 너무나 아름다웠다. 하늘은 파랗게 물들어 있고 공원을 돌아다니는 사람들은 하나같이 평화로워 보였다. 만약 천국에 해변이 있다면 뉴포트 비치 해변의 모습을 닮았을 것이라는 생각마저 들었다. 하지만 내 운명이 결정되는 순간은 어김없이 다가오고 있었다.

　모든 준비를 마친 우리는 오디션 장소로 향했다. 영호 형은 무척 긴장한 듯한 모습으로 오디션장에 들어갔다. 나는 차에 혼자 남아 대본을 외우기로 했다. 그러다 어느 순간 알 수 없는 존재를 향해 꼭 형과 함께 작품을 하고 싶다고 기도를 하고 있었다. 잠시 뒤 영호 형이 오디션장을 나서는 것이 보였다. 형에게 어땠는지 묻자 대번에 잘 본 것 같다는 대답이 나왔다. 그 자신감이 놀랍고 부러웠다. 형에게서 느껴지는 기운이 너무 좋았다. 나는 형에게 받은 기세를 밀고 나가자는 마음으로 오디션장에 들어섰다.

오디션장에는 종유석 감독님과 작가님이 앉아 있었다. 나는 최대한 마음을 편안하게 먹으려고 노력했다. 영호 형과 준비한 대로 내 역할을 잘 표현하자고 마음을 먹으며 인터뷰를 시작했다.

감독님   반갑습니다. 헤이든 원 님. 먼 길 오시느라 정말 고생 많으셨어요, 감사합니다.

헤이든   네! 정말 너무 멀리서 왔습니다. 쉽지 않았습니다.

감독님   그쵸? 어바인이 좀 멀어서, 한인타운 쪽에 거주하고 계신가요?

헤이든   아뇨, 거주는 서울에 하고 있고, 오디션 보러 엊그제 도착했습니다. 지금은 친한 형의 집에서 잠시 머물고 있고요. 한인타운이죠.

감독님   네? 서울에서 오셨다고요?

그때부터 인터뷰는 굉장히 흥미롭게 진행됐다. 배우를 하게 된 계기부터 왜 미국에 오려고 하는지, 영어 공부는 어떻게 했는지 등 나에 대해 이야기할 시간이 많이 주어졌다. 내가 영어 공부를 열심히 한 이후부터 달라진 부분이 바로 이것이다. 사실 이전까지는 나에 대한 질문을 받을 기회가 거의 없었다. 출연작과 역할에 대한 이야기만 나눌 뿐, 나에 대한 이야기를 나누기가 힘들었다. 하지만 나만의 브랜드, 나만의 스토리텔링storytelling을 만든 이후부터는 오디션의 내용이 달라졌다. 배우가 가진 퍼스낼러티personality는 그만큼 중요한 요소다. 또 인격이 완숙해지면 많은 것을 담아낼 수 있어 자신만의 표현 방식이 다채로워질 뿐만 아니라 작품 속 역할을 만났을 때 엄청난 시너지를 일으킬 수 있다.

나는 드디어 내 이야기를 들어주는 감독님을 만나 인터뷰를 보고 있다는 사실이 정말 뿌듯했다. 감독님은 내게 이런저런 주문을 하시고 칭찬도 많이 해주셨다. 오디션 연기를 마치고 우리는 추가로 인터뷰를 더 진행했다. 영호 형과의 인연에 대해서도 이야기를 했더니 감독님은 연신 놀라움을 감추지 못하셨다. 지금도 그때의 기분이 생생하게 떠올라 약간 흥분이 되는 듯하다. 마지막으로 감독님은 2차 오디션이 있을 예정인데 그때까지 미국에 있을 거냐고 물으셨다. 나는 비자 때문에 90일 이전에만 진행된다면 괜찮다고 말씀드렸다.

내가 말하지 않은 사실이 하나 있는데, 나 다음으로 오디션을 보러 들어간 사람이 로라였다는 것이다. 영호 형과 나, 그리고 로라까지 우리 세 사람이 같은 오디션을 본 것이다. 살다 보니 이런 우연을 만나기도 한다. 우리는 오디션도 준비한 대로 잘 본 후라 좋은 예감이 들었다. 로라가 인터뷰를 마칠 때까지 기다리던 중 잠시 영호 형이 화장실을 간다고 했다. 나도 출발 전에 다녀오는 것이 좋을 듯해 형의 뒤를 따라갔다. 그런데 나보다 먼저 간 영호 형이 감독님과 이야기를 나누는 모습이 보였다. 알고 보니 감독님이 우리 두 사람의 이야기를 듣고는 오디션의 결과를 떠나 스폰서가 돼

주고 싶다는 말을 전하기 위해 따라 나온 것이라고 하셨다. 그러면서 우리에게 O-1 비자가 필요하면 이야기해달라고 하시는 것이 아닌가.

우리는 어안이 벙벙해졌다. O-1 비자는 자신이 종사하는 분야에서 전문성을 인정받아야 하는 등 발급 조건이 매우 까다롭고 스폰서가 없으면 힘들다는 말을 이미 들어 알고 있던 터였다. 그런데 갑자기 우리에게 비자를 발급 받을 기회가 생긴 것이다. 감독님이 오디션장으로 돌아가신 뒤 우리는 차 안에서 믿을 수 없는 현실을 받아들일 시간이 필요했다. 정말 두드리고 행동하니 길이 보이는 듯했다.

비자-베팅을 하다

며칠 뒤, 종유석 감독님으로부터 영호 형과 나를 만나고 싶다는 연락이 왔다. 왠지 기분 좋은 예감이 들었다. 우리는 한인타운의 양꼬치집에서 만났는데, 감독님이 유창하게 중국어를 구사하셔서 놀라고 말았다. 알고 보니 감독님은 중국 베이징대에서 유학생활을 하셨다고 한다. 베이징대 법학과를 다니시다 영상 쪽 일을 하고 싶어 미국으로 오셨다고 한다. 정말 할리우드에서 만나는 사람들은 저마다 스토리가 어쩌면 이리도 다양한지, 정말 존경스러웠다.

〈웨스턴애비뉴〉라는 작품에 대한 설명도 잊지 않으셨다. 미국 할리우드에도 주류와 비주류 사회가 있다는 사실과 함께 아시아인 중에서도 특히 한국인들은 그 경계선상에 있다는 점을 많이 생각하게 된다고 말씀하셨다. 그래도 최근에는 〈기생충〉, 〈오징어게임〉이나 BTS 덕분에 한국 문화에 대한 인기가 급상승하고 있어 너무나 행복했고 자랑스럽다고 하셨다. 그러면서 본인도 그동안 계속 만들고 싶었던 우리들만의 이야기를 꼭 담아보고 싶다고 하셨다. 할리우드의 주류가 되기 위한 몸부림을 쳤던 사람들의 이야기를 말이다. 게다가 감독님은 미국에서 최초로 한인프로덕션이 만드는 미국 드라마를 만들고 싶다고 하셨다.

감독님의 이야기들을 들으며 할리우드로, 미국으로 진출한 선배들의 삶이 어떠했을지 가늠할 수조차 없었다. 이제 고작 두 번 방문한 나로서는 이해하기에 큰 간극이었다. 그렇게 우리는 양꼬치와 칭타오를 먹으며 대화를 나누고 있었다. 그러던 중 놀라운 이야기를 들었다.

감독님 저희 작품은 우리들의 이야기를 대중에게 잘 전달할 수 있는 배우분들이 맡으면 좋겠어요. 물론 유명한 배우와 함께 만들어보는 것이 어떻겠느냐는 제안도 많이 있었죠. 하지만 저는 〈웨스턴애비뉴〉가 배우 각자의 삶과 잘 맞닿아 있으면 좋겠다고 생각해서 거절했습니다. 그런데 드디어 찾은 것 같네요. 두 분께서 꼭 저희 드라마에 참여해주시면 좋겠습니다.

영호, 헤이든　　　네?

감독님　　두 분께서 꼭 저희 작품과 함께해주시면 좋겠어요. 그래서 이렇게 출연을 부탁드리러 왔습니다. 사실 원래는 2차 오디션을 보고 싶었는데, 저는 그럴 이유가 없다고 생각합니다. 사실 직원들과 완벽하게 의견을 나누진 않았지만 저는 두 분과 무조건 하고 싶습니다.

　그날 가슴속에서 뜨거운 무언가가 올라왔던 기분을 잊을 수가 없다. 정말 너무 행복해 말로 설명할 수가 없었다. 이것이 우리의 인생이라면, 그 과정이 아무리 힘들더라도 계속해서 앞으로 나아가고 싶어졌다. 그리고 정말 감사했다.

감독님　　O-1 비자도 알아보세요. 제가 두 분의 스폰서가 돼드리겠습니다. 두 분은 오스카에 가실 분들이에요. 제가 꼭 두 분을 돕고 싶습니다.

영호, 헤이든　　　정말 감사합니다. 감독님!

　인생에서 처음으로 인정을 받은 기분이었다. 배우로서 연기가 훌륭해서가 아니라 그냥 열심히 살아온 나에 대한 인정과 내 여정을 선택한 것에 대한 인정을 받은 기분이었다. 그리고 눈물이 났다. 한여름밤의 꿈만 같았다. 그날 우리는 양꼬치에 칭따오를 무지하게 마셨다. 그리고 집에 돌아와 영호 형과 소주 한잔을 기울이면서 얼마나 기쁨을 만끽했는지 모른다. 형은 형의 방식으로, 나는 내 방식으로 그렇게 우리 둘은 같은 목표를 향해 각자 달려왔지만 그날 그 순간만큼은 똑같은 행복을 느끼고 있었다. 우리는 우리의, 그리고 각자의 이야기를 써 내려가고 있었다.

그로부터 며칠 뒤, 나는 변호사들을 만나기 시작했다. 코로나로 인해서 대면 미팅이 어려운 관계로 전화로 상담도 받고 다양한 준비를 해야 했다. 한창 변호사를 알아보던 어느 날, 감독님으로부터 어바인에서 볼 수 있냐는 문자가 날아왔다. 왠지 불안했지만 다음 날 나는 프로덕션 1층 회의실에서 감독님과 대화를 시작했다. 긴장되고 떨리는 미팅이었다. 감독님은 조심스럽게 이야기를 꺼내셨다.

감독님   사실 내 에너지로 밀어붙여 추진해 달려가고 싶을 때가 있지만, 큰 파도에 주변의 배들이 뒤집히는 경우가 있어요. 제가 이 작품의 감독이라는 이유로 제 욕심에 큰 파도를 일으켰다간 주변의 배들이 뒤집혀 모두가 다칠 수가 있어요. 그런 만큼 제가 더욱 신중하게 판단을 내려야 할 때가 있습니다. 제 마음 같지 않을 때가 있는 거죠. 이번 경우에는 제가 감독이라 더욱 선택하기 쉽지 않은 것 같아요. 우선 헤이든 씨의 비자는 제가 끝까지 책임을 지고 해드리겠습니다. 헤이든 씨는 우선 비자가 제일 중요한 상황이니 제가 최선을 다해서 돕겠습니다.

헤이든	감사합니다. 감독님.
감독님	비자에 필요한 자료 같은 것들이 있으면 언제든 말씀해주세요. 헤이든 씨는 정말 오스카에 갈 배우이시니까 본인을 믿고 나아가셔야 해요. 저는 헤이든 씨께서 꼭 해내시리라 확신합니다.

그때 속으로 감독님의 말이 무슨 의미일지 많은 생각이 오갔다. 말의 분위기로 봤을 때 회의를 한 결과 캐스팅에 무리가 있다고 판단하신 건지 불안했다. 나는 용기를 내어 물었다.

헤이든	감독님, 혹시 그럼 이번 캐스팅은 보류하시고 제 비자 준비만 해주신다는 말씀이신가요?
감독님	네. 회의를 해봤는데, 혹시라도 비자 발급이 안 될 경우, 투자처에서도 그렇고 우리 동료들도 불안 요소가 남아 있다고 판단을 해서 아무래도 캐스팅을 확정하고 가기에는 조금은 무리가 있는 듯 보입니다. 단, 비자는 저희가 끝까지 책임지겠습니다. 헤이든 씨에게 정말 필요한 것이잖아요!

짧은 순간 많은 생각이 들었다. 한편으로는 내뱉고 싶은 말이 마음속에서 불쑥불쑥 솟아오르기도 하고, 또 한편으로는 마음속 무언가가 그 말을 막기도 하고 있었다. 그러다 문득 내가 이 자리에서 감독님에게 괜찮다고, 비자 준비라도 도와주신다고 하셔서 감

사하다고 말한다면 반쪽짜리 진심이 아닐까 싶었다. 차라리 내 진심을 온전히 전하는 것이 좋겠다는 생각이 들었다.

헤이든   감독님! 솔직하게 말씀드리면 저, 연기하려고 비자가 필요한 거지 비자를 얻으려고 연기를 포기하고 싶진 않습니다. 저는 드라마에 출연하기 위해 여기에 왔습니다. 제게 비자는 그 드라마를 하기 위한 수단일 뿐입니다. 감독님은 제가 정말 그 역할에 적격이라고 말씀해주셨는데, 혹시 그럼 제 역할을 대신할 분이 있으신 건가요?

감독님   …. 아니요, 헤이든 씨가 제격이라 생각합니다. 헤이든 씨, 정말 저희 드라마 출연이 더 중요하세요?

헤이든   당연하죠, 감독님. 저 이 드라마를 위해 오디션 보러 온 겁니다. 예술인 비자만 따려고 온 게 아니에요. 되든 안 되든 제 가능성을 시험해보고 싶었습니다. 저는 연기가 하고 싶어서 이곳에 온 것입니다.

감독님   (한참을 고민하고서) 헤이든 씨, 정말 미안합니다.

헤이든   ….

감독님   헤이든 씨, 제가 잘못 생각하고 있었어요. 둘 다 같이 갑시다. 제가 이렇게 생각한 것 자체도 정말 죄송하고, 저희 작품을 이렇게 생각해주셔서 너무나 감사드립니다. 우리 진짜 한번 제대로 만들어봐요. 팀원들에게는 제가 올라가서 이야기하겠습니다. 두 번의 번복은 없습니다. 같이 가시죠.

감독님의 갑작스러운 말에 눈물이 흘렀다. 나는 감독님과 뜨겁게 포옹을 나눴다. 감독님은 연신 눈물을 훔치시며 너무나 미안해하셨다. 짧은 미팅 시간이었지만, 당시에 나는 너무나 힘들었다. 간절한 사람만이 느낄 수 있는 기분이라 생각된다. 나는 새로운 가족이 생긴 기분이 들었다. 물론 감독님의 상황과 마음을 이해할 수 있었다. 감독님에게도 새로운 도전이자 새로운 출발인 데다 감독님이 챙겨야 할 회사 사람들의 운명도 자신의 손에 달려 있을 것이다. 여러모로 감독님과 나는 닮아 있었다.

한인타운으로 돌아가는 길에 음악을 들으면서 롤러코스터 같은 인생에 대해 많은 생각이 교차했다. 짧은 순간에 냉탕과 온탕을 오간 것 같은 하루였다. 힘들다면 힘들겠지만 내 기분은 전혀 그렇지 않았다. 결국 이렇게 살아가야 한다면 최선을 다해 살아갈 수밖에 없다는 생각이 들었다. 결과가 무엇이든 최선을 다했다면 후회가 남지 않을 테니 말이다. 창문을 열어 바람을 맞으며 힘든 마음을 털어내기로 했다. 그리고 저 멀리 보이는 알 수 없는 내 앞날에 다시 한번 희망을 걸어보기로 다짐했다.

서울행 티켓 - 다시 한번 더 도약하기

난 다시 변호사를 알아보기 시작했다. 희망이라는 엔진을 달고 달릴 힘이 다시금 생기기 시작했다. 그러는 사이 또 하나의 좋은 소식이 들려왔다. 단편영화 〈대부〉의 앨버트 감독님과 미팅이 잡힌 것이다. 우리는 인터뷰에서 이런저런 이야기를 나눴다. 감독님은 내가 연기를 하기 위해 오디션을 보러 미국에 왔다는 사실에 정말 놀라셨다. 나도 어쩌면 〈대부〉라는 작품 때문에 미국에 올 용기를 낼 수 있었다고 말씀드렸다. 감독님은 내게 너무나 고맙다며 함께 꼭 작업을 하고 싶다고 말씀해주셨다.

불과 1년 전, 방구석에서 포스트잇으로 할리우드 사인을 만들며 꿈꾸던 이곳, 무작정 비행기를 타고 날아와 좋은 사람들을 만나며 여행을 다녔던 이곳, 나는 이곳에서 오디션을 보기 위해 두 번째 여정을 시작하며 또 다시 좋은 사람들을 만나 함께 작업을 하자는 약속을 받았다. 그리고 영어 공부를 갓 시작한 내가 이제는 코리안 아메리칸 역할을 얻어 영어로 연기할 기회를 얻게 됐다. 주어와 동사도 모르던 내가 원어민들 앞에서 영어로 연기한 것을 인정받은 셈이다.

이제 나는 나를 돕는 사람들을 위해 최선을 다해 노력할 수밖에 없었다. 비록 내가 하고자 하는 일이 세상 사람들에겐 지극히 작은 일일지라도 내 인생에서는 가장 큰 전환점이나 마찬가지였다. O-1 비자를 따는 일도 쉽지 않지만 나를 위해 기다려주는 사람들을 위해서라도 최선을 다해야 할 의무가 생긴 것이다. 정말 이제 더 이상은 나 혼자만의 일이 아니었다.

나는 오디션에 모두 통과하고서 다시 서울행 비행기 티켓을 끊었다. 3주 만에 너무나 많은 일들을 겪었다. 이번에도 참 많은 것을 배웠다. 내게 정말 많은 일이 일어난다 해도 시간은 계속해서 흘러간다는 것, 삶은 계속 된다는 것을 배웠다. 그리고 오늘의 이 순간이 제아무리 힘들어도 한 걸음씩 포기하지 않고 나아간다면 더욱 나은 내일이 찾아온다는 것을 배웠다. 무엇보다 나와 함께하는 따뜻한 사람들과의 관계를 잘 유지하고 함께 공감하고 사랑하며 살아가야 한다는 것을 배웠다. 끝으로 항상 부족한 나를 인정하고 마지막까지 배움의 마음을 잃지 말아야 한다는 것을 배웠다. 앞으로 무엇이 나를 기다릴지 알 수 없다. 하지만 내가 가는 여정에 함께하는 사람들, 그리고 설렘과 행복이 끊이지 않는다면 충분하다.

What a flower must bloom, it blooms on a gravel slope, in a crevice of stones, in any situation.
자갈밭에서든 돌 틈새에서든 어떤 상황에서든 피어야 할 꽃은 피어난다.

한국으로 돌아오는 길에는 언젠가 로라가 알려준 스테핑 스톤 stepping stone이라는 단어가 떠올랐다. 어쩌면 모든 이들의 도움이 내 성공을 위한 도약의 발판이자 밑거름은 아닐까 생각했다. 그리고

3장 오디션을 향해 Do, Dream

두 번째 여정 역시 내가 상상하지 못한 일들이 나를 한층 더 성장시킨 듯하다. 내 인생에서 큰 전환점과도 같은 시간이었다. 나를 도와주는 모든 이들의 마음을 잘 간직한 채 포기하지 않고 한 걸음씩 나아갈 수 있는 내가 되기로 다짐했다.

Taking action will always serve as a stepping stone in my life.
살아가는 동안 계속해서 두드려라.
굳게 닫혀 있는 무언가를.
당신의 호기심이 그곳에 있다면.
Do Dream.

헤이든 in LA 잡초투어
with 양킹

지금으로부터 1년 6개월 전의 어느 날 밤, 영어 공부에 대한 갈증과 미련을 해소하기 위해 유튜브에 영어 공부 방법을 검색하게 됐고, 그날의 검색 기록 덕분에 양킹 형의 채널을 알게 됐다. 1년간 영어 공부를 기록한 양킹 형의 영상에 동기부여를 받은 나는 꾸준함의 힘을 기르며 영어를 공부하기 시작했다. 그렇게 1년 동안 매일 2시간씩 영어를 공부하며 습관의 힘과 꾸준함의 힘을 기르는 것은 물론 자신과의 약속을 지키는 방법을 배워나갔다.

나의 두 번째 여정은 나의 고마운 인연인 양킹 형과의 여행도 포함돼 있었다. 코로나로 발목이 묶여 있던 양킹 형이 LA로 온다는 소식을 듣게 된 나는 형에게 최대한 도움을 주고 싶었다. 때마침 오디션과 비자 준비로 인해 갑작스럽게 한국으로 돌아가야 했기

3장 오디션을 향해 Do, Dream

에 양킹 형과의 만남을 계획했다. 무엇보다 첫 번째 여정에서 경험한 잡초 바이브를 토대로 나만의 색깔을 입힌 투어를 형에게 경험시켜주고 싶었다.

잡초투어 - 세상일은 모두 마음먹기 달린 것

먼저 양킹 형에게 내가 묵었던 힐링 게스트하우스를 소개해주고 짐을 푼 우리는 월셔Wilshere 역까지 걸어갔다. 형에게 내가 아는 LA를 소개시켜주는 기분이 묘했다. 형은 내가 완전히 미국에 젖어 있는 것 같다며 한참을 웃었다. 내가 생각해도 미국 체류 기간인 4개월 만에 내가 완전히 다른 사람이 된 듯한 기분이었다. 아무래도 드라마와 영화 속 역할을 연구하고 계속 현지에 적응하고자 노력했기 때문이라 생각됐다. 그래도 내가 적응을 잘하고 있다는 의미 같아서 기분이 좋았다.

첫날의 계획은 버스를 타고 할리우드에 가는 것이었다. 우선 양킹 형과 함께 버스를 타기로 했다. 우리는 LA 버스를 타고서 이런저런 이야기들을 나누며 할리우드로 향했다. 할리우드에 오기 위해 여러 방법들을 찾다 양킹 형을 알게 됐고 그곳을 형과 함께 돌아다니고 있다고 생각하니 기분이 남달랐다. 무엇보다 내가 형에게 LA의 곳곳을 소개해줄 수 있다는 의미가 너무나 컸다.

버스에서 내린 우리는 한동안 할리우드의 거리를 걸으며 돌비시어터에 가서 레드카펫 위를 걷는 상상을 하기도 하고 아카데미 작품상을 받은 영화 〈기생충〉의 사인을 보여 대한민국의 자긍심을 느끼기도 했다. 또 혼자 명예의 거리를 찾아가 30분 동안 헤매며 발견한 이병헌, 안성기 선배님의 핸드프린팅을 양킹 형에게 보여주기도 했다. 그러고 나서 우리는 '스타우트Stout'라는 식당으로 향했다.

스타우트에서는 자신의 기호에 맞는 탭tap 맥주와 미디움레어로 주문한 스타우트stout 버거를 맛보기로 했다. 우리는 할리우드 거리에 앉아 알고리즘을 통해 만나게 된 사연이나 영어에 대한 이야기를 나눴다. 양킹 형은 내가 영어로 주문하는 모습이나 현지에서 잘 적응하고 있는 모습을 보며 굉장히 놀라면서 칭찬을 아끼지 않았다. 오랜만에 만난 은사님에게 칭찬을 받은 느낌이라 너무나 기분 좋았다. 형은 자신이 오히려 나에게서 정말 많은 동기부여를 받았다고 했다. 미국이라는 나라에 적응하기 위해 노력하는 모습이나, 지금까지 쌓아온 나의 퍼스낼러티를 보며 존경심을 갖게 됐다고 말이다. 우연히 알게 된 사이이지만 서로 동기부여를 주고받을 수 있는 관계를 맺게 된 듯해 정말 뿌듯했다. 그렇게 우리는 첫날의 여정을 마무리했다.

다음 날, 나는 형에게 최고의 코스를 선물하고 싶었다. 무엇이 좋을지 생각하던 중 내가 가장 좋아하는 그리피스 파크 하이킹을 함께하면 좋을 것 같았다. 그리피스 파크의 입구부터 할리우드 사인까지는 왕복 4시간 정도 소요된다.

　양킹 형과 하이킹을 하면서 여러 가지 생각이 들었다. 처음 할리우드 사인까지 가기로 했을 때 느꼈던 초심자의 막연한 두려움, 끝을 알 수 없던 목표에 다다랐을 때의 희열 같은 것이 다시금 떠올랐다. 또 처음에는 길게 느껴졌던 길이지만 이제는 익숙해져 동료와 함께 걷고 있는 기분이 남달랐다. 인생도 마찬가지다. 각자 인생에서 걷고 있는 길 위에서 지금은 외롭고 힘들 수 있지만, 한번 성취하고 나면 분명 그 길은 자신의 것이 되는 듯하다. 어떤 길을 걷고 있든 끝까지 포기하지 않는 것이 중요하다. 영어 공부도 비슷하다. 수백 번에 걸쳐 영어를 직접 말해봐야 무의식적으로 줄줄 나오는 수준에 이를 수 있다. 한국 사람이 한국어로 대화할 때 문법이나 단어를 생각하지 않고 자연스럽게 내뱉듯이 영어도 계속 쓰다 보면 무의식의 흐름에 따라 말하고 있는 자신을 발견하게 된다. 결국 노력만이 정답이다.

　양킹 형과 나는 산행을 계속 이어나갔다. 이곳 그리피스 파크의 하이킹이 재미있는 이유는 마치 인생처럼 갈림길이 계속 나타나기 때문일 것이다. 처음 하이킹을 할 때는 수월한 길도 만나고 경사진 길을 만나기도 했다. 나는 왠지 힘든 길로 가야 강해질 것 같은 생각에 주로 경사진 길을 택하곤 했다. 그때 얼마나 후회했는지 모른다. 하지만 다양한 길을 다녀본 덕분에 양킹 형과 하이킹을 할 때에는 가이드 역할을 할 수도 있었다.

혼자가 아니였다

3장 오디션을 향해 Do, Dream

혼자 걸었던 길을 양킹 형과 함께 걷고 있으니 든든했다. 역시 동기부여의 달인은 달랐다. 양킹 형은 전혀 지친 기색을 보이지도 않았다. 오히려 자연의 기운으로 자신을 충전하는 듯 보였다. "It's really nothing to me."라는 형의 한마디가 참 인상적이었다. 양킹 형은 마음을 어떻게 먹느냐에 따라 힘이 드는 순간도 별것 아닌 순간이 될 수 있다는 것을 아는 멋진 형이었다.

우리는 할리우드 사인이 있는 정상에 올라 힘든 과정을 이겨낸 서로를 칭찬해줬다. 형은 탁 트인 LA의 전경을 보며 행복한 미소를 지었다. 그런 형을 보고 있는 나의 마음도 뿌듯해지는 듯했다.

말하는 대로

우리는 잠시 휴식을 취한 후 양킹 형 유튜브 출연자 중 한 명인 그레이스와 저녁 식사를 하기로 했다. 그레이스가 우리를 데려간 곳은 한인타운의 '허니나잇'이라는 술집이었다. 등산 후 막걸리 마시는 느낌으로 우리는 웃고 떠들며 꿀 같은 밤을 보냈다. 그리고 한국으로 돌아가기 전 날 마지막으로 양킹 형과 다시 한번 만남을 가졌다. 형과 함께 가보고 싶은 장소가 있었기 때문이다. 바로 에코파크Echo Park다. 이곳은 에이미를 만날 곳을 찾다 발견한 공원인데 그냥 지나치기에는 너무나 예뻐 기억해두고 있던 곳이다. 에이미와 헤어지고서 혼자 노을을 보며 책을 읽기도 했었다. 그때 봐둔 작은 호수의 오리배가 기억이 난 것이다.

우리는 각자 11달러를 지불하고 오리배에 탑승했다. 오리배 위에서 바라보는 에코파크의 노을과 분수 덕분에 나타난 무지개는 곧 한국으로 돌아갈 내게 주는 아름다운 선물 같았다. 우리는 에코파크의 멋진 풍경을 보며 이적, 유재석 선배님의 '말하는 대로'를 같이 들었다. 정말 가사처럼 말하는 대로 마음 먹은 대로 할 수 있다고 믿어왔기에 지금 이 순간을 만끽할 수 있는 것 같다는 생각이 들었다. 그렇게 오리배와 아름다운 무지개를 마음속에 담았다.

양킹 형과 보낸 3일간은 즐겁기도 했지만 내게 굉장히 의미 있는 시간이었다. 1년 반 전, 형의 동기부여 영상을 보고 자극을 받아 섀도잉을 시작했고 D-365 프로젝트를 계획하고 미국에 가겠다는 정확한 목표를 세울 수 있었다. 또 두 번째 여정에서는 내게 동기부여를 준 형에게 내게 좋은 기억과 용기를 심어준 것들을 나누고 보여줄 수 있어 너무나 행복했다. 솔직히 아직까지 형 앞에서 영어를 쓰는 게 부끄럽기도 하다. 잘하고 싶은 마음도 들고, 틀리면 어쩌나 싶어 겁이 났던 것도 사실이다. 하지만 그때마다 나는 더욱 거침없이 영어로 말하려고 했다. 잘하지 않으려고 했던 것이 오히려 더 맞을 것이다. 그런 내 모습을 보며 대견하게 생각하고 아낌없이 칭찬을 해주는 형이 있어 너무나 고마웠다. 누군가로부터 인정을 받는 것만큼 큰 성취감을 주는 것도 없는 것 같다.

길이 없는 곳에 흔적을 남겨라

과연 나는 선례가 없는 예술인 비자 취득 과정에 내 발자취를 남길 수 있을지 두려웠다. 하지만 두려워할 시간조차 부족했다. 나는 귀국하기에 앞서 변호사들과의 미팅에 시간을 쏟았다. 내가 할 수 있는 최선을 다해야 했다. 하지만 코로나로 인해 대부분 오프라인으로 미팅을 하지 않았고, 두 곳에서만 직접 미팅을 한다고 했다.

변호사 - 최고의 파트너 찾기

카일이 소개해준 변호사는 아시안 클라이언트의 케이스를 많이 다뤄본 분이었다. 실력적으로는 믿음이 갔지만 내가 아무리 영어

내가 가는 길

공부를 많이 했어도 백인 변호사여서 소통에 조금 어려움이 있을 듯했다. 내가 아는 형도 자신의 시민권을 해결할 때 도움을 받았던 변호사를 소개시켜줬다. 그 변호사가 속한 로펌에는 코리안 아메리칸 변호사들이 많았다.

　나는 미국에서 20년 정도 로펌을 운영해온 한인 변호사를 만나보기로 했다. 한 시간에 130달러의 상담 비용이 발생했지만, 그 정도의 기회비용을 지불하지 않으면 더 큰 비용을 부담해야 할 거라 판단했다. 한국인 변호사는 내 사정을 들어보더니 가능성이 낮다고 말했다. 그 대신 미국에서 살 수 있는 다양한 방법을 알려줬다. 솔직히 굉장히 심란하고 실망스러웠다. 하지만 혹시 모를 상황에 대비해 변호사의 이야기를 꼼꼼하게 들었다. 학생 비자를 받는 방법부터 일을 하기 위해 오는 방법 등 다양했지만, 내가 가진 시간이 너무 짧다고 했다. 더구나 확률적으로 예술인 비자를 받기가 쉽지 않다고 했다.

첫 번째 변호사로부터 절망적인 이야기를 들은 다음, 나는 카일이 소개해준 변호사를 만나보기로 했다. 그 변호사는 30분 동안 전화로 상담하는 데 150달러를 지불해야 했다. 나는 내가 궁금한 것들을 최대한 간단하게 요약해 질문 리스트를 작성했다. 그러다 문득 질문을 하고 나서 변호사의 답변을 알아듣지 못하면 어떻게 할지 고민이 됐다. 하지만 고민만 하고 있기에는 시간이 촉박했다.

일단 나는 전화 통화를 해보기로 했다. 나는 준비한 질문을 쏟아붓고서 비자 발급 가능성에 대해 물었다. 변호사는 칼같이 대답을 했고 그 시간은 겨우 5분 정도에 불과했다. 다행히도 변호사는 가능성이 있다고 답했다. 반가운 마음에 나는 더 궁금한 것들을 물어보려고 말을 꺼냈다. 그런데 변호사가 갑자기 계약을 해야만 비자 발급에 필요한 자료들이 무엇인지 자세하게 말해줄 수 있다고 했다. 전형적인 미국 스타일이었다. 머리가 아파오기 시작했다.

나는 무료로 상담을 해준다는 또 다른 변호사를 찾아 20분 정도 상담을 해보기로 했다. 앞서 두 명의 변호사에게 들은 정보들을 취합해 질문했다. 외국인 변호사와 한번 대화를 해본 경험 덕분인지 내 의견을 이야기하거나 답변을 들을 때 한결 수월했다. 그는 내 상황을 듣더니 비자 발급이 가능하다고 답했다. 직접 미팅을 하고 싶다고 물었지만, 직접 미팅은 불가능하다고 했다. 얼굴 한번 보지 못한 사람과 작업을 할 수 있을까 싶었다.

나는 마지막으로 친한 형이 소개해준 로펌에 연락을 해보기로 했다. 사실 이곳도 코로나 때문에 만날 수 없다고 했지만 나는 한국으로 떠나기 전에 꼭 직접 보고 싶다고 이메일을 보냈다. 다행히 출국 전에 30분 정도 직접 미팅을 할 수 있다고 답이 왔다. 그렇게 해서 나는 미셸이라는 변호사를 만나게 됐다. 미셸은 다른 변호사와 달리 상담부터 직접 미팅을 할 때까지 돈을 받지 않았다. 나는 사무실을 찾아가 내가 준비한 서류들을 보여줬다. 미셸은 내가 준비해야 할 서류들과 과정에 대해 자세히 알려주면서 비자 발급이 가능할 것 같다고 했다. 단, 하루 빨리 돌아가야 한다고 덧붙였다.

유재석 비자 - 대한민국의 아티스트로 인정받기

한국에 돌아온 나는 O-1 비자를 전문적으로 다루는 곳이 있는지 찾아봤다. 아무래도 한국에서 할리우드로 진출해 일하는 케이스가 별로 없다 보니 한국에서도 마땅한 변호사를 찾기가 힘들었다. 그래서 유재석 비자라 불리나 보다. 그렇게 여러 곳에 전화 문의를 한 끝에 딱 한 곳에서 미팅을 제안해왔다. 한국에서도 대부분의 변호사들은 30분당 10만 원 정도의 상담 비용을 받고 있었다. 간혹 무료 상담을 해주는 로펌도 있었다. 하지만 비자를 준비할 수 있는 시간이 넉넉지 않았던 나는 빨리 변호사를 정해야 했다.

한국에서 만난 변호사들은 내게 필요한 자료들을 요청했다. 다행히 미국에서 O-1 비자에 필요한 자료들을 알아본 것이 큰 도움이 됐다. 역시 경험은 강력한 무기가 된다. 하지만 그들은 비자 발급이 불가능하다고 선을 그었다. 우선 시간이 너무 촉박하고 위험 부담이 커서 자신이 맡기에는 조금 곤란하다는 것이 이유였다.

나는 총 5명의 변호사와 상담을 했는데 3명은 가능하다고 했고 나머지 2명은 2월부터 5월 초까지 비자를 따는 것이 불가능하다고 했다. 그럼 60퍼센트 확률로 가능하다는 말이 된다. 3명의 변호사는 내가 사전 준비를 잘해서 시간을 줄일 수 있을 것 같다고 했다. 스포츠 경기에서도 3:2의 스코어는 경기의 흐름 면에서 가장 흥미진진한 스코어가 아닌가.

또 하나의 문제가 있었다. 바로 비용이었다. 내게 상담을 해준 변호사는 예술인 비자를 발급받으려면 대략 1천만 원이 든다고 했다. 그동안 일하면서 돈을 열심히 모아둔 터라 1천만 원의 금액에 가까운 돈을 보유하고 있었다. 다만 이 베팅이 실패로 돌아간다면 나는 1천만 원과 드라마 출연 기회 모두를 잃는다는 계산이 나왔다. 하루에도 수십 번씩 어떤 선택을 해야 할까, 고민하고 또 고민했다.

그러던 어느 날, 외할아버지로부터 집에 한번 오라는 연락을 받았다. 나는 비자 발급이라는 현실을 잠시 잊을 겸, 오랜만에 할아버지를 찾아뵙기로 했다. 처음에는 내가 미국에서 돌아왔다는 소식을 들으시고 그냥 얼굴이나 보자고 부르신 줄 알았다. 그런데 외할아버지는 내게 놀라운 말씀을 해주셨다. 할아버지는 그동안 당신이 갖고 있던 땅을 팔면서 일가친척들에게 그 돈을 나눠줬는데, 내가 마침 미국에 가 있는 바람에 돈을 주지 못했다시며 봉투를 건네주셨다. 외할아버지가 주신 봉투에는 거짓말처럼 1천만 원이 들어 있었다. 운명처럼 느껴졌다.

가끔 어머니를 보면서 외할머니와 외할아버지가 주신 사랑의 힘을 항상 느껴왔다. 물론 두 분께서도 나뿐만 아니라 모든 손주손녀에게 아낌없는 사랑을 주시곤 하셨다. 그래서 더욱 어머니가 주시는 따뜻한 마음은 모두 두 분에게서 받은 것이라는 생각이 든다. 그렇게 난 할아버지의 소중한 선물 덕분에 용기를 낼 수 있었다. 그리고 난 O-1 비자를 신청했다. 할아버지께서 주신 소중한 선물이자 기회였다.

Arrival 3

두 번째 여정을 마무리하며, 역시 두드리면 열린다는 사실을 느낄 수 있었다. 오디션을 보기 위해 무작정 할리우드로 갔고, 그곳에서 정말 소중한 인연을 만나게 됐다. 누군가에겐 무모한 도전처럼 보였을지 몰라도, 나에겐 정말 무한 도전의 가능성을 보여준 시간이었다. 비행기 값에 대한 걱정, 미국생활에 대한 걱정 등 불안한 요소만을 떠올렸다면, 불가능했을 것이다.

하지만 나는 오디션의 경험을 다른 무엇보다 소중하게 생각했다. 또 내 가능성을 한 번의 기회로 모두 가늠할 순 없지만, 기회를 놓치고 싶지 않은 마음이 컸다. 결국 두 번째 여정에서 만난 두 작품에 캐스팅이 됐다. 내가 예술인 비자를 얻는다면 아직 유명하지 않은 대한민국의 배우가 최단기간에 비자를 따는 것이다. 대부분 나와 같은 케이스를 본 적이 없다고 말했다. 그만큼 부정적으로 보는 견해가 많았다. 선례가 없는 일에 도전하는 두려움이 컸지만, 동시에 '최초'라는 기록을 남길 수 있는 기회라는 마음에 설렘 또한 공존했다.

처음 미국에 건너가며 느꼈던 그때의 소중함을 사는 동안 잃고 싶지 않다. 어려운 길을 택한 만큼 내 선택이 옳고, 어떤 문제가 닥쳐도 극복하리라 믿는다. 그렇게 믿어야 무슨 일이든 시작할 수 있는 법이다. 어떤 일이든 고통은 분명 뒤따라올 것이다. 그것을 알면서도 앞으로 나아가는 것이 인생이 아닐까.

앞으로 벌어질 일을 생각하면 진심으로 두렵고 떨리지만 나에게는 최고의 무기가 있다. 늘 그랬던 것처럼 꾸준하게 항상 최선을 다하며 거짓되지 않게 정도를 걷는 것이다. 그 마음을 잊지 않는다면 우선 나 스스로에게 부끄럽지 않을 것이다. 그렇게 내가 세운 목표를 달성한다면 내가 만족할 수 있는 최적의 여건을 얻는 것이 아니겠는가. 기회는 결국 손을 뻗는 자의 손에 쥐어지기 마련이다.

끝까지 행동하는 자로 남고 싶다. 계속해서 도전하며 살 것이다. 내 영혼을 가만히 두지 않을 것이다. 무한히 도전할 것이고, 끝까지 갈 것이다. 내 앞에 놓인 길이 무엇이든 그 여정의 과정을 묵묵히 걸으며 결국 흔적을 남길 것이다. 그냥, 그렇게 되고 싶다. 말하는 대로.

제1부

유연한
마케팅을
하다

최근 비즈니스에서는 일단 실행에 옮기고 그 안에서 문제를 해결해 가며 사업을 전개하는 '애자일 방식'이 보편화되었다. 이것은 과업의 절차를 처음부터 끝까지 정해 놓고 일에 착수하는 종래의 '워터폴 방식'과 상대되는 개념으로, 사회 변화와 환경의 복잡화에 대응하기 위해 기업들이 도입하기 시작한 접근법이다.

1장

기무라야

노포의 교만함을 버린 신제품 개발

150년 이상 계승해 온 프런티어 전략의 진수

GINZA 銀座 木村屋總本店

기무라야는 1869년에 창업하여 150년 이상 이어 온 노포 제빵 회사이다. 창업 직후 고안한 '단팥빵'에 이어 '잼빵', '찜케이크빵' 등 다양한 빵을 만들어 낸 기무라야는 뛰어난 상품 개발력이 강점이다. 빵을 중심으로 화과자와 양과자도 제조·판매하며, 하루에 약 30만 개의 봉지 빵을 제조한다. 그룹 전체 매출액은 100억 엔으로, 슈퍼·편의점 판매가 전체 매출의 80%를 차지한다.

시작은 독자적인 빵 반죽 개발

기무라야 총본점은 1869년 기무라 야스베가 창업했다. 초대 사장 야스베가 도쿄 시바에 개점한 작은 빵집에서 시작한 기무라야는 현재 관동 지역을 중심으로 백화점과 역사(驛舍) 등에서 27개 매장을 운영하고 있다.

기무라야의 대명사는 '단팥빵'으로, 일본에서 최초로 단팥빵을 만든 곳이 기무라야이다. 기무라 야스베는 아들 에자부로(英三郎)와 함께 단팥빵을 만드는 데 매진했고, 1874년 사카만주(팥소가 든 술빵)를 만들 때 사용하는 주종에서 착안한, 묽은 반죽이 특징인 단팥빵을 만들어 냈다.

그 개척 정신을 이어받은 기무라야 3대 사장 기무라 기시로는 1900년 비스킷 사이에 잼을 바른 미국 디저트에서 힌트를 얻어 일본 최초로 잼빵을 개발했다. 또 기무라야 4대 사장 기무라 에자부로(栄三郎)는 1981년 찜케이크를 처음으로 세상에 내놓았다. 현재 인기 상품인 '점보 찜케이크 플레인(120엔)'은 일본 수도권 찜빵 매출 순위에서 11년 연속 1위를 차지했다.

이렇게 기무라야는 세대마다 새로운 빵을 개발하여 고객의 마음을 사로잡았으나, 2000년대에 접어들어 4기 연속 적자를 기록하면서 경영난에 빠졌다. 매년 매출액은 160~170억 엔을 계상했지만 장기 부채가 150억 엔에 달하여 매달 자금이 2억 엔 부족한 상황이 2년 정도 이어졌다.

게다가 노포의 교만함도 실적 저조를 부추겼다. 당시 회장을 맡고 있던 기무라 노부요시는 '좋은 물건을 만들면 주문은 저절로 들어온다'라는 신념으로 영업을 중단시켰다. 회사 전체에 팔려고 애쓰지 않아도 된다는 분위기가 퍼지자 영업 사원이 몰래 일하는 지경에 이르렀다. 결국 주력 은행에서 경영자 교체를 요구하여 회장과 사장이 물러났는데도 남은 임원 전원이 사장 자리를 고사하는 처참한 상황이 벌어졌다. 그러다 2006년 현 사장 기무라 미쓰노리가 28세 젊은 나이에 사장 자리를 잇게 되었다.

집을 팔아 회사를 다시 일으키다

기무라 미쓰노리는 사장 취임 후 과감한 개혁을 잇달아 단행하여 회사를 다시 일으켰다. 가장 먼저 착수한 일은 당장의 운전자금 변통이었다. 그는 공장과 회사 기숙사, 신주쿠에 위치한 600평 자택을 팔아서 현금을 마련했다.

운전자금이 마련되자 본격적으로 경영 효율을 높이기 시작했다. 상품 수를 줄여서 비용을 절감하여 사업을 철저하게 효율화했다. 또 공장 폐쇄와 더불어 직원 200명의 정리해고를 감행했다.

제조 현장에서는 세세한 부분까지 매뉴얼을 도입하여 각 공정의 작업 내용을 상세하게 수치화해 경험이 풍부하지 않은 생산직 노동자도 상품을 만들 수 있는 운영 체제로 바꾸었다. 그러나 이 매뉴얼화에는 커다란 함정이 있었다. 매뉴얼대로 빵을 만들다 보니 품질은 뒷전이 된 것이다. 빵은 살아 있는 생물과 같아서 기온 변화에 따라 완성도가 달라지는데, 매뉴얼을 만들 때 그 점을 고려하지 않은 것이다. 매뉴얼화는 매너리즘을 초래했고, 제빵 지식을 더 배우고 싶은 직원이나 실력 있는 생산직 노동자들은 다른 회사로 빠져나갔다.

미쓰노리는 이 경험을 통해 사람이 있어야 물건을 만들 수 있다는 사실을 통감했다. 다시 한번 원점으로 돌아와서 인재를 육성하고 제품을 만들어야겠다는 반성을 담아 매뉴얼을 사용하되, 생산직 노동자의 기술을 중시하는 제조법으로 전환했다.

예를 들어 단팥빵을 굽는 공정에서는 오븐이 터널형이어서 온도가 변하기 쉬운 탓에 빵이 구워진 상태와 색이 들쭉날쭉했다. 이를 해결하려면 컨베이어벨트의 속도를 미세하게 조정할 필요가 있었다. 이러한 미세 조정은 매뉴얼로 대처할 수 없다. 그래서 베테랑 생산직 노동자와 신입 노동자를 한 조로 묶어 인재 육성을 도모했다. 이렇게 문제를 하나씩 해결해 나가자 직원들은 의욕을 되찾았고 기무라야는 어려움에서 벗어날 수 있었다.

그 후 기무라야는 다시 상품 개발에 힘을 쏟기 시작했다. 창업 초기 단팥빵 개발에서도 알 수 있듯이 기무라야는 제빵 업계에서 늘 개척자의 역사를 새로 써 왔다. 상품 개발은 기무라야 본점뿐만 아니라 기무라야에서 파생된 분점에서도 활발하게 이루어지고 있다.

이를테면 후쿠이현 사바에시에 있는 '유로빵 기무라야'도 기무라야의 이름을 단 분점 중 하나이다. 이 지점에서 새롭게 선보인 제품은 '찹쌀떡 단팥빵(220엔)'으로, 빵 안에 찹쌀떡을 넣어 떡과 브리오슈의 하모니가 일품이라는 평을 받고 있다. 기무라야의 제빵 정신, 즉 개척 정신을 그대로 이어받은 것이다.

이런 기무라야의 정신을 이어받은 분점은 그 밖에도 삿포로 기무라야, 오카야마 기무라야, 사쿠라 기무라야(지바현), 쓰루오카 기무라야(야마가타현) 등이 있다. 현재 일본에 있는 기무라야 매장은 총

32개로, 전국 각지에서 기무라야 전통의 맛을 널리 알리면서 신제품 개발에 힘쓰고 있다.

매장 콘셉트를 재검토하고 신제품을 개발하다

기무라야 본점에서도 신제품 개발은 끊임없이 이루어진다. 사장이 직접 출석하는 신제품 시식회는 거의 매주 열린다. 새로운 인기 상품을 만들어 내기 위해 매달 20종의 새로운 빵을 출시해서 시험한다. 이러한 시도는 최근 새로운 형태의 매장 출점으로 이어졌다.

예를 들어 2019년 11월 시부야 스크램블 스퀘어에 오픈한 신규 브랜드 '기무라 밀크'도 그중 하나이다. 여기서는 야키소바나 나폴리탄을 넣은 주사위 모양 빵을 개발해서 조리빵으로 판매한다.

'사각 야키소바(288엔)'는 야키소바를 데니시 반죽으로 감싸서 초생강, 마요네즈, 파슬리로 맛을 내고 가다랑어포 분말로 감칠맛을 더한 제품이다. 또 '사각 나폴리탄(315엔)'은 나폴리탄을 데니시 반죽으로 감싸서 파르메산 치즈와 파슬리를 토핑하여 맛을 낸 제품이다. 두 제품 모두 정육면체 모양이라서 스마트폰을 손에서 놓지 않는 회사원이나 학생도 한 손으로 편하게 먹을 수 있다.

신제품 개발 면에서 스테디셀러인 단팥빵도 예외는 아니다. 기무라 밀크에서 판매하는 단팥빵은 모두 기무라 밀크 한정 상품이다. 그 중 가장 인기 있는 '시부야 단팥빵(306엔)'은, 평범해 보이지만 주종이 밀가루 대비 50% 들어간 달콤하고 부드러운 반죽에 무른 팥앙금을 휘핑해서 넣어 부드러운 식감을 자랑한다. 또 '딸기 단팥빵(221엔)'은 반죽과 앙금이 딸기 맛이며 화이트초콜릿이 들어 있다. '옥로차 단팥빵(221엔)'은 녹차의 일종인 옥로차가 든 반죽에 향이 풍부한 옥로차 잎과 말차 초콜릿을 으깨서 만든 앙금을 넣은 빵이다.

기무라 밀크에서는 이렇게 다양한 단팥빵을, 전국 주요 목장의 엄선한 우유와 함께 판매한다. '갓 짜낸 우유(335엔)'는 후쿠오카 목장에서 공수해 온 진한 맛이 일품인 우유이다. 기무라 밀크의 브랜드 콘셉트는 '단팥빵과 우유를 파는 가게'로, 단팥빵과 우유를 함께 즐길 수 있는 공간을 만든다는 취지이다. 기무라 밀크는 각종 단팥빵에 어울리는 우유를 엄선해서 산지 직송으로 갖춰 놓는데, 이를 통해 상승효과가 나타난다. 있을 법하지만 없는 콘셉트의 빵집으로 인기를 끌고 있다.

2020년 6월 JR 스가모역 개찰구 근처에 오픈한 신규 브랜드 매장 '기무라 스탠드' 역시 새로운 형태의 매장이다. 기무라 스탠드의 주 메뉴는 샌드위치인데, 평범한 샌드위치는 팔지 않는다. 매장 안쪽에서 바로 만들어 제공하는 샌드위치는 속 재료에 특별한 비밀이 있다.

크로켓 샌드위치인 'THE 기본 크로켓(315엔)'은 기무라 스탠드 특제 두툼한 점보 크로켓과 양배추를 듬뿍 넣은 샌드위치이다. 햄 커틀릿 샌드위치인 '더블 햄 커틀릿 농후 소스(334엔)'는 추억의 햄 커틀릿을 넉넉하게 2장 넣은 샌드위치이다. 두 제품 모두 향미 채소의 풍미를 살린 소스로 맛을 냈으며 포만감 있는 두께를 자랑한다.

이처럼 기무라 스탠드에서 파는 샌드위치는 모두 속 재료를 두툼하게 넣는데, 이 두께에는 의도가 있다. 가게 진열장에 샌드위치의 두툼한 단면이 보이도록 진열하면 역의 개찰구를 지나는 사람들이 그 푸짐함에 이끌려 무심코 발걸음을 멈춘다. 이런 식으로 어딘가 옛날 생각이 나는 푸근한 느낌을 어필하는 것이다. 기무라 스탠드는 JR 니쓰보리역 구내에도 '에큐트 니쓰보리점'이라는 이름으로 2호점을 오픈했다.

기무라야가 끊임없이 신제품을 개발하고 새로운 형태의 매장을 내는 배경에는 젊은 세대가 팥앙금이나 단팥빵을 점점 멀리한다는 위기감이 존재한다. 단팥빵 자체는 싫어하지 않지만, 먹을 기회가 점점 줄어드는 것이다. 그래서 형태를 바꿔 새로운 상품을 출시해 단팥빵을 접할 기회를 늘리는 새로운 길을 모색하고 있다. 이런 시도는 요즘 시대에 맞는 방법을 연구해서 옛것과 새것을 융합해 새로운 가치를 창출하는 고객 가치 창조라고 할 수 있다.

사업을 다시 일으키기 위한 의식 개혁, 선택과 집중

'기무라야 스탠더드'로 의식을 바꾸다

기무라야는 빵 업계의 노포 기업으로서 오랫동안 부동의 입지를 구축해 왔다. 창업자의 단팥빵 개발에서 시작된 개척 정신을 이어받아 시대에 맞는 새로운 빵을 끊임없이 개발해서 보급했다.

그러나 2000년대에 접어들어 4기 연속 적자에 빠지면서 당장 쓸 운전자금조차도 확보하기 어려워졌다. 사장은 경영 재건이 급선무라고 판단하여 경영 효율 향상을 시작으로 재건에 돌입했다. 먼저 수익 개선을 가장 중요한 과제로 설정하여 비용 면에서 철저한 개혁을 시도했다. 그렇다면 이 개혁은 어떤 과정을 통해 진행되었을까?

먼저 노무비와 원재료비에 대한 재검토가 이루어졌다. 검토를 진행하는 과정에서 업무 구조, 인사 관리, 수익 관리 등에 관한 수많은 문제가 드러났다.

예를 들어 운영 면에서는, 가치 사슬의 각 공정 내에서만이 아니라 공정 간에도 업무 구조와 절차가 명확하게 정해져 있지 않아서 직원 개개인의 판단으로 업무를 수행했다. 게다가 각 부서의 직원들은 입사 이후 큰 인사 이동 없이 장기간 같은 부서에 근무하여 담당 업무가 바뀌지 않는 구조였다.

이처럼 명문화된 체계도 없이 눈으로 보고 배우는 식으로 업무가 이루어지다 보니 업무 수행이 비효율적이었고, 그것이 실적 저하의 가장 큰 원인이었다. 또 수익 관리에 관해서도 공통적인 관리 항목과 기준이 명확하게 정해져 있지 않았다. 전 직원이 같은 방향으로 나아가서 목표를 달성한다는 의식 없이 타성에 빠진 채 업무를 해 온 것이다.

기무라야는 이런 상황을 타개하고 생산성을 높이기 위해 먼저 업무의 구조, 절차, 기준 같은 규칙을 만들고 그것을 정착시키기 위해 노력했다. 그 과정에서 상품, 거래처 등 다양한 기준으로 부문별 수익을 정리해서 채산성이 떨어지는 상품이나 거래처는 장래의 개선 가능성을 고려하여 개별적으로 철수 여부를 판단했다.

조직과 인사 면에서도 구조 개혁을 실행했다. 개혁 초기 단계에서 조직별로 역할을 재검토하여 과거의 경험치에 얽매이지 않고 중간 관리직을 집행 임원이나 부장급으로 등용했다.

새로 등용한 관리직을 시작으로 철저한 직원들의 의식 개혁도 시행했다. '중장기적으로 우리 회사는 어떤 자세를 취해야 하는가? 이를 위해 지금 당장 무슨 일을 해야 하는가?'라는 관점으로 '기무라야 스탠더드'라는 행동 지침을 만들었다.

기무라야 스탠더드에는 '기무라야 카테고리'를 창조하고 '맛있는 빵'을 끊임없이 제공하여 정당한 이익을 얻는다는 목표를 위한 3가지 행동 지침이 설정되어 있다. 그 내용은 다음과 같다.

1. <u>품질 확보 스탠더드</u>: 식품 업계 최고의 품질을 확보한다.
- 책임감과 자긍심을 가지고 원재료를 고른다.
- 원재료 관리를 철두철미하게 한다.
- 기준과 절차를 지켜 제조하고 출하한다.
- 5S 활동은 회사의 요체, 책임감 있게 해낸다.
- 나날이 회사를 성장시킨다.

2. <u>개발·판매 스탠더드</u>: 강점을 파고들어 개발·판매한다.

- 전통의 맛과 제조법을 살린 제품을 개발한다.
- 기무라야만의 독자적인 상품을 개발·판매한다.
- 강점을 알리기 위해 적극적으로 도전한다.
- 강점이 전해질 때까지 한 명 한 명 천천히 전달한다.
- 목표치(=KPI) 달성에 끝까지 매달린다.

3. <u>행동 스탠더드</u>: 5가지 가치관에 따라 행동한다.

- 전체 최적의 실현을 우선한다.
- '사후 대처'가 아니라 '미리 예방'한다.
- 1엔·1%에 집착한다.
- 팀워크를 중시한다.
- 도전을 즐긴다.

이 기무라야 스탠더드는 수첩 크기의 접이식 카드로 만들어 전 직원이 휴대할 수 있게 했다. 직원들은 매일 이 카드를 들고 다니며 철저히 지켜야 한다. 이렇게까지 엄격하게 기무라야 스탠더드를 지키게 하는 이유는, 낡은 관습에 사로잡힌 집단의 의식과 행동을 바꾸려면 어중간한 방법으로는 안 되기 때문이다. 실제로 이런 행동을 차근차근 수행하면서 리더들의 의식과 행동이 서서히 변화하여 주인 의식을 갖춘 리더다운 행동을 보이게 되었다.

생산 계획 정밀도를 높여 매출이 증가하고 잔업이 감소하다

비용 면의 개혁에서는 매일 물건을 납품하는 업종의 경우 생산 계획의 정밀도를 높이는 것 또한 중요한 과제이다. 기무라야의 사업은 백화점 같은 곳에서 전통적인 단팥빵을 중심으로 판매하는 '직영 사업'과 봉지 빵을 제조·판매하는 '슈퍼·편의점 대상 사업' 2가지로 구성되며, 후자가 전체 매출의 약 80%를 차지한다.

사업 구성에서 큰 비율을 차지하는 슈퍼·편의점 대상 사업은 전날까지 주문받은 일정량의 물건을 다음날 정해진 시각까지 슈퍼나 편의점 매장에 배달해야 한다. 이렇게 수주부터 납품까지 리드타임이 짧다 보니 생산 계획을 세우기가 어려운 상황이다. 이런 이유로 매일 물건을 납품하는 업종에서는 정밀한 생산 계획 수립이 매우 어려운 작업으로 여겨진다.

또 봉지 빵 시장은 신규 사업자뿐만 아니라 빵 전문이 아닌 식품 회사도 다수 진입하기 때문에, 소비자가 제조사를 인식하지 못할 정도로 유사품이 넘쳐나서 경쟁이 치열하다. 그렇다 보니 슈퍼나 편의점 같은 소매 업체의 교섭력이 강해서 제조사에서 내놓는 제안은 통과되기가 어렵다.

기무라야는 이렇게 까다로운 외부 환경 속에서도 정밀도 높은 계획 생산에 접근하기 위한 개선을 진행했다. 우선 취급하는 품목의 재검토가 이루어졌다. 기무라야에서는 약 40년간 매달 20종 이상의 신제품을 출시했기 때문에 전성기에는 상품 품목이 2,680종에 달했다. 품목을 정리하는 기준으로는 이익률뿐만 아니라 기무라야의 강점이나 특성에 부합하는지도 고려했다. 이 기준에 맞춰 품목 수를 줄인 결과 약 40%가 줄어들었다.

다음으로 슈퍼와 편의점 같은 소매 체인도 재검토했다. 기무라야 입장에서 소매 체인은 고객에 해당하지만, 일정한 판매량과 이익이 확보되지 않으면 잘라 내야 한다. 이를 기준으로 소매 체인을 정리하여 절반 가까이 축소했다.

경영학의 관점에서 기무라야가 실행한 상품 품목과 소매 체인 정리는 'ABC 분석(파레토 분석)'에 기초한 것으로 볼 수 있다. ABC 분석은 이른바 중점 분석 기법으로, 많은 지표 중에서 중시할 평가 기준을 정한 뒤 중요도가 높은 순으로 우선순위를 정해서 관리하는 방법이다. ABC 분석의 목적은 사업을 효율화하여 기업이나 가게의 경영을 개선하는 것이다. 지표로는 매출액, 판매량, 비용, 재고량 등이 선정되었다.

ABC 분석을 할 때 어려운 것은 파레토 법칙을 따라 지표별로 실제 항목을 분류하는 것이다. 기무라야도 고객별로 분류하든 상품별로 분류하든, 제품 설계부터 제조, 더 나아가 매출이 계산되기까지의 프로세스를 구체적으로 이해한 다음 공통 경비를 실질적으로 개별 항목에 분배해야 했는데, 그 기준을 정하기가 쉽지 않아서 악전고투했다.

한편 소매 체인의 일자별 판매 패턴을 정확하게 파악하는 것도 생산 계획의 개선으로 이어진다. 예를 들어 슈퍼마켓 전단에 기무라야의 봉지 빵이 실리면 평상시보다 많은 주문이 들어온다. 이를 예측하지 못하면 주문에 대응하지 못하므로 비즈니스 기회를 놓칠 수도 있다. 슈퍼의 판매 패턴을 확실히 파악하면 대응 방법이 명확하게 보인다.

이렇게 재검토한 결과, 생산 계획이 개선되었고 매출액은 일시적으로 감소하다가 곧 회복되었다. 이익 면에서도 슈퍼·편의점 대상 사업에서만 수억 엔이었던 영업 적자가 2년 후에는 흑자로 전환되었다. 또 이전에는 생산 계획의 정밀도가 낮아서 잔업이 많이 발생했는데, 이런 고정비가 큰 폭으로 줄어 수익 개선에 기여했다.

POINT ————————————————————

강점을 살린 생산 체제로 개인의 힘을 최대한 끌어내라.

마케팅이 돈이 되는 순간

다음 주력 상품을 개발하는 전략

사업 범위 재설정

노포 기업이 원점으로 돌아가서 인재 육성과 제품 생산에 임하려면 먼저 자사가 어디서 어떻게 싸울지를 결정해야 한다. 즉, 사업 범위 설정이 필요하다. 자사가 사업할 영역을 명확히 하는 것이다.

사내의 한정된 경영 자원을 효율적으로 사용하여 우위성을 확보하기 위해서는 다양한 영역에 손을 뻗기보다 '선택과 집중'으로 사업 영역을 좁히는 편이 좋다. 그러기 위해서는 어느 영역에서 경쟁 기업보다 우위에 설 수 있는지, 반대로 어느 영역에는 진출하지 않는 편이 좋은지 파악해야 한다.

자사 사업 영역을 확실히 정하는 데 필요한 것은 자사의 가장 중요한 강점, 즉 '핵심 역량'을 명확히 하는 것이다. 핵심 역량은 독자적인 기술력과 더불어 상품 기획, 개발, 제조, 마케팅, 판매 등에 관한 압도적인 조직 능력을 가리킨다. 기무라야도 경쟁 기업이 따라잡을 수 없는 핵심 역량을 재인식하고 그것을 갈고닦아 신제품 개발에 착수했다.

기무라야의 핵심 역량은 누가 뭐라 해도 역시 제빵 기술력이다. 기무라야는 주종 효모를 사용한 전통 제빵 기술을 보유하고 있다. 기무라야 단팥빵의 가장 큰 특징은 이스트가 아니라 기무라야 특제 주종 효모를 사용한다는 점이다. 주종 효모는 주조에 쓰이는 천연 효모의 일종으로, 기무라야에서는 종사(種師)가 비장의 기술로 직접 주종 효모를 배양한다.

주종 효모로 반죽을 발효시켜 부풀리면 반죽에 진하고 독특한 술의 풍미와 촉촉함이 더해진다. 다만 발효가 빠른 이스트를 사용하면 반죽 단계부터 하루 만에 빵을 만들 수 있는데, 주종은 준비부터 완성까지 열흘 정도 걸리기 때문에 기간이 10배나 소요된다. 그래도 기무라야는 창업 이래 150년 동안 이 전통 제빵 기법을 고집스럽게 지켜 왔다.

이 기술력을 살려 만든 신규 브랜드 매장이 시부야에 오픈한 '기무라 밀크'이다. 기무라 밀크는 새로운 단팥빵 개발에 적극적으로 임하고 있으며, 모든 상품을 기무라 밀크 한정으로 만들어 판매한다. 여러 빵 시장 중에서 사업 범위를 단팥빵으로 설정하여 기술력을 최대한 살린 것이다.

기무라 밀크가 지금까지 신제품으로 내놓은 시부야 단팥빵이나 딸기 단팥빵, 옥로차 단팥빵은 현재 주력 상품인 기본 단팥빵에 필적할 만큼 시장 성장률과 점유율이 높지는 않다. 바꿔 말하면, 이런 신제품은 아직 '투자가 필요한 사업'이므로 단팥빵같이 '현금 흐름을 발생시키는 사업'으로 성장시켜야 한다는 뜻이다.

시장 성장률과 점유율로 자원 배분을 도출한다

이를 제품 포트폴리오 관리(PPM) 기법으로 분석하면, 주력 상품인 단팥빵이나 점보 찜케이크 플레인 같은 '캐시카우'에서 얻은 현금을 신제품 개발에 투입하여 '문제아'를 '스타'로 키워 미래의 '캐시카우'로 육성하는 것이 이상적이다.

PPM은 복수의 '전략적 사업 단위(SBU: Strategic Business Unit)'에 경영 자원을 적절하게 배분하기 위한 분석 기법이다. 주로 금전적인 자원 배분을 위해 SBU별로 현금 흐름(cash flow)을 평가하여 그 결과를 바탕으로 적절한 자원 배분을 결정하는 도구이다. PPM에서는 SBU별 현금 흐름과 관

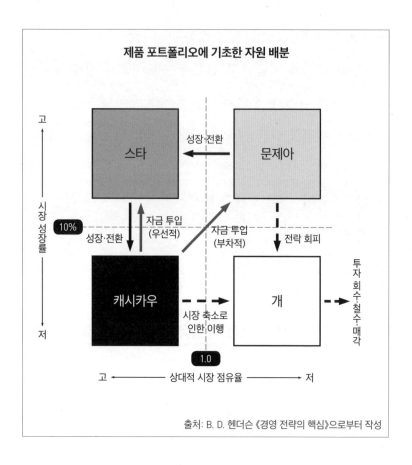

제품 포트폴리오에 기초한 자원 배분

고		

시장 성장률 ← 성장·전환

스타 ← 성장·전환 문제아

자금 투입
(우선적)

성장·전환

10%

자금 투입
(부차적)

전략 회피

캐시카우 → 시장 축소로
인한 이행 개

투자 회수·철수·매각

1.0

고 ← 상대적 시장 점유율 → 저

저

출처: B. D. 헨더슨 《경영 전략의 핵심》으로부터 작성

런해서 '제품 생애 주기(PLC: Product Life Cycle)'와 '경험 곡선
(experience curve)' 2가지를 전제로 삼는다. 이 2가지를 바탕
으로 자금을 배분할 수 있다.

자금을 배분할 때 지표가 되는 것이 '시장 성장률'과 '상대
적 시장 점유율'이다. 시장 성장률은 각 사업의 시장에서의
성장률을 가리키며, 그 사업에 투입해야 하는 자금이 많은지

적은지를 보여 준다. 판별 기준은 10%로, 초창기에는 자금을 투입해서 사업을 키워야 하지만, 안정 단계에 진입하면 생산 설비에 대한 추가적인 투자 등이 필요 없어지므로 자금 수요가 줄어든다.

한편 상대적 시장 점유율은 자사의 시장 점유율을 자사 제외 시장 점유율이 가장 높은 기업의 점유율로 나눠 도출한 값을 가리킨다. 자사의 시장 점유율이 업계 1위라면 도출한 값이 1을 웃돌기 때문에 1이 우열의 판별 기준이 된다.

예를 들어 자사의 시장 점유율이 60%로 업계 1위이고 경쟁사가 30%로 2위인 경우, 자사의 상대적 시장 점유율은 60 나누기 30으로 2가 된다. 반대로 자사가 30%로 2위이고 타사가 60%로 1위인 경우에는 30 나누기 60으로 0.5가 된다. 상대적 시장 점유율은 경험 곡선 효과를 전제로 하므로, 시장 점유율이 높은 기업일수록 생산량도 많고 경험치도 높아 효율적으로 생산할 수 있으므로 수익성 또한 높다.

기무라야의 SBU를 생각해 보면, 단팥빵과 점보 찜케이크 플레인의 경우 시장 성장률은 낮지만 상대적 시장 점유율은 높으므로 이미 주력 상품으로서 입지를 구축했다고 볼 수 있다. 따라서 생산 설비에 대한 추가 투자 등 자금 수요는 적다. 그러므로 남는 자금을 신제품 개발 쪽으로 돌려서 다음 주력 상품을 만들어 내야 한다.

많은 제빵 회사에서 빵 제조를 기계화하는 추세이지만 기무라야에서는 팥소와 크림을 넣는 작업을 생산직 노동자가 하나하나 수작업으로 한다.

예를 들어 기무라야가 백화점이나 역사에 있는 매장에 내놓는 모든 단팥빵은 도쿄도 고토구에 있는 기무라야총본점 도쿄 공장에서 만들어진다. 그 수는 하루 약 2만 개로, 팥소를 빵에 넣는 작업은 전부 생산직 노동자의 수작업이다. 20년 경력의 노동자는 3초에 1개씩 작업한다. 이 팥소 넣기와 병행하여 3분에 1번씩 반죽(25g)과 팥소(25g)의 중량을 잰다. 결과물은 50g으로, ±2g까지는 허용되지만 숙련된 노동자의 손에서 나온 결과물은 거의 오차가 없다.

이런 생산직 노동자가 기무라야에 수없이 많다는 점은 신제품 개발에 큰 전력이 된다. 기무라야에는 '맛있는 빵'을 최우선으로 하는 전통적인 사풍이 존재한다. 따라서 다소 품을 들이더라도 맛있는 빵을 만들어야 한다는 사명이 생산직 노동자들 사이에서 전해지고 있다. 이런 점 또한 기무라야의 핵심 역량으로, 대기업과의 경쟁에서 차별화 포인트로 작용한다.

마케팅이 돈이 되는 순간

핵심 역량을 갈고닦아 새로운 '캐시카우'를 창
조하라.

2장

화이자

초고속 백신 개발

개발 기간 12년을 반년으로 줄인
뛰어난 제품 매니지먼트

1894년에 창업한 화이자는 170년 이상의 역사를 자랑한다. 의료용 의약품의 개발, 제조, 판매, 수출입에 종사하며, 매년 약 90억 달러를 연구 개발에 투자한다. 화이자의 자체 신약은 1998년 비아그라가 나온 이후로 개발되지 않았으나, 2020년 독일 바이오 기업 바이오엔테크와 공동으로 신종 코로나바이러스 감염증 백신을 발 빠르게 개발하여 그룹 전체의 2021년도 매출액을 812억 8,800만 달러로 끌어올렸다.

Case Study

중요한 과제는 신약 개발

화이자의 기업 미션은 '혁신을 만들어 내는 세계 최고의 제약회사' 이다. 1849년 창업 이래 170여 년 동안 화이자를 믿는 모든 사람에게 변화를 가져다주기 위해 노력해 왔다. 이는 화이자에서 중시하는 아홉 가지 가치인 '고객 지향', '선량한 시민', '인간 존중', '실적 개선', '협업', '리더십', '성실과 고결', '품질', '혁신'에서도 드러난다.

화이자에서는 매년 9,000억 엔에 달하는 연구 개발비를 편성하여 신약 개발을 시도해 왔다. 하지만 근래에는 2006년 대형 신약이 되리라고 기대를 모은 토세트라핍 임상 시험에 실패하는 등, 20년 넘게 신약을 개발하지 못하고 고전 중이었다. 게다가 2011년에는 주 수입원이었던 리피토의 특허가 만료되어 막대한 이익을 가져다주던 블록버스터가 사라지는 바람에 경영 전략의 재검토가 불가피한 상황이었다.

이러한 경영 상태는 매출액에서도 여실히 드러난다. 2019년도 결산에서는 517억 5,000만 달러를 계상하여 1위인 로슈(스위스)에 이어 세계 2위 자리를 지켰지만, 2020년에는 전년 대비 마이너스 19%로 매출액이 대폭 감소하여 세계 8위로 전락했다. 가장 큰 요인은 특허가 만료된 의약품 사업을 분리한 데 있었지만, 블록버스터급 신약도 여전히 감감무소식인 상황이라 신약 개발이 계속해서 중요한 경영 과제로 남아 있었다.

공동 개발로 길을 찾다

2020년은 신종 코로나바이러스 감염증이 전 세계를 휩쓴 한 해였다. 2019년 12월 중국 우한에서 심각한 호흡기 질환이 발생하여 순식간에 전 세계로 퍼졌고, 많은 국가에서 긴급하게 확산 방지 대책을 세우게 되었다.

이런 상황에서 화이자의 대처는 신속했다. 최고 경영 책임자(CEO) 앨버트 불라는 3월 19일, 전 직원 앞에서 "불가능을 가능케 하겠다"라고 공표했다. 이 선언은 신종 코로나바이러스 감염증 백신의 조기 개발을 두고 한 말이었는데, 종래의 신약 개발 기간과 기준을 고려할 때 아주 도전적인 과제라는 사실은 명백했다.

반년이라는 경이로운 단기간의 백신 개발은 면역 항암 요법에 특화한 독일 바이오엔테크와 함께 진행했다. 바이오엔테크는 화이자와 이미 제휴 관계였던 데다, 독감 백신에 사용할 수 있는 '메신저 RNA(mRNA)'를 핵심 기술로 가지고 있었기 때문이다. mRNA는 병원체의 유전자 코드를 사용하여 바이러스의 변종을 인공적으로 합성하는 기술로, 기존 백신보다 훨씬 짧은 기간 안에 개발할 수 있다는 큰 이점이 있었다.

한편 이 mRNA를 사용한 코로나19 백신 개발 비용은 30억 달러에 이를 것으로 예상되었다. 일반적인 백신 개발 플랜이 10~20억 달러 정도인 점을 고려하면 투자 비용 회수의 관점에서 극히 리스크가 높은 도전이었다. 화이자는 조금이라도 더 빨리, 더 많은 생명을 구하는 것을 최우선으로 하여 개발에 뛰어들었다.

개발은 바이오엔테크가 보유한 획기적인 mRNA 기술과 화이자가 보유한 연구, 조정, 제조, 유통 능력을 결합해서 진행했다. 가장 유력한 백신 후보부터 순차적으로 시험하는 통상적인 방법을 답습하지 않고 복수의 백신 후보를 동시에 시험하는 방법을 채택했다. 이 방법은 재무적으로 높은 리스크를 수반하지만, 단기간에 결과를 판명할 수 있다는 장점이 있다. 조기 개발을 목표로 한다는 방침에 따라 정부의 자금 원조는 일절 받지 않았다. 연구자가 관공서에서 요구하는 번잡한 절차를 밟느라 시간을 낭비하는 일은 막아야 했기 때문이다.

개발을 시작한 지 1개월이 지난 4월에는 연구실 배양 세포와 실험 쥐를 대상으로 분자 수준에서 유효성을 검증하여 20개였던 백신 후보를 4개로 줄이는 데 성공했다. 보통 인체를 대상으로 한 임상 1상 시험(일반적으로 피험자 20~100명, 수개월 소요)에 착수하기 전에 쥐보다 큰 동물로 실험을 거듭한다. 하지만 긴급성을 고려해서 이 2가지 실험을 동시에 진행하고, 임상 2상 시험(피험자 수백 명, 1~3년 소요)과 3상 시험(피험자 수백~수천 명, 1~4년 소요)을 한꺼번에 진행하기 위해 미국과 독일 규제 당국인 미국 식품의약처(FDA: Food and Drug Administration)와 파울 에를리히 연구소(PEI)에 허가를 신청했다. 이는 모두 전례 없는 진행 방식이었지만 결국 허가를 받아 냈다.

후보를 좁히고 철저히 출하를 준비하다

임상 시험은 이중 맹검법을 채택하여 피험자 중 누가 진짜 백신을 맞고 누가 위약(플라세보)을 맞았는지 모르는 상태로 진행되었다. 화이자 연구원, 임상 시험 검사원, 피험자도 예외는 아니었다.

임상 1상 시험은 독일에서 이루어졌으며, 4종류의 백신 후보를 임상 시험 지원자에게 접종하여 '면역 반응'과 '심각한 부작용(부반응)'에 관한 임상 데이터를 수집했다. 이를 통해 5월까지 백신 후보를 2

개로 좁힐 수 있었고, 미국에서 조건을 다양하게 바꿔 가며 진행하는 백신 접종 임상 시험을 개시하게 되었다.

2개의 백신 후보는 모두 2주 간격으로 2회 접종해야 한다고 판명되었으나, 어느 쪽이 더 유효성이 높은지 결론을 내리지 못하고 있었다. 그래서 임상 시험은 그 후에도 계속되었고, 7월에는 강한 면역 반응을 보이는 2개의 백신 후보 중 한쪽에서 오한과 발열이라는 부작용이 훨씬 적게 나타나는 것으로 밝혀졌다.

이런 연구 개발팀의 움직임에 맞추어, 백신이 규제 당국의 승인을 얻자마자 본격적으로 백신을 제조해서 납품하기 위한 준비를 시작했다. 화이자는 이때까지 mRNA 백신을 제조한 경험이 없었으므로 제조팀은 새로운 설비를 갖추고 새로운 작업에 돌입해야 했다. 예를 들어 mRNA용 제제 기기를 새로 구매해서 미시간주, 매사추세츠주, 벨기에 등지에 있는 공장에 설치해야 했다.

이 과정에서 수많은 시행착오를 겪었는데, 제조팀에게 닥친 큰 문제 중 하나는 저온 수송 및 저온 보관이었다. 백신 후보는 모두 성분 변화 없이 효능을 유지하기 위해 영하의 온도에서 보존해야만 했다. 그래서 화이자의 엔지니어는 수천 회 분량의 백신을 한 번에 수납하여 저온 상태로 수송·보존하는 용기 개발에 착수했다. 그 결과 원격으로 내부 온도를 확인할 수 있고 GPS로 위치 추적도 가능한 특수 용기를 7월 안에 제작했다. 이렇게 해서 수만 회분의 테스트 백신과 수

억 회분의 본 백신을 전 세계에 공급할 준비를 마쳤다.

백신 후보가 하나로 좁혀지자 화이자는 승인을 기다리지 않고 바로 제조에 들어갔다. 어디까지나 임상 시험이 성공한다는 전제하에 150만 회분의 백신을 제조 및 냉동 보존하여 빠르면 9월에 출하할 수 있도록 준비했다. 임상 시험이 실패로 끝나면 모든 것이 물거품으로 돌아갈 것은 불 보듯 뻔했지만, 하루라도 빨리 백신을 보급해서 더 많은 생명을 구해야 한다는 강한 사명감으로 임했다.

이번 같은 백신 개발에서는 속도를 최우선으로 해야 하는 것이 분명하지만, 화이자는 절대 포기해서는 안 되는 것을 지켰다. 바로, 과학적으로 가능한 속도를 초과해서는 안 된다는 것이다. 이와 관련해서 앨버트 불라는 존슨앤드존슨의 회장 겸 CEO 알렉스 고르스키와 함께 제약 회사들이 '과학적인 절차와 안전 기준을 엄수한다'라는 내용의 계약서에 서명하도록 힘쓰고 있다. 두 사람은 이틀 만에 7개 기업의 서명을 받아 냈다.

11월이 되자 백신 후보, 혹은 위약을 투여한 임상 시험 지원자는 38,955명에 이르렀다. 그중에서 코로나19에 감염된 것은 단 94명이었다. 감염된 94명은 거의 전원이 위약을 투여한 집단에 속했으므로 백신 후보를 투여한 집단은 거의 완벽하게 감염을 면한 셈이다. 임상 시험 결과가 나오고 11월 8일부터는 외부 조사 기관에 의해 데이터 평가가 이루어졌다. 그 평가 결과는 각 규제 당국에 전달되었고 마침 내 백신은 승인을 얻었다. 최초로 승인한 나라는 영국으로, 미국이 그 뒤를 이었다.

CEO가 밝힌 6가지 성공 요인

화이자의 백신 개발 성공 배경에는 다양한 요인이 있었다. 앨버트 불라는 그것을 《다이아몬드 하버드 비즈니스 리뷰》 2021년 7월호 기고 논문 〈화이자는 어떻게 놀라운 속도로 코로나19 백신을 개발했을까〉에서 '불가능을 가능케 한 6가지 요인'으로 소개했다. 그 내용은 다음과 같다.

첫째, "성공은 팀워크의 결과물이다." 그는 이것을 가장 중요한 요인으로 꼽았다. 성공할 수 있었던 것은 구성원들의 엄청난 자기희생 덕분이었다. 다 같이 주말도, 장기 휴가도 반납해 가며 몇 달 동안 가족도 못 만나고 장시간, 온 힘을 다해 일한 결과이다.

둘째, "목표만 좇아도 때에 따라 채산성을 확보할 수 있다." 오직 사명감 하나로 돌진한 결과, 백신은 재무상의 막대한 플러스 효과를 불러왔다. 이는 투자 비용 회수를 일절 고려하지 않았기 때문에 오히려 실현할 수 있었다고 본다.

셋째, "올바른 목표를 향한 장대한 도전은 조직을 활성화한다." 그가 6개월 만에 백신을 개발하겠다고 선언했을 때 사원들의 반응은 회의적이었지만, 결국 불가능을 가능으로 만들었다. 이는 사원 모두가 이번 백신 개발을 '올바른 목표를 향한 장대한 도전'으로 인식했기 때문이다.

넷째, "장대한 목표를 내세울 때는 그것을 실현하는 데 필요한 '상식을 깨는 발상'을 유도한다." 과거에 쓰던 방식을 그대로 답습해서는 새로운 상황에 잘 대처할 수 없다. 어떤 문제가 발생했을 때, 각자 해결책을 몇 개씩 생각해 내지 않으면 장대한 목표 달성은 불가능하다.

다섯째, "연구자를 금전적 제약과 과도한 관료주의에서 벗어나게 한다." 화이자는 연구자에게 금전적인 여유와 의사 결정의 자율성을 부여하여 걱정하거나 눈치 보지 않고 연구 개발에 집중할 수 있는 환경을 조성했다.

여섯째, "협력의 소중함을 안다." 이번 바이오엔테크와의 협력 체제로 이루어진 백신 개발은 최종 계약서 없이 시작되었다. 그래서 2021년이 되도록 제휴의 세부 항목도 정해지지 않았다. 그러나 2020년에 이미 양사는 백신 개발을 위한 투자를 단행했고 기밀 정보를 거리낌 없이 오픈했다. 그 배경에는 과거에 두 회사가 함께 일한 경험도 있지만, 윤리 의식을 가지고 큰일을 해내기 위해 신속하게 행동하자는 공통적인 생각이 있었다. 코로나19와 같은 커다란 과제를 해결하기 위해서는, 개별 기업이나 국가가 단독으로 움직이기보다 서로 협력해서 하나의 커다란 에코 시스템과 네트워크를 만드는 데 공헌하려는 의식을 지니는 것이 중요하다.

화이자는 이 6가지 요인을 바탕으로 불가능을 가능케 했고, 마침내 백신 개발에 성공했다. 현재는 다음 바이러스나 질병에 대비하기 위해 공동 작업을 진행하고 있다.

불확실성이 높을 때는
휴리스틱 의사 결정을 하라

'휴리스틱 의사 결정' 활용

2019년 12월 중국 우한에서 코로나19가 발생한 지 겨우 3개월이 지난 시점에 앨버트 불라는 코로나19 백신을 만든다는 결정을 했다. 이후 그가 내놓은 방안은 잇달아 성공을 거두었고, 제약 업계에서는 극히 이례적으로 겨우 반년이라는 단기간에 백신을 개발했다.

코로나19가 발생한 지 3개월도 채 지나지 않은 시점에서 내린 백신을 만든다는 의사 결정은, 정보를 충분히 수집해서 정밀하게 조사하지 않고 몇 안 되는 정보에 의존하여 즉각적으로 이루어졌으므로 '휴리스틱(heuristic, 발견적 방법) 의사 결정'으로 볼 수 있다. 이것은 과거의 경험에 기초하여 직관적으로 정답에 어느 정도 가까운 답을 도출하는 사고법이다.

예를 들어 집에서 가장 가까운 역에서 전철을 탈 때, 보통 역까지의 걸음 수나 걷는 속도를 치밀하게 계산하지 않고 평소 루틴을 고려해서, 대략 이 정도 시각에 집에서 나오면 전철을 놓치지 않겠다고 판단한다. 이처럼 일상에서는 무의식적으로 휴리스틱 사고가 이루어진다.

불라가 내린 결정도 이 휴리스틱 사고에 기초한 것으로 볼 수 있다. 만일 코로나19가 발생했을 때 그가 시간을 들여 단계적으로 여러 가지를 고려해서 의식적이고 논리적인 의사 결정을 했다면, 단기간에 백신을 개발해서 1명이라도 더 많은 생명을 구하는 위업을 달성하기 어려웠을 것이다.

이처럼 때로는 휴리스틱 의사 결정이 객관적으로 시간을 들인 분석보다 좋은 성과를 가져다주기도 한다. 어떻게 이런 일이 가능할까?

독일 베를린 막스 플랑크 연구소의 인지과학자 게르트 기거렌처는 휴리스틱 의사 결정이 더 좋은 성과를 내는 조건으로 주위 환경의 높은 불확실성을 꼽는다. 보통 기업에서는 경영 전략 책정부터 현장 운영에 이르기까지 매일 의사 결정을 해 가며 사업을 전개한다. 이번 사례에서 앨버트 불라가 내린 의사 결정은 이런 일상적인 의사 결정과는 다소 상황이 다르다. 왜냐하면 코로나19 사태라는, 불확실성이 극도로 높은 환경에서 이루어졌기 때문이다. 따라서 그가 내린 결정은 큰 성과를 낼 수 있었다.

대체로 사람은 주위에서 수집한 정보나 과거의 다양한 경험에서 얻은 정보를 뇌 속에 불러와서 그 정보를 활용하여 예측한다. 경험치가 그리 높지 않은 사람은 정보량이 적기 때문에 직감만으로 의사 결정을 하면 그릇된 판단을 내릴 수도 있다. 하지만 앨버트 불라처럼 여러 상황을 겪으며 경험을 쌓은 경영자는 뇌 속에 수많은 의사 결정으로 축적된 방대한 정보가 들어 있다.

특히 불확실성이 높은 이번 코로나19 사태 같은 상황에서는 서로 영향을 미치는 요인이 다수 존재하기 때문에 논리적으로 생각하더라도 아주 다양한 패턴의 해결책이 나온다. 그래서 더더욱 논리적으로 결단을 내리기 어려운 것이다. 이런 상황에서는 이론보다 직관적인 감각을 믿는 편이 올바른 결론에 도달하는 경우가 많다.

불확실한 상황에서 내린 탁월한 의사 결정

불확실성이 높은 상황에서도 결과적으로 뛰어난 의사 결정을 내릴 수 있는 이유는 무엇일까? 사람의 뇌 속에는 주변이나 경험에서 얻은 정보(정보 변수)와 예측에 사용할 수 없는 정보(사용 불가 변수) 2가지가 존재한다. 여기서 '사고와 판단의 치우침(인지 편향)'과 '변수를 예측에 사용할 수 없는 정도(분산)' 사이의 관계를 생각해 보면 그 이유는 명료해진다.

사람이 신중하고 논리적인 의사 결정을 하기 위해 사고와 판단의 치우침, 즉 인지 편향을 줄이려면, 뇌 속에 다양한 정보와 경험 지식을 집어넣어 정보 변수를 늘려야 한다. 하지만 정보 변수가 늘어나면 그에 비례하여 실제 예측에 사용할 수 없는 변수도 축적된다. 의사 결정을 신중하게 진행할수록 사용 불가 변수는 많아진다. 결과적으로 변수를 예측에 사용할 수 없는 정도를 나타내는 분산이 높아져서, 인지 편향의 감소분과 상쇄하더라도 전체적으로는 잘못 예측할 확률이 높아지는 것이다.

예측에 사용할 수 없는 변수는 불확실성이 높은 환경에서 많아진다. 불확실성이 높으면 과거에는 도움이 됐지만 미래 예측에는 쓸 수 없는 변수가 뇌 속에 무수히 섞여 들어오기 때문이다. 결과적으로 분산이 높아지기 때문에 뇌 속에서 신중하고 논리적으로 사고할수록 쓸모없는 변수가 의사 결정에 영향을 미친다. 따라서 잘못 예측할 확률이 더욱 높아지고

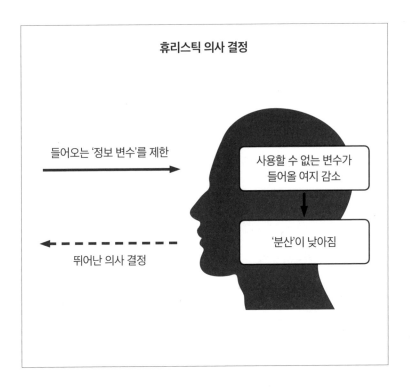

휴리스틱 의사 결정

들어오는 '정보 변수'를 제한

사용할 수 없는 변수가
들어올 여지 감소

'분산'이 낮아짐

뛰어난 의사 결정

만다.

그러나 휴리스틱 의사 결정에서는 뇌 속에 불러오는 정보 변수가 적은 만큼 인지 편향이 증가하지만, 예측에 쓸 수 없는 변수가 뇌 속에 들어올 여지도 감소하므로 분산을 낮출 수 있다. 즉, 전체로 따지면 잘못 예측할 확률이 낮아지는 것이다. 그렇기 때문에 뛰어난 의사 결정을 내릴 수 있다.

화이자가 직면한 코로나19 사태라는 환경은 인류가 지금까지 경험한 적 없는 미지의 영역이었다. 앞을 내다볼 수 없는 상황에서 내린 의사 결정은 반년 만에 백신을 만든다는 지극히 간단한 결단이었고 그것은 CEO 앨버트 불라의 다양한 과거 경험을 바탕으로 한 것이었다. 이 휴리스틱 의사 결정을 끌어낸 사고 과정에서는 제한된 정보만을 변수로 사용했다. 이는 분산과 잘못 예측할 확률을 낮췄고, 결과적으로 인류에게 이로운 결단이 되었다.

또 그는 백신을 개발하는 과정에서 모든 규칙을 간소화했다. 이로 인해 코로나19 사태로 생겨난 많은 변화에 적절히 대처할 수 있었다. 이는 불확실성이 높은 환경에서는 휴리스틱 의사 결정이 객관적으로 시간을 들인 분석보다 우수한 성과를 낸다는 생각에 기초한 조처였다. 규칙을 간소화하면 분산이 낮아져서 예측의 정확도가 높아지므로 뛰어난 의사 결정을 내려 변화에 잘 대처할 수 있다.

그렇기 때문에 휴리스틱 의사 결정에서 경영자의 직관은 과거의 많은 고된 경험과 어려운 선택으로 다져진 것이어야 한다. 그런 경험이 뒷받침되어야만 정보 변수를 적절하게 선별할 수 있기 때문이다. 직관에 기초하여 무의식적으로 정보 변수를 선별하는 경영자는 인지 편향을 높이지 않고 분산만 낮출 수 있으므로 올바른 답을 도출할 수 있다. 앨버트 불라는 이를 몸소 증명했다.

휴리스틱 의사 결정으로 변화에 대처하는 능력
을 키운다.

개인 창의성을 높이는 이타적 모티베이션

모티베이션을 높이는 내재적 동기 부여

앨버트 불라가 백신 개발에 앞서 화이자 전 직원에게 선언한 "불가능을 가능케 하겠다"라는 말은 개발에 임하는 모든 직원의 모티베이션을 높였다. 사람의 행동에 영향을 미치는 모티베이션은 사람에게 행동의 방향성을 제시할 뿐만 아니라 열의를 가지고 행동을 지속하게 한다. 그가 전한 말은 행동의 방향성, 정도, 지속성이라는 3가지 관점에서 직원들에게 강력한 동기를 부여했다.

그가 6개월 만에 백신을 개발하겠다고 말했을 때 직원들은 회의적인 반응이었지만, 머지않아 내면에서 의욕이 솟아나게 되었다. 백신을 개발하는 일이 곧 '조금이라도 더 빨리, 더 많은 생명을 구하는 일'이라는 것은 누가 봐도 명백했기 때문이다. 이 장대한 목표 설정이 직원 개개인의 행동에 대한 책임감과 지속성을 높인 것이다.

이처럼 백신 개발을 성공으로 이끈 요인으로 모든 직원에게 '내재적 동기'를 확실히 부여했다는 점을 들 수 있다. 직무 특성 이론을 제창한 사회심리학자 J. 리처드 해크먼에 따르면, 내재적 동기를 높이는 직무 특성은 '다양성', '아이덴티티', '유용성', '자율성', '피드백'이라고 한다. 이 5가지 기준을 모두 충족하는 직무는 직원의 모티베이션을 끌어올린다.

이번 백신 개발을 이 기준으로 검증해 보면, 먼저 다양성은 백신 개발이라는 직무 수행이 다양한 능력을 요구하므로 기준을 충족한다고 볼 수 있다. 다음으로 아이덴티티는, 직원이 처음부터 끝까지 직무에 관여한다는 점에서 기준을 충족한다. 유용성의 측면에서 백신 개발이라는 직무는 환자의 일상생활은 물론 인생 전체에 영향을 미치며, 자율성 또한 모든 직원이 자립적으로 일할 수 있다는 점에서 충족한다고 볼 수 있다. 마지막으로 피드백은 백신 개발이라는 직무를 통해 조금이라도 더 빨리, 더 많은 생명을 구한다는 성과를 얻을 수 있으므로 기준을 만족한다.

이처럼 백신 개발이라는 직무는 5가지 기준을 모두 충족하기 때문에 직원들의 내재적 동기를 높일 수 있었다. 우리가 평소에 수행하는 직무도 이 5가지를 고려해서 설계하면 모티베이션을 높일 수 있다. 이러한 접근법을 '워크 디자인'이라고 한다.

무모하다고도 볼 수 있는 화이자의 초단기 백신 개발은 워크 디자인이 잘되어 있어서 직원들의 내재적 동기를 효과적으로 높였다. 그래서 직원 개개인이 자신의 행동에 책임감을 가지고 끝까지 직무를 수행할 수 있었다.

한편 내재적 동기를 높이는 5가지 기준과 직원 만족도 사이에는 비례 관계가 성립한다. 따라서 백신 개발이라는 직무를 단기간에 달성한 이후 직원들은 아주 큰 만족감을 느꼈을 것이다.

'직무의 목표'라는 명확한 방향성

모티베이션을 높이는 요인은 그 밖에도 존재한다. 그것은 직무에 설정되는 목표나 목적이다. 직무의 목표가 구체적이고 어려울수록 모티베이션이 높아진다.

원래 사람은 자신의 목표를 실현하기 위해 일하는 존재이다. 이때 목표가 막연하면 방향을 잃고 무엇을 해야 하는지 알 수 없게 된다. 반대로 목표가 명확하고 구체적이면 나아갈 방향과 길이 쉽게 보인다. 무엇을 해야 하는지 명확해져서 행동에 대한 모티베이션이 높아진다.

'백신을 개발한다'라는 목표는 아주 명확했다. 이 장대한 목표 아래 직원들은 하나하나 각자의 목표를 설정했다. 그 목표는 임상 시험, 제조, 보존 등으로, 백신 개발의 모든 공정에서 목표가 명확하고 구체적으로 설정되었다. 이렇게 명확하고 구체적인 각각의 목표가 행동에 대한 모티베이션 향상으로 이어져 초단기 개발이라는 성공을 거둘 수 있었다.

각 공정에서 거둔 성공은 곧 직원들의 '자기효능감' 향상으로 이어졌다. 자기효능감이란 어떤 상황에서 필요한 일을 잘 수행할 수 있다는 자기 자신에 대한 믿음을 뜻한다. 자기효능감이 높아지면 '나는 더 잘할 수 있다'라는 믿음이 생기므로, 일을 수행하는 과정에서 자기 관리를 더욱 철저히 하고 눈앞에 놓인 어려운 목표를 달성하기 위해 지속적으로 노력한다. 백신을 개발하면서 여러 공정의 직무가 잇달아 성공을 거두자 개개인의 자기효능감이 높아졌다.

또 백신 개발이라는 사명감은 '타인의 관점에 서는' 기회를 제공했다. 타인의 관점에 설 수 있는 사람은 자기 자신뿐만 아니라 타인에게도 관심을 가지며 타인을 돕는 일에 보람을 느낀다. 이를 '프로소셜 모티베이션(PSM)'이라고 하며, 이타적 동기를 의미한다.

백신을 개발하는 과정에서 직원들은 환자의 관점에 서서 환자를 도우면서 보람을 느꼈다. 즉, 모든 직원의 이타적 모티베이션이 높게 유지되었다. 앞서 설명했듯이 이번 백신 개발에 참여한 직원들은 뛰어난 워크 디자인으로 내재적 동기 또한 높았다. 종래의 연구에 따르면 내재적 동기와 이타적 동기가 모두 높은 경우, 상호 보완을 통해 좋은 성과를 내는 것으로 밝혀졌다.

그런데 이 2가지 동기의 상호 보완이 낳는 효과는 이뿐만이 아니다. 내재적 동기와 이타적 동기가 모두 높으면 개인의 '창의력(creativity)'도 높아진다. 여기서 말하는 창의력은 '참신함'과 '유용함', 2가지 요소로 구성된다.

타인의 관점에 설 줄 아는 사람은 생각이 참신할 뿐만 아니라 그것이 타인에게 유용한지 아닌지 파악할 수 있다. 백신 개발은 참신성과 함께 유용성도 요구하므로 창의력을 끌어내는 조건이 제대로 갖춰진 셈이다.

이처럼 백신을 성공적으로 개발할 수 있었던 것은 모든 직원이 환자의 관점에 서서 자신의 창의력을 최대한 발휘했기 때문이다.

POINT ─────────────────────────────

내재적 동기와 이타적 동기로 조직 성과를 높
여라.

3장

아이리스 오야마

실천 지식을 키우는
양손잡이 전략

'구조 지상주의' 전략이 위기를 기회로 바꾼다

아이리스 오야마는 1958년에 창업해서 60년 이상 존속해 온 회사이다. 강점은 매년 시장에 신제품을 1,000점가량 투입하는 개발력이며, 그 근원에는 반투명 가정용 수납함을 개발하여 회사가 크게 성장한 경험이 존재한다. 기획부터 제조, 판매까지 직접 도맡아 하는 아이리스 오야마는 가전제품을 중심으로 LED 조명, 생활필수품, 인테리어용품, 반려동물용품, 원자재, 식품 등 다양한 분야의 상품을 취급한다. 그룹 전체의 2021년도 매출액은 8,100억 엔에 달한다.

Case Study

'구조 지상주의' 경영을 고집하다

코로나19 사태로 많은 기업이 경영 위기에 빠졌을 때, 아이리스 오야마 주식회사는 위기에 발 빠르게 대처하여 매출 신장을 달성했다. 이들은 과거에도 버블 붕괴나 동일본대지진 등의 위기를 성장의 기회로 전환한 경험이 있다.

아이리스 오야마는 위기에 대비하여 '신속함', '다기능화', '여유 있는 설비'라는 3가지 요소를 갖추어 개인에 의존하지 않는 강력한 조직을 만드는 경영, 즉 '구조 지상주의' 경영을 고집한다.

첫 번째, 신속함은 짧은 경영 판단 주기를 의미한다. 이는 고객의 니즈에 부응하는 상품을 누구보다 빨리 시장에 내놓는 신속함으로 이어진다. 이를 위한 구체적인 활동으로 매주 월요일에 신제품 개발 회의인 '프레젠테이션 회의(기획 회의)'를 개최한다. 이 회의에는 사장을 포함한 임원과 개발 부문 책임자는 물론 영업, 홍보, 물류 등 전 부문의 책임자가 참석한다. 신제품 제안부터 패키지 디자인까지 그 자리에서 의견을 나눠 모든 것을 결정한다.

프레젠테이션 회의에서는 매회 50여 가지 안건의 찬반을 결정하고 그 자리에서 모든 정보를 공유하므로 꼬박 하루가 걸린다. 주 5일 중 만 하루가 회의에 묶이는 셈이지만, 회의 후에 기획서를 전달하여 결재받는 불필요한 과정을 생략할 수 있으므로 신제품 투입의 리드 타임 면에서 효율성이 보장된다.

프레젠테이션 회의를 통과하여 개발이 결정되면 제안자는 그대로 개발 책임자가 된다. 개발 부문 내에는 여러 명으로 된 팀이 짜여 있어 개발 상품이 바뀔 때마다 리더가 교체된다. 또 영업, 홍보, 물류 등 그 밖의 부문에서도 개발이라는 공통 목표를 위해 일제히 담당 업무를 수행한다.

두 번째, 다기능화는 직원 1명이 여러 가지 업무를 담당하는 것이다. 이는 위기 상황에서 벗어나 다시 일어서는 데 꼭 필요한 요소이다. 비상사태가 발생하면 중점적으로 처리할 업무가 자주 바뀌므로, 개개인이 처리할 수 있는 업무가 많을수록 제때제때 필요한 곳에 경영 자원을 집중할 수 있다.

아이리스 오야마는 혼자서 여러 가지 업무를 수행할 수 있는 다기능자를 육성하고 정보 공유 시스템을 마련해서 환경에 따른 최적화를 실현하여 개발, 영업, 물류 등이 기민하게 이루어지는 체제를 구축했다.

세 번째, 여유 있는 설비는 기회비용을 최소화하기 위한 것이다. 아이리스 오야마는 처음부터 공장 설비를 풀가동하지 않고 설비 가동률을 70% 이하로 유지하여 여유를 확보했고 이로써 비상시에 지체 없이 대처할 수 있는 체제를 만들었다. 아이리스 오야마가 코로나19 사태에 따른 폭발적인 마스크 수요에 대응할 수 있었던 것 또한 이 체제 덕분이다.

평소에 설비 가동률을 70%로 제한하면 수요가 급증해도 최대 50%까지 주문 증가에 대응할 수 있다. 이처럼 환경 변화로 발생한 비즈니스 기회를 확실하게 잡아 성과를 내는 것이다.

또 코로나19 사태의 마스크 수요 대응은 마스크 매출만 증가시킨 것이 아니다. 마스크의 폭발적 인기에 힘입어 LED 전구와 건전지, 더 나아가 가정용품까지 찾는 사람이 많아졌다. 약 30억 엔을 투자하여 월 1억 5,000만 장의 국산 마스크 생산을 단행한 경영 판단은 판매 시너지라는 생각지도 못한 플러스 효과를 불러왔다.

사용자 인(in) 방식으로 파는 방법에 변화를 줌

기업이 상품을 만들 때 '프로덕트 아웃'과 '마켓 인'이라는 2가지 방식이 있다. 프로덕트 아웃은 상품 기획부터 판매까지 제공자의 관점에서 제공자의 생각과 계획을 우선하여 진행하는 방식을 가리킨다. 한편 마켓 인은 소비자의 관점에서 소비자의 니즈를 우선하여 상품을 기획·개발해서 소비자가 필요로 하는 것을 제공하는 방식이다.

아이리스 오야마는 두 방식 중 어느 쪽도 선택하지 않고 '사용자 인'이라는 독자적인 접근법을 택하여 소비자가 원하는 것을 온디맨드 방식으로 만들어 왔다. 사용자 인이란 소비자의 목소리에 귀를 기울여 상품을 개발하는 것이 아니라 소비자가 자각하지 못한 니즈를 누구보다 빠르게 파악해서 스스로 수요를 창조하는 방식이다.

이 사용자 인 방식에 기초하여 소비자가 원하는 것을 온디맨드로 만들어 제공하면, 경쟁자가 나타나서 다투게 되어도 시장의 영향을 크게 받지 않고 많은 소비자의 선택을 받을 수 있다.

그래서 아이리스 오야마처럼 반려동물용품부터 가전제품까지 생활에 필요한 물건을 제조하는 회사는 소비자가 유용하고 편리하게 느낄 만한 상품을 만들어 내는 사용자 인 방식이 필수적이다.

다만 사용자 인 방식이라도 팔리기만 하면 무엇이든 만드는 것은 아니다. 아이리스 오야마는 지금까지 수많은 상품을 만들어 왔지만, 기업 경영 목적에 부합하는 물건이 아니면 만들지 않았다. 기업 경영 목적에 합치하느냐 아니냐가 상품화를 결정하는 기준이다.

경영자에게 중요한 것은 이 기업 경영 목적이 무엇인지 끊임없이 되묻는 것이다. 아이리스 오야마의 경영 목적은 '고객의 생활을 윤택하게 만드는 것'이다. 그래서 플라스틱이나 금속 같은 소재에 얽매이지 않고, 아이리스 오야마 제품을 사용하여 고객의 생활이 윤택해지면 그것으로 충분하다는 마음으로 제품 만들기에 힘썼다. 아이리스 오야마가 무엇을 파느냐 하는 '업종'이 아니라 어떻게 파느냐 하는 '업태'를 중시하는 이유가 여기에 있다.

아이리스 오야마의 경영 목적은 환경 변화에 따라 폭을 넓혀 왔다. 동일본대지진 이전에는 '쾌적한 생활을 지원하는 것'이 경영의 목적이어서 원예나 수납 용품에 특화되어 있었다. 그러나 지진을 계기로, 센다이에 본사를 둔 회사로서 무엇을 할 수 있을지 고민한 끝에 새로운 수요를 찾아냈다. LED 조명으로 에너지 절약에 기여하고, 쌀로 지역 발전을 지원하고, 마스크 제조를 통해 전염병으로부터 사람들을 보호하며 착실하게 사업 영역을 넓혔다.

쓰는 사람의 시선에서 생각하는 사용자 인 방식을 유지하려면 홈센터나 마트 같은 현장의 상황을 속속들이 알아야 한다. 이를 위해 아이리스 오야마는 수년 전 회사 전체에 'IC 저널'이라는 정보 공유 시스템을 도입하여 정보를 공유하는 체제를 구축했다.

IC 저널에는 영업과 개발 업무에 종사하는 만 명가량의 직원이 일상 업무에서 얻은 정보를 PC나 스마트폰으로 입력한다. 단순 활동 보고가 아니라 알아낸 정보를 토대로 자기 생각과 의견을 상세히 적는다.

이 정보는 직원이라면 누구나 검색해서 볼 수 있다. 필요에 따라 현장 상황을 즉시 파악할 수 있으므로 조직 전체가 늘 소비자의 시선으로 본질적인 가치를 추구할 수 있다.

초심으로 돌아가기 위한 '핵심 성과 지표' 설정

아이리스 오야마의 제1 기업 이념은 '회사의 목적은 영원히 존속하는 것. 어떤 시대 환경에서도 이익을 내는 구조를 확립하는 것'이다. 이 이념을 지키기 위해 2가지 핵심 성과 지표(KPI)를 설정하여 달성하기 위해 노력하고 있다.

2가지 핵심 성과 지표는 '경상 이익'과 '신제품 비율(50% 이상 유지)'이다. 여기서 말하는 신제품이란 출시된 지 36개월 이내인 상품을 의미하며, 그 기간이 지나면 아무리 혁신적인 상품이라도 기존 상품으로 취급한다.

이 지표의 배경에는 새로운 수요를 찾아내기 위해 끊임없이 도전한다는 중요한 사명이 존재한다. 실제로 아이리스 오야마는 신제품 비율을 10년 전부터 60% 전후로 유지하고 있으며, 매년 1,000점가량의 신제품을 시장에 투입한다. 신제품을 항상 준비해 두면 그때그때 상황에 맞게 유용한 상품을 내놓을 수 있으므로 돌발적인 수요에도 빠르게 대응할 수 있다.

구조 지상주의 경영이 가능한 것은 아이리스 오야마의 오너십 제도 덕분이라고 할 수 있다. 프레젠테이션 회의를 통과한 프로젝트가 성공하면 제안자가 모든 공로를 인정받는 제도이다. 다만, 상품 판매가 저조하여 실패로 끝나면 제안자가 아니라 의사 결정을 내린 사장이 책임을 진다. 무조건 결재자가 책임지는 구조를 만들면 현장에 자유롭게 제안하는 분위기가 형성되고 다양한 아이디어가 탄생한다.

현재 아이리스 오야마가 취급하는 '생활용품'은 약 25,000종에 달한다. 제품 개발의 최종 결정자인 사장은 늘 고객의 니즈를 파악하고 있어야 한다. 기존 제품을 개량하고 개선하는 동시에 새로운 제품 개발에 도전하는 아이리스 오야마의 '양손잡이 경영'은 앞으로도 계속될 것이다.

조직 차원에서 지식을 창조하고 실천하는 구조를 만드는 방법

이노베이션 창출의 장 '프레젠테이션 회의'

아이리스 오야마의 '프레젠테이션 회의'는 이노베이션 창출의 '장' 역할을 한다. 여기서 말하는 장이란 사람과 사람 사이에 관계가 구축되고 상호 교류가 이루어지는 환경을 의미한다.

프레젠테이션 회의에서는 제품 개발이라는 공통 의식을 가지고 상호 교류하면서 새로운 지식을 창조한다. 소속 집단도 배경도 능력도 각기 다른 사원들이 한자리에 모여 제품에 관한 아이디어뿐만 아니라 다양한 생각, 경험, 감성을 공유한다. 이렇게 다양한 관점에서 논의를 거듭하다 보면 공동으로 새로운 지식을 창조할 수 있다. 이는 지식의 다양성이야말로 혁신의 원천이라는 사실을 증명한다.

아이리스 오야마에서 주마다 꼬박 하루를 할애하는 프레 젠테이션 회의가 장의 역할을 하는 까닭을 정리하면 다음과 같다. 프레젠테이션 회의의 목적과 배경이 사원들에게 확실 히 공유되어 있고, 참석자 전원이 제안에 관해 거리낌 없이 의견을 냄으로써 지식 창조를 위한 상호 교류가 이루어지기 때문이다.

이런 현상을 경영학적으로 분석한 것이 노나카 이쿠지로 와 다케우치 히로타카이다. 지식 창조 이론을 제창한 이들은 《와이즈 컴퍼니―지식 창조에서 지식 실천으로 가는 새로운 모델》에서 새로운 SECI(Socialization: 공동화, Externalization: 표 출화, Combination: 연결화, Internalization: 내면화) 모델에 기반한 'SECI 스파이럴'을 제시했다.

지식은 암묵지와 형식지라는 2종류의 지식 사이에서 발생 하는 인식론 차원의 상호 작용(개인 간의 직접적인 상호 작용을 통해 암묵지를 공유하는 것)과, 지식을 창조하는 사람과 타인(팀 내, 조직 내 혹은 다른 조직의 타인) 사이에서 발생하는 존재론 차 원의 상호 작용이라는 2가지 프로세스를 통해 창조된다.

기존 SECI 모델은 전자인 인식론 차원의 상호 작용에 중점 을 두었는데, 새로운 SECI 모델은 후자인 존재론 차원의 상 호 작용까지 포함한다. 여기서 말하는 지식이란 '특정 상황이나 맥락에서 타인 또는 환경과 상호 작용해서 창조·실천되는 정당화된 신념'이다. 또 암묵지란 통찰이나 직관, 감, 경험 등 언어화하기 어려운 주관적인 지식을 말하며, 형식지란 언어나 숫자로 나타낼 수 있어 명시적인 절차나 보편적인 원칙으로서 쉽게 전달하고 공유하는 지식을 말한다.

SECI 스파이럴은 이 인식론 차원과 존재론 차원의 상호 작용이 더해진 새로운 SECI 모델을 토대로, 조직적인 지식 실천이 촉진, 유지, 확대되는 과정을 개념화한 것이다.

SECI 스파이럴에서는 지식을 창조, 증폭, 실천하는 과정에서 지식 창조와 실천에 참여하는 사람이 점차 늘어나 지식 창조 및 실천 커뮤니티가 확대된다. 그러면서 경험적 지식인 '프로네시스(실천적 지식과 지혜)'가 길러진다.

프로네시스는 SECI 스파이럴의 원동력이며, 구성원에 의해 고차원의 목적을 공유하는 지식 창조 및 실천 커뮤니티가 확대됨에 따라 스파이럴이 활성화된다.

신제품 비율 50%를 지켜라

아이리스 오야마의 프레젠테이션 회의를 살펴보면 오랫동안 키워 온 프로네시스를 원동력으로 스파이럴을 활성화하여 지속적으로 제품을 개발한다는 것을 알 수 있다. 지식은 끊임없이 반복해서 창조되고 증폭되고 실천된다. 개인이 창조하고 실천한 지식은 커뮤니티 내 상호 작용으로 증폭되고, 머지않아 조직 내에서 또는 조직 간의 경계를 넘어 확대된다.

프레젠테이션 회의라는 열린 커뮤니티에서 구성원은 상호 주관적인 관계로 연결되며, 기분이나 감정, 관점을 공유함으로써 직감적으로 맥락을 이해한다. 이를 통해 끊임없이 기술 혁신을 창출하여 조직의 회복력을 강화한다.

아이리스 오야마의 SECI 프로세스는 다음과 같다. 먼저 '공동화(共同化)'는 주 1회, 연 50회 열리는 프레젠테이션 회의에서 기탄없이 의견을 나눔으로써 상호 이해가 깊어지고, 개인 수준에서 암묵지가 공유·축적되기 때문에 충족한다고 볼 수 있다. 여기서 말하는 공동화란, '개인 간의 직접적인 상호 작용을 통해 암묵지를 공유하는 것'이다.

다음으로 '표출화'는 '팀 수준에서 공동화를 통해 축적한 암묵지를 변증법적으로 결합하여 형식지로 변환하는 것'을 가리키는데, 이는 프레젠테이션 회의 통과 후에 꾸려진 개발팀의 몫이다. 개발팀 리더를 중심으로 영업, 홍보, 물류 등 그밖의 부문에서도 개발이라는 공통 목표를 위해 일제히 담당

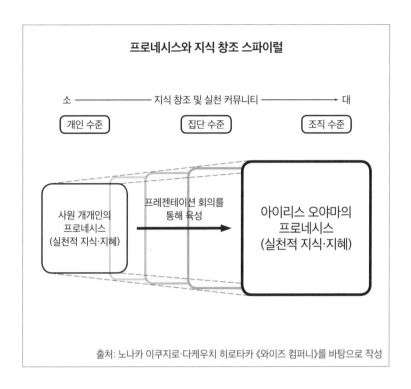

프로네시스와 지식 창조 스파이럴

소 ——————— 지식 창조 및 실천 커뮤니티 ————→ 대

개인 수준   집단 수준   조직 수준

사원 개개인의
프로네시스
(실천적 지식·지혜)

프레젠테이션 회의를
통해 육성

아이리스 오야마의
프로네시스
(실천적 지식·지혜)

출처: 노나카 이쿠지로·다케우치 히로타카 《와이즈 컴퍼니》를 바탕으로 작성

업무를 수행하면 개인 수준에서 축적된 암묵지가 팀 차원에
서 통합되며, 제품 개발 업무의 매뉴얼화를 통해 암묵지가 형
식지로 변환된다.

그다음 '연결화'는 다기능 체제에 의해 달성된다. 연결화
란 '형식지를 조직 내부에 모아 조합, 정리, 계산하여 조직 수
준에서 복합적이고 체계적인 형식지를 구축하는 것'이다. 여
러 기능을 수행할 수 있는 사람은 자기 부문 이외의 조직에
서 수집한 형식지를 표출화 프로세스를 통해 창출한 형식지

와 조합하여 조직 수준에서 제품 개발에 필요한 새로운 형식지를 구축한다.

마지막으로 '내면화'는 '연결화를 통해 증폭된 형식지를 실행에 옮기는 것' 또는 '개인이 조직이나 환경의 맥락을 이해하고 행동하는 것'을 말한다. 개발팀 구성원이 연결화 프로세스로 창출한 형식지를 반복 연습을 통해 자기 것으로 만들면 형식지가 개인의 암묵지로 재변환되면서 내면화가 이루어진다.

이처럼 일련의 SECI 프로세스가 갖춰져 있으면 지식 실천을 통해 지식이 창조된다. 실제로 아이리스 오야마는 신제품 비율을 10년 전부터 60% 전후로 유지하고 있다. 매년 1,000점 가량의 신제품을 시장에 투입하는 것이 그 증거이다. 이 SECI 스파이럴이야말로 오랫동안 아이리스 오야마를 지탱해 온 경쟁력의 원천이다.

POINT ──────────────────

조직 수준의 프로네시스를 키워 지식을 창조하고 실천하라.

지속적인 경쟁 우위를 구축하는 핵심 역량

기업의 고유 능력을 찾아라

세상에는 개발한 기술이나 노하우를 활용할 기회가 없어서, 또는 인재를 제대로 활용하지 못하거나 잉여 자금을 개발에 투자하지 않아서 자사의 경영 자원과 역량을 낭비하는 사례가 적지 않다. 기술이나 노하우 같은 경영 자원을 사용해서 개발한 자사의 고유 능력이 경쟁 우위를 가져다줄 만한 것인지 판단하려면 어떻게 해야 할까?

경영 자원은 크게 '인적자원', '물적자원', '자금', '정보' 4가지로 나눌 수 있다. 구체적으로는 직원, 토지나 건물 같은 유형 자산, 현금, 특허나 상표권 같은 무형 자산으로 구성된다. 이들은 대부분 시장에서 조달할 수 있다.

한편 경영 전략의 관점에서 보면 경영 자원은 전략적으로 가치 있는 인적, 물적, 재무적, 조직적 속성을 나타내는 개념이자 기업의 고유한 '능력'으로서 의미를 지닌다. 이 능력은 인적, 물적, 재무적, 조직적 자원을 활용하는 조직 차원의 '노하우'나 '체계'로 바꿔 말할 수 있다.

다각화 전략이나 이노베이션 연구 논문에서는 기업이 독자적으로 획득한 고유 능력을 '컴피턴스(competence)', '캐퍼빌리티(capability)'라고 한다. 게리 해멀과 C. K. 프라할라드는 조직이 지닌 능력의 속성을 '코어 컴피턴스(core competence)'로 명명했고 조지 스토크와 필립 에번스, 로렌스 E. 슐먼은 가치 사슬 전체에 미치는 기업의 고유 능력을 일컫는 말로 '캐퍼빌리티(capability)'를 사용했다. 또 데이비드 J. 티스는 환경 변화에 대응하여 스스로 변혁하는 능력을 가리켜 '다이내믹 캐퍼빌리티(dynamic capability)'라고 했다.

그렇다면 이러한 경영 자원과 역량이 기업에 경쟁 우위를 가져다줄 수 있는지 판단하는 기준은 무엇일까?

제이 B. 바니는 기업의 경영 자원과 역량을 정의하면서 경영 자원의 이질성과 고착성은 지나치게 추상적인 기준이라고 지적하며 새로운 기준을 제시했다. 그것은 경영 자원과 역량이 지속적인 경쟁 우위를 구축하려면 VRIO라는 4가지 조건, 즉 경제적 가치(Value), 희소성(Rarity), 모방 곤란성

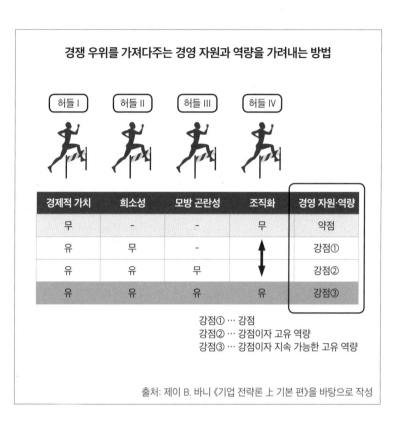

경쟁 우위를 가져다주는 경영 자원과 역량을 가려내는 방법

경제적 가치	희소성	모방 곤란성	조직화	경영 자원·역량
무	-	-	무	약점
유	무	-	↕	강점①
유	유	무		강점②
유	유	유	유	강점③

강점① … 강점
강점② … 강점이자 고유 역량
강점③ … 강점이자 지속 가능한 고유 역량

출처: 제이 B. 바니 《기업 전략론 上 기본 편》을 바탕으로 작성

(Inimitability), 조직(Organization)을 갖춰야 한다는 'VRIO 프레임워크'이다.

바니의 《기업 전략론 上 기본 편》에 따르면 VRIO 프레임워크는 기업이 종사하는 활동에 관한 4가지 질문, 즉 '경제적 가치에 관한 질문', '희소성에 관한 질문', '모방 곤란성에 관한 질문', '조직에 관한 질문'으로 구성된다.

아이리스 오야마의 사례에서는 프레젠테이션 회의와 다기능
자 육성 같은 일련의 제품 개발 체계를 기업 고유의 핵심 조
직 능력으로 볼 수 있다. 그렇다면 이러한 체계는 경쟁 우위
를 가져다주는 기업의 강점으로 볼 수 있을까?

이를 검증하기 위한 VRIO 프레임워크의 첫 번째 질문은
경제적 가치에 관한 질문이다. 아이리스 오야마는 10년 전부
터 신제품 비율을 60% 전후로 유지하여 매년 1,000점가량의
신제품을 시장에 투입하며, 코로나19 사태로 인한 마스크 수
요에 빠르게 대응한 바 있다. 이 사실에서 아이리스 오야마는
환경 변화에 따른 기회를 잡아 경제적 가치를 창출하여 위협
을 무력화하는 능력을 지녔다고 판단할 수 있다.

두 번째는 희소성에 관한 질문이다. 일련의 제품 개발 체계
는 아이리스 오야마가 오랫동안 독자적으로 키워 온 시스템
이며, 앞서 살펴본 바와 같이 공동화로 시작해서 내면화로 끝
나는 SECI 사이클을 따라 지식을 창조하고 실천할 수 있다.
이 점에서 희소가치 또한 충분하다고 판단할 수 있다.

세 번째는 모방 곤란성에 관한 질문으로, 아이리스 오야마
가 구축한 일련의 제품 개발 체계를 타사에서 모방하려면 엄

청난 시간과 노력이 필요할 것으로 예상된다. 아이리스 오야마가 구축한 프레젠테이션 회의의 독자적 노하우와 다기능자 육성 노하우에는 여러 해에 걸친 경험치가 축적되어 있기 때문이다.

네 번째는 조직에 관한 질문이다. 아이리스 오야마의 '구조 지상주의' 경영은 오너십 제도를 채택하여 사장 주도하에 조직적으로 일련의 체계를 확립했기에 가능했다. 또 개발 성과에 관해서는 무조건 결재자가 책임지게 되어 있어 개발한 상품의 판매가 저조하더라도 의사 결정을 내린 사장 외에는 책임을 묻지 않는다. 이처럼 아이리스 오야마가 구축한 일련의 제품 개발 체계에는 조직적인 방침과 절차가 갖춰져 있다.

이처럼 VRIO 프레임워크를 이용한 분석에 따르면 '구조 지상주의' 경영 노하우는 지속적인 경쟁 우위를 가져다주는 핵심 역량으로 볼 수 있다. 아이리스 오야마는 독자적으로 확립한 경영 노하우를 활용하여 새로운 시장 기회에 대응하는 것을 넘어서 스스로 시장을 창조하는 수준에 도달했다.

POINT

시장 창조에 필요한 것은 조직 차원에서 독자적인 체계를 구축하는 것.

주력 사업을 더 키우고
기존 통념을 뛰어넘어 탐색하기

'심화'와 '탐색' 사이에서 균형 잡기

수익력을 갖춘 성숙 기업의 최대 과제는 말할 것도 없이 이노베이션 창출이다. 이 과제는 동서양을 막론한 기업의 영원한 테마이다. 사업 환경 변화에 대처하지 못하고 시장에서 부득이하게 철수한 성숙 기업은 수없이 많다. 그 원인은 과연 어디에 있을까?

찰스 A. 오라일리와 마이클 L. 투시먼은 '양손잡이 경영' 이론으로 이 난제에 해답을 제시했다. 이들은 학술적인 통계 분석에 매달리지 않고 기업 내부에 직접 들어가서 생생한 정보를 바탕으로 사례 분석을 진행했다. 그 결과 양손잡이 경영이 기업의 성과를 높인다는 사실을 밝혀냈다.

오라일리와 투시먼은 저서 《양손잡이 경영—'두 마리 토끼를 잡는' 전략이 미래를 연다》에서 큰 성공을 거두고 그것을 이어 가기 위한 자산과 조직 능력을 확보한 기업의 경영진에게 이런 질문을 던졌다. "시장 및 기술 변화에 맞춰 기존의 자산과 조직 능력을 '심화·활용(exploitation)'하는 동시에 새로운 것을 '탐색·개척(exploration)'할 준비가 되어 있는가?" 그리고 탐색에 착수하지 않는 기업은 환경 변화에 직면하면 파탄을 맞을 가능성이 크다고 경종을 울렸다.

여기서 말하는 탐색이란 기업이 자사의 상황에 얽매이지 않고 기존 인식을 뛰어넘어 광범위하게 인지를 넓히는 행위를 말한다. 쉽게 말하면 새로운 사업을 창조하기 위한 일련의 활동이다. 탐색을 통해 인지 범위가 넓어지면 새로운 아이디어가 탄생하고, 새로운 제품이나 서비스 개발로 이어진다.

이 탐색의 결과물 중 성공으로 이어질 만한 것을 가려내서 그것을 갈고닦는 활동이 심화에 해당한다. 즉, 심화란 기존 사업을 강화하는 일련의 활동이다. 기업은 이 심화 활동을 통해 효율성과 생산성을 높이면 질 좋은 제품과 서비스를 안정적으로 공급할 수 있으므로 수익성이 강화된다.

이 심화와 탐색을 모두 수행하는 조직은 진화적 변화와 혁신적 변화 양쪽 모두를 실현할 수 있다. 이를 오른손과 왼손을 동시에 쓸 수 있는 양손잡이에 빗대어 '양손잡이 조직'이

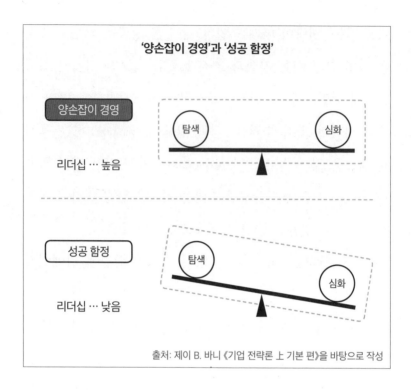

'양손잡이 경영'과 '성공 함정'

양손잡이 경영

탐색   심화

리더십 … 높음

성공 함정

탐색

심화

리더십 … 낮음

출처: 제이 B. 바니 《기업 전략론 上 기본 편》을 바탕으로 작성

라고 한다. 조직이 심화와 탐색을 잘 수행하면 기술의 진보와 혁신 두 마리 토끼를 잡을 수 있다.

　성숙 기업에게 탐색은 불확실성이 높고 비용이 많이 드는 비효율적인 활동이기 때문에 대부분 상대적으로 단기적인 성공이 보장된 심화 활동에 힘을 쏟기 마련이다. 하지만 심화를 통해 안정적인 수익을 확보하는 동시에 탐색으로 새로운 분야를 개척하여 신규 수입원을 확보하지 않으면, 기업은 발전하고 진화하기는커녕 존속마저 위태로워진다. 이처럼 성공한 기업일수록 심화에 치중하여 탐색에 의한 혁신을 일으키지 못하는 상황을 '성공 함정(success trap)'이라고 한다.

심화와 탐색 사이에서 균형을 잡아 양쪽 모두 높은 수준으로 수행하는 것이 오라일리와 투시먼이 제창한 양손잡이 경영의 진수이다. 양손잡이 경영을 잘 구현할수록 기업 성과가 높게 나타난다는 사실은 이미 실증적인 연구를 통해 밝혀졌다.

'탐색'은 조직 공통의 아이덴티티

오라일리와 투시먼은 양손잡이 경영의 성공 사례에서 이노베이션을 촉진하여 성공시키는 데 필요한 4가지 구성 요소를 도출했다. 이를 아이리스 오야마의 사례에 적용하여 검증해 보면 다음과 같다.

첫 번째는 '탐색과 심화의 필요성을 정당화하는 명확한 전략적 의도'이다. 오라일리와 투시먼은 양손잡이 경영이 언제 필요한지 보여 주는 네 영역(A~D)의 로직을 이용해서 의도적 전략이 필요한 타이밍을 시사했다.

전략상 양손잡이 경영이 가장 필요한 상황은 새로운 기회

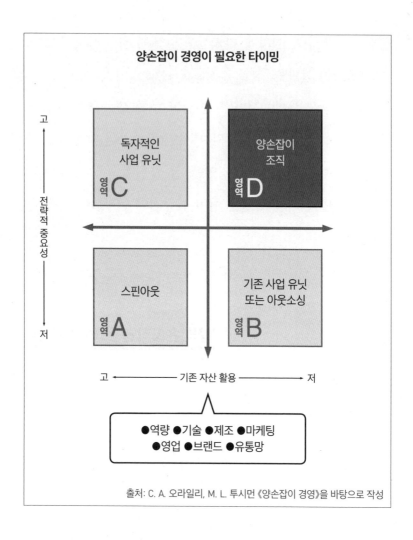

양손잡이 경영이 필요한 타이밍

고
전략적 중요성
저

독자적인
사업 유닛
영역 C

양손잡이
조직
영역 D

스핀아웃
영역 A

기존 사업 유닛
또는 아웃소싱
영역 B

고 ← 기존 자산 활용 → 저

●역량 ●기술 ●제조 ●마케팅
●영업 ●브랜드 ●유통망

출처: C. A. 오라일리, M. L. 투시먼 《양손잡이 경영》을 바탕으로 작성

가 전략적으로 중요하고 기존에 보유한 자산과 조직 능력의
혜택을 받을 수 있는 상황(영역 D)이다. 이때 탐색을 회피하거
나 주저하면 미래의 이익을 희생하는 것이나 다름없다. 이용
할 수 있는 경영 자원을 낭비하는 셈이므로 비효율성을 감수

해야 한다.

아이리스 오야마의 '구조 지상주의' 경영은 보유한 자산과 조직 능력을 충분히 활용하여 신규 사업의 성장을 촉진한다. 프레젠테이션 회의에서 충분히 논의를 거치기 때문에 프로젝트 단계로 넘어간 안건은 명확한 전략적 의도가 있다. 따라서 어떤 자산과 조직 능력을 사용해야 경쟁 우위로 이어지는지 정확히 파악한 상태에서 시작할 수 있다.

두 번째는 '경영진이 새로운 벤처의 육성과 자금 공급을 감독하여 그 싹을 꺾으려는 이들에게서 보호하는 것'이다. 탐색에는 자금을 비롯한 각종 지원의 공급 모체로서 경영진의 존재가 매우 중요하다. 경영진이 적극적으로 관여하지 않으면 탐색은 핵심 사업에 대한 위협이나 자원 낭비로 인식되어 핵심 사업의 단기적 수요에 희생되고 만다.

이 점에서 아이리스 오야마의 경우 다양한 부문의 직원이 한곳에 모이는 프레젠테이션 회의에서 프로젝트를 엄선하고, 사장의 승인하에 보유한 자산과 조직 능력을 할당한다. 그 후에도 정점 관측 및 진척 상황 보고를 통해 경영진이 직접 관리·감독한다.

세 번째는 '벤처 사업이 조직 구조 면에서 독립성을 지니도록 심화 사업으로부터 충분히 거리를 두고, 기업 내 성숙 부문이 보유한 중요 자산과 조직 능력을 잘 활용하기 위한 조직적 인터페이스를 설계하는 것'이다. 탐색을 통해 새로운 사업을 성공시키려면 조직적인 조정이 필요하며, 반드시 탐색 유닛이 독자적으로 조정할 수 있어야 한다.

아이리스 오야마의 사례에서는 프레젠테이션 회의를 통과하여 개발이 결정되면 제안자가 그대로 개발 책임자가 되고 몇 명으로 구성된 팀이 꾸려진다. 영업, 홍보, 물류 등 그 밖의 부문에서도 개발이라는 공통 목표하에 주체적으로 자기 일을 수행한다. 이처럼 프로젝트마다 독자적으로 조정할 수 있는 권한이 조직적으로 담보된다.

네 번째는 '탐색 유닛과 심화 유닛에 공통의 아이덴티티를 부여하는 비전, 가치관, 문화'이다. 이러한 존재는 구성원들의 몰입감과 소속감을 높이는 역할을 한다.

아이리스 오야마의 제1 기업 이념은 '회사의 목적은 영원히 존속하는 것. 어떤 시대 환경에서도 이익을 내는 구조를 확립하는 것'이다. 이 이념을 지키기 위해 설정한 핵심 성과 지표가 바로 '신제품 비율 50% 이상 유지'이다. 이 지표로 인해 직원들이 탐색에 관한 장기적인 마인드셋(사고와 심리 상태의 기본적인 틀)을 몸에 익히게 되었다. 또한 '구조 지상주의' 경영이 기능하는 문화를 공통 가치관으로 삼아 조직 말단까지 전달하여 지속적인 탐색을 조직 전체의 공통적인 아이덴티티로 만들었다.

아이리스 오야마의 사례에서 밝혀졌듯이 오라일리와 투시먼이 제시한 4가지 구성 요소에는 조직이 훌륭한 양손잡이가 될 수 있는 조건이 집약되어 있다. 4가지 요인이 서로 보완하면서 탐색을 조직에 정착시키고 지속성을 갖게 한다.

POINT ―――――――――――――――――――――

성공 함정을 피하고 양손잡이 경영을 관철하라.

4장

스바루

고수익을 실현하는
차별화 집중 전략

중소기업이 자율주행 시대에 살아남기 위한 경쟁 전략

스바루는 1917년에 창업한 일본 자동차 회사로 100년 이상의 역사를 자랑한다. 주력 사업은 자동차와 항공기의 제조·판매·수리 사업이다. 강점인 수평대향 엔진과 사륜구동(AWD) 기술은 미국을 시작으로 해외에서 좋은 평가를 받았다. 레거시, 포레스터, 임프레서 같은 차종은 세계적으로 인기와 지명도가 높으며 '스바리스트'라고 불리는 열혈 애호가를 낳았다. 그룹 전체의 2021년도(2021년 4월~2022년 3월) 매출액은 2조 7,445억 엔에 달한다.

소규모 회사의 특성을 전략에 녹이다

주식회사 스바루는 자동차 업계에서 규모가 작은 축에 속하는 회사이다. 생산 대수로 따지면 토요타의 약 10분의 1이며 세계 시장 점유율은 1% 정도에 불과하다. 이런 소규모 회사가 대규모 자동차 회사와 동등하게 경쟁해 봐야 승산이 없으므로 스바루는 선택과 집중에 의한 철저한 차별화 전략으로 고수익을 실현하고 있다.

그 선택과 집중은 판매 지역을 공장이 있는 일본과 미국으로 좁혀 개인 대상으로 자가용을 판매하는 리테일에 주력하는 것이다. 렌터카나 컴퍼니카(회사에서 구매하여 직원에게 대여하는 차량) 등 법인 대상 플리트(fleet) 판매는 거의 하지 않는다.

리테일 시장에서는 일본이든 미국이든 스바루가 제안하는 '안전성과 즐거움'이라는 가치에 공감하여 스바루 자동차를 선택하는 사람이 많다. 다시 말해 스바루 차만 고집하는 고객층이 뿌리 깊게 형성되어 있다. 자동차는 이동 수단일 뿐 저렴하면 그만이라고 생각하는 사람도 많지만, 스바루 고객 중에서는 이런 사람을 찾아보기 힘들다. 이러한 고객 기반이 스바루의 자산이며, 스바루는 이 자산을 늘리면서 성장을 꾀하고 있다.

스바루는 이익 폭이 작은 플리트 판매 대신 리테일을 선택하여 그 안에서도 한 번 더 타깃을 좁혔다. 다양한 차종을 갖춰 모든 수요를 커버할 만큼 규모 있는 회사가 아니기 때문이다. 이처럼 스바루는 선택과 집중을 통해 강점을 살릴 수 있는 시장에 경영 자원을 투입하고 있다.

한편 차별화를 위해서는 원래 가진 강점인 '안전성'을 더더욱 갈고닦았다. 스바루는 충돌 안전 기준이 없던 '스바루 360' 시절부터 꾸준히 충돌 실험을 시행하고 있다. 스바루에는 안전성과 관련해서 독자적으로 확립한 '종합 안전'이라는 개념이 존재한다. 차량이 달리기 전부터 안전성을 확보하는 '0차 안전', 달리는 중의 '주행 안전', 만일의 사고를 방지하는 '예방 안전', 충돌 시 인명을 보호하는 '충돌 안전', 사고 발생 즉시 자동으로 콜센터에 연결되는 '연결 안전'을 빠짐없이 갖추는 것이 바로 '종합 안전'이다.

이 사고방식은 스바루가 철저하게 사람 중심으로 차를 만든다는 것을 보여 준다. 차량 주변에 어린아이가 있는지 눈으로 확인할 수 있도록 사각을 최소화한 운전석 시야, 장시간 운전해도 피로하지 않게 설계된 시트와 조정 기능, 운전에 방해되지 않게 내비게이션이나 에어컨을 조작할 수 있는 인터페이스 등이 그 예이다. 이처럼 엄격한 사내 기준을 설정하여 안전성을 확보하고자 노력하고 있다.

안전한 자동차는 빠른 자동차

스바루는 늘 빨리 달리는 자동차를 추구해 왔다. 수평대향 엔진과 사륜구동(AWD) 기술 개발이 그 예이다. 이 기술은 전 세계에서 포르셰, 스바루 등 몇몇 자동차 회사만 개발에 성공한 고도의 기술이다.

스바루가 빨리 달리는 기술 개발에 몰두하는 이유는 그것이 안전성으로 이어지기 때문이다. 스바루에는 이런 말이 있다. "달리는 기술을 갈고닦으면 안전해진다." 이 말의 참뜻은 주행, 회전, 정지 같은 자동차의 기본 성능을 파고들다 보면 주행 안전성이 높아진다는 뜻이다. 수평대향 엔진이나 AWD 차량은 무게 중심이 낮고 전후좌우로 중량 밸런스가 뛰어나기 때문에 비나 눈이 와서 안전하지 않은 상황에서도 안정적으로 달릴 수 있다. 즉, 이런 기술은 어디까지나 수단에 불과하며 궁극적인 목적은 안전성 추구이다.

충돌 회피를 지원하는 아이사이트 역시 안전성을 높이는 기술 중

하나이다. 아이사이트는 1989년에 개발하기 시작하여 1999년에 실용화했지만, Ver.2를 출시하여 대성공을 거둔 것은 2010년이었다. 개발에서 보급까지 무려 20여 년이 걸린 셈이다.

이 장기간의 개발 노력이 열매를 맺어 차량 안전성이 현저히 좋아졌다. 아이사이트 Ver.2 탑재 차량의 추돌 사고 발생률은 전보다 84% 감소했고 보행자 사고 발생률도 49% 낮아지면서 큰 폭으로 줄었다. 그 후 아이사이트 Ver.3 탑재 차량은 추돌 사고 발생률이 0.06% 수준으로 감소했다.

현재 스바루는 2030년까지 전 차종 '교통사고 사망률 제로'를 달성한다는 목표를 내세우고 있다. 이런 목표치를 공표할 수 있게 된 것은 창업 초기부터 착실하게 종합 안전성을 추구해 온 결과이다.

자동차 산업을 집어삼킨 새로운 물결

최근 자동차 산업은 '100년에 한 번' 찾아온다는 대변혁기를 맞이했다. 모든 기업이 'CASE(Connected: 연결화, Autonomous: 자동화, Shared: 공유화, Electric: 전동화)'라는 새로운 흐름에 따라 혁신적인 탈것을 개발하기에 여념이 없다. 스바루 역시 자사의 강점인 안전성을 기반으로 새로운 자동차 개발에 매진하고 있다.

그 첫 번째 움직임이 자율주행차 개발이다. 자율주행 기술은 자동차 기술자 협회(SAE)에서 정한 '자율주행 레벨'에 의해 자율화가 전혀 안 된 레벨 0부터 완전 자율화된 레벨 5까지 6단계로 구분한다. 스바루는 레벨 3(조건부 자율주행)의 직전 단계인 '레벨 2.99'를 목표로 개발을 진행하고 있다.

자동차 업계에서는 이미 일부 고급 자동차에 레벨 3을 탑재하기 시작했지만, 아직 일반 소비자가 구매할 수 있는 가격대로 제공하기는 어려운 상황이다. 대대적인 비용 절감을 실현하기까지는 아직 시간이 더 걸릴 것으로 예상되며 법률 정비가 필요한 국가도 있다.

스바루가 내놓은 현시점의 자율주행 최적해(最適解)는 '아이사이트 X'로, 신형 레보그를 시작으로 차량에 탑재되고 있다. 아이사이트 X를 탑재하면 자동차 전용 도로에서 시속 50km를 넘지 않는 조건으로 손을 놓고 운전할 수 있다. 스바루 고객 중에는 스스로 운전하는 것을 선호하는 사람이 많아서 이 점까지 고려한 최적해를 내놓았다.

두 번째 움직임은 전기차 개발이다. 전기차는 배터리에 축적된 전기 에너지를 전체 또는 일부 동력으로 사용하여 주행하는 자동차를 말한다. 구체적으로는 전기 자동차(EV), 하이브리드 자동차(HEV, HV), 플러그인 하이브리드 자동차(PHEV, PHV), 연료 전지 자동차(FCEV, FCV) 4가지 유형이 있다.

기후 변화 대응 및 탄소 중립은 자동차 회사의 사회적 책임이므로 스바루는 2030년까지 전 세계 판매 대수 중 전기 자동차와 하이브리드 자동차 비율을 40% 이상으로 늘리고, 2030년대 전반에는 모든 스바루 차에 전동화 기술을 탑재한다는 목표를 내걸었다.

토요타 자동차와의 업무 및 자본 제휴를 강화한 것도 이 때문이다. 2019년에는 토요타의 출자 지분을 종전의 16.8%에서 20%로 끌어올리는 동시에 스바루에서도 토요타에 0.3%를 출자하여 상호 출자를 통한 협조 전략에 돌입했다. 이렇게 해서 전기 자동차와 스트롱(고출력) 하이브리드 자동차 개발을 토요타와 공동으로 진행하고 있다.

전기 자동차용 전지는 원가가 높기 때문에 항속 거리를 늘리면 차량 가격이 비싸진다. 반대로 차량 가격을 낮추려고 하면 항속 거리가 짧아진다. 그래서 유럽, 중국, 미국의 몇몇 주에서는 정부 보조금으로 전기 자동차 구매를 지원한다. 이런 보조금 없이도 구매할 수 있게 가격을 낮추는 것이 이상적이지만, 그러면 수익성을 확보하기 어렵다. 이런 이유로 스바루는 전기 자동차에 큰돈을 투자할 수 없는 상황이므로 하이브리드에 관해서는 세계에서 가장 앞서 있는 토요타의 지식과 기술력을 빌려 공동 개발을 진행 중이다.

이처럼 스바루는 소규모 기업으로서 시장 측면에서는 일본과 미국에 특화한 집중 전략을, 제품 측면에서는 안전성과 주행 성능에 주력한 차별화 전략을, 개발 측면에서는 자사의 약점을 보완하는 외부 파트너와의 협조 전략을 취해 고수익을 실현하고 있다.

중소기업도 누릴 수 있는 가격 프리미엄과 충성 고객 만들기

생존을 걸고 '차별화 집중'에 매진

스바루는 기업 규모가 작기 때문에 집중 전략 중에서도 '차별화 집중'에 매진하여 경쟁력을 높였다. 그래서 스틱 인 더 미들(트레이드오프 관계인 전략 사이에서 아무것도 못 하는 상황)을 피하기 위해 코스트 리더십 전략은 과감하게 자사 전략에서 제외했다.

경영 전략의 대가인 마이클 포터가 주장하듯이 비즈니스에서 경쟁 기업을 누르고 높은 수익을 올리려면 '전략'이 필요하다. 전략이란 경쟁 상황에서 자기만의 독자적인 포지션을 찾는 것이다. 다시 말해 '돈이 되는 시장'과 '돈이 되는 위치'를 선택하는 것이다.

기업이 업계에서 독자적인 포지션을 점하면 경쟁 상황에

서 자신을 지킬 수 있다. 이처럼 포터는 포지션의 선택(포지셔닝)이라는 문제를 경제학적으로 분석하여 경영 전략으로 승화했다.

그렇다면 독자적인 포지션을 확보하려면 어떤 전략을 사용해야 할까? 포터는 코스트 리더십 전략, 차별화 전략, 집중 전략이라는 3가지 기본 전략을 제시했다. 그리고 이 기본 전략 중 하나를 선택해서 철저하게 집중하는 '선택과 집중'이 필요하다고 강조했다. 광범위하게 코스트 리더십과 차별화를 양립시키면 경영 자원이 분산되어 좋지 않은 결과를 낳을 수도 있기 때문이다.

하지만 전략을 하나만 선택한다고 해서 다른 전략을 무시해도 된다는 뜻은 아니다. 중요한 것은 중심축을 어디에 두느냐이다. 이 점에서 스바루는 타깃을 개인 소비자로, 판매 지역을 생산 거점인 일본과 미국으로 한정하는 집중 전략을 주축으로 정했다.

그리고 이를 바탕으로 안전성을 최대한 끌어올리는 차별화 집중을 선택했다. 차별화는 타사에 없는 특징을 살려 업계 내에서 특이한 포지션을 점하는 전략이다. 구체적으로 말하면 높은 부가가치를 창출하는 것이다. 부가가치를 높이면 고객의 '지급의사액(WTP: Willing To Pay)'을 끌어올릴 수 있다. 이 가격 프리미엄은 곧 초과 이윤으로 이어진다. 즉, 차별화의 본질은 높은 가격을 받을 수 있게 하는 것이다.

충성 고객 '스바리스트'

한편 부가가치 창출은 자사 제품의 열렬한 팬이나 마니아를 늘리는 데도 도움이 된다. 이러한 충성 고객이 많은 것도 차별화 전략을 취하는 기업의 특징이라고 할 수 있다. 충성 고객을 많이 확보하면 브랜드 파워가 강해지고 경쟁력 또한 높아진다.

스바루에는 '스바리스트'라고 불리는 충성도 높은 고객층이 존재한다. 스바루는 오래전부터 자사의 강점인 안전성에 집중하여 열혈 팬을 확보했다. 이렇게 오래된 스바루 차 애호가는 아무리 다른 회사에서 대체품을 발매해도 그쪽으로 옮겨 가지 않는다.

또 차별화를 실현하기 위해서는 여러 조건을 충족해야 한다. 그 조건은 기초 연구력, 제품 개발력, 제조 기술력, 마케팅력 등으로, 이들을 단독으로 또는 조합해서 사용함으로써 차별화를 실현할 수 있다. 특히 복수의 조건을 조합해서 쓸 수 있는 기업은 자사의 조직을 능숙하게 활용하여 조정과 협동을 촉진한다는 의미에서 '아키텍처 능력'을 갖췄다고 할 수 있다. 이 능력을 갖춘 기업은 그렇지 않은 기업보다 효과적으로 차별화를 달성한다.

스바루가 개발한 수평대향 엔진이나 AWD가 안전성을 높이는 고도의 기술로서 모방 불가능성과 희소성을 가질 수 있었던 것은 조직을 잘 활용해서 조정과 협동을 촉진하는 체제를 갖췄기 때문이다.

POINT

전략의 중심축을 정하고 '아키텍처 능력'을 높여라.

다른 회사와 협력할 때
자사 브랜드를 유지하는 방법

경쟁에서 협력으로 전략 전환

스바루는 지금까지 수평대항 엔진이나 AWD 등 자사의 강점인 기술력을 살려 차별화 전략을 펼쳤다. 규모의 경제를 이용해 코스트 리더십 전략을 펼치는 대기업에 대항하여 스바루만의 독자적인 기술을 개발해 왔다.

그러나 2019년 스바루는 토요타와 업무 및 자본 제휴를 맺어 경쟁자와 동맹을 선언했다. 스바루는 이제까지 경쟁 관계였던 토요타에 대해 협력 관계로 전환하여 제휴를 맺었다. 이 제휴의 목적은 바로 '코피티션 경영'이다. 코피티션(coopetition)이란 협력(cooperation)과 경쟁(competition)을 조합한 단어로, 게임 이론의 대가 배리 네일버프와 애덤 브랜든버거가 제창한 개념이다.

코피티션 경영은 경쟁자끼리 특정 부문에서만 협력하여 이점을 누리는 것이다. 즉 자사와 타사가 상호 의존 관계일 때, 가치를 창출하는 단계에서는 협력하다가 가치를 분배하는 단계에 이르면 경쟁 체제로 돌아가 그 안에서 자사의 획득 가치를 늘리는 전략이다.

비즈니스의 세계에서 가치를 둘러싼 상관관계를 살펴보면, 그 회사의 제품을 가지고 있을 때 자사 제품의 가치도 높아지는 '보완적 생산자'가 존재한다. 스마트폰과 애플리케이션, 자동차와 자동차 보험 등이 그 예이다.

한편 그 회사의 제품을 가지고 있을 때 자사 제품의 가치가 떨어지면 그 회사는 경쟁 상대가 된다. 하지만 이런 경쟁 상대는 완전한 적이 아니라 보완적 생산자이기도 하다는 것이 코피티션 경영의 접근법이다.

이를테면 푸드 코트에 입점한 돈가스 집과 라멘 집은 서로 경쟁 상대이지만, 보통 푸드 코트는 선택지가 다양하다는 이유로 이용하는 사람이 많기 때문에 결국 서로의 존재가 더 많은 손님을 끌어들이는 셈이다. 즉 시장의 파이 확대를 꾀할 때는 협력 관계, 파이를 서로 차지하려고 할 때는 경쟁 관계가 되는 것이다.

코피티션 경영은 최근 수많은 업계에서 보편화되었다. 예를 들어 애플과 삼성의 경우, 종전의 스마트폰 시장에서는 아이폰과 갤럭시가 경쟁 관계였지만, 애플이 삼성으로부터 유기 EL 디스플레이를 매입하여 협력 관계를 구축했다. 그 밖에도 구글과 야후, 포드와 GM 등 경쟁 관계에서 협력 관계로 전환한 사례는 수없이 많다.

이처럼 많은 기업에서 코피티션 경영을 자사의 전략에 도입하고 있다. 그 배경에는 여러 가지 이유가 있지만 중요한 것은 '비용 절감'과 '기술 공유' 2가지이다.

예를 들어 어떤 프로젝트를 진행할 때, 단독으로 하기에 규모와 위험성이 지나치게 큰 경우 타사와의 협업이 유일한 선택지이다. 또 자사에 없는 기술이 필요한 경우, 협업을 통해 각자 보유한 기술을 공유하는 것이 가장 나은 선택이다.

협력 전략에서 요구하는 '독자성' 추구

스바루가 토요타와 자본 제휴를 맺어 코피티션 경영을 시작한 것도 이 2가지 이유 때문이다. 이때까지 스바루는 차별화 집중 전략에 몰두하고 있었기 때문에 비용 면에서는 대응이 충분치 않았다. 자동차 업계에서는 이미 2020년부터 연비 규

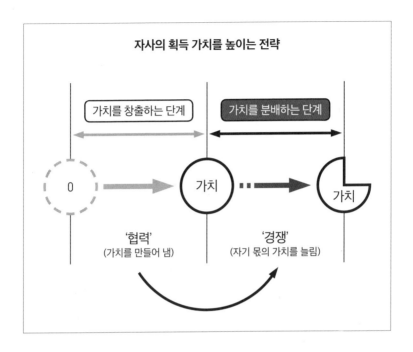

자사의 획득 가치를 높이는 전략

가치를 창출하는 단계

가치를 분배하는 단계

0

가치

가치

'협력'
(가치를 만들어 냄)

'경쟁'
(자기 몫의 가치를 늘림)

제(CAFE)가 이루어지고 있는데, 그 대상은 개별 차종이 아니라 한 회사에서 생산하는 전 차종이다. 각 회사에서 한 해 동안 출하한 자동차의 평균 연비를 산출하여 평가하는 구조이다. 스바루는 2030년도부터 기준을 통과하기 어려울 것으로 예상되기 때문에 이 문제를 근본적으로 해결하기 위해 전동화, 즉 전기 자동차(EV) 개발에 뛰어들었다.

이처럼 본격적인 전기 자동차 모델 개발은 스바루의 중요한 과제였으므로 스바루는 일본 내 다른 회사보다 이른 시기에 개발에 착수했다. 그러나 전기 자동차 개발은 단독으로 진행하기에 규모와 위험성이 큰 사업이었기 때문에 스바루는 코피티션 경영 전략을 채택하여 토요타와 공동 개발을 시작했다.

이 협력 전략의 가시적인 성과가 바로 2021년 11월에 처음 공개된 전기차 '솔테라'이다. 솔테라는 토요타 사내에 있는 ZEV 팩토리에서 개발되었다. 개발팀의 양측 엔지니어 비율은 반반이었기 때문에 패키지 구성부터 디자인, 엔지니어링, 장비까지 대등하게 진행되었다.

코피티션 경영은 경쟁 관계에 있는 회사가 서로 협력한다는 점에서 비용 절감이나 기술의 상호 보완 등 좋은 면이 강조되지만, 경쟁사와 협력할 때 자사의 기본적인 경영 전략과 모순되지 않게 진행하는 것은 상당히 어려운 일이다. 솔테라의 경우 토요타와의 공동 개발에서 스바루 차만의 특징을 잃지 않는 것이 가장 큰 과제였다.

이는 솔테라의 수요 확보에도 영향을 미치므로 매우 중요한 경영 과제였다. 스바루 차 구매자는 자동차를 취미의 영역으로 생각하는 경향이 있다. 그리고 스바루에 대해 '기술력이 뛰어나고 개성 있는 기업'이라는 이미지를 가지고 있다. 따라서 전기차 개발에서도 이런 고객들이 만족할 만한 독자적인 콘셉트를 내세울 필요가 있었다.

솔테라는 구동 방식에 따라 2가지 모델로 나뉜다. 전륜구동(FWD) 모델과, 스바루의 자랑인 네 바퀴 모두 순 모터로 구동하는 사륜구동(AWD) 모델이다. X-MODE와 그립 컨트롤 등 SUV다운 지원 제어 기능도 탑재했다. 다만 첨단 운전자 지원 시스템(ADAS)에는 스바루의 대명사 아이사이트가 아니라 토요타 세이프티 센스(TSS)에 사용하는 단독 카메라를 채택했다.

스바리스트가 만족하는 독자적인 콘셉트란 자동차의 기본 성능이나 종합 안전 성능 같은 기능적 가치에 국한된 것이 아니다. 기능적 가치는 결국 가족이나 친구와 즐거운 시간을 보내고 싶은 마음과 연결되어 있기 때문에 스바루는 이러한 정서적 가치를 중시한다.

스바루가 정서적 가치를 중시하는 이유 중 하나는 SNS상에서 스바루 차가 유난히 가족이나 반려동물, 멋진 풍경과 함께 찍힌 사진이 많이 올라오기 때문이다. 이런 경향은 특히 미국에서 두드러진다. 스바루는 다른 브랜드보다 고객의 생활이나 경험에 깊이 침투해 있다는 것을 알 수 있다.

스바루의 코피티션 경영에 의한 협력 전략은 코스트 리더십 강화에 기여했지만, 한편으로는 자사 브랜드와의 균형을 어떻게 유지하느냐 하는 문제가 있었다. 스바루는 기능적 가치를 정서적 가치로 보완해 이 문제를 해결했다. 왜냐하면 스바리스트라는 열성적인 고객층이 항상 스바루가 나아갈 방향을 제시해 주기 때문이다. 스바루가 대기업과의 경쟁에서 지지 않고 우위성을 지킬 수 있었던 것은 기술 혁신에서 그치지 않고 유연한 전략 전환을 했기 때문이다.

POINT ————————————————————

경쟁사와의 제휴 전략으로 위험을 피하라.

제2부

지속 가능한
마케팅을 하다

자사의 '퍼포스(존재 의의)'를 명확히 하는 것은 기업의 내부와 외부 모두에 큰 영향을 미친다. 초경쟁 시대에 기업이 존속하기 위해서는 퍼포스 자체를 브랜드로 격상하는 과감한 경영이 요구된다. 기업이 지속적으로 성장하는 프로세스에는 항상 원점으로 돌아가기 위한 나침반이 필요한 법이다.

5장

소니

퍼포스 중심 전략과
전 지구적 관점의 전략

출발점으로 돌아가 지속 가능성을 높이는 시스템 구축

소니의 강점은 제품 개발력으로, 1946년 창업 이래 지금까지 '트랜지스터라디오', '비디오테이프리코더', '컬러텔레비전', '워크맨' 같은 획기적인 제품을 세계 최초로 만들어 냈다. 원래 전자제품 사업 하나에만 주력하다가 사업 구성을 포트폴리오화하여 현재는 게임과 금융 사업을 중심으로 음악, 영화, 전자제품, 이미지 센서 사업 등으로 확장하고 있다. 그룹 전체의 2021년도 매출액은 9조 9,215억 엔에 달한다.

Case Study

경영에 관한 명확한 판단 기준

현재 소니 주식회사의 사장인 요시다 겐이치로가 전임 사장 히라이 가즈오에 이어 사장으로 취임한 것은 2018년 4월이었다. 요시다는 이데이 노부유키 사장 시절부터 소니의 핵심에서 네트워크 사업을 함께 시작했다. 히라이 사장 때는 최고 재무 책임자(CFO)로서 재무 면에서 경영 슬림화를 지원하고 관리하여 2017년부터 실적 회복에 기여했다.

요시다는 사장 취임 첫해부터 매년 ESG(Environment·Social·Governance) 설명회를 개최하여 환경, 사회, 지배 구조에 관한 정보 공시와 더불어 ESG 경영에 대한 소니의 열의, 사업 성장과 사회 문제 해결의 양립을 추구하는 경영 자세 등을 보여 주며 기관 투자자의 신뢰를 얻기 위해 노력하고 있다.

사업 성장과 사회 문제 해결의 양립을 위해 2019년 1월에는 요시다의 주도로 '소니의 퍼포스와 밸류(Sony's Purpose & Values)', 즉 존재 의의와 가치관을 공표하여 그룹 전체의 모든 활동에 기준으로 삼았다.

여기서 말하는 퍼포스란 '창의력과 기술의 힘으로 세상을 감동으로 채우는 것'이다. 밸류는 '꿈과 호기심', '다양성', '고결함과 성실함', '지속 가능성' 4가지를 가리킨다.

요시다는 《다이아몬드 하버드 비즈니스 리뷰》 2020년 7월호에 실린 인터뷰에서 이렇게 설명했다. "4가지 밸류는 창업자들이 중시한 가치관이다. 특히 '꿈과 호기심'은 이부카 마사루가, '다양성'은 모리타 아키오가 소니에 가져와서 뒤를 이을 우리에게 맡기고 간 가치관이다." 그리고 그는 다음과 같이 덧붙였다. "존재 의의와 가치관을 확립하여 그것을 제대로 공유하는 경영팀을 만든 다음 권한을 위임할 것. 그리고 위기가 발생했을 때 늦지 않게 조치하기 위해 회사의 방향성을 명확히 정해 둘 것. 즉, 퍼포스와 밸류를 확립하여 경영 판단 기준을 명확하게 하는 것이 중요하다."

'지구 위의 소니'가 이끌어 낸 미래 방향

요시다가 사장 취임 후 최초로 전한 메시지는 '지구 위의 소니'였다. 고객, 거래처, 주주 등 이해관계자도 중요하지만 그보다 먼저 사회와 지구가 존재하므로, 소니가 앞으로 성장해 가는 과정에서 지구 환경이나 사회에 어떻게 공헌할지 생각해 봐야 한다는 것을 이 메시지를 통해 설명했다.

사업은 지구 환경과 사회가 건전해야만 성립하기 때문에 이들을 배려하여 지속 가능성에 무게를 두고 기업 활동을 이어 가야 한다. 이를 위해 소니는 공급망 전체에서 환경이나 인권 문제를 개선하려고 끊임없이 노력하고 있다. 2050년까지 자사 제품과 사업 활동이 환경에 미치는 영향을 0으로 만드는 '로드 투 제로(Road to Zero)'와 사업에 사용하는 전력을 모두 재생 가능 에너지로 충당하는 'RE100' 가입이 바로 그것이다.

이처럼 장기적인 시각에서 그룹 전체가 사회적 가치를 창출하려면 사업의 지속 가능성을 유지해야 한다. 이를 위해서는 미래에 대한 투자를 게을리하지 않아야 한다. 소니는 사업의 지속적인 성장을 위해 다음에 올 메가트렌드를 예측하고 미래를 구상해 왔다.

지난 10년간 메가트렌드는 스마트폰이었다. 소니는 다음 트렌드를 모빌리티로 확신하고 대응을 시작했다. '비전-S'는 그 결과물로, 미국 라스베이거스에서 개최된 CES 2020에서 콘셉트카로 처음 공개했다. 이 콘셉트카에는 '모빌리티 공간을 감동으로 채운다'라는 비전을 바탕으로 CMOS 센서(Complementary metal-oxide-semiconductor, 소비 전력이 적은 이미지 센서)와 ToF 센서(Time of Flight, 사물의 입체감과 공간 정보, 움직임을 인식하는 3차원 센서)를 탑재하여 그룹 전체가 추구하는 가치를 담았다.

이런 모빌리티 영역 외에도 디지털이미징이나 메카트로닉스 기술을 활용하여 사람의 건강에 기여하는 의료 영역과 생명 보험, 손해 보험, 은행업을 통해 사람들을 안심시키는 금융 영역은 소니가 배양해 온 기술로 사회적 가치를 창출할 수 있다는 점에서 장기적인 성장 사업으로 보고 있다.

1990년대 이후 소니는 특정 분야의 지식을 깊이 파고드는 '심화' 활동에만 힘을 쏟고 미래를 위한 지식 '탐색' 활동에는 다소 소홀했다. 따라서 앞으로는 최고 경영진에게 탐색을 지원하는 환경 및 기업 문화 조성이 요구될 것이다. 회사 설립 초창기에 만든 테이프리코더나 트랜지스터라디오는 처음부터 제품화를 위해 만든 것이 아니라 사회에 도움이 되는 물건을 만들기 위해 지식 '탐색'을 꾸준히 계속해 온 결과 제품화로 이어진 것이다.

경영자에게 중요한 3가지 임무

요시다는 이러한 양손잡이 경영을 위해 경영자에게 중요한 3가지 임무가 있다고 말했다.

첫 번째는 '회사가 나아갈 방향성을 제시하는 것'이다. 사장 취임 후 '소니의 퍼포스와 밸류'를 발표한 것 또한 회사로서 나아갈 굵직한 방향성을 제시하기 위함이었다. 방향성을 정해서 전 사내에 공유하고 각 사업 분야에 정통한 리더를 임명하여 권한을 위임하면 빠른 의사 결정이 가능해진다.

두 번째는 '정할 것을 제때 결정해서 결과에 책임지는 것'이다. 이는 사업을 이끄는 리더가 스스로 결정을 내렸으면 결과에 책임을 지는 것이 중요하다는 뜻이다. 성공했을 때는 물론 실패했을 때도 그 후처리를 잘하면 많은 것을 배울 수 있다.

세 번째는 '인사: 누구에게 무엇을 맡길지 결정하는 것'이다. 인사에서는 예를 들어 어떤 포지션에 사람을 임명했는데 해당 직책에 적임이 아니거나 시기상조인 경우도 있다. 그 인사 결정이 틀렸음을 깨달았지만 바꾸기 어려운 상황이라면 빠르게 대처하는 것이 중요하다.

한편 장기적인 관점에서 기업 가치와 사회적 가치를 창출하려면 이해관계자와의 대화가 필요하다. 그래서 소니는 2019년 8월에 최초로 통합 보고서 'Corporate Report 2019'를 발행했다.

통합 보고서에는 소니의 존재 의의, 가치 창출 구조와 기반, 창출 가치와 함께 사업마다 각각 추구하는 자세, 주목하는 사회·기술 변화, 강점, 전략 등을 실었다.

이러한 경영이 좋은 평가를 얻어 2020년에 일반사단법인 일본 IR 협의회에서 수여하는 IR 우량 기업 대상을 받았다. 이는 2018·2019년 우량 기업상 수상에 이은 쾌거였다.

일본 IR 협의회는 대상으로 선정한 근거를 다음과 같이 밝혔다. "경영 수장 취임 이후 투자자를 위한 정보 공시와 대화를 강화했다. 다양한 사업을 전개하고 있으나 존재 의의(퍼포스)와 가치관(밸류)을 기반으로 한 통합적인 설명으로 장기적인 기업 가치 향상에 대한 신뢰감을 높였다. 통합 보고서에서는 가치 창출 프로세스를 간결하고 명료하게 설명하여 그룹 경영의 방향성을 명확히 보여 주었다. IR 데이, ESG 설명회 등의 행사와 경영진과의 미팅 개최도 적확했다. 매년 개선을 위해 힘쓰는 자세를 보여 높은 평가를 받았다."

요시다는 자사의 퍼포스와 밸류를 명확히 해서 전사적인 존재 의의와 가치관 공유의 중요성을 다시 한번 직원들에게 깊이 인식시켰다. 퍼포스와 밸류를 설정할 때는 되도록 많은 직원을 참여시켜 방향성을 맞추고자 했다. 이로써 각 사업 및 프로젝트 현장에서 모든 책임자가 신속하게 필요한 판단을 내려 착실히 성장해 나갈 수 있었다. 게다가 이 퍼포스 중심 경영은 위기가 닥쳤을 때도 제 기능을 다한다.

사회적 가치를 추구하는 자세가 필요한 오늘날의 경영에서는 자사의 존재 의의와 가치관을 바탕으로 기존 사업에서 지속적으로 수익성을 높이는 한편, 장기적인 사회적 가치를 위해 힘써야 한다. 이 양자의 균형을 맞춰 나가는 것이 중요하다.

보이지 않는 가치를 중시하는
ESG 전략

<u>ESG 경영으로 수익을 내기란 쉽지 않다</u>

지금 세계는 여러 가지 문제에 직면했다. 지구 온난화, 사회 양극화, 전염병, 저출생 고령화 등이 그 예이다. 이런 문제는 개인 수준을 넘어 국가 수준에서 조직적으로 협력해야만 해결할 수 있는 난점을 안고 있다. 기업 또한 환경이나 사회의 여러 가지 문제에 정면으로 맞서 비즈니스를 통해 문제 해결에 기여해야 한다. 그렇다면 보이지 않는 가치를 중시하는 ESG 투자는 기업의 지속적인 성장으로 이어질까?

최근 기업이 장기적으로 성장하려면 ESG를 고려한 경영이 중요하다는 인식이 퍼져 많은 기업이 ESG에 주목하고 있다. 환경과 사회를 장기적으로 적절하게 유지해 가며 발전시키는 '지속 가능성(sustainability)'에 대한 관심이 높아지면서

ESG에 주목하기 시작한 것이다.

예를 들어 기업 경영에서 단기적인 이익만을 우선하면 노동 시간이 늘어나 노동 환경이 열악해지고, 관리 감독이 허술해져 부정을 저지르거나 불상사가 발생하며, 무분별한 환경 파괴가 일어나 지속 가능성을 확보하기 어려워진다. 따라서 ESG가 가리키는 3요소, 환경(Environment), 사회(Social), 지배 구조(Governance)를 고려하여 지속 가능성을 높이면서 장기적으로 성장해 나가야 한다.

3가지 요소를 각각 살펴보면, 먼저 환경 면에서는 미래의 자원 고갈이나 유가 급등에 대비하여 안정적으로 자원을 조달해야 한다. '탄소 중립'이 강조되고 있는 만큼 이산화탄소가 배출되지 않는 태양광, 풍력, 지열 발전 등을 통해 재생 가능 에너지를 확보하는 전략이 중요하다.

사회 면에서는 저출생 고령화에 따른 미래의 노동력 부족을 직시하고 고용 안정과 노동 안전성 확보, 다양성 존중, 인재 육성 등을 통해 일하기 좋은 환경을 조성해야 한다. 최근에는 가족 돌봄 휴가나 출산 휴가, 육아 휴직, 시간 단축 근무 등을 재정비하는 기업이 늘고 있다.

지배 구조 면에서는 불확실성이 높은 시대인 만큼 적극적인 정보 공시와 법령 준수, 사외 이사 제도를 통한 이사회의 다양성 강화로 철저하게 리스크 관리를 해야 한다. 경영의 투명성 제고 및 자본 효율화로 지속 가능성을 확보하는 기업이 좋은 평가를 받는다.

이 3요소 중 환경이나 사회 문제를 해결하기 위해서는 과감하게 위험을 부담하여 그것을 수익으로 변환하는 이노베이션을 창출해야 한다. 그래서 ESG 경영은 단기적으로는 물론이고 장기적으로도 수익화가 쉽지 않다.

ESG는 기업의 공익성을 비추는 거울

ESG는 원래 투자자나 금융 기관의 투자 판단 기준을 바꾸기 위해 유엔에서 제창한 개념이다. 2006년 당시 유엔 사무총장이었던 코피 아난은 투자에 ESG를 고려하는 '책임 투자 원칙(PRI: Principles for Responsible Investment)'을 제안했고, 이때 투자자의 바람직한 행동 지침으로서 ESG가 처음 등장했다.

그 후 ESG 투자를 지지하는 기관 투자자가 꾸준히 늘어나서 2020년 8월에는 전 세계 3,332개 기관에서 서명을 마쳤다. 일본에서는 2015년에 일본 공적연금(GPIF)이 책임 투자 원칙에 서명하면서 ESG 투자가 시작됐고, 현재 85개 기관이 이에 동참하고 있다.

투자액으로 따져도 ESG 투자는 착실히 증가하고 있다. 글로벌 지속 가능 투자 연합(GSIA)에 따르면 2020년 세계 ESG 투자액은 35.3조 달러(약 3,900조 엔)이며, 전체 운용 자산에서 차지하는 비율은 35.9%까지 올라갔다. 지역별로 보면 미국이 17.1조 달러로 2018년 대비 42% 증가하여 세계 ESG 투자를 견인해 온 유럽을 제치고 최대치를 기록했다. 유럽은 ESG의 기준을 재검토하면서 15% 감소하여 12조 달러에 그쳤다. 일본은 32% 증가한 2.9조 달러로, 주식뿐만 아니라 채권 시장에서도 ESG를 고려하는 추세이다.

이처럼 ESG 투자가 늘면서 기업의 공익성이 한층 더 강조되고 있다. 원래 기업의 사회적 책임은 수익성이나 생산성에 비하면 부수적인 요소였지만 이제는 환경, 사회, 인간을 중시하는 기업만이 투자자와 고객의 지지를 받는 시대에 접어들었다.

장기적으로 지속 가능성을 높인다

소니는 요시다 겐이치로가 사장으로 취임한 2018년부터 적극적으로 ESG 경영을 실행하고 있다. 그중에서도 특히 돋보이는 것이 환경에 대한 노력이다. 소니는 2050년까지 환경에 미치는 영향을 0으로 만드는 장기 환경 목표 '로드 투 제로'를 설정했다. 그리고 목표에 도달하기 위한 길잡이로서 달성 연도에서 역산하여 5년마다 중기 목표를 세우고 있다.

2020년까지의 중기 목표 '그린 매니지먼트 2020'은 제품 1대당 연간 전력 소비량 감축, 사업소 온실가스 배출량 감축, 국내외 재생 가능 에너지 적극 도입 등이었다.

현재는 2025년까지의 목표 '그린 매니지먼트 2025'를 설정, 주력 포인트를 4가지로 좁혀 환경 문제에 맞서고 있다.

첫 번째는 해양 플라스틱 오염을 줄이기 위해 소형 제품의 플라스틱 포장재를 모두 없애는 것이다. 그 밖의 제품은 제품 1대당 플라스틱 포장재 사용량을 10% 삭감하기로 했다. 또 제품이 생산되어 폐기되기까지의 과정에서 온실가스(GHG)가 가장 많이 배출되는 단계는 사용 단계이므로 이를 줄이기 위해 제품 1대당 연간 소비 전력량을 5% 절감한다는 목표도 설정했다.

두 번째는 사업소 운영에 사용하는 전력을 재생 가능 에너지로 대체하는 것이다. 구체적으로는 사업소의 온실가스 배출량을 2020년도 대비 5% 절감하고, 총 전력 사용량 중 재생 가능 에너지원에서 나온 전력 비율을 15% 이상으로 끌어올리는 것이다. 이미 유럽에서는 재생 가능 에너지 전력 100%를 실현했다. 이어서 북미에서는 2030년 내 100% 달성을 목표로 하고 있다. 아시아 및 일본에서도 목표 달성을 위해 재생 가능 에너지의 도입을 큰 폭으로 늘릴 예정이다.

세 번째는 제조 위탁 업체를 포함한 공급망과의 협업을 강화하여 환경에 미치는 영향을 최소화하는 것이다. 원재료 및 부품 공급 업체, 제조 위탁 업체의 온실가스 배출량을 파악하고 감축에 관한 중장기 목표를 설정하여 진척 상황을 관리하도록 요구하고 있다.

네 번째는 엔터테인먼트의 힘으로 환경 문제와 지속 가능성에 관해 알리는 활동을 이어 나가는 것이다. 엔터테인먼트 사업을 중심으로 20억 명 이상에게 지속 가능성이라는 과제를 알리고, 소니의 엔터테인먼트 콘텐츠를 통해 250만 명 이상의 참여를 촉구하는 것이 목표이다.

이 4가지 주력 포인트 외에도 그린 매니지먼트 2025에는 2035년까지 기온 상승 폭을 1.5℃ 이하로 억제하는 '1.5℃ 목표'가 설정되어 있다. 이 목표치는 과학적인 근거에 기초한 것으로, '과학 기반 감축 목표 이니셔티브(SBTi: Science Based Targets initiative)'의 검증을 받았다.

또 그린 매니지먼트 2025에 따라 2020년 9월에 환경 기술에 특화한 벤처 기업을 대상으로 한 기업형 벤처 캐피털(CVC) '소니 이노베이션 펀드: 인바이어런먼트(Sony Innovation Fund: Environment)'를 조성했다. 세계적인 환경 문제인 지구 온난화나 자원, 화학 물질, 생물 다양성 개선에 공헌하는 기술을 개발하는 기업을 위해 만들어진 투자 펀드이다. 주로 시드부터 얼리 스테이지 단계의 스타트업을 대상으로 하며 10억 엔 규모로 운용을 개시했다. 장기적인 관점에서 지구 환경에 대한 공헌과 투자 수익의 양립을 노리는 것이다. 소니는 여기서도 ESG를 투자 평가 기준에 넣을 예정이다.

이처럼 소니는 경영에 ESG를 고려함으로써 자사를 한 단계 위로 끌어올렸다. 단기적인 수익성이나 생산성을 추구하는 단계에서 한 발 나아가, 장기적인 관점에서 환경과 사회에 공헌하며 지속 가능한 성장을 꾀하는 단계에 이르렀다. 세계적인 문제를 경영의 힘으로 해결하고자 하는 소니의 자세는 ESG 경영 발전에 적지 않은 영향을 미칠 것이다.

POINT

세계를 넘어 전 지구적 관점에서 경영을 인식하라.

기업 문화로 자리 잡으면 더욱 효과적인
퍼포스 중심 전략

퍼포스 중심 경영의 의의

지난 10년간 미국에서는 기업에 퍼포스가 필요하다는 생각이 주류로 자리 잡았다. 그 이유는 과도한 자본주의 경제에 대한 반동으로 기업이 자사의 이익만 추구하는 존재가 아니라 더 좋은 사회를 만드는 존재가 되어야 한다는 인식이 형성되었기 때문이다.

퍼포스를 설정하면 기업 경영에 어떤 이점이 생길까? 퍼포스 설정은 기업의 지속 가능성 향상으로 이어진다. 퍼포스, 즉 자사의 존재 의의를 표명하고 이익 추구뿐만 아니라 사회 공헌에도 힘을 기울이면 고객, 직원, 공급자, 주주, 투자자 같은 이해관계자의 신뢰와 공감을 얻을 수 있다. 이렇게 신뢰와 공감을 형성해 지원을 아끼지 않는 이해관계자가 늘어나면 기업의 지속적 성장 가능성은 높아질 수밖에 없다.

요시다가 설정한 '창의력과 기술의 힘으로 세상을 감동으로 채운다'라는 퍼포스도 이해관계자에게 신뢰와 공감을 불러일으켰다. 소니는 코로나19 상황에서 중국에 플레이스테이션5의 생산 라인을 구축했다. 이는 엄청난 노동력과 에너지가 필요한 일이었다. 요시다는 2021년 5월에 개최된 2021년도 경영 방침 설명회에서 중국 생산 라인은 직원들의 높은 모티베이션과 실행력으로 구축할 수 있었다고 말했다.

이 높은 모티베이션의 원천은 무엇일까? 요시다는 "직원의 인생에서 소니라는 회사가 열정을 쏟아부을 만한 대상이 되는 것이 중요하다"라고 했다. 직원에게는 왜 이 회사가 존재하는가, 즉 존재 의의가 이 회사에 열정을 쏟을 수 있느냐 없느냐를 가르는 출발점이다. 이 질문에 해답을 제시하는 것이 바로 퍼포스이다. 퍼포스 설정으로 회사의 존재 의의가 명확해져야 비로소 구성원은 거기에 어떻게 기여할지 자문하여 답을 찾아 나간다.

요시다는 이 생산 라인 구축을 두고 다음과 같이 말했다. "기업 문화가 직원들의 실행력을 이끌었다. 이것은 어쩌면 전략보다 더 중요할지도 모른다." 소니는 창업 이래로 사람을 가장 중요한 경영 자원으로 여겨 왔다. 요시다의 말은 사람을 개인으로 인식하고 개인이 기량을 최대로 발휘하는 시스템을 만들기 위해 끊임없이 노력해야 한다는 사실을 일깨워 준다. 이처럼 기업 경영에서는 퍼포스를 명확히 하여 기업 외부와 내부에 알리는 것이 중요하다.

기업 문화로 자리 잡으려면

일반적인 비즈니스 현장에서 퍼포스는 '존재 의의'로 해석된다. 이것을 기업 경영에 적용하려면 어떤 개념으로 이해하는 것이 좋을까?

일단 퍼포스는 기업의 근간을 이루는 본질적인 생각에서 비롯한 것이어야 한다. 소니가 설정한 퍼포스는 '창의력과 기술의 힘으로 세상을 감동으로 채우는 것'이다. 소니의 진가는 최첨단 기술로 만든 제품과 서비스에서 드러난다. 소니가 이 점을 살려 무엇을 달성하려고 하는지가 이 퍼포스에 나타나 있다.

소니는 과거에도 브라운관 TV, 트랜지스터라디오, 워크맨 등 수많은 혁신적인 제품을 만들었고, 일본을 넘어 전 세계인에게 감동과 즐거움을 선사했다. 이는 앞으로도 변치 않을 소

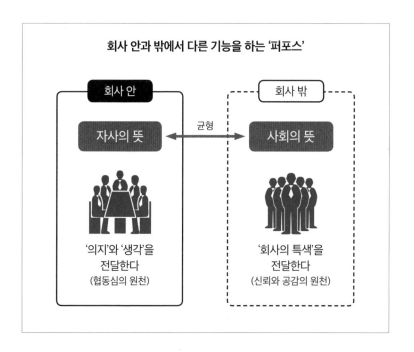

회사 안과 밖에서 다른 기능을 하는 '퍼포스'

회사 안

자사의 뜻

'의지'와 '생각'을
전달한다
(협동심의 원천)

균형

회사 밖

사회의 뜻

'회사의 특색'을
전달한다
(신뢰와 공감의 원천)

니의 확고한 신념이다. 우리는 과거의 업적을 통해 미래의 행보를 예측한다. 결국 기업으로서의 원점과 다가올 미래를 잘 연결하는 것이 중요하다.

퍼포스는 회사의 안과 밖에서 각각 다른 기능을 수행한다. 소니가 설정한 퍼포스를 보면 회사 밖으로는 소니라는 회사의 특색을 확실히 전달하고, 회사 안에서는 구성원이 일치단결하여 뜨거운 열정과 의지를 발휘하는 협동심의 원천으로 작용한다. 소니의 퍼포스는 회사 안팎으로 균형이 잘 잡혀 있다고 볼 수 있다.

그리고 퍼포스에는 자사의 뜻과 사회의 뜻이 적절하게 반영되어야 한다. 소니가 퍼포스에 담은 세상을 감동으로 채우겠다는 의지는 결코 독단적인 것이 아니다. 사회 공헌에 지나치게 치우치면 사람들의 공감을 얻기 힘들고 자사에 지나치게 치우쳐도 결과는 마찬가지이다. 퍼포스를 설정할 때는 양쪽의 뜻이 균형을 이루는 지점을 찾아 이를 구체화하는 것이 중요하다.

요시다는 '창의력과 기술의 힘으로 세상을 감동으로 채운다'라는 명확한 퍼포스를 내세워 그 사회적 의의에서 역산하는 접근법으로 소니의 경영을 이끌고 있다. 이 '퍼포스 중심 경영'으로 소니의 모든 기업 활동에 퍼포스가 녹아들었고, 직원들의 실천을 통해 하나의 기업 문화가 되어 효과를 발휘하고 있다.

그 효과는 실적에서도 나타났다. 소니 그룹의 2020년도(2020년 4월~2021년 3월) 연결 실적에서 당기순이익은 1조 1,718억 엔을 기록했고 매출액과 영업이익 모두 과거 최고치를 달성했다. 전년에 이어 2년 연속으로 2018년까지의 기록을 뛰어넘은 것이다.

요시다는 이 결과에 관해 다음과 같이 설명했다. "소니를 장기적으로 지속 가능한 기업으로 만들기 위해서는 자사의 존재 의의를 확실히 정의하여 직원들과 공유하는 것이 중요하다." 그리고 덧붙여 "오랫동안 축적해 온 것이 표면으로 드러났을 뿐이다"라며 장기적인 시각의 중요성을 시사했다.

실제로 실적에 크게 기여한 플레이스테이션 네트워크가 서비스를 개시한 것은 2006년이었다. 소니의 강점이었던 CCD를 CMOS 이미지 센서로 전환한 것은 2004년, 높은 이익률을 자랑하는 디지털카메라 '알파'를 출시한 것은 2006년이었다. 모두 장기적인 관점에서 착실히 진행해 온 프로젝트이다. 특히 '알파'는 단년도 흑자를 기록하기까지 7년, 누적손실을 해소하기까지는 12년이 걸렸다.

퍼포스 중심 경영이 조직에 자리 잡으면 구성원 개개인이 자신에게 주어진 임무를 자사의 퍼포스와 연결 지어 설명할 수 있게 된다. 퍼포스가 사원 개개인의 행동으로 연결되지 않으면 마치 벽에 걸린 표어처럼 아무런 의미가 없다. 퍼포스는 기업과 그 구성원이 더 나은 의사 결정을 하게 해 준다.

POINT

퍼포스는 기업의 출발점과 다가올 미래를 이어 주는 길잡이이다.

6장

오므론

스스로 건강을 지키는 기업 이념 전략

더 적극적인 사회 문제 해결책, 칭찬

오므론은 1933년에 창업하여 약 90년의 역사를 지닌 회사이다. 산업용 오토메이션에 강하며 가정용 전자 혈압계는 전 세계 시장 점유율 1위를 자랑한다. 자동 개찰기와 현금 자동 입출금기(ATM) 같은 제품을 새롭게 만들어 내는 벤처 정신을 가졌다. 중국을 중심으로 해외 사업을 적극적으로 펼쳐 현재는 약 120개국에서 상품과 서비스를 제공하고 있다. 그룹 전체의 2021년도 매출액은 7,629억 엔에 달하며 그중 해외 매출액이 50% 이상이다.

새로운 미션과 밸류 설정

오므론 그룹 CEO 야마다 요시히토는 2020년도 1분기 결산 설명회에서 사업을 통해 사회적 가치를 창출하여 사회 발전에 공헌한다는 종래의 퍼포스로 돌아가 2020년과 2021년 두 해 동안 사업 변혁을 가속하는 데 집중하겠다고 선언했다.

전 세계적으로 장기화하는 기후 변화, 신종 전염병, 빈부 격차 등의 사회 문제로 인해 사회 전체가 지속 가능한 시스템으로 이행해야 한다는 목소리가 높아졌다. 이에 따라 오므론은 사업을 통해 사회 문제를 해결한다는 자사의 존재 의의를 되새기며 스스로 사업 변혁을 가속하겠다고 공표한 것이다.

오므론은 창업자 다테이시 가즈마의 신념에 따라 '기업은 사회의 공공 도구'를 핵심 기업 이념으로 삼았다. 이를 바탕으로 이전에는 이념 체계를 기본 이념, 경영 이념, 경영 및 행동 지침의 다층 구조로 설정했으나, 2015년에 미션과 밸류라는 2계층의 단순한 구조로 개정했다.

'우리 힘으로 우리 생활을 개선하여 더 좋은 사회를 만든다'라는 미션은 창업자가 제정한 사헌(社憲)으로, 오므론의 존재 의의를 나타낸다. '소셜 니즈 창조', '끝임없는 도전', '인간성 존중'이라는 3가지 밸류는 오므론이 중시하는 가치관을 드러낸다.

기업 이념 실천을 위한 'TOGA' 개시

오므론은 기업 이념을 실천함으로써 지속적인 기업 가치 창출 및 향상을 꾀하고 있다. 이를 위한 활동으로 2012년에 시작한 것이 'TOGA(The OMRON Global Awards)'이다. TOGA란 팀 단위로 기업 이념을 실천하여 그 성과를 표창하는 제도로, 오므론 직원 2만 9,000명의 기업 이념 실천에 대한 도전을 전 세계 지사에 공유하여 기업 이념에 공명하는 직원을 늘리려는 취지이다.

TOGA는 기업 이념 실천에 관한 것이라면 어떤 테마로 도전해도 상관없지만, 개인이 아니라 반드시 팀으로 참가해야 한다. 각 팀은 먼저 실천한 내용을 사업소 단위에서 발표한다. 사업소에서 부문별 전형을 통과하면 지역 대회로 진출한다. 여기서 금상으로 선정된 13

개의 우수한 테마가 세계 대회에 진출하고, 최종 발표가 이루어진다. 평가 기준은 매출액이나 수익이 아니라 기업 이념 실천도이며, 어떤 방법으로 생활을 개선하여 더 좋은 사회를 만들었는지를 중점적으로 평가한다.

예를 들어 2018년도에 표창을 받은 테마 중 하나는 러시아 팀이 실행한 밀주 박멸이다. 원래 러시아에서는 질 나쁜 밀주가 시장에 버젓이 나돌았다. 라벨이나 병만으로는 알아보기도 힘든 밀주가 가게에서 흔히 판매되었다. 소비자는 이를 구별하지 못하고 구매해서 건강을 해쳤고, 밀주는 심각한 사회 문제로 떠올랐다. 정부도 세금을 징수하지 못해 곤란한 상황이었지만 그저 뒷짐만 지고 있었다.

이런 상황에서 러시아 오므론 제어 기기 사업팀은 보드카 병에 QR 코드를 인쇄하여 이 문제를 해결하고자 했다. 원래 오므론은 QR 코드 기술력이 뛰어나서 제품에 QR 코드를 직접 인쇄하는 마킹 기술이나 빠르게 이동하는 병의 QR 코드를 정확하게 읽어 내는 기술을 보유하고 있었다. 이런 기술을 이용하여 정식 제품의 생산 일자와 생산지 정보를 추적할 수 있게 만든 것이다. 그리고 스마트폰 카메라로 QR 코드를 찍어 밀주인지 아닌지 판별할 수 있는 애플리케이션도 개발했다. 이 앱에는 밀주로 판별되면 그대로 당국에 신고하는 기능도 들어 있다.

이렇게 시스템을 구축해서 실용화하자 실제로 밀주 유통이 감소하여 소비자의 건강을 지킬 수 있었다. 이 시스템은 음료뿐만 아니라 식품과 약품에도 순차적으로 도입되었다.

러시아의 밀주 문제 해결은 회사가 보유한 QR 코드 기술을 활용하여 사회 발전에 기여했다는 점에서 기업 이념 실천도가 높다고 평가받았다. 그런데 TOGA 도입 초기에 유럽이나 미국에서는 직원들의 이런 활동에 대해 회의적인 반응을 보였다. 기부 문화가 자리 잡은 서구 문화권에서는 사업에서 낸 이익 일부를 사회에 기부하면 된다는 생각이 지배적이었기 때문이다.

하지만 CEO 야마다는 직원들과 대화를 거듭하여 기부는 재정적인 여유가 없으면 불가능하다는 점과 기부만으로는 확대 재생산이 이루어지지 않는다는 점을 들어 설득했다. 그 결과 직원들은 사업을 통해 기업 이념을 실천하면 사회 문제 해결을 통해 확대 재생산이 이루어져 그 범위를 확장할 수 있다는 것을 이해하게 되었고, 유럽이나 미국에서도 TOGA에 참가하는 팀이 늘어났다.

신진대사 체계를 도입하다

매년 5월 10일 창립 기념일에 개최하는 TOGA 세계 대회에서는 전 임원이 발표를 들은 뒤 각 팀의 기업 이념 실천에 대해 공감을 표하고 아낌없이 찬사를 보낸다. 이 과정에서 직원들의 모티베이션이 필연적으로 높아진다. 이런 프로세스로 TOGA 활동이 세계로 뻗어 나가면서 칭찬하는 문화가 자리 잡았다. 개최 초기에 2만 명 남짓이었던 참가자 수는 2016년에 4만 명을 돌파했고 2019년에는 5만 명 이상으로 증가했다. 그룹 전체 직원 수가 2만 9,000명인 것을 고려할 때 1명이 여러 가지 테마로 참가하는 사례가 늘고 있다는 뜻이다. 또 참가 테마 수도 2017년 이후 6,000건을 돌파했다.

이러한 기업 이념 실천 활동을 통해 신규 사업을 적극적으로 전개하는 동시에 가치가 떨어진 사업은 철수하거나 매각하여 경영 효율을 높일 필요가 있다. 이 신진대사 같은 체계를 갖추기 위해 오므론은 'ROIC(Return on Invested Capital, 투하 자본 이익률) 경영'을 도입했다.

현재 오므론에는 '제어 기기', '전자 부품', '사회 시스템', '헬스 케어'라는 4가지 주요 사업 분야가 있고 그 밑에 약 60개의 사업 유닛이 존재한다. 각 사업 유닛이 달성할 기준은 ROIC 10%로 설정했다. ROIC가 6% 이하이면 사업 철수를 검토하는데, ROIC만으로 결정하는 것은 아니고 매출 증가율, 시장 성장률, 시장 점유율을 포함한 4가지 축으로 사업을 평가하여 포트폴리오를 관리한다.

야마다는《다이아몬드 하버드 비즈니스 리뷰》2020년 10월호 인터뷰에서 이 ROIC 경영을 '기업 이념 경영하에서 오므론을 건강한 상태로 유지하는 안전장치'로 정의했다. 그리고 그가 생각하는 이상적인 회사는 '이념이 넘치는 강한 회사'라고 말했다. 여기서 말하는 강한 회사란 '성장력, 수익력, 변화 대응력 3가지를 갖춘 회사'를 가리킨다. 그는 회사에 이념이 없으면 존재 의의가 없고, 회사가 강하지 않으면 이념 실천을 위해 새로운 것에 끊임없이 도전할 수 없다고 강조한다. CEO 야마다는 '기업 이념 경영'과 'ROIC 경영'이라는 2가지 경영 기법으로 이를 제대로 증명했다.

기업 브랜딩에 기여하는
기업 이념 마케팅

기업 경영의 정신적 지주

오므론은 '기업은 사회의 공공 도구'를 핵심 기업 이념으로 삼는다. 기업 이념은 회사의 목적, 의의, 가치관 등을 나타낸다. 또 회사가 가장 중시하는 기본적인 생각이자 회사 내에서 이루어지는 모든 의사 결정과 행동의 기준이다. 경영 전략 프레임워크에서는 기업 전략보다 상위에 위치하며 기업 활동을 전개하는 데 가장 중요한 개념이라고 할 수 있다.

이처럼 기업 이념은 기업 경영에서 절대 변하지 않는 중심축, 즉 정신적 지주의 역할을 한다. 유사한 개념으로 경영 이념이 있는데, 이 또한 기업 활동의 근거를 명문화한 것이다. 다만 기업 이념은 기업 전체의 가치관으로 인식되는 반면 경영 이념은 보통 경영자의 가치관으로 인식된다. 즉, 경영 이

넘은 경영자의 경영 신조를 나타내며 대체로 창업자가 정한 경영관을 가리킨다.

기업에서는 이처럼 창업자의 경영 신조와 가치관이 경영 이념이라는 형태로 전해져 기업의 일체감을 조성한다. 경영 이념은 특히 변화를 촉구하는 요즘 시대에 변치 않는 가치관이나 행동 기준이 되어 준다. 매번 되돌아와서 확인하는 보편적인 가치 기준으로서 기업 경영의 중심축 역할을 한다.

이처럼 기업 이념이나 경영 이념은 기업 경영을 뒷받침하는 정신적 지주이다. 하지만 일상적인 기업 활동에서는 더 구체적인 조직 차원의 목적이나 목표가 필요하다. 기업 경영에서는 이를 미션이나 비전으로 나타낸다. 회사의 근본적인 목적이나 사회적 사명이 미션, 조직으로서의 목표나 바람직한 자세, 미래상이 비전에 해당한다.

미션은 보통 기업 강령으로서 공개된다. 여기에는 기업의 목적, 사회적 사명, 역할 등이 담겨 있다. 또 행동 목록, 달성할 재무 지표와 더불어 핵심 가치관을 보여 준다. 핵심 가치관이란 사회에 제공하고자 하는 가치나 사업을 통해 이루고 싶은 것을 말한다.

비전은 구성원의 행동 규범이나 판단 기준이 되어 조직의 통합을 촉진한다. 따라서 비전이 있어야 장기적으로 수익성을 높일 수 있다. 그런 기업을 '비저너리 컴퍼니'라고 한다. 50년 이상의 역사를 가진 기업이 몇 차례나 제품 및 경영진의 세대 교체를 거듭할 수 있었던 것은 명확한 비전을 내걸고 그것을 조직 말단에까지 전달해서 행동으로 드러나게 했기 때문이다.

미션과 밸류를 행동 규범에 반영

2015년에 오므론은 기업 이념을 미션과 밸류 2계층으로 이루어진 단순한 구조로 개정했다. 오므론의 미션은 '우리 힘으로 우리 생활을 개선하여 더 좋은 사회를 만드는 것'이다. 자사의 이익만 바라보고 사업을 하는 것이 아니라 사회에도 기여하겠다는 의지가 단적으로 드러나 있다. 일본을 비롯한 전 세계 수많은 기업의 미션도 이에 준한다.

예를 들어 소니는 '창의력과 기술의 힘으로 세상을 감동으로 채운다'라는 미션을 내걸었다. 이 미션에는 소니만의 특색과 더불어 스스로 설정한 2가지 핵심 역량으로 세계를 감동하게 만든다는 사명이 명확하게 나타나 있다. 이와 비슷한 의도의 미션을 패스트 리테일링이나 텐센트 등에서도 찾아

볼 수 있다.

또 사회에 어떤 가치를 제공하느냐 하는 사회적 역할을 직접 명시한 미션도 있다. 구글의 '세상 모든 정보를 정리하여 온 세상 사람이 접근하고 사용할 수 있게 하는 것'이나 페이스북의 '커뮤니티 형성을 지원하여 사람과 사람이 더 가까워지는 세상을 만든다' 등이 이에 해당한다. 이들은 자사의 사회적 역할을 명시하여 자신들이 나아갈 방향을 보여준다.

그리고 아마존의 '지구상에서 가장 고객을 소중히 여기는 기업'처럼 비전이 포함된 미션도 있다. 지금까지 아마존이 내놓은 배송비 무료, 추천 기능, 아마존 프라임, 드론 배송 등의 서비스는 이 미션을 바탕으로 탄생한 것이다. 최근에는 O2O 기반 오프라인 매장 '아마존 북스'와 무인 매장 '아마존 고'를 운영하고 있는데, 이들은 모두 아마존이 표방하는 미션을 체감할 수 있는 서비스이다. 이처럼 아마존의 미션에는, 고객을 우선한 서비스를 끊임없이 제공하여 고객 제일주의 회사를 만든다는 비전이 내포되어 있다.

한편 오므론은 밸류를 3가지로 설정했다. 밸류란 기업이 사회에 제공하고자 하는 가치를 말하며, 그 기업에서 중시하는 가치관이나 규범이라고 할 수 있다.

오므론이 더 좋은 사회를 만들기 위해 설정한 첫 번째 밸류

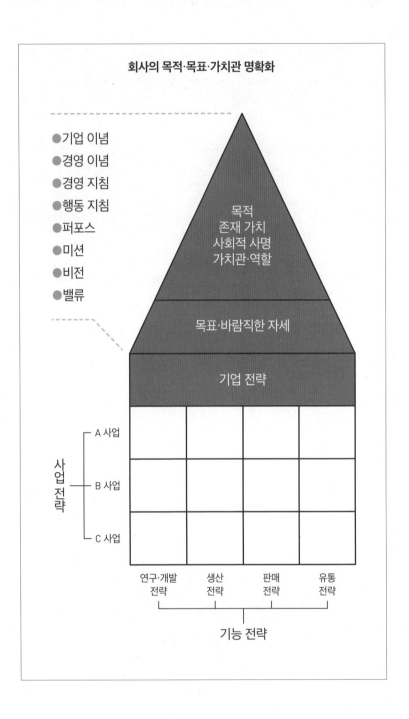

회사의 목적·목표·가치관 명확화

●기업 이념
●경영 이념
●경영 지침
●행동 지침
●퍼포스
●미션
●비전
●밸류

목적
존재 가치
사회적 사명
가치관·역할

목표·바람직한 자세

기업 전략

사업 전략
A 사업
B 사업
C 사업

연구·개발 전략 생산 전략 판매 전략 유통 전략

기능 전략

주요 기업의 미션

기업명	미션
소니	창의력과 기술의 힘으로 세상을 감동으로 채운다.
토요타	미소를 위해. 기대를 뛰어넘어.
패스트 리테일링	옷을 바꾸고, 상식을 바꾸고, 세상을 바꾼다.
구글	세상 모든 정보를 정리하여 온 세상 사람이 접근하고 사용할 수 있게 하는 것.
페이스북	커뮤니티 형성을 지원하여 사람과 사람이 더 가까워지는 세상을 만든다.
아마존	지구상에서 가장 고객을 소중히 여기는 기업.
바이두	기술로 복잡한 세상을 단순하게.
알리바바	모든 비즈니스의 가능성을 넓히는 힘이 되는 것.
텐센트	사용자에게 가치를 부여하여 살기 좋은 사회를 만드는 기술.

는 '소셜 니즈 창조'이다. 이는 단순히 사회의 니즈를 탐색하는 것을 넘어서 세상을 앞서나가 새로운 니즈와 가치를 창조하겠다는 의지를 보여 준다.

두 번째 밸류는 '끊임없는 도전'이다. 첫 번째에 명시한 새로운 소셜 니즈 창조에는 실패가 따르기 마련이다. 따라서 실패를 두려워하지 않고 도전하는 것이 중요하다.

세 번째 밸류는 '인간성 존중'이다. 여기서 말하는 인간성 존중이란 성실함을 자랑으로 여기고 인간의 가능성을 믿는 것이다. 이런 생각이 사회의 공공 도구로서 사회에 공헌하는 원동력이 되고 실패를 허용하여 끊임없이 도전할 수 있게 한다. 이런 점에서 아주 중요한 가치관이라고 할 수 있다.

이 3가지 밸류는 당연히 미션을 달성하기 위해 필요한 가치관이다. 오므론은 TOGA라는 글로벌한 활동을 통해 미션과 밸류에 담긴 기업 이념을 전 직원의 행동에 반영시켰다.

이처럼 미션과 밸류에서 중요한 것은 어디까지나 그것이 실제로 일하는 사람의 행동에 얼마나 반영되느냐이다. 이는 결코 쉬운 일이 아니다. 오히려 제대로 반영된 기업이 더 드문 현실이다. 기업 이념이 직원의 행동에서 드러나게 하는 것은 기업 브랜딩의 필요조건이다.

POINT

기업 이념 실천도를 높여 브랜드 가치를 향상하라.

마케팅이 돈이 되는 순간

사회 문제를 해결하는
기업 이념 기반 마케팅

시작은 인적자원을 최대로 활용하는 장치에서

TOGA를 시작하기 전 오므론에서는 실적 표창 제도를 시행하고 있었다. 이 제도는 괄목할 만한 실적을 낸 부서나 유효한 특허를 취득하여 회사에 큰 이익을 가져다준 인재를 표창한다는 점에서 다른 회사의 제도와 크게 다르지 않았다.

하지만 TOGA 창설에 대한 힌트는 이 제도 안에 있었다. 야마다가 CEO로 취임한 직후의 실적 표창에서 특별상을 받은 인도네시아 생산 자회사 사장 이라완 산토소의 수상 소감에서 힌트를 얻은 것이다.

2007년에 공장장으로 취임한 산토소는 곧바로 오므론 다이요를 방문했다. 오므론 다이요는 일본 오이타현 벳푸시에 있는 복지 공장으로, 일본 재활 연구의 선구자로 불리는 정형

외과 의사 나카무라 유타카가 창설했다. 나카무라는 오므론 창업자 다테이시 가즈마에게 장애인은 보호하기보다 스스로 일해서 자립할 수 있게 해야 한다고 호소했고, 이에 공감한 다테이시가 1972년에 오므론 다이요를 설립했다.

오므론 다이요에서 장애인이 비장애인과 함께 활기 넘치게 일하는 모습을 본 산토소는 그 모습에 감명받아 인도네시아에도 장애인이 활약할 수 있는 공장을 만들기로 했다. 그래서 2010년 인도네시아 공장에서 장애인을 대상으로 훈련과 고용을 결합한 프로그램을 개설했고, 이후 그 노하우를 공개하여 정부와 제휴를 통해 프로그램을 확대했다. 이는 인도네시아의 장애인 고용 촉진에 크게 기여했고 국제 노동 기구(ILO)에서 표창을 받기에 이르렀다.

산토소의 이러한 활동은 오므론의 기업 이념에 정확히 부합하는 활동이었다. CEO 야마다는 자신이 모르는 이런 사례가 사내에 더 있을 것이라 보고, 묻히지 않도록 전 사내에서 공유해야겠다고 생각했다. 그 결과 탄생한 것이 TOGA이다.

이처럼 TOGA는 기업 이념을 실천하기 위한 도전을 격려하여 직원들의 잠재 능력과 의욕을 끌어내 인적자원을 최대한 활용하는 장치로서 탄생했다.

일상 업무와 기업 이념의 연결 고리를 찾다

원래 인간은 욕구의 진화를 거듭하는 존재이다. 그것은 미국 심리학자 에이브러햄 매슬로의 욕구 5단계 이론이나 심리학자이자 경영학자인 더글러스 맥그리거의 Y 이론에 의해 증명되었다.

두 이론에 따르면 사람이라는 인적자원은 모든 욕구 중에서 최상위에 위치한 '자아실현 욕구'에 기초하여 자주적으로 일한다. 따라서 그 회사에서 일할 동기가 부여되는 무언가를 제공하면 주체적으로 목표를 설정하고 이를 실행한다.

야마다는 이 점에 착안하여 직원들이 일상적으로 수행하는 업무와 기업 이념을 잘 연결해서 오므론에서 일하는 동기를 명확히 하고, 일상 업무를 수행하면서 사회에 공헌한다는 의식을 조성해 자연스럽게 같은 방향으로 나아가도록 했다. 그래서 TOGA를 구상할 때 평소 업무와 별개로 특별 활동을 하는 것이 아니라 일상 업무 속에서 기업 이념과의 연결 고리를 찾아내서 참가하는 구조로 만들었다.

보통 회사에서 기업 이념은 액자에 넣고 벽에 걸어 조례에서 전 직원이 낭독하는 정적인 이미지이다. 하지만 TOGA에 의한 기업 이념 실천 활동에서는 기업 이념을 지극히 동적으로 인식한다. TOGA 활동은 전 세계에 퍼져 있는 직원들을 시작으로 고객, 투자자, 사회 전체를 끌어들여 기업 이념을 글로벌하게 실천하기 때문이다.

또 TOGA 세계 대회에는 사업 파트너, 기관 투자자, 학자 등 많은 사람을 초대하기 때문에 오므론의 기업 이념 경영을 알리는 좋은 기회가 되기도 한다.

오픈 이노베이션과 인재 고용 촉진

TOGA는 직원들의 잠재 능력과 의욕을 끌어내 인적자원을 최대한 활용하는 것이 전부가 아니다. 기업 이념을 실천함으로써 오므론의 기업 이념에 공감하는 외부인이 늘어나면 오픈 이노베이션을 실행하기 쉬워지므로 사업 활동 범위가 넓어져 더 다양하게 사업을 전개할 수 있다.

또 TOGA 활동이 사회적으로 좋은 평가를 받아 널리 알려지면 오므론의 기업 이념과 사풍에 공감하여 입사를 희망하는 사람이 늘어난다. 이는 필요한 인재를 채용하기 쉬워진다는 점에서 효과적이다.

이처럼 TOGA가 오픈 이노베이션과 인재 고용 촉진에 기여하는 것은 TOGA의 구조가 지극히 합리적이기 때문이다. '기업은 사회의 공공 도구'라는 만인이 공감하는 기업 이념을 직원 개개인의 일상 업무에 반영하여 사업 활동을 통해 실천함으로써 지속적으로 사회적 가치의 확대 재생산을 유도하는 시스템이다.

인적자원 관리는 채용과 연수만이 전부가 아니다. TOGA는 기업 이념을 실천하는 사업 활동을 통해 지속해서 사회 문제 해결을 도모함으로써 직원의 능력과 의욕을 최대한 끌어내는 관리 체계를 구축할 수 있다는 것을 보여 준다.

POINT

기업 이념 실천은 인적자원을 최대로 활용하는 방법이다.

7장

스타벅스
있는 그대로의 자신을 지키는 다이버시티 전략

지역을 상징하는 매장과 다양성을 실현하는 과감한 전략

스타벅스는 1971년 미국 워싱턴주 시애틀에서 창업한 세계 최대 커피 프랜차이즈이다. '제삼의 장소(서드 플레이스)'를 콘셉트로 안락한 인테리어, 오픈 테라스, 친근한 고객 응대를 통해 다양한 고객을 확보했다. 최근 일본에서는 지역 밀착형 매장인 '지역 랜드마크 스토어'를 조성하여 지역 사회와의 공존을 강화하고 있다. 2021년도(2020년 10월~2021년 9월) 매출액은 290억 6,100만 달러에 달한다.

Case Study

서드 플레이스의 확산

스타벅스는 1971년에 문을 연 미국 시애틀의 작은 가게에서 출발한 기업이다. 창업 당시에는 커피콩 가게에 불과했지만 지금은 전 세계 83개국에서 3만 2,000여 개의 매장을 운영하는 거대 커피 프랜차이즈로 성장했다.

그 성공 배경에는 창업자 하워드 슐츠의 강한 신념이 있었다. 단순히 커피만 파는 것이 아니라 안심하고 가족이나 친구와 대화할 수 있는 장소, 회사나 집의 연장선에서 인간관계를 쌓을 수 있는 장소를 만들겠다는 신념이었다. 즉, 자택도 직장도 아닌 '제삼의 장소(서드 플레이스)'를 제공하여 커뮤니티를 구축하고자 하였다.

일본에서는 현재 스타벅스 커피 재팬 주식회사라는 이름으로 전국에 1,704개 매장을 운영 중이다. 일본 내 커피 프랜차이즈 매장 수를 살펴보면 2위인 도토루 커피숍이 1,280개, 3위인 고메다 커피점이 950개로 스타벅스가 경쟁사의 매장 수를 압도한다. 코로나19가 시작된 2020년 봄에는 1,200개 매장이 일시적으로 문을 닫았으나, 영업 재개와 동시에 100여 개의 신규 매장을 출점하여 업계 리더로서의 저력을 보여 주었다.

매장에서는 커피를 중심으로 약 40종류의 음료 메뉴를 판매한다. 매일 다르게 제공되는 '드립 커피(390엔/톨 사이즈)' 외에도 질소 가스가 들어간 아이스 커피 '스타벅스 나이트로 콜드브루 무스 폼 다크 캐러멜(660엔/톨 사이즈)' 등 부드럽고 깊은 풍미를 자랑하는 메뉴들이 갖춰져 있다.

음료 메뉴 외에 디저트 메뉴도 있다. 일부 매장에서는 한정 메뉴도 판매하는데, 스타벅스의 최대 강점은 유료 또는 무료로 다양한 토핑을 추가할 수 있다는 점이다. 예를 들어 무료 서비스로 캐러멜 소스나 코코아 파우더를 추가하여 음료를 자기 취향에 맞게 만들 수 있다.

지역을 상징하는 장소 '지역 랜드마크 스토어'

현재 일본 스타벅스에서는 '지역 랜드마크 스토어' 조성에 특히 힘을 쏟고 있다. 스타벅스를 지역 사람들에게 특별한 존재로 만든다는 취지에서 문화재나 전통 건축 양식으로 지은 건물 등 지역을 상징하는 장소에 지역 사람들이 모이는 매장을 조성하는 것이다.

예를 들어 가고시마에는 유형 문화재로 등록된 구 사쓰마 영주 시마즈 가문의 건물에 개점한 가고시마 센간엔점이 있다. 고베에는 메이지 시대 양옥을 그대로 스타벅스 매장으로 만든 고베 기타노 이진칸점이 있고 후쿠오카에는 다자이후 텐만구의 참뱃길에 만든 다자이후 텐만구 오모테산도점이 있다.

지역 랜드마크 스토어는 현재 일본 내 28개 지역에서 운영되고 있다. 그중에서도 대표적인 것이 교토 니네이자카 야사카 차야점이다. 이 매장은 세계 최초 노렌(일본에서 가게 입구에 치는 상호가 새겨진 막)을 걸고 들어가는 스타벅스이자 세계 유일 다다미가 깔린 스타벅스이다. 개점은 2017년이었지만 실제로 매장을 오픈하기까지는 10년의 세월이 걸렸다.

니네이자카는 교토시 히가시야마구에서 기요미즈데라로 이어지는 참뱃길로, 에도 시대 말부터 다이쇼 시대에 걸쳐 형성된 상가가 죽 늘어선 전통 있는 경관을 자랑한다. 여기는 거리 경관 보전에 특별히 힘쓰는 지역이다 보니 스타벅스 개점을 두고 경관을 해치지 않을까 하는 우려의 목소리가 나왔다. 그래서 스타벅스는 경관 보전을 위해 힘쓰는 지역 주민들과 몇 번이고 의견을 나누며 개점을 위한 실마리를 모색했다.

이런 과정을 거친 끝에 지역 주민들이 원하는 대로 건물을 완벽하게 보존해서 매장을 꾸몄다. 훤히 드러난 지붕 밑 들보나 말벌 집도 일부러 오브제로 남겨 두어 살던 이의 숨결을 그대로 느낄 수 있게 했다. 스타벅스 로고도 매장 한쪽 벽에 프로젝터로 비춰 표시하는 방법을 선택했다. 이렇게 지역 주민들에게 진심을 전하고 하나하나 의견을 맞춰 나간 결과, 현재 스타벅스는 지역 활성화에 한몫하는 지역의 일원으로 자리매김했다.

지역 활성화를 지원하는 스타벅스 매장은 이 밖에도 있다. 교토부 가와라마치 거리 상업 빌딩에 있는 교토 BAL점은 신인 아티스트의 작품을 배치해 아틀리에처럼 꾸며 놓은 매장이다. 원래 교토에는 예술 대학이 많은데, 학생들은 보통 작품을 전시할 기회가 많지 않기 때문에 작품을 발표할 공간이 필요한 신인 아티스트를 지원하기 위해 만들었다. 지금은 교토뿐만 아니라 다른 지역의 신인 아티스트에게도 작품 발표 기회가 주어진다.

지역과의 공존을 실천하는 '지역 프라푸치노'

지역 사회와 공존하기 위한 일본 스타벅스의 노력은 이뿐만이 아니다. 2021년 6월에는 커피에 버금가는 인기 상품인 프라푸치노에 지역 특산물을 접목한 신메뉴를 개발하여 지역 사회와의 공존을 한층 강화했다. 47개 지역에서 그 지역을 위해 특별히 만든 지역 프라푸치노(47 JIMOTO 프라푸치노)를 한정 메뉴로 판매하여 고객들이 지역 명물과 특유의 식문화를 더 쉽게 접할 수 있게 한 것이다.

지역 프라푸치노의 개발 과정은 다음과 같다. 먼저 각 지역 매장 직원들이 그 고장의 특산물을 낱낱이 조사하여 아이디어를 교환한다. 여기서 채택된 아이디어를 본사로 보내면 상품 개발부에서 레시피화한 다음 테스트 키친에서 시제품을 만든다. 그 결과물을 지역 매장 직원들과 공유하면서 점차 완성도를 높인다.

이렇게 완성한 지역 프라푸치노는 모두 그 지역에서 생산한 재료를 써서 만든다. 예를 들어 아키타현 프라푸치노는 오가반도산 소금이 들어간 솔티드 캐러멜 프라푸치노이다. 야마나시현 프라푸치노는 야마나시 명물인 포도와 화이트초콜릿을 조합해서 만들었다. 미야자키현에서는 귤의 일종인 일향하에 망고 시럽을 첨가한 프라푸치노를 내놓았다. 이처럼 각 지역의 대표적인 특산물을 사용해서 지역마다 개성을 살렸다.

지역 프라푸치노의 취지는 단순히 새로운 메뉴를 만드는 것이 아니라 매장 직원과 지역 고객 사이에 유대감을 형성하는 것이다. 스타벅스는 지역 사회에 가까이 다가가기 위해 항상 고객의 일상에 활력과 여유를 가져다준다는 자신들의 존재 의의를 되새겼다.

사람이 중심에 있는 회사

지역 사회를 지원하는 매장 운영의 기반은 '파트너'라고 불리는 직원들이다. 직원을 파트너라는 호칭으로 부르는 이유는 스타벅스가 함께 일하는 직원을 가족으로 인식하기 때문이다.

파트너 체제의 매장 운영에서 가장 중요한 것은 '고객 응대'이다. 스타벅스는 경쟁사와 차별화된 독자적인 고객 응대 방식을 취한다. 예를 들어 단골손님이면 주문 내용을 기억해 두었다가 막힘없이 응대한다. 평소에 아이를 데리고 오던 손님이 혼자 오면 오늘은 왜 같이 오지 않았는지 자연스럽게 질문을 던져 친근감을 드러낸다. 여기서 끝이 아니라, 가령 유모차를 끌고 온 손님이 있으면 주문한 메뉴를 테이블로 직접 가져다준다.

이런 대화와 배려는 접객 매뉴얼에 규정된 것이 아니다. 스타벅스에는 접객 매뉴얼이 없다. 파트너 개개인의 판단으로 손님 한 사람 한 사람에게 최적의 서비스를 제공할 뿐이다. 매장 직원들은 파트너로서 손님이 행복을 느낄 수 있도록 응대한다.

이처럼 스타벅스는 지역 사회와 공생하며 고객의 일상에 활력과 여유를 선사한다. 이를 가능케 하는 것은 파트너, 즉 직원들이다. 스타벅스는 사람이 중심에 있고 사람을 소중히 여기는 회사이다. 회사로서 창출한 이익을 일하는 사람에게 환원함으로써 사람을 한층 더 성장시키고 사회에도 공헌한다. 스타벅스가 파트너를 중심으로 늘 새로운 일에 도전할 수 있는 것은 이러한 창업 이념이 뿌리 깊게 자리 잡았기 때문이다.

장애물이 앞을 가로막을 땐 센스메이킹을 활용하라

장애물 공략의 첫걸음은 '환경 인식'

스타벅스가 주력하고 있는 '지역 랜드마크 스토어' 조성은 지역을 상징하는 장소에 지역 주민들이 모이는 공간을 만드는 것이다. 문화재나 전통 건축 양식으로 지은 건물을 대상으로 하므로 관련 단체의 승인과 지역 주민들의 이해가 필요하다. 이렇게 승인을 받고 이해를 얻어도 관련 단체나 지역 주민들의 의견을 반영하여 매장을 조성하다 보면 갖가지 장애물이 앞을 가로막는다. 스타벅스는 이 불가능에 가까워 보이는 매장 조성을 어떻게 실현했을까?

경영학에 이를 설명하는 이론이 있는데, 바로 '센스메이킹' 이론이다. 조직 심리학자 칼 E. 웨익이 제창한 이론으로, 센스메이킹이란 기업이나 조직이 어떤 환경에 직면했을 때 그 환경을 감지하여 구성원과 이해관계자가 납득할 만한 답을 도출한 다음, 그것에 의미를 부여하고 행동으로 옮겨 실현하는 프로세스를 가리킨다.

정리하면 센스메이킹은 다음 3가지 프로세스 ❶'환경 인식', ❷'해석·의미 부여', ❸'행동·행위'로 구성된다.

센스메이킹의 첫 번째 단계는 '환경 인식'이다. 센스메이킹은 불확실성이 크고 예측이 어려운 낯선 환경에 놓였을 때 특히 유용하다. 여기서 말하는 환경은 연구에 따르면 다음 3가지로 나뉜다.

첫째는 '위기 상황'이다. 시장 침체, 시장 점유율 하락, 경쟁 기업의 공세, 급속한 기술 변화, 천재지변에 의한 경영 위기 등의 상황을 가리킨다.

둘째는 '아이덴티티 상실'이다. 사업 환경이 변화하면서 자사의 강점이 힘을 잃어 경영 이념이나 비전에 의구심을 품게 되는 상황이 여기에 해당한다.

셋째는 '의도적 변화'이다. 혁신 창출, 신규 사업 개시, 사업 다각화 등 과거에 시도한 적 없는 새로운 전략으로 전환하는 상황이 여기에 해당한다.

이 3가지 중 첫 번째와 두 번째는 기업이 의도하지 않은 수동적인 환경 변화인 한편, 세 번째는 의도적으로 행하는 이른

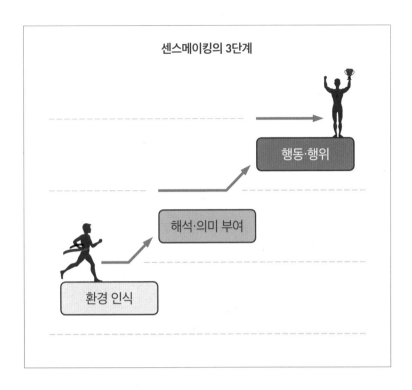

센스메이킹의 3단계

행동·행위

해석·의미 부여

환경 인식

바 능동적인 변화이다.

스토리 있는 '의미 부여'의 중요성

이렇게 환경을 인식하면 이제 그 환경을 해석한 뒤 기업이나 조직 내에서 공유할 수 있는 특정 해석으로 범위를 좁혀 의미를 부여하는 작업이 필요하다. 어떤 환경에 놓이거나 사건이 발생했을 때, 그에 대한 해석은 사람마다 다르다. 자의적인 해석은 기업이나 조직 내에 혼란을 초래하여 아이덴티티를 흔드는 결과를 낳을 수도 있다.

따라서 기업이나 조직의 리더는 각자 자의적으로 해석하는 것을 최대한 막고 해석을 통일해야 한다. 이것을 '조직화'라고 하며 센스메이킹에서 가장 중요한 프로세스이다.

조직화를 통해 여러 해석 중에서 특정한 것을 선별했으면 이제 그것에 의미를 부여해야 한다. 의미 부여가 충분치 않으면 구성원들의 이해를 얻지 못하므로 조직 전체의 해석 방향성을 통일할 수 없다. 그래서 의미를 부여할 때는 '스토리성'을 가미해야 한다.

이때 스토리는 구성원의 의문이나 불안을 해소하는 정도에 그쳐서는 안 된다. 구성원을 완전히 이해시켜 반드시 해낼 수 있다는 자신감을 가지도록 스토리를 짜야 한다.

단, 이 스토리에 정확한 분석이나 치밀한 전술까지 집어넣을 필요는 없다. 급격한 환경 변화가 나타나면 과거의 경험이 통하지 않고 여러 가지 해석이 나오기 때문에 상황을 정확히 분석할 수 없다. 그런 상황에서의 분석은 신빙성이 떨어지므로 오히려 더 구성원을 이해시키기 어렵다.

따라서 현재 어떤 상황인지, 앞으로 무엇을 해야 하는지 대략적인 방향성만 제시해도 충분하다. 그런 다음 거기에 의미를 부여해서 설득력 있게 전달하면 구성원의 이해를 얻어 조직의 발걸음을 맞출 수 있다.

실제 해 보고 새로운 정보를 얻는다

실행은 센스메이킹의 마지막 프로세스인 '행동·행위'에서 중대한 의미를 지닌다. 행동의 효과는 실제로 해 봐야 아는 경우가 많다. 그 예로 1950년대 말 혼다가 미국 오토바이 시장에 진출해서 성공을 거둔 사례가 있다.

당시 미국 시장은 연 200만 대 규모의 유럽 시장이나 성장세인 동남아시아 시장과 비교해서 오토바이 수요가 얼마나 있을지 판단이 불가한 상태였다. 그런 의미에서 미국 시장은 세계에서 가장 어려운 시장이었다. 그런데 1950년대에 접어들어 일상용품이 차례차례 전자화함에 따라 소비 의욕이 높아지면서 미국은 세계에서 가장 풍요로운 국가로 탈바꿈했다.

그래서 혼다는 세계 최고의 소비력을 자랑하는 미국에서 오토바이가 팔리기 시작하면 거대한 시장이 형성되리라고 판단했다. 수요가 아직 표면으로 드러나지 않은 어려운 시장이었지만 혼다는 도전 정신으로 미국 진출을 결정했다.

누구보다도 빨리 진출을 결정했지만, 미국의 잠재 오토바이 수요를 확보하기 위한 구체적인 시장 전략은 좀처럼 떠오르지 않았다. 한 가지 확실한 것은 엄청난 고난과 역경이 기다리고 있다는 것뿐이었다.

그래서 혼다는 일단 뛰어들어 보자는 생각으로 일본에서 주력하던 50~305cc 오토바이(드림 305, 드림 250, 벤리 125, 혼다 50[슈퍼커브 C100])를 미국 시장에 투입했다. 그러나 소비자들은 할리 데이비드슨이나 트라이엄프 같은 650~1,200cc 대형 오토바이를 선호했기 때문에 극소수의 마니아 외에는 혼다 오토바이를 거들떠보지도 않았다. 진출 첫해 반년간의 판매량은 고작 170대였다.

혼다는 이 상황에서 몇 가지 새로운 정보를 감지했다. 의외였던 점은 혼다 50이라는 이름으로 라인업에 추가한 슈퍼커브가 호평을 받은 점이었다. 미국의 끝없이 펼쳐진 장거리 도로에서는 대형 오토바이 수요만 있을 줄 알았는데, 장난감같이 가벼운 슈퍼커브가 뜻밖에 미국인의 흥미를 끈 것이다.

그래서 혼다는 혼다 50을 중점적으로 마케팅하기 시작했다. 혼다 50이 캠프장이나 낚시터, 사냥터 등에서 놀이용으로

마케팅이 돈이 되는 순간

쓰인다는 점을 감안하여 판매처를 오토바이 판매점으로 한정하지 않고 낚시용품점, 스포츠용품점 등으로 확대했다. 그리고 서비스 매뉴얼과 기술 매뉴얼을 만들어 연수를 실시했다. 판매점 단위 판촉 행사뿐만 아니라 잡지, TV 광고도 대대적으로 진행했다.

이러한 마케팅 믹스의 효과로 미국에 혼다 50 열풍이 일었고, 이는 곧 하나의 사회 현상이 되었다. 이에 따라 혼다 50의 판매량도 크게 늘어 3년 후인 1961년에는 판매 대수가 월 1,000대를 넘어섰고, 그다음 해인 1962년에는 연간 판매 대수 4만 대를 달성했다.

혼다의 사례가 보여 주듯이 미지의 영역에 진출할 때는 일단 행동으로 옮기는 것이 첫걸음이다. 실제 행동이 환경에 어떻게 작용하는지 보고 거기서 새로운 정보를 도출해야 한다. 그렇게 하면 인식한 환경에 대한 해석이 더 명확해진다. 이처럼 실제 행동을 통해 환경에 영향을 미치는 것을 '실연(実演, enactment)'이라고 하며, 센스메이킹의 행동 단계에서 중요한 의미를 지닌다.

구성원의 자발적인 생각과 행동을 끌어낸다

스토리를 더해 이해를 심화하면 구성원은 '자기가 해야 하는 일과 할 수 있는 일'을 자발적으로 생각해서 행동으로 옮긴다. 주체적으로 행동하면서 시행착오를 거듭하면 납득할 만한 스토리가 탄생한다. 그러면 그 스토리를 이해하는 과정에서 한 걸음 더 나아갈 수 있다.

스타벅스가 만든 지역 랜드마크 스토어는 지금까지 없던 새로운 매장 형태이므로 센스메이킹의 환경 분류에서 셋째 '의도적인 변화'에 해당한다. 새로운 형태의 매장이라는 의도적인 환경 변화에 관해 스타벅스가 짠 스토리는 '❶새로운 매장 구상 → ❷스타벅스만의 특색을 살리는 것이 조건 → ❸지금까지 없던 지역 밀착형 서드 플레이스 모색 → ❹문화재나 전통 건축 양식으로 지은 건물을 대상으로 함 → ❺건물의 외관을 바꾸지 않고 스타벅스의 존재감을 드러내는 매장 조성'이었다.

이렇게 새로운 형태의 매장을 만든다는 목표와 관련해 문화재나 전통 건축 양식으로 지은 건물을 사용해서 스타벅스만의 독자적인 지역 밀착형 서드 플레이스를 만든다는 일련의 스토리는, 스타벅스가 지금까지 한 적 없는 새로운 시도라는 점에서 수많은 어려움을 동반할 것으로 예상되었다. 하지만 지금까지 어떤 기업도 이루지 못한 일이라는 점에서 조직의 공통 목표로서 구성원에게 의미를 부여하기에는 충분했다.

스타벅스는 수많은 난관을 극복하고 지역 랜드마크 스토어 1호점으로 가마쿠라 오나리마치점을 오픈했다. 지금은 일본 전역에 28개의 매장이 있는데, 매장 하나하나를 준비하는 과정에서 수많은 성공 경험이 축적되고 또 활용되었다. 교토 니네이자카 야사카 차야점의 사례를 보면 이를 확실히 알 수 있다. 다 같이 아이디어를 내서 여러모로 궁리한 끝에 장애물을 이겨 내고 무사히 개점할 수 있었다.

이처럼 기업이나 조직에서 구성원들이 대략적인 방향성을 공통으로 인식하고 그것을 믿으며 강한 의지로 나아가면 아무리 어렵고 불가능해 보이는 일이라도 끝내 달성할 수 있다.

POINT

센스메이킹을 활용해서 난관을 돌파하라.

다양성을 포용한
새로운 매장을 만들다

다양성을 포용한 매장 조성

최근 많은 기업이 경영에서 '다이버시티 & 인클루전(다양성 포용)'을 중요 과제로 설정하고 있다. 다양성을 받아들여 개개인의 능력과 감성을 충분히 발휘할 수 있는 기업 풍토를 조성하면 새로운 관점과 가치를 만들어 낼 수 있기 때문이다.

스타벅스에서도 다이버시티 경영을 도입했다. 2020년 6월 도쿄 구니타치역 개찰구 근처에 신규 매장 '스타벅스 커피 노노와 구니타치점'을 오픈했는데, 이 매장의 운영 방식은 여타 지점과 다르지 않지만 손님과의 커뮤니케이션 수단으로 수화를 사용한다는 차이점이 있다. 따라서 파트너는 청각 장애인을 중심으로 구성되어 있다.

현재 일본 스타벅스에는 장애를 가진 파트너가 368명 근무

중이다. 청각 장애인은 그중 63명으로, '우리가 중심이 되어 일하는 지점을 만들고 싶다'라는 강한 염원이 기폭제가 되어 이 지점을 설립하게 되었다. 이는 스타벅스가 미션과 밸류로 내세우는 '서로를 진심으로 인정하고 누구나 자기가 있을 곳이라고 느낄 수 있는 문화를 만든다'라는 가치관에 정확히 부합한다.

다이버시티란 다양한 사람들을 조직에 포함하는 것을 의미한다. 그러나 다이버시티를 조직에 도입하여 조직 문화로 승화하는 데는 수많은 어려움이 따른다. 이 매장을 조성하는 과정에서도 수화 응대를 기본으로 하기 위해 여러모로 머리를 짜내야 했다.

수화가 통하지 않는 상황을 대비해서 손님이 뜻을 이해할 수 있도록 보드를 설치하고 주방에도 독자적으로 개발한 시스템을 도입했다. 그리고 일반 매장에서는 커피가 완성되면 타이머가 울리는데, 여기서는 진동으로 알려 주는 디지털시계를 사용하기로 했다.

이렇게 여러 가지 방법을 고안해서 매장을 방문한 손님이 불편함 없이 쾌적한 시간을 보낼 수 있게 했다. 실제로 방문객들은 다음과 같이 말했다. "보통 청각 장애인이 하는 가게는 수화에 관심 있는 사람들만 오는데, 여기는 수화를 잘 모르는 사람들도 많이 온다는 점에서 의미가 있다." "다른 스타벅스와 마찬가지로 아무 문제 없이 잘 이용하고 있다."

이처럼 다양성을 확대해도 변함없이 만족스러운 서비스를 제공할 수 있는 까닭은 스타벅스가 다이버시티 경영을 위해 오랫동안 노력해 왔기 때문이다. 스타벅스는 장애로 인해 서포트가 필요한 파트너를 지원하는 '챌린지 파트너 서포트 프로그램'을 2002년부터 운영하고 있다.

이 프로그램은 장애인의 능력 발휘를 돕는 전용 트레이닝 도구와 서포트 도구 제공, 근무 시간 및 근무 방식 조정, 업무 과정에서 성장을 돕는 코칭 제도 등을 포함한다.

스타벅스의 창업 정신은 '자택도 직장도 아닌 제삼의 장소를 제공하여 커뮤니티를 구축하는 것'이다. 장애인이든 비장애인이든 상관없다. 스타벅스는 사람과 사람의 연결을 소중히 하여 누구나 자기가 있을 곳이라고 느낄 수 있는 환경을 만들고자 노력하고 있다.

있는 그대로의 자신을 지킬 수 있는 '사이닝 스토어'

그렇다면 다이버시티를 추구하는 것은 기업에 플러스로

작용할까? 다이버시티는 크게 '태스크형 다이버시티(task diversity)', '데모그라피형 다이버시티(demographic diversity)' 2가지로 나뉜다.

전자는 능력, 지식, 경험, 가치관, 성격 등 외견으로는 식별하기 어려운 다양성을 의미하므로 '심층적 다이버시티'라고 불린다. 후자는 나이, 성별, 국적, 인종 등 눈으로 식별 가능한 다양성을 가리키므로 '표층적 다이버시티'라고 부른다.

연구에 따르면 이 2가지 다이버시티가 기업 성과에 미치는 영향은 상이하다. 태스크형 다이버시티는 기업에 플러스 효과를 가져다주지만, 데모그라피형 다이버시티는 기업에 플러스 효과를 주지 못하고 상황에 따라 마이너스 효과를 가져오기도 한다.

태스크형 다이버시티가 기업에 플러스 효과를 가져다주는 이유는 조직에서 지식의 탐색을 촉진하기 때문이다. 서로 다른 능력과 경험을 지닌 인재들이 조직 내에 모이면 다양한 관점에서 다양한 지식이 나온다. 이를 조합하여 새로운 지식을 창출함으로써 기업의 성과를 높일 수 있다.

한편 데모그라피형 다이버시티가 기업에 마이너스 효과를 불러오는 이유는 조직 내에 인지 편향이 발생하기 때문이다. 인지 편향이란 선입견이나 고정관념에 의해 비합리적인 판단을 내리는 것이다.

조직 내에 서로 다른 인종이나 국적의 사람들이 모이면 타인을 눈에 보이는 속성으로 판단하기 마련이다. 그러다 보면 인종이나 국가별로 인지 편향에 의한 집단이 생성된다. 이러한 인지 편향 집단이 생기면 집단 간에 다툼이 발생하여 교류가 어려워지기 때문에 조직 내에 정체가 발생하여 기업 전체의 성과가 떨어진다.

세계화가 진전된 오늘날에는 국적을 불문하고 인적자원의 충실을 기하는 기업이 많다. 그 목적을 태스크형 다이버시티에 두느냐, 데모그라피형 다이버시티에 두느냐에 따라 기업 성과에 미치는 영향이 달라진다. 인종이나 국적 등에 얽매이지 않고 능력이나 경험의 관점에서 인적자원을 철저하게 관리하면 다이버시티는 기업 실적 향상으로 이어질 것이다.

그렇다면 인적자원을 어떻게 관리하는 것이 좋을까? 기업이 아무리 태스크형 다이버시티의 관점에서 다양화를 추진해도 인종이나 국적 같은 속성이 다양해지면 데모그라피형 다이버시티의 특성상 필연적으로 인지 편향이 발생한다. 따라서 이 인지 편향을 제거할 필요가 있다.

그 방법으로는 사원 연수에 인지 편향을 없애는 프로그램을 도입하는 방법이 있다. 이런 연수 프로그램은 스탠퍼드 대학교 등에서 연구가 활발히 진행되고 있는데, 현재 어느 정도 효과가 입증되었다.

스타벅스가 도입한 다이버시티는 태스크형 다이버시티였다. 스타벅스 커피 노노와 구니타치점 같은 매장을 '사이닝 스토어(signing store)'라고 하는데, 현재 말레이시아, 미국, 중국 등 10곳에 존재한다. 이 활동은 전 세계로 범위를 넓혀 갈 예정이다.

사이닝 스토어는 청각 장애가 있는 파트너나 고객이 있는 그대로의 자신을 지킬 수 있는 장소이자 매장을 방문한 누구나 새로운 깨달음을 얻을 수 있는 장소이다. 직원 개개인이 본래의 힘을 발휘할 수 있는 환경을 만들면 기업 전체의 성과 또한 높일 수 있다.

POINT ─────────────────────────

다양성을 조직 문화로 승화하라.

8장

양품계획

독자 세계관을 창조하는 브랜드 전략

가격에 맞는 가치를 제공하는 브랜드 파워의 진가

株式会社 良品計画　MUJI 無印良品

1989년에 설립된 양품계획은 '무인양품(MUJI)'이라는 브랜드를 내세워 상품 기획부터 제조, 판매까지 직접 하는 전문 소매 기업이다. 국내외에서 가구, 의류, 생활 잡화, 식품 등을 판매하는 동시에 온라인 스토어도 운영 중이다. 2022년 1월에 오픈한 새로운 형태의 매장 'MUJIcom 히가시이케부쿠로'에서는 매장 내에서 조리한 도시락과 반찬 및 인기 즉석식품 50종을 제공하며 취식도 가능하다. 그룹 전체의 2020년도(2020년 9월~2021년 8월) 매출액은 4,536억 8,900만 엔에 달한다.

규모 확대보다 상품 콘셉트 중시

주식회사 양품계획은 과도한 장식을 배제한 디자인에 품질 좋고 합리적인 상품을 제조·판매함으로써 시장을 확대하여 무인양품(MUJI)이라는 브랜드를 세계에 알렸다. 세계 시장에서 통하는 상품이라는 자부심을 가지고 같은 지역 내 기존 매장이 흑자로 전환할 때까지 신규 출점을 보류하는 방침으로 비교적 여유 있는 진출 속도를 유지해 왔다. 무인양품이 처음 만들어진 1980년부터 2021년까지 40년간 일본을 포함한 전 세계에 1,068개의 매장을 출점했다(해외 30개국 571개, 일본 497개).

양품계획의 퍼포스는 무인양품, 즉 상표 없는 좋은 물건을 만들어 전 세계인의 생활을 편리하게 하는 것이다. 그래서 사업 분야나 사업 규모 확대보다 콘셉트 실현에 무게를 두고 회사를 운영해 왔다. 상품과 제공 가치가 강점인 무인양품이 해외에서도 수요가 있다는 것을 어느 정도 알고 있었지만, 업무 체계가 충분히 확립되지 않은 데다 경험이 풍부한 사원도 부족했으므로 해외 시장 진출은 더디게 진행되었다.

실제로 런던과 홍콩에 각각 1호점을 낸 것은 무인양품이 만들어진 지 10년 이상 지난 1991년이었다. 그 밖의 유럽 도시 진출은 1998년부터였고, 중국 진출은 2005년, 미국 진출은 2007년으로 2000년대 중반 이후에 첫발을 내디뎠다.

양품계획의 해외 진출은 처음에 현지 회사와의 파트너십을 통해 합작 투자의 형태로 진행되었다. 그러나 곧 양측의 경영 방침에 차이가 있으면 자사의 신념을 고객에게 전달할 수 없다는 사실을 깨달았다. 그래서 현지 자회사를 설립하여 직영점을 운영하는 방식으로 변경함으로써 주도권을 쥐었다.

예를 들어 영국에 진출할 때는 디자인을 중시하는 영국의 리버티 백화점과 합작 회사를 설립하여 런던 1호점을 출점했다. 파트너십 상대로서 양품계획의 상품을 취급하고 싶다고 가장 먼저 명함을 내민 것은 해로즈 백화점이었으나, 경영 방침의 차이로 리버티를 선택했다. 하지만 그렇게 선택한 리버티와도 경영 방침에 관한 의견 차이가 발생했고, 1991년 리버티와의 관계는 유지한 채로 리젠트 거리 옥스퍼드 서커스 근처에 새 매장을 냈다. 매장 넓이는 155㎡로 협소했으나 자사의 재량을 마음껏 펼쳐 낭비를 최소화하고 소재를 그대로 살린 디자인을 내놓아서 고객들의 호응을 얻었다. 결국 1997년에는 리버티와의 제휴를 끝내고 유럽 자회사를 설립하여 런던 매장을 운영하게 되었다.

가격에 맞는 가치

이처럼 무인양품은 현재 해외 진출 시 현지 자회사를 설립하여 자사 주도로 매장을 내는 방식을 채택하고 있다. 하지만 상황에 따라 현지 기업과 파트너십을 맺을 수밖에 없는 경우에는 51% 이상의 출자 비율로 매장을 내서 반드시 경영의 주도권을 잡는다.

해외에서 수요가 예상되면 보통 조기에 진출해 승기를 잡으려 하지만, 양품계획은 비교적 느긋한 진출 속도를 유지했다. 이는 매장망 확대 이전에 진출할 국가의 소매 환경을 충분히 이해하여 과잉 광고 없이 입소문으로 평판을 얻기 위해서였다.

구체적으로는 한 국가나 지역의 기존 매장이 흑자로 전환하여 현지 매니저로부터 신뢰할 만한 정보를 얻을 수 있을 때 비로소 매장을 늘리는 것이다. 무인양품은 이러한 접근법을 해외 진출의 기본 방침으로 삼아 왔다.

현재 해외 사업은 '유럽·미국 지역', '동아시아 지역(중국, 홍콩, 한국, 대만)', '서남아시아·오세아니아 지역(호주, 인도, 인도네시아, 말레이시아, 중동, 필리핀, 싱가포르, 태국)'의 3개 사업부로 나눠 각국의 책임자가 각 사업부장에게 보고하는 체제이다.

출점 계획은 이 세 사업부의 사업부장이 양품계획 사장과 회장이 참석하는 출점 계획 위원회에 제출하며, 2003년에 제정된 가이드라인을 따라 결재한다.

초기 해외 사업은 좋은 평가를 받았지만 끝내 흑자를 달성하지 못했다. 결국 1998년에는 아시아 지역 사업을 부득이하게 철수했다. 하지만 2001년 홍콩에 다시 매장을 낸 이후로는 순조롭게 성장하고 있다.

매장 입지는 보통 무인양품을 구매할 만한 사람이 많은 도심의 번화가나 대학 주변 또는 온라인 판매량이 높은 곳으로 선정한다. 그런데 미국 시장에 진출할 때는 이 기준만으로 입지를 선정할 수 없었다.

왜냐하면 미국은 어떤 시장이든 이미 성숙 단계여서 인건비는 물론 임차료나 건설비도 비싸므로, 매장을 크게 지어 모든 상품을 갖춰놓거나 가격을 낮추기가 어렵기 때문이다.

그래서 입지보다는 각 지역 특성에 맞는 상품을 갖추는 것이 더 중요하다고 판단하여 매장마다 최적의 상품을 엄선해서 들여놓기로 했다. 그리고 매장에서 판매하는 상품은 주로 아시아에서 제조하기 때문에 미국 매장에 들여놓으려면 바다를 건너서 수송해야 했다. 그래서 미국 내 제조 또한 중요 과제로 떠올랐다.

미국 1호점은 최신 유행에 민감한 젊은이의 거리로서 많은 손님을 불러 모을 수 있는 뉴욕 소호에 오픈했다. 맨해튼 시장의 반응을 확인한 뒤 주변 지역에 매장을 5개 더 내고 캘리포니아주에서도 테스트 마케팅을 시행했다. 그 후 산타모니카, 산호세, 할리우드, 팔로알토, 보스턴 순으로 차근차근 매장을 늘려 갔다.

한편 세계 시장에 진출하면서 품질 관리도 중요 과제로 떠올랐다. 품질에 관해 양품계획은 공통 비전을 수립하고 업무를 통일하여 전 세계 어디를 가든 매장에 들어서서부터 구매한 상품을 사용하기까지 동일한 '브랜드 체험'을 할 수 있게 한다는 방침을 세웠다.

이를 위한 노력으로 매장 인테리어와 배치, 상품 관리 기준 등을 정하는 부서를 설치하고 매장 직원용 연수 내용을 통일했다. 그리고 현지 채용 점장 중 몇 명을 선발하여 도쿄 본사에 불러 지도했다.

또 물류, 회계, 상품 관리를 합리화하여 데이터 공유 시스템을 마련했다. 양품계획에서 제조·판매하는 상품은 7,000가지 이상인데, 특정 국가나 지역을 기준으로 현지화하거나 조정하지 않는다. 이러한 공통 비전 수립과 업무 통일은 중국에서 시작했는데, 현재 전 세계로 확대되었다.

해외 사업 확대와 동시에 양품계획은 경제 불황이 이어지는 일본에서도 꾸준히 호조를 유지하고 있다. 이는 무인양품이 가격에 맞는 가치를 제공한다는 인식이 형성되었기 때문이다.

현재 해외 사업 매출액은 전체의 35% 수준이다. 양품계획은 규모 확대보다도 진정한 무인양품의 철학 구현을 우선하여 전 세계인의 생활을 편리하게 하기 위해 노력하고 있다. 높은 품질, 합리적인 가격, 지속 가능성이 높은 디자인을 추구하는 양품계획의 세계관은 곧 전 세계로 영역을 확장할 것이다.

기업 고유의 강점을 살리는
해외 진출

3가지 우위성에 따른 판단

기업이 해외 진출을 결정할 때 무엇을 기준으로 판단해야 효과적일까? 경영학에서는 3가지 우위성인 '고유한 강점', '진출국', '내부화'를 기준으로 판단한다. 이 판단 기준은 영국 경영학자 존 더닝이 제창한 것으로, 'OLI 패러다임(절충 패러다임)'이라고 불린다.

첫 번째, 고유한 강점은 기술력이나 브랜드 파워 등 그 기업만의 강점을 말하며, 이 강점의 유무로 해외 진출 여부를 판단한다. 해외에 나가면 현지 기업들과 경쟁해야 하므로 낯선 타국에서 새롭게 시작하는 것이나 다름없다. 이런 관점에서 필연적으로 핸디캡을 안고 출발하게 된다. 따라서 이러한 핸디캡을 보완할 만한 강점을 가지고 있어야 한다.

두 번째, 진출국 우위성은 기업 고유의 강점을 살릴 만한 진출국을 선택할 수 있는지를 말한다. 기업이 고유한 강점을 가지고 있을 때 제조, 운영, 판매, 마케팅 면에서 기술, 브랜드, 노하우를 복합적으로 활용하여 강점을 살리면 효과가 더욱 커지기 때문이다.

세 번째, 내부화 우위성은 기업의 고유 능력을 진출국으로 이전할 때 기업 내부를 경유하는지 여부를 말한다. 기업 내부를 경유한다는 것은 수출이나 라이선싱처럼 제삼자를 거치지 않고 현지 법인을 설립해서 직접 진출한다는 뜻이다. 현지 법인을 설립해서 공장이나 매장을 운영하면 수출이나 라이선싱보다 비용이 많이 들므로 그 비용을 상쇄할 만한 이점이 있어야 한다.

동일한 '브랜드 체험' 제공

양품계획의 해외 진출은 이 3가지 기준을 모두 충족한 상태로 이루어진 것이 아니라 진출 과정에서 하나씩 충족해 나가는 방식으로 이루어졌다. 양품계획의 고유한 강점은 과도한 장식을 배제한 디자인의 품질 좋고 합리적인 상품을 판매하

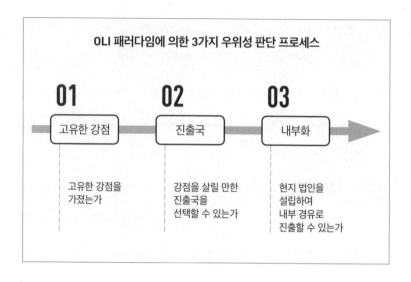

OLI 패러다임에 의한 3가지 우위성 판단 프로세스

01 고유한 강점   **02** 진출국   **03** 내부화

고유한 강점을
가졌는가

강점을 살릴 만한
진출국을
선택할 수 있는가

현지 법인을
설립하여
내부 경유로
진출할 수 있는가

는 무인양품의 브랜드 파워이다. 이 브랜드 파워를 해외에서
도 똑같이 발휘하면 현지 기업보다 우위를 점할 수 있으리라
고 생각했다. 그러나 진출 초기에는 일이 생각대로 흘러가지
않았다.

예를 들어 중국은 워낙 땅이 넓다 보니 매장 간의 거리가
너무 멀어서 자국의 관리자와 판매원을 전 매장에 파견하여
감독할 수 없었다. 그래서 모든 관리를 현지 매니저에게 일임
하기로 했는데, 매장 운영에 관한 각종 판단이 현지 매니저의
재량으로 이루어지다 보니 무인양품이 가진 브랜드 파워를
충분히 발휘할 수 없었다.

그래서 상품 관리 등의 기준을 정하는 부서를 설치하여 매

장 판매원의 연수 내용을 통일하고 현지에서 채용한 점장을 도쿄 본사 연수에 참여시켜 철저하게 지도했다. 그 바탕이 된 것이 '무지그램(MUJIGRAM)'이라는 매뉴얼이다.

무지그램은 단순한 매뉴얼이 아니라 업무 개선을 위한 행동 패턴 재검토에 무게를 둔 지침이다. 현장에서 직원이 무지그램을 바탕으로 끊임없이 업무를 개선함으로써 조직의 행동 패턴을 완성형에 가깝게 만들어 가는 것이다.

또 물류, 회계, 상품 관리를 합리화하여 어느 매장에서든 같은 데이터를 공유할 수 있도록 시스템을 정비했다. 이렇게 여러 가지 방법으로 고객이 전 세계 어느 매장을 방문하든 매장에 들어서서부터 구매한 상품을 사용하기까지 동일한 '브랜드 체험'을 할 수 있게 했다.

진출국 우위성에 관해서도 양품계획의 브랜드 파워를 살릴 수 있는지를 우선했다.

양품계획은 현지에서 브랜드 파워를 높이기 위해 2004년 이탈리아 밀라노 진출 당시 전년도에 열린 밀라노 살로네(1961년부터 개최된 세계 최대 가구 박람회)에 출전하여 직접 무인 양품을 소개했다. 이는 현지의 관심 있는 사람들에게 브랜드를 각인시키는 데 도움이 되었다.

이러한 입지 선정 기준은 대다수 국가에 적용할 수 있었으나 미국만은 예외였다. 특히 임차료가 비싼 것이 큰 문제였다. 이 문제를 해결하기 위해 부동산 중개업자를 거치지 않고 물건 찾기부터 교섭까지 직접 수행했다. 일등지에서 비교적 임차료가 싼 2층의 넓은 물건을 골라 임차료를 낮췄다.

내부화 우위성은 해외에 진출하는 과정에서 단계적으로 충족해 나갔다. 해외 진출 초기에는 라이선스 계약을 체결하거나 현지 파트너와 합작 회사를 설립하는 형태로 진출했기 때문에 무인양품의 브랜드 파워를 충분히 발휘하지 못했다.

북유럽 진출은 라이선스 계약 방식으로 진행했고 영국, 홍콩 진출은 각각 리버티, 윙온 그룹과 함께 합작 투자 방식으로 진행했다.

그러나 전략이나 운영에 관해 견해 차이가 생기면서 의견이 받아들여지지 않는 경우가 많아졌고, 이에 따라 무인양품의 브랜드 파워를 제대로 발휘할 수 없게 되었다.

그래서 양품계획은 전략을 재검토하기 시작했다. 기존의 방법을 다시 살펴보고 현지 법인을 설립하여 직판점을 운영하는 형태로 전환했다. 2001년에는 홍콩에, 2003년에는 싱가포르에, 2004년에는 한국에 각각 자회사를 설립하여 아시아 진출에 성공했다.

부득이하게 파트너십을 맺어야 할 때는 자사의 출자 비율을 반드시 51% 이상으로 하여 경영권을 손에 넣었다. 이렇게 해서 양품계획은 운영을 비롯한 모든 업무를 자사 재량으로 할 수 있게 되었고, 무인양품의 브랜드 파워를 살린 매장 운영이 가능해졌다.

POINT

해외 진출 시 '고유한 강점', '진출국', '내부화'의 우위성을 갖춰라.

해외 진출로
자사의 통찰력을 높이다

판단의 한계를 깨닫다

양품계획의 해외 진출은 도중에 전략을 재검토하기도 하고 아시아에서 일시적으로 철수하기도 했으므로 단기적으로 보면 실패라고 생각할 수도 있다. 하지만 장기적으로 보면 현실적이고 합리적인 진행 방식이었다.

이는 기업의 판단에 한계가 있기 때문이다. 그래서 기업은 학습 및 조사를 통해 판단 범위를 차츰 넓혀 가며 성과를 높여야 한다. 양품계획은 해외 진출 과정에서 갖가지 위기와 문제 상황을 맞닥뜨렸고 그것을 하나하나 해결하면서 자사의 판단 범위를 넓혔다.

기본적으로 기업이 판단 범위를 넓히는 방향성은 '진출국 선정'과 '진출 형태' 2가지로 나뉜다. 기업이 해외에 진출할 때, 진출국과 자국 간에는 제도나 문화 차이가 존재하기 마련이다. 기업의 판단 범위는 한정되어 있기 때문에 사업 리스크를 피하기 위해 처음에는 제도, 문화, 거리 면에서 가까운 나라에 진출하여 경험치를 쌓아야 한다. 그리고 학습을 통해 판단 범위를 넓혀 점점 먼 나라로 진출 범위를 넓힌다.

또 낯선 타국에 처음부터 거액의 자금을 투입하는 것은 지나치게 위험하다. 따라서 판단에 한계가 있는 기업은 먼저 수출이나 라이선싱 등 위험성이 낮은 형태로 사업을 시작해서 진출국의 제도와 관습을 익혀 판단 범위를 넓히는 것이 중요하다. 경험이 쌓이면 현지 법인을 설립하여 판매 및 제조 거점을 직영화한다.

양품계획의 해외 진출이 처음부터 꼼꼼한 시장 조사를 거쳐 전략적으로 이루어진 것은 아니다. 즉, 해외 진출 초기 양품계획은 판단 근거가 충분치 못한 기업이었다. 그러나 실패와 난관을 극복하는 과정에서 경험치를 쌓아 해외 진출에 관한 노하우를 축적했고, 그것이 오늘날의 성공으로 이어졌다.

양품계획의 첫 해외 진출은 1991년 런던이었다. 진출을 결정한 이유는 1991년 당시 세존 그룹(무인양품이 PB로서 속해 있던 회사)이 리버티와 업무 제휴 계약을 체결한 것을 계기로 무인양품의 사업에 흥미가 있던 리버티 측에서 판매를 제안했기 때문이다.

그리고 1980년대 후반 런던에서 열린 전시회에 무인양품을 출품했을 때 영국 소매 기업으로부터 다수의 거래 제의가 들어와서 런던 쪽의 수요를 확인하고 상황을 보던 중이었다. 리버티와는 50%씩 출자하여 합작 회사를 설립했고 양품계획이 상품 공급을, 리버티가 판매를 담당하는 형태로 사업을 개시했다.

런던 매장에는 많은 손님이 찾아왔지만 그것이 반드시 매출로 이어지지는 않았다. 개업 6년이 지난 1997년에는 재고와 물류비용이 걷잡을 수 없이 불어나서 리버티와의 공동 사업을 재검토하게 되었다. 몇 가지 선택지가 있었는데, 결국 양품계획이 재고를 떠안는 형태로 계약을 해지했다. 그리고 1998년부터 100% 단독 출자로 사업을 재개했다.

1990년대 말 일본에서는 '무지러'라고 불리는 무인양품 고객층이 형성되어 일종의 사회 현상으로 자리 잡았다. 양품계획은 이 현상이 불러온 호실적으로 자금을 확보하면서 해외 진출을 적극적으로 추진하기 시작했다.

1998년에는 상의하달식 의사 결정으로 해외에 50개 매장을 신설하고 매출 200억 엔을 목표로 삼았다. 그러나 이렇게 특별한 전략 없이 수치에만 매달리다 보니 해외 사업의 채산성은 갈수록 떨어지게 되었다. 결국 2000년에는 해외 사업을 전면적으로 재검토할 수밖에 없는 상황에 놓였다.

사업 특성을 살린 해외 진출 형태

양품계획은 런던 진출을 시작으로 2000년까지의 해외 사업을 통해 많은 것을 배웠다. 해외 진출 형태 선정 기준도 그중 하나이다.

현재 양품계획에서는 '직영', '합작(메이저리티 또는 마이너리티)', '라이선싱' 3가지 형태로 해외 사업을 전개하고 있다.

예를 들어 유럽의 경우 영국, 프랑스, 이탈리아, 독일 4개국에서는 플래그십 스토어를 중심으로 직영 방식 경영을 채택하고 있다. 아일랜드, 스웨덴, 노르웨이, 스페인 등 그 밖의 새로운 진출국에서는 직영 방식이 아니라 현지 파트너와 라이선싱 계약을 체결하여 사업을 전개하고 있다.

아시아의 경우 홍콩과 싱가포르에서는 직영 방식으로 하고, 대만과 중국에서는 현지 기업과 합작 사업을 진행하고 있다. 또 태국, 인도네시아, 필리핀, 말레이시아에서는 유럽의 새로운 진출국과 마찬가지로 현지 파트너와 라이선스 계약을 체결하고 있다.

이처럼 양품계획이 3가지 형태로 해외 사업을 전개하는 것은 무인양품의 사업 특성 때문이다. 무인양품은 연필이나 펜 같은 문구용품부터 수납함 같은 벌크 상품까지 폭넓게 취급하므로 MUJI(비한자권 국가에서 쓰는 상표명으로, 무지루시료힌[무인양품]의 앞 두 음절을 딴 것)라는 동일 브랜드에 의한 '상품 믹스'가 특징이다.

이러한 사업 형태를 취하는 기업은 세계적으로도 찾아보기 힘들다는 점에서 양품계획의 경쟁자는 없다고 봐도 무방하다. 이 점은 장점이라고 할 수 있으나 한편으로는 물류비용이 많이 든다는 단점도 있다.

가령 수납함을 배편으로 컨테이너 수송하는 경우, 500～600만 엔 상당의 물건을 수송하는 데 수송료가 30～40만 엔이나 들기 때문에 매우 비효율적이다. 이러한 특성 때문에 직영 방식은 회사 설립 비용과 운영 비용을 조달할 수 있는 큰 시장에서만 쓸 수 있다. 상품이 충분히 팔리지 않으면 직영 방식으로는 수지가 맞지 않으므로 그럴 때는 합작이나 라이선싱을 검토한다.

독일에서는 현재 8개 매장을 직영 방식으로 운영한다. 처음에는 독일에서의 사업 운영이 어려울 것이라는 생각이 지배적이었다. 왜냐하면 심플하고 가벼운 이미지의 무인양품이 독일의 꾸밈 없고 강건한 국민성에 녹아들기 어려우리라 예상했기 때문이다.

하지만 무인양품의 강점인 '선(禪)'과 '와비사비(소박하고 한적한 정취를 나타내는 일본의 전통적인 미의식)'를 담은 혁신적인 디자인을 전면에 내세워 브랜드 인지도를 높인 끝에 2005년 11월 뒤셀도르프 1호점을 성공적으로 오픈했다.

그 후 적극적으로 매장을 확대하여 2020년 6월에는 베를린 쿠담 거리에 독일 내 최대 면적을 자랑하는 플래그십 스토어 'MUJI 베를린 쿠담'을 오픈했다.

쿠담은 독일에서 손꼽히는 상업 지구로, 지역 주민뿐만 아니라 관광객도 많이 찾기 때문에 생활용품, 의류, 식품 등 폭넓게 상품을 갖춰 놓았다. 새로운 시도로서 20개 이상의 독일 기업과 제휴하여 현지에서 만든 과자나 홈웨어 등을 판매

하기도 하고, 독일에서 첫 번째로 MUJI BOOKS를 설치하기
도 했다.

입지 조건과 집객력 판단

입지 조건 역시 중요한 선정 기준이다. 2000년까지 영국에
13개, 프랑스에 9개 신규 매장을 냈는데, 양국 모두 직영 방식
이었기 때문에 매장 임차료도 자사에서 부담했다.

 인원 배치에 따라 변동하는 인건비와 다르게 고정비인 매
장 임차료가 비싼 경우 경영에 압박이 된다. 특히 영국에서는
매장 임차가 장기 계약이라서 프랑스 매장처럼 자유롭게 폐
쇄할 수 없는 상황이었고, 경영에 미치는 영향은 걷잡을 수
없이 커졌다. 양품계획은 이런 실패 경험에서 큰 깨달음을 얻
었다.

 집객력(集客力)에 대한 판단도 중요하다. 집객력은 매장 부
근의 유동 인구로 판단하므로 평일과 주말, 낮과 저녁 각각의
유동 인구를 확인해야 한다. 특히 유럽에는 로드숍이 많아서
길의 길이도 판단 자료가 된다. 건물이나 도로 공사도 사람의
이동 경로에 큰 영향을 미친다. 일본에서는 단기간에 끝나는

공사도 타국에서는 장기간 소요될 수 있기 때문에 주의가 필요하다.

양품계획은 벌크 상품뿐만 아니라 침대, 가구 같은 대형 상품도 취급하기 때문에 매장 입지를 선정할 때 물류 관리의 용이성도 고려해야 한다. 유럽으로 가는 상품은 먼저 컨테이너로 런던까지 운반한 뒤 대형 트럭으로 프랑스, 이탈리아, 독일 등 유럽 각국에 배송한다. 그리고 교외에 있는 물류 창고에서 4톤 트럭에 실어 시내 매장으로 이동한다.

따라서 이러한 물류비용과 더불어 시가지의 교통 규제가 어느 정도인지, 대형 상품이 드나들 수 있는지 등을 고려하여 조건에 맞는 입지를 고르는 것이 중요하다.

POINT
판단 범위를 넓혀 난제를 해결하라.

브랜드 없는 상품의 브랜드 가치를 높이는 방법

'브랜드 없는 브랜드'라는 발상

소비자는 브랜드를 제품의 중요한 일부로 인식한다. 그래서 기업은 브랜드를 만들어 제품에 부가가치를 더한다. 이런 의미에서 브랜드는 막대한 영향력을 행사한다고 할 수 있다. 이제 브랜드가 없는 물건은 없다고 해도 과언이 아닐 정도로 모든 기업이 브랜드를 전략적으로 이용한다.

브랜드가 있으면 소비자는 자신에게 이익이 되는 제품을 쉽게 판별할 수 있다. 브랜드만 봐도 제품의 특징이 무엇인지 대략 판단이 선다. 이 과정에서 같은 브랜드를 구매할 때마다 같은 품질의 제품이 손에 들어온다는 인식이 생긴다. 이런 특징으로 인해 브랜드는 충성도 높은 고객을 끌어모아 기업에 안정적인 이익을 가져다준다.

양품계획은 일부러 제품에 브랜드를 붙이지 않고 무인양품, 즉 상표 없는 좋은 물건을 판매한다는 경영 판단을 내렸다. 양품계획은 도대체 어떻게 MUJI라는 브랜드를 만들어 냈을까?

무인양품이 탄생한 것은 1980년이었다. 당시 세존 그룹 대표였던 쓰쓰미 세이지는 브랜드명이 붙으면 가격이 높아지는 현상에 의문을 품고 있었다. 그래서 브랜드명을 붙이지 않고 가격을 낮추자는 발상으로 '이유 있는 저렴함'이라는 콘셉트를 내세워 '브랜드 없는 브랜드', '브랜드에 대한 안티테제' 무인양품을 탄생시켰다.

처음에는 세이유의 프라이빗 브랜드(PB)로서 가정용품 9품목과 식품 31품목을 내놓았다. 다음 해인 1981년에는 의류 판매를 시작했고 1983년에는 도쿄 아오야마에 직영 1호점을 냈다. 그러다 1989년에 주식회사 양품계획을 설립, 그다음 해인 1990년에 세이유로부터 무인양품의 영업권을 양수했다.

무인양품은 브랜드 없는 브랜드이다 보니 전문 디자이너를 기용하지 않는다고 생각하는 사람이 많은데, 실제로는 그렇지 않다. 지금까지 다나카 잇코, 하라 겐야, 야마모토 요지 등 수많은 유명 디자이너가 디자인을 담당했다. 일부러 디자이너의 이름을 일절 내걸지 않고 좋은 물건을 만들어 브랜드 가치를 높이는 마케팅 전략을 취한 것이다.

무인양품은 단순하고 실용적이고 세련된 디자인은 질리지 않는다는 평판을 받으며 전 세대에 걸쳐 마니아층을 늘려 갔다. 버블 붕괴 이후에도 순조롭게 성장했다. 실적 부진에 빠진 시기도 있었지만 지금은 일본에서 모르는 사람이 없는 브랜드가 되었다.

'MUJI'의 세계 진출

1990년대 초 해외 진출을 시작하면서 해외에도 MUJI라는 이름이 서서히 알려졌다. 해외에서 MUJI는 일절 홍보하지 않는 것을 홍보의 기본 콘셉트로 삼는다. 그 바탕에는 상품의 디자인과 품질이 좋고 가격이 합리적이면 전 세계 어디서나 팔린다는 생각이 깔려 있다.

MUJI 애호가 중에는 유명인이나 아티스트도 있다. 그런 영향력 있는 사람들이 입소문으로 홍보해 준 덕분에 자연스럽게 인지도가 높아졌다. 화려하고 호화로운 생활에 지친 소비자에게 정반대의 가치관을 바탕으로 하는 MUJI의 기본 콘셉트는 공감을 불러일으켰다. 이 콘셉트에 의해 확립된 MUJI의 브랜드 파워가 소비를 더욱 촉진하고 있다.

양품계획은 '매장을 열어 두는 것이 최대의 홍보'라는 발상으로 공항 내에 소규모 매장을 운영하고 있다. 일본 내 공항은 물론 미국 존 F. 케네디 국제 공항이나 홍콩 국제 공항 등 해외 공항에도 매장을 출점했다. 사람들은 이 매장에서 직접 상품을 만져 보고 팬이 된다. 이런 식으로 MUJI의 브랜드 인지도를 높이는 데 기여하고 있다.

신규 매장에는 반드시 'What is MUJI?'라는 코너를 설치한다. 단순한 미니멀리즘과는 다른, 무인양품만의 콘셉트와 세계관을 전파하여 MUJI의 브랜드 이미지를 각인시키려는 목적이다. 양품계획에서는 '상표 없는 좋은 물건'을 만들기 위해 '소재 선택', '공정 점검', '포장 간소화'에 특히 유의하여 끊임없이 상품을 재검토한다.

공항 내 소규모 매장과 신규 매장의 'What is MUJI?' 코너 설치는 모두 일본에서 처음 시작해서 해외로 뻗어 나간 것이다. 해외 진출 시에는 보통 일본의 최신 포맷을 가져다 쓴다. 상하이와 베를린 매장에 도입한 'MUJI BOOKS'도 일본 유라쿠초점에서 처음 제안한 것이다.

MUJI BOOKS는 서적이나 잡지를 의식주라는 테마로 선별하여 무인양품 제품과 함께 판매하는 것이다. 이를테면 식품

코너에는 요리책을 놓고 의류 코너에는 패션 잡지를 놓는다. 전 세계에서 상품을 통일하여 MUJI의 브랜드 파워를 높이고 있다.

양품계획이 무인양품을 '빈 그릇'에 비유하는 것은 단조롭고 비어 있어서 모든 이의 생각을 받아들이는 유연함이 있다는 뜻이다. 이러한 발상은 일본 문화의 근원적인 부분, 즉 선(禪)의 가르침과 통하는 면이 있다. 무인양품은 이것을 상품 콘셉트로 승화하여 브랜드 이미지를 창조했다.

수직 통합 모델로 '브랜드 가치'를 높인다

소매업 중에서도 제조 소매업(SPA)을 채택한 것 또한 브랜드 이미지를 지키는 데 기여했다. 양품계획은 자사에서 기획한 제품을 직접 제조하여 직영점에서 판매하는 수직 통합형 비즈니스 모델을 구축했다.

이 비즈니스 모델에서는 기획 단계인 전반부부터 판매·물류 단계인 후반부에 이르기까지 모든 공정을 사내에서 수행하기 때문에 자사 재량으로 모든 것을 통제할 수 있다. 따라서 콘셉트와 브랜드 이미지를 통일하여 사업을 전개할 수 있다.

이처럼 양품계획은 무인양품의 세계관을 더 높은 수준으로 끌어올려 전 세계적인 브랜드로 키워 냈다. MUJI는 강력한 브랜드로서 소비자의 절대적인 지지를 받고 있다.

마케팅 연구의 일인자 필립 코틀러의 연구에 따르면 강력한 브랜드는 '브랜드 가치' 또한 높다고 한다. 브랜드 가치가 높으면 브랜드에 대한 충성도와 인지도가 높아지고 이에 따라 특허, 상표 등록, 유통 관계 등 그 밖의 자산 가치도 높아진다.

따라서 높은 가치를 가진 브랜드는 기업의 귀중한 자산이다. 비록 수량화하기는 어렵더라도 무인양품이 브랜드 없는 브랜드로서 높은 브랜드 가치를 확보했다는 사실에는 의문의 여지가 없다.

POINT
독자적인 콘셉트와 세계관으로 차별화하라.

제3부

무너지지 않는
마케팅을 하다

신종 코로나바이러스 감염증의 확산 등으로 사회가 혼돈에 빠지면서 앞날을 내다보기 어려워진 탓에 실적 부진을 겪는 기업이 늘고 있다. 이런 불확실한 상황에서 기업에 필요한 것은 '리질리언스(회복력)'이다. 회복력을 지닌 기업은 내부에 무너지지 않는 구조를 만들어 조직의 힘으로 문제에 맞서 수익화를 꾀한다. 회복력 있는 기업을 차별화하는 것은 매출 규모가 아니라 수익력이다.

9장

니토리

가격과 품질이 공존하는
수직 통합 전략

30년 이상 매출 상승·수익 증대를 이어 온 제조 물류 소매 구조

니토리는 1967년 가구점으로 창업한 이후 인테리어용품, 생활용품 등 취급 상품을 늘려 '홈 퍼니싱' 업체로 진화했다. 니토리의 강점은 '오, 가격 그 이상'이라는 캐치프레이즈에서 엿볼 수 있듯이 품질을 유지하면서 저렴한 가격으로 상품을 제공하는 능력이다. 상품 기획부터 제조, 소매, 배송까지 직접 하는 일관 체제 '제조 물류 소매업'으로 35년 연속 매출 상승·수익 증대를 달성했다.

Case Study

<u>저가 지향으로 고객의 마음을 사로잡다</u>

주식회사 니토리는 1967년 삿포로의 1칸짜리 가구점에서 출발했다. 현재는 가구를 포함하여 14,000종의 인테리어 상품을 취급하는 대형 인테리어 소매 기업으로서 국내외 통틀어 801개의 매장을 운영 중이다. 또한 1988년 이래로 35년 연속 매출 상승·수익 증대를 이어 오고 있다. 2020년에는 코로나19의 여파로 휴업 기간이 있었다. 그런데도 2020년도(2020년 3월~2021년 2월) 매출액은 7,169억 엔으로 역대 최고치를 기록했다. 그렇다면 니토리는 어떻게 해서 이렇게 오랫동안 매출 상승과 수익 증대를 달성할 수 있었을까?

고객에게 니토리의 최대 매력은 '저렴함'이다. 창업 이후 니토리는 첫째도 '저렴함', 둘째도 '저렴함', 셋째도 '저렴함', 넷째는 '품질', 다섯째는 '코디네이트'라는 경영 철학을 고수해 왔다. 첫째부터 셋째까지 경영 철학을 모두 저렴함으로 삼은 이유는 첫째나 둘째로 품질이 들어가면 가격이 높아지기 때문이다. 저렴함을 전면에 내세워, 타깃을 연 수입 800만 엔 이하의 고객으로 좁히고 경영 자원의 선택과 집중을 꾀했다. 니토리는 이 저가 지향으로 많은 소비자의 지지를 얻어 가파르게 성장했다.

니토리의 '여성용 목제 옷걸이'는 5개 세트가 399엔이다. 미끄러지지 않는 소재로 만든 '미끄럼 방지 아치형 옷걸이'는 3개 세트가 279엔이다. 천으로 만든 키친타월 '잘라 쓰는 행주'는 1장씩 떼서 빨아쓸 수 있는 일회용 행주로 42장에 179엔이다. 이렇게 가격이 저렴하다 보니 한꺼번에 대량으로 구매하는 고객도 있다.

가구 역시 팔걸이 각도를 바꿀 수 있는 소파베드가 32,890엔, 식탁에 1인 의자와 긴 의자가 포함된 다이닝 세트가 29,900엔(부가세 별도), 가장 큰 러그가 5,446엔(부가세 별도), 스마트폰으로 조작할 수 있는 에어컨이 49,900엔(9평형)으로 합리적인 가격을 자랑한다. 그래서 식탁, 침대, 소파 등 모든 가구를 니토리에서 맞추는 고객도 많다.

'기능성'이라는 부가가치 추구

하지만 오로지 저렴함 하나로 35년 연속 매출 상승·수익 증대를 달성한 것은 아니다. 기존 상품에 지금까지 없었던 기능성을 추가함으로써 다시 찾는 고객을 꾸준히 늘렸다.

예를 들어 '미끄럼 방지 가공 목제 쟁반 L(1,690엔)'은 미끄러지지 않는 도장 처리로 쟁반에 컵을 올리고 기울여도 떨어지지 않게 만들었다. 이렇게 해서 쟁반의 나르는 기능을 향상했다.

'옆으로 누워 자는 베개(5,083엔)'는 귀 닿는 부분에 홈이 파여 있어 옆으로 누워 자기 좋은 베개로, 잘 때 기도가 압박되지 않아 코골이를 완화해 준다. 실제로 코골이가 절반 이하로 줄었다는 고객도 있다.

'N 그립 이불 커버(2,027엔, 싱글)'는 커버 안에 넣은 이불이 움직이지 않도록 처리되어 있다. 보통 이불 커버는 네 귀퉁이가 어긋나지 않게 끈으로 묶는데, 이 제품은 끈이 달린 대신 커버 안쪽에 흰 천이 덧대어져 있다. 이 천은 초극세 섬유로, 매직 테이프처럼 이불이 움직이지 않게 잡아 준다.

이처럼 니토리는 '바로 이런 물건이 필요했어!'라고 생각할 만한 실용적인 상품을 개발해서 합리적인 가격으로 판매한다. 이처럼 기존의 저렴함에 기능성을 추가하게 된 데는 특별한 계기가 있었다. 바로 2008년에 일어난 리먼 쇼크이다.

리먼 쇼크로 인해 미국에서 전 세계로 금융 위기가 순식간에 퍼지면서 일본에서는 제조업이 큰 타격을 입었다. 많은 기업이 도산 위기에 빠져 부품 조달 비용이 상승했다. 그러나 이런 상황에도 니토리는 가격 인하를 단행하여 2년 반에 걸쳐 4,000종이 넘는 상품의 가격을 내렸다.

그 결과 전체적으로 소비가 위축되었는데도 니토리에는 고객이 쇄도했고, 거의 독주 상태가 되었다. 이와 동시에 고객층에는 어떤 변화가 나타났다. 니토리의 타깃은 연 수입 800만 엔 이하 고객이었는데, 600만 엔대 이하 고객은 계속 오지만 700~800만 엔대 고객이 오지 않게 되었다.

가격을 계속 낮추면 '싼 게 비지떡'이라는 이미지가 생길 수도 있다고 판단한 니토리는 곧장 방침을 전환했다. 첫째도 저렴함, 둘째도 저렴함이었던 방침을 버리고 넷째였던 '품질'을 둘째로 끌어 올린 것이다.

이에 따라 사내의 '니토리 헌법'을 첫째 '저렴함', 둘째 '적정한 품질', 셋째 '코디네이션'으로 개정했다. 리먼 쇼크 이후 저가 전략에 치중하다가 일부 고객층을 잃었지만, 떠나간 고객을 되찾기 위해 곧바로 품질 중시 전략을 내놓은 것이다.

기능성의 기준은 '소비자 시점'

니토리에서는 품질을 위해 기능성을 높일 때, 그 기준을 '소비자 시점'에 둔다. 이 소비자 시점을 철저하게 지켜 온 결과 대인기 시리즈가 탄생했다. 그것은 N 시리즈로, 니토리의 N을 따서 이름 지을 만큼 자신 있게 만든 시리즈이다. N 시리즈는 소비자 시점에서 지금 당장 필요한 기능을 추가한 획기적인 상품이다.

그 대표적인 상품이 추운 겨울에 꼭 필요한 'N 웜'이다. N 웜은 땀의 습기로 열을 내는 섬유를 사용하여 흡습 발열 효과를 높였다. 이 기능성이 고객의 마음을 움직여 매년 겨울마다 불티나게 팔린다. 이 N 웜 하나로 연간 200억 엔 이상의 매출을 올리고 있다.

N 웜과 반대되는 여름 상품으로 촉감이 서늘한 'N 쿨'과 매트리스 상품인 'N 슬립'도 연 매출액 200억 엔 이상이다. 가장 최근에 나온 N 슬립은 매트리스 안에 넣는 코일을 1.8mm 굵기에서 1.0mm 굵기로 바꿔 코일 양을 기존의 3배로 늘렸다. 이를 통해 누웠을 때의 내압을 더 잘게 분산하여 기능성을 높였다.

이런 기능성 제품은 도쿄도 기타구 니토리 본사에서 열리는 극비 회의를 거쳐 시장에 투입된다. 극비 회의에서는 다음 연도 발매 예정인 신제품 약 50종의 세부 사항을 발표한다. 니토리 홀딩스 회장 니토리 아키오가 그 내용을 하나하나 확인하여 고객이 정말로 원하는 물건인지 판단한다.

이때 경쟁 상품과의 차별화도 요구되는데, 그 핵심은 '저렴함'과 '기능성'이다. 즉, 니토리의 캐치프레이즈인 '오, 가격 그 이상'의 기

마케팅이 돈이 되는 순간

능성이야말로 니토리의 기본 전략이다.

프라이빗 브랜드 충실화

한편 니토리는 프라이빗 브랜드(PB) 상품 비율을 확대하여 수익성을 높이고 있다. 현재 PB 상품은 매장에 진열하는 상품의 90%를 차지한다. PB 상품을 더 많이 만들어서 이익률을 높이는 것이다.

이를 위해 니토리는 다른 곳에서 찾아볼 수 없는, 기획부터 제조까지 직접 하는 '제조 물류 소매업'을 전개하고 있다. 제조 물류 소매는 수직 통합으로 가치 사슬의 전반부에서 후반부까지 모두 자사에서 통제하여 비용 압축을 실현하는 비즈니스 모델이다.

이 비즈니스 모델에 도달하기까지는 우여곡절이 있었다. 창업 당시에는 상품이 하나도 팔리지 않아서 조금이라도 가격을 낮춰 고객을 끌어들이려고 했다.

가장 먼저 착수한 일은 중간 마진을 줄이는 것이었다. 이를 위해 니토리는 제조사로부터 직접 매입하는 방법으로 도매상에게 지급하는 마진을 삭감했다. 그러나 도매업자의 압력으로 니토리에는 판매하지 않겠다는 제조사가 점차 늘어났다. 니토리는 상품을 팔아 줄 제조사를 찾기 위해 일본 열도를 샅샅이 뒤졌지만 결국 국내에서는 매입처를 찾을 수 없었다.

그래서 시작한 것이 상품 자체 제조였다. 인건비를 줄일 수 있는 해외에 발 빠르게 공장을 설립하여 1994년에 처음으로 제조 시설을 가동했다.

이렇게 니토리는 저렴함을 실현할 방법을 강구한 결과 기획부터 제조, 물류, 소매까지 직접 하는 일관 체제를 확립했고, 세계적으로도 유례없는 제조 물류 소매 가구 체인을 구축했다.

'시마추' 인수로 홈센터 사업을 시작하다

2020년 11월 니토리는 시마추와의 경영 통합을 발표했다. 원래 니토리는 인테리어 상품을 취급하는 소매 기업으로서 주로 실내에서 사용할 수 있는 품목을 취급했다. 하지만 집 밖까지 포함한 주거 생활 종합 제안형 전문점으로 거듭나기 위해 시마추를 인수하여 홈센터 시장에 뛰어들었다.

현재 홈센터 시장 규모는 4조 엔 정도인데, 최근에는 큰 변동 없는 상태가 이어지고 있어 많은 기업이 이 시장 마진을 노리고 들어와 경쟁이 치열해졌다. 시마추의 경우 취급 상품은 13만 가지가 넘는데 매출액은 1,466억 엔으로 업계 7위에 불과했다. 이익률도 고작 6%로 막막한 상황이었다.

니토리가 이런 시마추를 인수한 목적은 단순히 그전까지 취급하지 않았던 실외용 상품을 늘리기 위함이 아니었다. 시마추는 매장이 도심 일등지에 있는 데다 면적도 넓은 편이었다. 니토리는 고객에게 제품을 설명해 주는 직원을 두지 않았는데 시마추에는 부서마다 제품 설명 전문가가 있었다. 니토리에게 이런 경영 자원을 보완할 수 있다는 점은 아주 매력적인 요소였다.

2021년 6월 니토리는 사이타마시에 있는 시마추 홈즈 미야하치점을 '니토리 홈즈'로 리뉴얼 오픈했다. 이 매장은 시마추와 니토리를 융합한 첫 번째 매장이다. 지금까지 시마추가 사용해 온 통로 중앙 왜건 배치, 이른바 '시마 진열'은 고객이 좌우의 상품 선반을 보는 데 방해되기 때문에 모두 철거했다. 또 제조사별로 진열된 선반에서 팔리지 않는 상품은 모두 니토리의 인기 상품으로 대체했다. 2층에 위치한 가구 매장은 니토리 상품 비율을 절반으로 높였다.

이처럼 구 시마추 매장에 니토리 상품을 늘린 이유는 시마추가 취급 상품을 제조사에 의존하여 이익률이 낮았기 때문이다. 니토리는 앞으로 니토리 홈즈를 늘려 시마추의 이익률을 높일 생각이다.

팔리는 가격을
찾다

반드시 팔리는 이상적인 가격 설정

니토리는 사내 니토리 헌법에 첫째 '저렴함', 둘째 '적정한 품질', 셋째 '코디네이션'이라고 명시해 둘 만큼 저렴함을 중시한다. 가격은 상품이 지닌 가치를 금전적 가치로 변환한 것이다. 고객은 상품의 가치와 가격을 비교해서 최종적으로 구매 여부를 판단한다.

가격을 설정하는 방법은 여러 가지가 있는데, 일반적으로 많이 사용하는 것은 '원가 가산 방식'과 '타깃 설정 방식' 2가지이다. 원가 가산 방식은 실제로 투입된 원가를 계산해서 그 합산 금액을 바탕으로 가격을 설정한다. 가구·인테리어 업계에서는 이 방식으로 가격을 설정하는 것이 관례이다.

한편 타깃 설정 방식은 시장 조사를 기초로 구매 욕구를 일으키는 이상적인 가격을 찾아 값을 매긴다. 단순히 원가를 합산하는 것이 아니라 이상적인 가격을 설정해서 그 가격을 실현하기 위해 비용을 절감하는 등 노력을 기울이는 것이다.

니토리가 선택한 것은 바로 이 타깃 설정 방식이다. 가구·인테리어 업계에서 상식으로 통하는 원가 가산 방식을 채택하면 당시 소자본으로 시작하여 시장 점유율이 미미한 약소기업이었던 니토리로서는 경쟁에서 이기기 어려운 상황이었다. 그래서 일부러 상식과 관례를 답습하지 않고 니토리가 이상으로 여기는 가격, 즉 고객이 납득할 만한 저가격을 실현하여 수요를 확보하는 쪽을 택했다.

저가로도 이익을 낼 수 있는 구조

그렇다면 니토리는 어떻게 저가 판매로 이익을 낼 수 있었을까? 니토리는 창업 후 얼마 지나지 않아 도매업자를 거치지 않고 제조사로부터 직접 물품을 매입해서 가격을 낮추려고 했다. 그러나 도매업자의 압력으로 제조사로부터 직접 매입할 수 없게 되자, 자체 제조로 전환하여 PB 상품을 늘리기 시작했다.

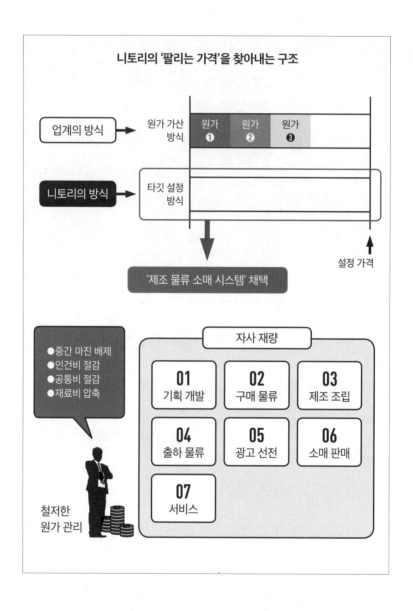

니토리가 채택한 이 제조 물류 소매 시스템은 상품 기획부터 제조, 물류, 소매에 이르기까지 가치 사슬의 모든 공정을

자사에서 직접 수행하는 수직 통합 비즈니스 모델이다. 하나의 기업이 이렇게 모든 공정을 도맡아 하는 것은 가구·인테리어 업계에서 극히 드문 일이다. 니토리의 독자적인 시스템은 흔히 말하는 제조 소매(SPA: Specialty store retailer of Private label Apparel) 모델로 유니클로, GAP, 무인양품 등에서 사용하는 방식이다.

니토리는 제조 물류 소매 시스템을 구축해서 저가 판매로 이익을 내기 위해 원재료 조달 및 생산을 해외에서 진행하기로 했다. 1980년대에 베트남, 캄보디아, 말레이시아, 태국 등 인건비가 저렴한 국가에서 현지 바이어, 기업, 행정 기관과 교섭을 거듭하여 생산 거점을 마련했다. 생산 거점과 물류 센터에는 현지 인재를 고용해서 직원들을 하나부터 열까지 교육했다. 그리고 1989년에는 싱가포르에 현지 법인을 설립하여 해외 기반을 확립했다.

경쟁 기업들은 니토리의 이러한 행보를 따라가지 않았다. 당시에는 동남아시아 국가의 상업 관습이나 행정에 관한 지식이 부족했기 때문에 생산 거점이나 물류 센터를 새로 구축하기 어려우리라고 판단한 것이다.

그 후 니토리는 해외 생산 거점과 물류 센터에서 숙련도를 높이는 데 주력했다. 경험 효과에 의해 숙련도가 높아지면 원가를 절감할 수 있기 때문이다. 사업 규모 확대로 물류량이 증가함에 따라 인테리어 소품 같은 작은 물건부터 '조립 배송(전문 기술을 가진 직원이 배송하여 조립·설치하는 서비스)'이 필요한 대형 가구에 이르기까지 모든 상품을 효율적으로 고객에게 전달하는 노하우가 쌓였다. 니토리는 숙련도를 높임으로써 원가를 낮춰 한층 더 낮은 가격을 실현했다.

물류 효율화 추구

제조 물류 소매 시스템에서 물류 또한 착실하게 효율화를 진행했다. 니토리 그룹의 물류 기능을 담당하는 것은 홈 로지스틱스로, 2010년 니토리가 지주회사 체제로 이행할 때 물류 부문을 분사하여 만든 회사이다.

홈 로지스틱스의 설립 목적은 물류비용의 절감으로, 일반적인 물류 전문 회사에 뒤지지 않는 물류 플랫폼을 구축하여 물류 시스템 전체의 효율성을 높이고자 했다.

처음에는 자사 화물만 취급하다가 이후 타사 화물도 배송하게 되었다. 가구·인테리어 업계에서만 쓰는 조립 배송의 경우 업계 최상위 실적을 내기에 이르렀다.

홈 로지스틱스는 설립 이후 물류 플랫폼 구축을 목표로 작업 효율화를 위한 다양한 개선책을 실행했다.

2016년 2월에는 상품을 출하하는 인터넷 쇼핑몰 배송 센터에 창고 로봇 '오토스토어(AutoStore)'를 도입했다. 이것은 바둑판 모양의 그리드에 빈이라는 상품 케이스를 칸마다 집어넣으면, 60대의 운반 로봇이 그리드 위를 움직이면서 지정된 케이스의 상품을 피킹하여 고객별로 주문 상품을 모으는 시스템이다.

그리고 2016년 12월에는 새로운 재고 관리 시스템을 도입했다. 이 시스템으로 도시형 매장에 있는 재고와 인터넷 쇼핑몰 배송 센터에 있는 재고 정보를 연동할 수 있게 되었다.

원래 매장 상품의 자택 배송은 매장 재고를 택배로 발송하는 방식이었다. 그런데 도시형 매장의 경우 교외형 매장과는 다르게 창고가 넓지 않아서 물건이 쉽게 품절되는 난점이 있었다. 이 때문에 신속하게 상품을 배송하기 어려운 상황이었다. 하지만 매장 재고와 인터넷 판매용 재고 시스템을 연동함으로써 품절로 인해 판매 기회를 잃는 일이 줄어들었다.

니토리는 가구·인테리어 업계에서 이단으로 취급하는 제조 물류 소매 시스템을 발 빠르게 확립하여 저가화를 실현했다. 이 저가화로 인해 가구나 인테리어용품이 비싸다는 인식이 바뀌면서 많은 고객의 잠재적 수요를 확보할 수 있었다.

2020 회계연도(2020년 3월~2021년 2월) 결산에서는 경상이 익률 19.3%를 기록했다. 가구·인테리어 업계 평균이 5%라는 점을 고려하면 니토리의 수익성이 경쟁 기업을 압도한다는 사실을 알 수 있다. 저가격으로 고수익을 실현한다는 점에서 니토리의 뛰어난 경영 능력을 엿볼 수 있다.

상품 기획부터 제조, 소매까지 가치 사슬의 모든 공정을 자사에서 수행함으로써 중간 마진을 배제하고, 물류 플랫폼을 구축하여 철저하게 원가를 관리함으로써 고효율·고수익을 실현한 것이다.

니토리는 가구·인테리어 업계의 관례였던 판매사가 제조사로부터 매입해서 판매하는 시스템을 재검토하여 제조 물류 소매라는 새로운 비즈니스 모델을 창조했다. 이 모델은 가구·인테리어 업계의 수익성을 높였다는 점에서 매우 획기적인 모델이라고 할 수 있다.

POINT ────────────────────────
상품의 가치는 금전적 가치 이상으로 높일 수 있다.

고객이 원하는 상품을
압도적인 속도로 개발하는 시스템

'싸지만 고품질'이라는 새로운 상식

니토리는 저가격을 고수하는 정책으로 경쟁 기업과 차별화하지만, 저가격이라는 한 요인만으로 30년 이상 매출 상승·수익 증대를 달성한 것은 아니다. 그 비밀은 니토리가 내세우는 '오, 가격 그 이상'이라는 캐치프레이즈에 담겨 있다.

니토리는 일찍부터 저가 전략을 내세워 고객에게 합리적인 가격으로 가구나 인테리어 용품을 제공하여 '니토리는 싸다'라는 이미지를 만들었다. 저렴함에 품질과 기능성을 추가하여 한 번 더 차별화한 전략이 니토리의 지속적인 경쟁 우위를 만들어 냈다.

니토리는 2008년 리먼 쇼크로 소비가 위축되었던 시기에도 타의 추종을 불허하는 저가격을 추진했다. 그 결과 니토리에만 손님이 몰려 거의 독주 상태가 되었다.

그런 한편 인구의 90%를 차지하는 연 수입 800만 엔 이하 고객층을 타깃으로 했는데도 연 수입 200~600만 엔대의 고객층을 중심으로 소비가 이루어지는 문제가 생겼다. 다시 말해 연 수입 700~800만 엔대의 고객층이 떠나간 것이다. 더 품질 좋은 상품을 원한다는 것이 이유였다.

이 경험을 바탕으로 니토리는 PB 상품을 다시 돌아보게 되었다. 그리고 상품의 품질과 기능성을 높이는 데 힘을 기울였다. '싼 게 비지떡'이라는 이미지가 정착하기 전에 '싸지만 고품질'이라는 니토리의 새로운 상식을 알리는 것이 목적이었다.

니토리는 상품 개발에 어마어마하게 열정을 쏟았다. '오, 가격 그 이상'이라는 캐치프레이즈가 보여 주듯이 '좋은 물건을 싸게' 제공하기 위해 노력을 아끼지 않았다. '이런 물건이 있었으면' 하는 바람을 그대로 구현하는 상품 개발력이 니토리의 강점으로 정착했다. 니토리의 N을 따서 만든 N 시리즈는 그 상징이라고 할 수 있는 상품이다.

제로부터 시작한 부인복 개발

2019년 3월 출시한 N 플러스(N+)는 '오, 가격 그 이상'을 의류에도 적용하려는 시도였다. N 플러스는 30~60대 여성을 타깃으로 한 '성인 여성용' 의류 브랜드이다. N 플러스의 라인업은 나이가 들어도 젊음과 감성을 잃고 싶지 않은 성인 여성이 원하는, 편안하고 다양한 색 조합을 즐길 수 있는 의류로 구성되어 있다.

니토리가 N 플러스를 만들게 된 것은 살 만한 옷이 마땅치 않다는 중·노년 여성의 목소리가 계기였다. 그래서 니토리는 많은 성인 여성이 안고 있는 체형 고민을 해소하기 위해 부인복 개발에 뛰어들었다.

그렇게 개발한 상품이 '매직 벨트 스트레치 팬츠(부가세 포함 2,990엔)'이다. 35~55세 여성의 체형을 조사하여 나이가 들면서 자연스럽게 체형 변화가 나타나도 예쁘게 보이는 바지 패턴을 개발했다. 잘 늘어나는 소재를 사용해서 원단을 신축성 있게 만들어 체형 변화가 있어도 깔끔한 실루엣을 뽑아내는 게 특징이다. 입었을 때 편안할 뿐만 아니라 하체 라인이 슬림하게 떨어져서 중년 여성들로부터 착용감과 핏이 좋고 다리가 예쁘게 보인다는 평판을 얻었다.

일반적인 체형 보정 의류는 가격이 10,000엔 이상인 것도 있지만, N 플러스는 부가세 포함 2,990엔이라는 저가격을 실현했다. 그 결과 누적 판매량 5,000장 이상의 인기 상품으로 등극했다.

'관행을 파괴하는' 기업 풍토

니토리는 고객에게 이런 의류를 단품으로 제안하지 않는다. 여러 개를 코디네이트해서 한층 더 저렴함을 어필하여 구매로 이어지게 한다.

예를 들어 니트, 바지, 가방을 사는 경우 '니트 풀오버(부가세 포함 3,990엔)', '펀치 슬림 팬츠(부가세 포함 2,490엔)', '레오파드 숄더백(부가세 포함 2,990엔)'을 합쳐서 총 9,470엔으로, 한꺼번에 구매해도 10,000엔을 초과하지 않는다. 또 바지, 상의, 머플러, 무릎 기장 코트를 합친 세트의 경우 '폭신폭신 머플러(부가세 포함 2,990엔)', '테일러드 코트(부가세 포함 7,990엔)', '하이넥 튜닉(부가세 포함 2,990엔)', '마시멜로 팬츠(부가세 포함 2,490엔)' 4점을 총 16,460엔에 구매할 수 있다.

'고객이 원하는 상품을 만들어 사게 하는 것'은 결코 쉬운 일이 아니다. 그러나 니토리는 그 쉽지 않은 일을 몇십 년에 걸쳐서 계속하고 있다. N 플러스의 사례에서는 성인 여성 대다수가 안고 있는 체형 고민을 해소하는 옷이 바로 고객이 원하는 상품이었다.

이를 클레이튼 크리스텐슨이 제창한 과업 이론에 적용해보면, 성인 여성 대다수가 가진 체형 고민을 해소하는 것이 '고객의 과업'이라고 볼 수 있다.

과업 이론은 고객이 특정 상품을 구매하는 것이 아니라, 어떤 발전을 위해 상품을 생활에 끌어들이는 것이라는 발상에 기초한다. 이 발전이 '고객의 과업'이며 그 과업을 해결하기 위해 고객은 상품을 '고용'한다. 따라서 기업으로서는 고객의 과업을 어떻게 해결하느냐가 중요한 과제이다.

니토리는 끊임없이 변화하는 기업이며, 그 변화를 가능케 하는 것은 니토리에 뿌리내린 '관행 파괴'라는 기업 풍토이다. 이 관행 파괴에는 지금까지 쌓아 온 것을 무너뜨려서라도 새로운 것에 도전하는 니토리의 자세가 담겨 있다.

이 관행 파괴에 기초한 상품 개발 속도는 압도적이다. 일반적인 상품 개발은 기획부터 판매까지 2년 정도 걸리는데, 니토리에서는 최단 3개월 주기로 상품을 개발한다. 이를 가능케 하는 것은 제조 물류 소매 시스템에 의한 수직 통합 비즈니스 모델이다. 모든 공정이 자사의 통제하에 진행되어 속전속결로 일을 처리할 수 있기 때문이다.

또 전국에 매장을 두어 고객의 요구를 신속하게 개발에 반영하는 것도 빠른 개발의 비결이다. 전국 매장에서 고객의 요구 사항을 직접 듣고 니즈를 파악하여 그것을 사내에 신속하게 공유하는 시스템이 구축되어 있기 때문에, 고객의 목소리가 상품 개발이나 개선에 반영되기 쉽다. 그리고 사내에 '달리면서 생각하는' 애자일형 조직 문화가 자리 잡고 있기 때문에 시스템 변경이나 상품 교체 같은 업무도 다 같이 대응하여 신속하게 처리한다.

니토리는 기능성 확충에도 힘을 쏟고 있다. 예를 들어 통상적인 빨래 건조 행거는 장대에만 걸 수 있지만, 니토리의 '쉽게 잡아 빼는 행거(1,017엔)'는 갈고리가 달려 있어서 비 오는 날 실내에서 빨래를 말릴 때 다양한 장소에 걸 수 있다.

양동이는 대청소할 때 하나쯤 필요하지만 부피가 커서 놓을 곳이 마땅치 않은 경우가 많다. 니토리의 '접이식 양동이(1,518엔)'는 사용한 뒤 납작하게 접어 보관할 수 있으므로 공간을 차지하지 않는다.

이렇게 편리한 상품은 니토리 데코홈 매장에서 취급한다. 데코홈은 종래의 대형 매장과 다르게 소형 매장으로 운영되며 역사 등에 입점해 있다. 대형 가구 대신 생활 잡화 위주로 주방용품이나 청소용품에 특화하여 상품을 갖춰 놓았다. 외출한 김에 잠시 들러 편리한 물건을 살 수 있어서 많은 사람에게 사랑받고 있다. 현재는 도심을 중심으로 150개의 매장을 운영 중이다.

이처럼 니토리는 고객이 원하는 과업을 발 빠르게 알아차린 뒤 압도적인 속도로 상품을 개발하여 품질 높고 기능성이 뛰어난 상품을 제공한다. 게다가 이렇게 부가가치를 창출하면서도 원가를 최대한 낮추어 저렴한 가격을 유지한다. 이렇게 해서 니토리는 경쟁 기업보다 먼저 잠재 수요를 확보하고 있다. 데코홈을 방문하는 고객 중에는 "올 때마다 상품에 새로운 기능이 추가되어 있어서 기대된다"라고 말하는 사람이 많다. 이것이 바로 니토리가 사랑받는 이유라고 할 수 있다.

고객이 원하는 과업을 빠르게 간파하여 '관행 파괴'를 통해 개발하라.

마케팅이 돈이 되는 순간

10장

리크루트

개인을 존중하는 전략

개인의 힘을 최대한 끌어내
영업력을 높이는 조직 운영

RECRUIT

1960년에 창업한 리크루트는 60년 이상의 역사를 자랑하는 회사이다. 구인 광고, 인재 파견, 판매 촉진, IT 솔루션 등의 서비스에 종사한다. 전 직원이 참여하는 신규 사업 공모를 시행하여 자유롭게 사업을 시작할 수 있는 사풍을 가졌다. 지금까지 《토라바유》, 《자란》, 《젝시》, 《핫 페퍼》 등 다양한 장르의 정보지를 창간하여 사회의 조류를 바꿔 왔다. 그룹 전체의 2021년도(2021년 4월~2022년 3월) 매출액은 2조 8,717억 엔으로 해외 매출액 비율은 40% 이상이다.

Case Study

창업 초기부터 이어진 '개인 존중'

주식회사 리크루트 홀딩스에는 창업 초기부터 이어 온 '개인 존중'이라는 매니지먼트 원칙이 있다. 개개인에게 재량권을 부여해서 자유도를 높여 도전과 실패를 거듭하면서 성장하게 한다. 그렇게 길러진 개개인의 힘은 조직 전체의 힘으로 이어진다.

지금까지 리크루트는 다양한 사업을 전개하여 세상에 널리 영향을 미쳤다. 그 원동력은 강력한 영업력이다. 그 영업력의 원천이 바로 이 매니지먼트 원칙이다.

리크루트에서는 목표 설정부터 실행까지 상사가 관리하지 않고 개개인에게 자유도 높은 재량권을 부여하여 스스로 생각해서 움직이게 한다. 이를 위해 리더와 구성원 간에 미리 규칙을 정해서 '리더의 권한으로 재량에 맡기는 범위'와 '지시를 내리는 범위'를 명확히 하여 맡기기로 정한 부분은 끝까지 구성원에게 맡긴다.

여기에는 '당신은 어떻게 하고 싶은가?'라는 메시지가 담겨 있다. 즉, 당신의 재량과 자유를 보장할 테니 스스로 생각해 보라는 뜻이다. 결국 이 모든 것은 직원 개개인의 성장을 촉진하기 위해서이다.

개인을 존중해 개인을 성장시키는 문화의 상징이라고 할 수 있다.

리더가 목표를 정해서 방법까지 다 알려 주면 구성원은 쉽게 실적을 올릴 수 있겠지만 거기에 개인의 성장은 없다. 아무리 리더가 성공과 실패의 법칙을 알고 있다고 해도 되도록 구성원이 스스로 목표와 방책을 정하게 하는 것이 리크루트의 방침이다.

사고와 행동의 자유도를 높이면 구성원이 스스로 더 큰 목표를 설정하여 도전과 실패를 거듭하며 성장할 수 있다. 이 한 사람 한 사람의 성장이야말로 팀과 조직을 강하게 만든다. 이는 최종적으로 더 큰 고객 가치를 제공할 수 있게 한다.

고객을 이해하면 결과는 따라온다

이에 관해 리크루트 대표이사 사장 기타무라 요시히로는 《다이아몬드 하버드 비즈니스 리뷰》 2021년 6월호 인터뷰에서 처음 영업 일을 하게 되었을 때의 일화를 공개했다. 당시 리크루트에서 막 창간한 결혼 정보지 《젝시》의 영업을 위해 나고야에 부임했을 때의 경험이다.

처음에 그는 우리 잡지에 광고를 내 달라고 부탁하는 것이 영업이라고 생각했다. 그래서 초기에는 전혀 실적을 내지 못했다. 그 생각이 틀렸다는 것을 깨닫고 실적을 올리게 된 것은 회사를 그만두고 웨딩 사업에 뛰어든 한 고객을 응대하고 나서부터였다. 왜 자신이 이 사업에 도전했는지 열변을 토한 고객은 인생을 걸고《젝시》에 광고를 내려고 했다.

고객이 의뢰한 것은 1쪽짜리 광고 게재였는데, 최종적으로 기타무라는 당시《젝시》에서 가장 작은 8분의 1쪽짜리 광고를 제안했다. 왜냐하면 그 고객은 이제 막 창업해서 쓸 수 있는 자금이 한정적인 상태였으므로 고액의 광고를 내는 것은 지나치게 리스크가 크다고 생각했기 때문이다.

고객은 제안서를 보자마자 "돈이 없다고 무시하는 거냐?"라며 격분했지만 기타무라는 필사적으로 호소했다. "단가가 낮은 상품만 있는 상황에서는 광고를 크게 내도 그만한 이익을 얻을 수 없습니다. 저는 귀사의 사업이 장기적으로 성장했으면 하는 마음에서 말씀드리는 겁니다." 결국 고객은 그의 제안을 받아들여 가장 작은 광고를 내기로 했다. 이후 그 회사의 상품은 큰 인기를 얻었고 사업 규모 확장에 성공했다.

기타무라는 이 경험에서, 고객의 의도를 이해해야만 결과가 따라

온다는 사실을 깨달았다. 고객의 의도를 파악하여 이를 달성하기 위한 과제를 해결하는 것이 중요하다. 광고는 그 과제를 해결하기 위한 수단에 지나지 않는다. 이 사실을 깨닫지 못하고 일방적으로 광고를 내 달라고 머리를 숙이기만 했으면 아무런 실적도 내지 못하고 끝났을지도 모른다.

그의 경험은 개인을 존중해야 개인이 성장한다는 것을 보여 준다. 만약 그 당시 기타무라의 상사가 개인을 존중하지 않고 일방적으로 목표를 정해서 방법까지 일러 주었다면 일시적으로 실적은 냈을지라도 거기에 개인의 성장은 없었을 것이다. 그리고 상사의 지시 없이는 아무것도 못 하는 직원이 되었을 것이다. 자기 재량껏 목표를 세워서 행동으로 옮기고 깨달음을 얻어야만 자기 성장으로 이어진다.

구성원이 위험을 감수하기 쉬운 환경 조성

다만 사고와 행동의 자유도를 높이면 실패할 위험성도 커진다. 실패할 경우 관리자인 리더는 대안을 제시하거나 필요하다면 사과하는 자리에 동행하여 책임을 다해야 한다. 리더가 전부 책임지지 않으면 구성원은 자유롭게 생각하고 행동할 수 없기 때문이다.

개인의 성장과 사업의 성장을 양립시키려면 이처럼 리더의 책임하에 목표 달성과 관련해서 확실히 정해 놓을 부분과 자유롭게 생각하고 행동할 부분을 분리해야 한다. 이렇게 하면 구성원 하나하나의 눈높이를 높일 수 있다. 구성원에게 맡길 부분과 지시 내릴 부분을 명확하게 나눠서 구성원이 위험을 감수하기 쉬운 환경을 만드는 것이 리더의 역할이다.

사고와 행동의 자유도를 높인 다음에는 구성원에게 현재 직면한 과제에 대해 어떻게 생각하는지 의견을 묻고 대화를 나누는 것이 중요하다. 이는 구성원의 현재 행동이 과제 해결 및 목표 달성으로 이어질 만한 것인지 확인하기 위해서다. 또 구성원 스스로 자신이 어디까지 위험을 부담할 수 있는지 판단하는 데도 도움이 된다. 따라서 리더는 "어떻게 생각합니까?"라는 질문을 자주 던져야 한다.

이런 대화가 부족하면 구성원들의 목표 의식이 낮아져 정한 목표를 최소한으로만 달성하면 된다고 생각하는 사람이 생긴다.

이런 사람이 늘어나면 조직의 성장이 더뎌진다. 구성원들이 각자 정한 목표를 확실히 관리하여 구성원 모두가 목표를 항상 높게 잡을 수 있도록 해야 한다.

마케팅이 돈이 되는 순간

팀 단위로 활동하는 조직 문화

리크루트에는 이런 개인 존중이 조직 문화로 자리 잡혀 있다. 하지만 동시에 '소집단 활동'이라는 조직 문화도 창업 초기부터 착실히 이어 왔다. 이는 팀 활동을 기본으로 하여 상사를 포함한 모든 직원이 자기중심적으로 일하거나, 관리를 포기하거나, 무책임하게 행동하지 않고 제대로 일하는 것이다.

2021년 4월에는 조직 재편이 이루어졌다. 사업부마다 분사화한 7사를 리크루트로 통합하여 사업별 조직에서 기능별 조직으로 이행했다. 2012년에 지주회사로 이행하여 사업부 단위로 분사화한 이후 사업 내 관계성이 강화되어 각 사업에서 발생하는 고객 가치는 향상됐지만, 하나의 사업에서 축적한 경험과 노하우를 다른 사업에 활용하는 사업 횡단적인 교류는 극단적으로 감소했다.

이번 조직 개편은 이를 시정하는 조처였다. 분사화한 모든 사업부를 통합하여 기능별 조직으로 전환해 10년 뒤, 20년 뒤 리크루트의 바람직한 모습을 그려 보고, 시대가 변하면서 생겨나는 새로운 과제를 신속히 해결하여 혁신과 진화를 이어 가려는 의도이다.

이에 관해 기타무라는 다음과 같이 말했다. "기능별 조직으로 재편은 시대의 요구에 응답하는 수단에 지나지 않으며 이 체제를 영원히 지킬 필요는 없습니다. 조직에 끊임없이 새로운 자극을 주기 위해 구조 개혁과 행동 수정을 계속 해야 합니다. 개인 존중을 중심축으로 끝없이 변화하는 것이 리크루트라는 회사의 운영 방침이며, 이것이 우리 힘으로 미래를 만들어 나가는 방법이라고 믿습니다." 그는 개인을 존중하면서 팀으로 일하는 것의 중요성을 다시 한번 강조했다.

마케팅이 돈이 되는 순간

조직 전체의 변혁을
촉진하는 리더십

'개인 존중'으로 자립을 북돋운다

리크루트에서 창업 이래 전승해 온 '개인 존중'이라는 매니지먼트 기법은 직원에게 재량을 부여하여 성장을 촉진하고 최종적으로 개인의 자립을 실현한다. 경영학에서 이러한 기법은 리더십 연구의 일인자로 알려진 버나드 바스가 제창한 '변혁적 리더십(TFL: Transformational Leadership)'에 해당한다.

변혁적 리더십이란 명확한 비전을 내걸고 그것을 부하와 공유하여 조직과 업무의 매력을 깨닫게 해 부하의 모티베이션을 높이는 기법이다. 비전을 바탕으로 부하를 계몽하여 새로운 일을 장려하고 학습과 성장을 촉진하기 때문에 변혁적 리더십에서는 비전과 계몽이 중요하다.

변혁적 리더십은 '카리스마', '지적 자극', '개인 중시'라는

3가지 자질로 구성된다. 리크루트는 이 3가지 자질을 모두 충족하여 변혁적 리더십을 제대로 발휘하고 있다.

첫째, 카리스마란 조직의 비전을 명확히 하여 그것이 얼마나 매력적이고 부하의 비전과 일치하는지 전달함으로써 자사에서 일할 동기를 부여하는 것이다. 리크루트는 '개개인이 스스로, 원하는 대로 정하는 자기다운 인생. 정말 소중한 것에 몰두할 때 사람과 조직은 더 좋은 미래를 만들 수 있다'라는 비전을 내세운다. 이 비전을 바탕으로 조직에서 일하는 의의와 자부심, 충성심, 경의 등을 일깨우고 있다.

둘째, 지적 자극이란 부하의 사고방식을 충분히 존중하고 인정하면서 문제의 의미와 해결책을 생각하게 하는 것이다. 리크루트에서는 새로운 관점으로 생각하는 것을 장려한다. 새로운 관점으로 문제의 의미와 해결책을 충분히 생각하게 한 뒤, 행동을 촉구해 직원들의 지적 호기심을 자극한다.

셋째, 개인 중시란 부하 개개인에게 개별적으로 코칭과 교육을 하는 것이다. 리크루트에서는 직원 개개인을 개별적으로 마주하고 코칭과 교육을 철저히 시행하여 학습을 통해 성장을 촉진한다.

이처럼 변혁적 리더십은 비전을 명확히 내걸고 그것을 바탕으로 문제의 의미와 해결책을 깊이 생각하게 해 지적 호기심을 자극하고, 개별적인 코칭과 교육을 통해 학습과 성장을 촉진한다.

구성원의 내재적 동기를 높인다

리크루트에서는 먼저 리더가 구성원에게 조직의 지향점과 구성원의 지향점이 얼마나 일치하는지 충분히 확인시킨다. 그러면 조직에 대한 귀속 의식이 높아지므로 구성원은 리더의 비전을 받아들여 그 비전에 따라 행동하게 된다. 리더는 그런 구성원을 인정하고 칭찬한다. 결과적으로 구성원은 조직에서 일하는 의의와 가치를 한층 의식하며 더욱 적극적으로 의무를 다한다.

이 과정에서 중요한 것은 구성원에게 '자립심'이 싹트게 하는 것이다. 리크루트는 직원이 자기 재량으로 목표를 세워 행동하는 것을 허용한다. 의사 결정과 행동의 자유도가 높기 때문에 스스로 깨달음을 얻을 수 있고, 이는 자기 성장으로 이어진다.

연구에 따르면 변혁적 리더십을 가진 사람은 타인의 내재적 동기를 높인다고 한다. 내재적 동기란 흥미와 관심이 있는 대상에 관해 성취감과 만족감을 얻고자 하는 내면적인 요인에 의한 동기를 가리킨다.

　리크루트에는 변혁적 리더십이 이미 조직 문화로 자리 잡고 있기 때문에 직원들의 내재적 동기가 높다. 이처럼 개개인의 내재적 동기를 항상 높게 유지해 조직 전체의 변혁을 꾀하고 있다.

POINT ─────────────────────────────

내재적 동기를 높게 유지하여 개인의 자립과
성장을 촉진하라.

'개인 성장'과 '사업 성장'을 양립시키는 조직

변혁적 리더십과 공유 리더십

변혁적 리더십
부하에게
명확한 비전을 공유하여
모티베이션을 높인다.

공유 리더십
복수의 구성원 또는 전원이
리더십을 발휘하여
목표를 달성한다.

개인 존중

자립 / 개인 존중 / 성장

개인 존중을 중심축으로
개인의 자립과 성장을
촉진한다.

사업 성장

내재적 동기를 높게 유지하여
조직 전체의 변혁을 꾀한다.

조직의 기동력을 높이는 활발한 지식 교환

'공유 리더십' 실천

리더가 목표 달성에 관해 확실히 정해 놓을 부분과 자유롭게 생각하고 행동할 부분을 분리하는 매니지먼트 기법은 구성원 개개인의 눈높이를 높인다. 이 기법은 '공유 리더십(SL: Shared Leadership)'에 해당한다.

공유 리더십이란 조직이나 팀에 속한 다수의 구성원 또는 전원이 리더십을 발휘하여 목표를 달성하는 방법이다. 기존의 리더와 팔로워로 구성된 수직적인 관계가 아니라, 다수의 구성원이 리더십을 발휘해 구성원끼리 서로 영향을 주고받는 수평 관계의 리더십을 가리킨다.

공유 리더십을 활성화하는 방법은 '목표와 비전 공유', '리더십 경험치 향상', '임파워먼트' 등이 있다.

마케팅이 돈이 되는 순간

공유 리더십에서는 개별 구성원이 리더가 되어 자발적으로 행동하므로 구성원 전원이 한 방향을 향해야 한다. 그래서 모든 구성원이 목표와 비전을 공유한다. 리크루트에서는 목표 및 비전 공유가 많은 과업에 대한 열정을 불러일으키는 기능을 하므로 업무 수행에 동기 부여도 된다.

공유 리더십을 조직에 정착시키려면 여러 명 또는 전원이 리더십을 몸에 익혀야 한다. 리크루트에서는 직원의 기술이나 능력을 고려하여 도전해 볼 만한 업무를 맡긴다. 그러면 주위와 협력을 통해 경험치가 쌓이고 리더십이 길러진다. 이런 경험은 구성원의 주체성 또한 높인다.

구성원 개개인이 주체적으로 행동하여 리더십을 발휘하려면 임파워먼트도 필요하다. 임파워먼트란 권한 위양을 가리키며, 구성원에게 의사 결정이나 업무 수행 권한을 위임한다는 뜻이다. 임파워먼트가 이루어지면 리더십에 필요한 의사 결정 및 판단 능력이 길러지므로 업무 내용에 따라 필요성을 고려해 보는 것이 좋다.

공유 리더십은 조직이나 팀에 속한 여러 구성원 또는 전원이 리더십을 발휘하기 때문에 조직이나 팀 내에서 정보 공유와 교환이 적극적으로 이루어진다. 이는 공유 리더십 연구의 일 인자 크레이그 피어스가 지적한 바와 같이 리크루트처럼 '지 식 산업'에 종사하는 기업에 중요한 의미를 지닌다.

양손잡이 경영에서도 서술했듯이 기업 경영에는 심화뿐만 아니라 탐색도 필요하다. 기존 사업은 심화를 통해 개량하여 핵심 사업으로 성장시키고, 신규 사업은 탐색을 통해 혁신적 인 제품과 서비스를 만들어 내서 새롭게 부화시킨다.

탐색은 훗날 캐시카우가 된다. 그래서 기업 경영에는 지속 적인 탐색이 요구된다. 탐색에서 중요한 것은 새로운 지식을 창조하는 것이다. 새로운 지식은 기존 지식을 합치고 엮어서 만들어지므로 조직이나 팀 내에서 지식을 교환하는 것이 중 요하다.

공유 리더십에서는 다수의 구성원 또는 전원이 리더십을 발휘하기 때문에 지식 교환이 활발하게 이루어진다. 다양한 지식이 한데 모이면 새로운 지식이 쉽게 탄생한다. 리크루트 는 이처럼 지식 교환을 촉진해 조직의 기동력을 높여 끊임없이 새로운 서비스를 만들어 내고 있다. 이 점에서 공유 리더십이 기존의 수직적 리더십보다 높은 성과를 낸다는 것을 알 수 있다.

이처럼 리크루트는 변혁적 리더십과 공유 리더십 2가지가 공존하는 조직을 만들어 조직 문화로 승화했다. 이런 회사에서는 구성원의 내재적 동기가 필연적으로 높아지기 때문에 탁월한 성과를 낼 수 있다.

POINT
활발한 지식 교환으로 조직의 기동력을 높여라.

11장

푸드앤라이프 컴퍼니

모방 불가능한
스시로 성장 전략

고객 의향을 파악하여 생산성 향상에 활용하는 액티비티 시스템

푸드앤라이프 컴퍼니는 주식회사 아킨도 스시로를 산하에 둔 지주회사로, 2021
년에 주식회사 스시로 글로벌 홀딩스에서 사명을 변경했다. 1984년 창업한 스시
로를 주력 브랜드로 교타루, 회전 초밥 미사키 등의 브랜드를 운영하고 있다. 스
시로의 강점은 질을 떨어뜨리지 않고 기본 초밥을 경쟁사보다 싼 가격으로 제공
하는 것이다. 2010년 이후 회전 초밥 업계에서 연간 매출액 1위를 굳건히 지키고
있다. 그룹 전체의 2020년도(2020년 10월~2021년 9월) 매출액은 2,408억 엔에
달한다.

포장 수요를 누구보다 빠르게 파악하다

2020년에는 신종 코로나바이러스 감염증 확산을 막으려는 조치로 정부에서 영업시간을 단축하고 주류 판매를 제한하면서 많은 음식점의 수익이 극단적으로 감소했다. 하지만 이런 상황에서 스시로는 2020년 10월부터 2021년 3월까지 반년 동안 역대 최고 실적을 기록했다. 어떻게 이런 일이 가능했을까?

스시로는 코로나19 사태라는 역경에서 다른 회전 초밥집이나 외식 프랜차이즈보다 일찍 빠져나왔다. 그 원동력이 된 것이 바로 '데마키즈시(손 말이 초밥) 세트'이다. 2020년 4월 긴급 사태 선언 때는 스시로 역시 방문객 수가 역대 최저 수준으로 급감했다. 대부분 식사를 자택에서 해결하게 되면서 가정에서의 식사를 조금이라도 더 즐기고자 하는 포장 수요를 확보하는 것이 긴급한 과제로 떠올랐다.

그래서 판매한 것이 '스시로 데마키즈시 세트(2~3인분, 2,180엔)'이다. 이 메뉴로 음식을 포장해 가서 가족끼리 즐기는 은둔형 소비 수요를 단숨에 잡을 수 있었다. 이 데마키즈시 세트는 과거에도 몇 번 판매했는데, 수요가 적어서 판매가 저조했다. 그러나 이때 노하우를 쌓은 덕분에 판매 준비 기간을 1~2주 정도로 줄일 수 있었다.

데마키즈시 세트의 성공 경험을 토대로 스시로는 포장 수요를 끌어오는 방안을 하나 더 생각해 냈다. 기존에는 주로 교외 도로변에 매장을 꾸렸는데, 이번에는 새롭게 역사 내에 소형 매장을 개설하여 포장 수요를 확보하고자 했다. 역사 내에 설치된 '스시로 To Go'라는 이름의 소형 매장은 포장 전문점으로, 가장 가까운 일반 매장에서 갓 만든 초밥 도시락을 판매한다.

예를 들어 JR 가메아리역의 경우 역사 내 개찰구 바로 옆에 작은 매장을 설치하여 참치 초밥 3개들이 팩(195엔)과 재료가 푸짐하게 들어 있는 인기 메뉴 가이센지라시(해산물 흩뿌림 초밥, 580엔) 등을 갖춰 놓았다. 초밥의 맛과 저렴한 가격은 다른 매장과 똑같기 때문에 전철 이용객은 물론 일부러 초밥만 사러 오는 손님도 있다. 어떨 때는 개점 시각부터 매장 앞에 줄이 길게 늘어서기도 한다.

'도시형 매장'으로 새로운 수요를 잡다

한편 스시로는 도시 외곽뿐만 아니라 번화가에도 매장을 내는 전방위 전략을 펼치고 있다. 본격적으로 '도시형 매장'을 내기 위해 2021년 3월 신주쿠에 '스시로 신주쿠 산쵸메점'을 오픈했다.

회전 초밥집에서는 보통 110엔짜리가 가장 싼 접시인데, 임차료가 비싼 도시형 매장에서는 132엔짜리 접시가 중심을 이룬다. 그래도 만족도 높은 식사를 제공하여 고객의 마음을 사로잡아 도심의 수요를 확보하는 데 성공했다. 그 배경에는 스시로의 3가지 독자적인 전략이 있었다.

첫 번째 전략은 '기본 초밥 메뉴 강화'이다. 회전 초밥 업계에서는 '회전 레스토랑'이라는 말까지 생길 만큼 어느 체인점이든 초밥 외의 사이드 메뉴를 강화하는 추세가 이어지고 있다. 예를 들어 구라스시는 일본풍 카르보나라 등을 포함한 이탈리안 시리즈를 출시했고 갓파스시는 쇠고기 100% 햄버그스테이크를 메뉴에 추가했다.

이처럼 다른 회사들이 메뉴를 다양화하여 경쟁하는 동안, 스시로는 이런 방향과 달리 기본 초밥 메뉴 강화에 힘썼다. 스시로가 가장 중시하는 것은 참치, 방어, 연어 등 110엔짜리 기본 초밥 재료의 맛이다.

참치 속살은 기존에 쓰던 황다랑어에서 농후한 참치 맛으로 정평이 난 40kg 이상의 눈다랑어로 바꿨다. 원가는 비싸지만 맛이 훨씬 안정적인 눈다랑어를 고객에게 제공하고 싶은 마음에서였다.

또 통상적으로 육질 확인은 꼬리만 하는데, 먹는 부위인 중심부까지 확인하여 합격한 것만 매입하는 엄격한 확인 체제를 구축했다. 이것도 기본 메뉴를 강화하기 위해 추가한 선별 방법으로, 기본 메뉴를 철저하게 강화하여 고객을 잡으려는 의도이다.

두 번째 전략은 '손님을 기다리지 않게 하는 시스템'이다. 회전 초밥집에는 초밥 접시를 운반하는 전용 레일이 설치되어 있다. 스시로에서는 손님이 패널로 주문하면 놀랄 만큼 빠른 속도로 초밥이 도착한다.

예를 들어 주문을 마치고 다음으로 무엇을 주문할지 메뉴를 보고 있으면 곧 "도착했습니다" 하고 알림이 울리며 주문한 음식이 레일에 도착한다. 신주쿠 등 도시형 매장은 좌석 수가 200석이 넘는데도 서빙 속도가 매우 빨라서 주문한 음식을 기다리지 않고 먹을 수 있다.

그 비밀은 스시로가 독자적으로 개발한 '끌어넣는 레일'에 있다. 이것은 주문 메뉴 전용 레일에서 각 고객 테이블로 가지가 뻗어 나와 있는 구조로, 전용 레일이 정체되지 않고 차례차례 초밥을 이동시킬 수 있게 해 준다.

또 고객 테이블에 음식을 최단 거리로 전달할 수 있도록 전용 레일에 부분부분 지름길을 만들어 접시가 복잡하게 이동하는 구조로 만들었다. 주방에서 나온 초밥을 역방향으로 나아가는 전용 레일로 빠지게 해서 최단 거리로 고객 테이블에 가져다주는 것이다.

세 번째 전략은 '매장 안내 무인화'이다. 매장 내 테이블 안내는 모두 자동화 기계로 이루어진다. 즉, 무인화에 의한 비대면 서비스이다.

먼저 고객이 매장에 들어와 정면에 설치된 기계에 예약 번호를 입력하면, 기계가 "프린터에서 번호표를 받아 00번 좌석으로 이동해 주세요" 하고 안내한다. 이와 동시에 "00번 테이블로 이동해 주세요"라고 적힌 번호표가 프린터에서 출력된다. 고객은 이 안내를 따라 점원과 접촉하지 않고 테이블에 앉을 수 있다.

또 계산이나 포장도 비대면으로 할 수 있다. 계산은 매장에 설치된 자율 계산대에서 하면 된다. 포장도 직원이 주방 안쪽에 있는 포장 주문용 로커(냉장 박스)에 초밥을 넣어 놓으면 고객이 반대쪽 문으로 꺼낼 수 있게 되어 있다. 이런 매장 자동화 또한 코로나19 시대에 고객을 잡는 전략이 된다.

해외 수요 확보와 새로운 분야에 대한 도전

스시로는 2021년 4월 사업 전략 발표회를 열어 지주회사의 사명을 스시로 글로벌 홀딩스에서 푸드앤라이프 컴퍼니(F&LC)로 변경했다. 이 사명에는 초밥에 한정하지 않고 음식 전체를 포괄하여 사업을 전개하겠다는 포부가 담겨 있다.

그와 동시에 해외 전략도 가속할 의향을 내비쳤다. 푸드앤라이프 컴퍼니 사장 미즈토메 고이치는 2015년 취임 이래 적극적으로 해외 전략을 펼쳐 지금까지 한국, 대만, 홍콩, 싱가포르에 성공적으로 진출했다. 2021년 3월에는 방콕에 태국 1호점을 오픈했고 앞으로도 그수를 늘려 갈 예정이다.

이 공격적인 자세는 자국 내에서도 마찬가지이다. 2021년 4월에는 교타루를 인수하여 규모를 확대했다. 푸드앤라이프 컴퍼니는 그룹 전체 단위로 양질의 식자재를 조달한 뒤 그 재료의 특색을 살려 제공하는 부분은 스시로나 교타루 등 각 브랜드의 자체 체제로 운영된다. 초밥 브랜드를 여러 개 운영해 상승 효과를 노리는 것이다.

오사카 난카이난바역 구내에도 신규 매장을 출점했다. 스시로의 새로운 메뉴 '무스비스시(주먹밥 모양 초밥)' 판매 매장이다. 무스비스시는 다양한 장소에서 더 가볍게 초밥을 즐길 수 있도록 만든 새로운 스타일의 초밥이다. 기존의 초밥 문화를 현대풍으로 바꾸는 과정에서 초밥을 주먹밥 모양으로 만들어 간장을 찍지 않고 손에 들고 먹는 에도 시대의 방식을 부활시킨 것이다.

그 밖에도 스시로는 코로나19 시대에 생겨난 고객의 불안을 해소하기 위해 힘쓰고 있다. 그 예로 '방문 예약 시스템 도입'을 들 수 있다. 스시로에 가고 싶지만 입구에서 장시간 기다리기에는 사람이 많아 위험하므로 꺼려진다는, 많은 고객이 안고 있는 불안을 없애 주는 시스템이다.

방문 예약 시스템은 고객이 스시로 스마트폰 앱이나 라인으로 좌석을 예약하면 좌석으로 안내받을 시각을 알려 준다. 고객은 지정된 시각에 방문하여 입구에서 기다리지 않고 식사를 즐길 수 있다.

이를 가능케 한 것이 바로 대기 시간 산출 로직이다. 스시로는 2015년부터 대기 시간 데이터를 축적하고 분석하여 여러 차례 개선을 거듭한 끝에 적확한 대기 시간을 산출하는 로직을 구축했다.

이처럼 스시로는 다양한 노력으로 코로나19 시대에도 신규 출점 공세를 이어 갔고, 2020년 10월부터 2021년 3월까지 반년간 24개 매장을 확충했다. 게다가 2020년도 회전 초밥 프랜차이즈 연결 매출액에서는 쟁쟁한 경쟁사들을 제치고 가장 높은 2,049억 엔을 계상하여 코로나19 상황에서도 최고 실적을 내는 데 성공했다.

'완전 독점'을 만드는
경쟁 범위 설정

고객 만족도를 높이는 '효율성 추구'

코로나19 사태로 감염 위험 때문에 외식을 꺼리게 된 것과 더불어 정부의 조치로 음식점의 영업시간이 제한되어 매장에 방문하는 고객 수가 평상시보다 대폭 감소했다. 경영상의 문제점은 명백하게 고객 감소로 인한 수익 압박이었기 때문에 정부의 재정 지원이 이루어지는 한편 기업에는 경영 효율성 향상이 요구되었다.

스시로도 예외는 아니었다. 실제로 스시로는 세계가 코로나19 사태에 빠지기 전부터 생산성을 높이기 위해 노력했다. 매장 무인화에 의한 비대면 서비스는 비정규직 시급이 상승하기 시작한 시점부터 시도해 왔다. 자동화 기기를 도입하는 등 생산성을 높이기 위해 여러 가지 방안을 내놓았는데, 이런 시도들이 코로나19가 발생한 타이밍에 비대면 서비스라는 가치를 창출한 것이다.

그리고 장기간 초밥 주문 데이터를 수집하여 어느 타이밍에 어떤 초밥을 내보내야 고객이 접시를 집을지 연구해 왔다. 이것은 원래 손실을 줄이려는 의도였는데, 효율성을 추구하는 과정에서 고객 만족도까지 상승하게 되었다.

스시로에서는 원가가 비싼 눈다랑어 초밥이 2점에 110엔이다. 이처럼 어떤 재료든 신선하고 두툼한 데 비해 가격이 저렴하다. 그래서 저렴하지만 맛이 좋다는 평판이 자리 잡았다. 스시로는 어떻게 이런 저렴한 가격을 실현했을까? 그 비결은 다음 3가지로 정리할 수 있다.

첫 번째는 매입한 생선의 모든 부위를 버리지 않고 사용하는 것이다. 스시로 메뉴 중에는 보통 식사 마지막에 주문하는 '감칠맛 나는 참치 간장 라멘(385엔)'이 있다. 이 라멘은 해물로 국물을 내는데, 초밥에 사용하지 않는 눈다랑어의 머리 부분을 사용해서 우려낸다. 또 라멘에 토핑으로 얹는 참치 커틀릿도 눈다랑어에서 힘줄이 많은 부위를 활용해서 만든 것이다. 이처럼 스시로에서는 매입한 참치의 모든 부위를 낭비하지 않고 남김없이 조리하여 높은 매입 가격을 상쇄한다.

두 번째는 초밥을 제공하는 공정의 효율화이다. 고객에게 초밥을 제공하는 일련의 공정에서 거의 모든 부분을 자동화했다. 예를 들어 초밥에 사용하는 밥은 짓기, 간하기, 모양 잡기까지 모든 공정을 기계가 초고속으로 수행한다. 호소마키(김밥)도 기계가 자동으로 말아 주고 접시도 세척기가 전자동으로 닦아 색별로 정리한다.

이처럼 스시로는 자동화 기계로 효율화할 수 있는 부분은 철저히 효율화했다. 하지만 초밥에 올라가는 재료만큼은 맛을 최우선으로 한다. 재료의 신선도를 유지해야 하므로 전문가가 매장 주방에서 직접 손질한다.

세 번째는 생선 도매업자와 좋은 관계를 유지하는 것이다. 도매업자와 관계가 좋으면 더 신선한 생선을 사들일 수 있다. 예를 들어 미에현에 있는 오와세 물산은 스시로에 납품하는 방어 등을 양식·가공하는 회사이다. 스시로는 이 회사와 20년 전부터 거래했는데, 2021년 자본 투자를 통해 관계를 더욱 두텁게 했다. 이렇게 도매업자와 좋은 관계를 유지하면 재료 구입시 이점이 생겨 결과적으로 수익성을 높이는 데 도움이 된다.

스시로는 경쟁사들이 메뉴 다양화에 매진하는 동안 그와는 다르게 기본 초밥 메뉴 강화에 주력했다. 이것은 '자사의 경쟁 범위 설정'이라는 경쟁 전략의 관점에서 매우 의미 깊은 의사 결정이다.

스시로는 초밥 외의 메뉴 개발을 포기함으로써 자사가 힘을 쏟을 경쟁 범위를 초밥 메뉴로 한정했다. 그리고 초밥 메뉴 중에서도 참치나 방어 등 기본 메뉴에 집중하여 경쟁 기업이 거의 없는 과점 상태를 만들었다.

이러한 의사 결정은 '동종 업계 타사와의 경쟁 관계'에서 우위를 차지하게 할 뿐만 아니라 '고객과의 관계'에서도 유리한 점을 가져다준다. 기본 초밥 메뉴를 강화하여 먹는 빈도가 높은 재료의 신선도와 질이 올라가면 고객 만족도가 높아져 고객이 경쟁사로 넘어갈 확률이 낮아진다. 따라서 리텐션, 기존 고객 유지가 가능해진다.

스시로의 이런 의사 결정은 기업이 시장에서 이윤을 최대화하기 위해 경쟁이 치열해서 수익을 내기 힘든 '완전 경쟁'을 회피하고 수익을 내기 쉬운 '완전 독점' 쪽으로 접근하는 전략에 해당한다. 완전 경쟁이란 다음 5가지 조건을 충족하는 시장을 말한다.

❶ 시장에 무수히 많은 기업이 존재하고 어떤 기업도 시장 가격에 영향을 미치지 못한다.

❷ 시장에 새로운 기업이 진입할 때 진입 장벽이 존재하지 않고, 시장에서 철수할 때도 장벽이 존재하지 않는다.

❸ 기업이 제공하는 제품이나 서비스는 차별화되어 있지 않고 동질적이다.

❹ 제품이나 서비스를 생산하기 위한 경영 자원(인적자원, 물적자원, 자금, 정보 등)은 기업 상호 간에 비용 없이 이동할 수 있다.

❺ 제품이나 서비스에 관한 정보는 고객 및 기업 간에 완전한 공유가 가능하다.

이 5가지 조건을 만족하는 완전 경쟁 시장에서 기업은 초과 이윤을 기대할 수 없다. 어느 기업이나 같은 제품과 서비스를 생산하고 판매하므로 제품 특성을 차별화할 수 없어 결국 가격으로 경쟁해야 하기 때문이다. 최종적으로 시장 가격은 기업이 겨우 사업을 유지할 만큼만 이익을 얻을 수 있는 수준까지 떨어진다.

이런 상황을 피하기 위해 기업은 완전 독점 상태를 목표로 자사의 경쟁 전략을 마련한다. 완전 독점은 완전 경쟁과 정반대의 상황이기 때문에 기업은 초과 이윤을 최대화할 수 있다.

스시로는 기본 초밥 메뉴의 강화 등 다양한 방안으로 주위의 경쟁 환경을 완전 경쟁에서 멀어지게 하고 완전 독점에 가까운 상태로 만들어 수익력을 높이는 데 성공했다.

POINT ————————————————————

경쟁 범위를 좁혀 '완전 독점' 상태를 만들어라.

마케팅이 돈이 되는 순간

경쟁 우위를 가져오는 '액티비티 시스템' 구축

다양한 방안이 독자적인 시스템을 만든다

스시로는 지금까지 다방면에 걸쳐 다양한 방안을 실천해 왔다. 장기간 실천한 방안 중에는 코로나19 사태에 따른 사업 기회 변화와 맞물려 효과를 발휘한 것도 있다.

이러한 기업 활동 사이의 관계를 밝혀 독자성을 검증하는 프레임워크로 마이클 포터가 제창한 '액티비티 시스템(활동 시스템)'이 있다.

스시로의 활동을 하나하나 상세하게 검증해 보면, 여러 활동이 다양하게 뒤얽혀서 하나의 액티비티 시스템을 형성한다는 것을 알 수 있다. '데이터 분석을 통한 예측', '식자재 완전 사용', '매장 안내 무인화', '운영 자동화', '방문 예약 시스템 도입' 등을 통해 '효율성 개선'과 '비용 절감'을 수행함으로써 '신선하고 질 좋은 초밥 제공'과 '저렴한 가격으로 초밥 제공' 모두를 실현했다.

스시로의 활동에서 기점이 된 것은 '기본 초밥 메뉴 강화'였다. 이때부터 '신선하고 질 좋은 초밥 제공'과 '저렴한 가격으로 초밥 제공'의 공존을 꾀하게 되었다.

스시로는 신선하고 질 좋은 초밥을 제공하기 위해 자본 투자를 통해 '도매업자와의 관계를 강화'했다. 이로써 신선도 높은 양질의 생선을 우선 납품받을 수 있게 되었다.

저렴한 가격으로 초밥을 제공하기 위해서 식자재를 남김없이 사용하고 포장 전문점을 확충했으며 교타루 인수로 규모의 경제를 실현하여 비용을 절감했다.

한편 이러한 일련의 활동을 뒷받침한 것은 '데이터 분석을 통한 예측'이다. 지금까지 수집하고 축적한 방대한 데이터의 분석 결과가 각 활동을 촉진했다. 디지털 트랜스포메이션(DX)을 적극적으로 도입하여 생산성을 높인 것이다.

더 복잡하고 일관성 있는 시스템 구축

이처럼 스시로의 액티비티 시스템은 모든 활동이 복잡하게 얽혀 상호 작용하면서 효과를 발휘하고 있다. 스시로의 성공은 독자적으로 구축한 이 액티비티 시스템 덕분이라고 할 수 있다. 그러나 현재로서는 아직 완성된 시스템이라고 할 수 없다. 경쟁사의 모방을 허용하지 않으려면 더 복잡하고 일관성 있는 액티비티 시스템을 구축해야 한다.

연구에 따르면 액티비티 시스템에서 활동 간의 상호 작용이 복잡하면 다음 2가지 효과가 나타나는 것으로 밝혀졌다.

❶ 액티비티 시스템 전체의 모방은 부분적인 모방보다 어려우며 부분적 모방의 경우 가치가 낮아진다.

❷ 기존 사업과 모순이나 불일치가 발생하기 때문에 액티비티 시스템을 모방할 의욕이 떨어진다.

이 효과는 액티비티 시스템의 복잡성과 일관성이 높으면 높을수록 더 커진다. 완성도 높은 액티비티 시스템을 보유한 것으로 알려진 기업으로는 사우스웨스트 항공이 있다.

사우스웨스트는 미국의 대표적인 저가 항공사(LCC)로, 오랫동안 경기 동향에 좌우되지 않고 흑자 운영을 지속해 온 몇 안 되는 항공사 중 하나이다. 그 성공 비결은 사우스웨스트가 지금까지 펼쳐 온 수많은 기업 활동에 있다.

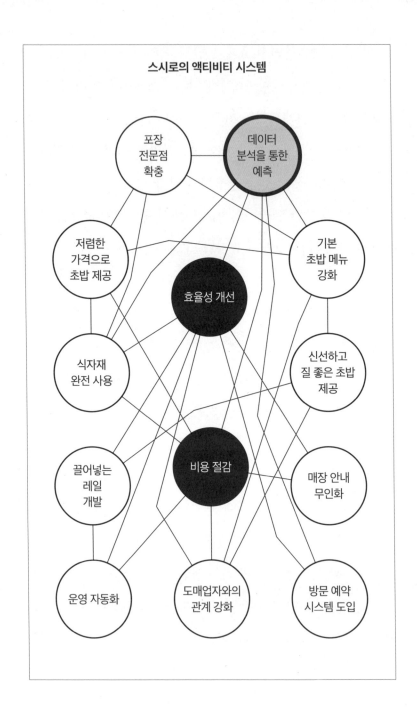

스시로의 액티비티 시스템

포장 전문점 확충

데이터 분석을 통한 예측

저렴한 가격으로 초밥 제공

효율성 개선

기본 초밥 메뉴 강화

식자재 완전 사용

신선하고 질 좋은 초밥 제공

끌어넣는 레일 개발

비용 절감

매장 안내 무인화

운영 자동화

도매업자와의 관계 강화

방문 예약 시스템 도입

마케팅이 돈이 되는 순간

사우스웨스트는 단·중거리 비행에 특화하여 좌석 지정 및 기내식 폐지, 지상 체류 시간 단축, 환승객의 화물 이송 폐지 등을 연달아 시행함으로써 철저한 비용 절감과 생산성 향상을 실현했다. 그 결과로 경쟁사가 모방할 수 없는 복잡하고 일관성 있는 액티비티 시스템을 독자적으로 구축했다.

이 성공을 지켜본 풀서비스 항공사들은 일제히 저가 항공 시장에 진입을 시도했지만, 어느 회사도 성공하지 못했다. 예를 들어 콘티넨털 항공은 콘티넨털 라이트라는 이름으로 자회사를 설립하여 사우스웨스트의 액티비티 시스템을 모범 사례로 삼아 모방했다. 이때 비용은 여행 대리점 수수료 인하와 마일리지 서비스의 갱신 종료 등으로 절감해서 보충했다.

한편 콘티넨털은 풀서비스 사업도 계속 하고 있었기 때문에 복수 기종 보유, 좌석 지정, 환승객 화물 이송 등의 서비스는 유지했다. 하지만 두 마리 토끼를 잡으려다가 오히려 이도 저도 아닌 상태에 빠졌고, 운항 중지 및 지연을 연발하는 등 서비스 질이 크게 떨어졌다.

결국 불만이 쏟아져 고객은 타사로 빠져나갔고 여행 대리점도 떠나갔다. 콘티넨털 라이트는 사우스웨스트에 대항하여 요금을 저가로 설정했지만 비용 절감에 실패하여 막대한 손실을 냈고 CEO는 해임될 위기에 처했다.

사우스웨스트처럼 완성된 액티비티 시스템을 구축한 기업은 아직 많지 않다. 중요한 것은 자사가 현재 보유한 액티비티 시스템을 면밀히 검증하여 더 복잡하고 일관성 있는 액티비티 시스템을 구축하는 것이다.

스시로의 2020년도 매출액은 2,049억 엔으로 초밥 업계에서는 1위이다. 2위인 구라스시가 1,358억 엔, 3위인 갓파 크리에이트는 648억 엔 정도인 것을 볼 때, 스시로는 업계 리더로서 어느 정도 입지를 쌓았다고 할 수 있다.

이 입지를 더 확고하게 다지기 위해서는 현재의 액티비티 시스템을 재검토하여 완성도 있는 시스템을 구축해야 한다. 더 복잡하고 일관성 있는 시스템을 구축하면 모방에 의한 타사의 추종을 일절 허용하지 않을 것이다.

POINT ─────────────────────────

경쟁자가 모방할 수 없는 '액티비티 시스템'을 구축하라.

12장

산토리
시너지를 최대화하는 통합 전략

미국의 빔 인수와 의식 개혁으로 증명한 완전 통합의 진가

산토리는 1899년에 창업하여 양주와 맥주 등 알코올음료를 중심으로 사업을 전개해 왔다. 1980년대 이후로는 청량음료 사업에도 진출하여 사업 영역을 확장했다. 주조는 시간이 걸리므로 단기적 이익을 추구하는 주식 공개와 어울리지 않는다는 이유로 비상장을 고집하고 있다. 1990년 이후 해외 사업 강화를 위해 기업 매수에 뛰어들었다. 2014년에는 미국의 빔을 인수하여 통합에 의한 시너지를 만들어 냈다. 그룹 전체의 2021년도 매출액은 2조 5,592억 엔에 달한다.

'완전한 경영 통합'을 선택하다

산토리 홀딩스 주식회사는 적극적인 해외 기업 인수합병(M&A: Merger and Acquisition)으로 경영 효율과 사업 시너지를 높여 왔다. 그중에서도 2014년 160억 달러에 인수한 미국 증류주 회사 빔(현 빔 산토리)은 그 상징이라고 할 수 있다.

인수 직후 빔 산토리의 경영 실태는 주력 증류주 짐 빔의 이름값을 방패막이로 극심하게 정체된 상태였다. 빔 산토리는 미국의 혼이라고 일컬어지는 버번위스키를 만든다는 자부심이 있어서 콧대가 아주 높았다. 역사 있는 기업이라는 간판에 안주하여 생산 현장에서는 활기를 찾아볼 수 없었고 새로운 상품을 개발하려는 도전 정신이 결여된 상태였다.

영업 상황도 별반 다르지 않아서 가정용 판매를 늘릴 수 있는 도매에만 치중하고 음식점에 직접 영업을 나가지 않았다. 인사도 빔 산토리 독단으로 시행하는 상황이었고 인사권을 순순히 산토리에 넘길 기색은 보이지 않았다.

이런 상황에서 산토리는 빔 산토리와 경영 전략상 어떤 관계를 쌓아야 좋을지 모색하기 시작했다. 그 방법은 크게 2가지였다. 하나는 일본 쪽을 별도로 취급하여 사실상 통합을 피하는 방법이었고, 다른 하나는 완전히 경영을 통합하여 빔 산토리를 산토리에 편입시키는 방법이었다.

사내에서는 의견이 갈렸고 특히 중간 관리직 사이에서는 전자인 통합을 피하는 쪽으로 의견이 몰렸지만, 사장 니나미 다케시는 후자의 완전한 경영 통합을 선택했다.

보편적인 기업 문화를 불어넣다

사장 니나미가 완전한 경영 통합을 선택한 것은 빔 인수에 따른 시너지를 장기적으로 지속하여 확대하려는 의도였다. 또 일본 기업이 해외 대기업을 인수하여 가치관을 공유하면서 경영을 통합하는 본보기를 만들겠다는 강한 의지도 있었다.

산토리의 이념에는 120년의 역사가 담겨 있다. 빔은 산토리보다 긴 역사를 가졌으나 꾸준히 이어 온 확고한 기업 문화가 없었다. 그런 탓에 분기별로 수익을 계상하는 단기 실적 위주의 경영에 힘을 쏟고 있었다. 산토리는 빔 산토리에 산토리의 보편적인 기업 문화를 주입하지 않으면 좋은 제품을 만들 수 없다고 판단했다.

원래 빔에는 짐 빔을 만들어 내는 데 기여한 '좋은 물건을 만들어 고객에게 전하고자 하는 DNA'가 있었다. 하지만 인수 당시 빔 산토리는 현장의 직원이 좋은 제품에 관여한다는 자부심을 느낄 수 없는 상태였다.

따라서 그 DNA를 다시 끌어내서 좋은 물건을 만든다는 자부심을 느끼게 할 필요가 있었다. 산토리는 이런 분위기를 이끄는 데 자신 있었으므로 이것을 빔 산토리에 주입할 방법을 모색하기 시작했다.

그러나 이를 위한 두 회사 간의 교류는 좀처럼 진척되지 않았다. 특히 증류주 분야에서는 빔 산토리 쪽이 규모도 크고 해외 지명도도 높았기 때문에, 자신들은 이미 세계적인 기업이니 산토리는 그냥 지원만 해 주면 된다는 오만한 생각으로 가득 차 있었다.

모든 주도권을 쥐다

사장 니나미는 우선 산토리가 주도권을 쥐어야 한다고 생각했다. 미국에서는 조직 경영에서 체인 오브 커맨드, 즉 지휘명령 계통이 매우 중요해서 누구에게 보고하느냐가 큰 의미를 지닌다. 당시 빔 CEO 맷 샤톡은 빔 산토리의 운영을 자신이 맡고 있으니 보스는 자신이라는 생각이 강했다. 그래서 빔 산토리의 주식을 100% 보유한 모회사 산토리의 대표인 니나미가 진정한 보스이자 보고 대상이라는 사실을 이해시키기가 쉽지 않았다.

니나미가 샤톡과 치열한 논쟁을 거듭하여 자신의 위치를 명확히 하기까지는 1년 이상의 기간이 걸렸다. 이후 샤톡은 타운홀 미팅(사장과 직원이 자유롭게 대화하는 공개회의) 등 여러 공식 석상에서 니나미를 자신의 보스로 소개하게 되었고, 니나미는 빔 산토리 경영진과 신뢰 관계를 형성했다.

동시에 인사권 장악도 진행했다. 당시 빔 산토리 이사의 과반수가 산토리 출신이었지만, 사장과 경영 간부를 지명하고 보수를 정하는 권한은 빔 산토리 측에 위임한 상태였다. 여기서 니나미는 우선 빔 산토리 이사에 자신의 이름을 올린 뒤, 빔 산토리의 상급 간부를 지명하고 보수를 정하는 위원회를 설립했다. 위원장으로는 니나미가 직접 취임하고 위원과 감사도 산토리에서 보내 실질적인 지배권을 손에 넣었다.

그리고 그는 빔 산토리의 재무 상황을 잘 아는 간부를 산토리 쪽으로 불러와서 양사의 상호 이해를 촉진하는 직책을 맡겼다. 이로써 빔 산토리 측의 주장과 생각에 대한 이해가 깊어지는 동시에 산토리 측의 요구와 생각을 잘 전달하게 되었고, 두 회사는 우호 관계를 형성하게 되었다.

대화를 통한 상호 교류 촉진

빔 산토리 직원들의 모티베이션을 높이는 것도 중요한 과제였다. 이를 위한 해결책으로 산토리 대학을 신설했다. 산토리 대학에서는 창업가들이 강단에 올라 산토리의 주춧돌이라고 할 수 있는 도리이 신지로의 창업 정신과 기업 이념을 설명하고 이해시킨다. 이념과 목표가 제대로 공유되면 현지 운영을 맡길 수 있으므로 국경을 넘어 대화할 기회를 늘리는 데 주력했다.

산토리 대학 외에도 빔 산토리 직원이 적극적으로 참여할 만한 기회를 많이 만들었다. 예를 들어 수자원 보호 활동인 '천연수의 숲' 활동에 참여하게 해 산토리의 기업 이념이 구체적으로 어떻게 나타나는지 배울 기회를 제공했다. 이 활동에는 일본 산토리 직원도 참여하게 하여 기업 이념의 가치를 재인식시켰다. 이와 동시에 양쪽 사람이 한데 모여 직접 대화하는 자리를 만들어 상호 교류를 촉진했다.

그러나 이런 활동은 빔 쪽 직원과 직접 소통하는 사람 수가 한정적일 수밖에 없다. 그래서 산토리의 이념을 말단 직원에게까지 전달하

마케팅이 돈이 되는 순간

기 위해 산토리의 중간 관리직을 미국에 파견하기로 했다. 이들의 역할은 일본 주류 생산을 담당하거나 일본과의 소통을 활발하게 하는 것이었다. 그 밖에도 켄터키주에 있는 생산 부문이나 판매 부문에 과장급 직원을 파견했다.

이처럼 생산 및 판매 부문의 현장에 실무 능력을 지닌 중간 관리직을 파견한 것은 빔 산토리를 아예 현장부터 바꿀 필요가 있었기 때문이다. 조직에서 가장 중요한 것은 피라미드 구조의 중심에 위치하는 중간층이다. 이 중간층의 활력이 직원들의 모티베이션과 조직 전체의 활력을 좌우하므로 산토리는 일부러 중간 관리직을 빔에 파견했다.

이렇게 대학 및 대학 밖의 활동, 더 나아가 중간 관리직 파견을 통해 다양한 대화가 이루어지자 양사 간의 교류가 촉진되어 빔 산토리와 경영 통합이 한층 강화되었다.

2017년에 미국에서 실시된 업무 몰입도 설문 조사에서는 산토리와 함께하게 되어 다행이라고 대답한 직원이 90%에 달했다. 빔과의 대화를 통해 기업 이념의 실현을 항상 염두에 두고 주체적으로 움직이는 조직이 탄생했고, 일본을 포함한 조직 전체에 선순환을 불러왔다.

경영 통합으로 시너지 창출

인수의 경제적 가치

인수합병은 다각화 전략을 실현하는 수단으로 많은 기업에서 기업 가치를 높이기 위해 사용한다. 2018년 전 세계 인수합병 규모는 총 5조 3,037억 달러에 달하며, 1999년의 3조 4,400억 달러와 비교하면 지난 20년간 1.5배 증가했다.

왜 이렇게까지 인수합병이 늘어났을까? 인수합병 전략을 취하는 동기를 인수하는 기업(인수 기업) 쪽에서 생각해 보면 '경제적 이익', '사업 다각화', '시장 점유율 확대', '규모 확대에 따른 비용 절감에 의한 합리화', '효과적인 기술·노하우·인재 획득', '고객 기반·판매망 획득' 등을 들 수 있다.

한편 인수되는 기업(피인수 기업) 쪽에서 보면 '자사의 존속', '사업 계승', '사업의 선택과 집중', '직원 고용 확보', '매각 이익' 등을 생각해 볼 수 있다.

전략적으로 관련성이 없는 기업끼리 인수합병을 하면 인수 기업과 피인수 기업 모두 표준 이익밖에 얻지 못하므로, 보통 인수합병을 검토하는 기업은 전략적으로 관련 있는 기업을 대상으로 모색한다. 단, 전략적 관련성이 있는 기업의 인수는 경제적 가치를 창출하지만, 그 대부분을 피인수 기업의 주주가 가져간다.

2014년 산토리의 빔 인수를 살펴보면, 인수 금액은 160억 달러(약 1.65조 엔)였다. 빔의 직전 기업 가치 총액은 130억 달러였으므로 산토리는 빔의 주주에게 23% 정도의 프리미엄을 얹어 주고 사 온 셈이다. 이처럼 피인수 기업의 주주는 적어도 프리미엄이라는 형태로 경제적 가치를 누릴 수 있다.

그렇다면 인수 기업인 산토리에는 경제적 가치가 발생하지 않을까? 빔을 160억 달러에 매수한 사실에서 산토리가 빔 인수 후에 증가할 자사의 가치를 적어도 160억 달러 이상으로 책정했다는 것을 알 수 있다.

가령 그 금액을 200억 달러라고 한다면, 산토리는 자사의 가치 증가분, 즉 200억 달러에 상당하는 금액까지는 빔 인수에 써도 된다는 뜻이다. 결과적으로 160억 달러에 빔을 인수했으니 그 예상대로라면 인수 후 산토리에는 40억 달러의 경

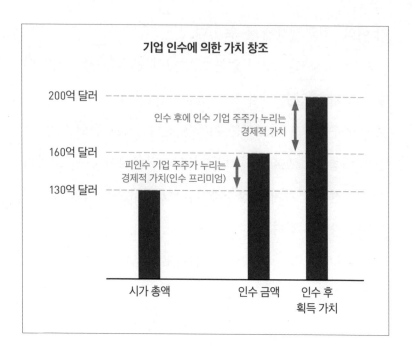

제적 가치가 발생한다.

조직 문화 차이라는 벽

이런 경제적 가치를 얻으려면 빔과 완전히 경영을 통합하여 산토리의 기업 문화에 편입할 필요가 있었다. 산토리와 빔은 걸어온 길이나 경영 철학, 전략 등이 전혀 달라서 기업의 다양한 부분을 통합하기가 매우 어려웠다. 특히 양사의 조직 문화 차이는 문제가 아주 많았다.

산토리는 빔을 인수할 때 이런 조직 체제 정비에 필요한 비용을 검토하여 그 금액만큼 빔의 가치를 깎을 필요가 있었지만, 듀 딜리전스(투자 대상 기업에 대한 사전 조사)를 통해 리스크를 파악하는 데는 한계가 있었다. 산토리는 먼저 창업 정신 공유라는 근본적인 부분부터 통합 작업을 진행하여 완전한 경영 통합을 꾀했다.

산토리와 빔은 인수 후 여러 방면에서 경영상의 차이를 발견했다. 예를 들어 산토리는 제품을 생산하는 공장과 제품을 판매하는 영업부, 2가지 현장을 본사와 동등하게 인식하여 3가지 모두 중요하게 여겼는데, 빔에서는 시카고 본사의 마케팅, 재무, 경영 전략 부문이 압도적인 힘을 가지고 있었기 때문에 현장을 배려해서 예산을 편성한다는 생각 자체가 없었다.

고객 관계 면에서도 산토리는 음식점을 동등한 사업 파트너로 인식하는 반면, 빔은 도매 중시 관점에서 음식점을 경시하여 사업 파트너로 보지 않았다.

그 밖에도 거액의 보너스와 스톡옵션에 무게를 둔 보수 제도, 평가를 포함한 인사 관리 제도, 퇴직 제도, 건강 보험 제도 등 양사의 차이는 무수히 많은 곳에서 드러났다. 산토리는 이들을 하나하나 해결하여 최종적으로 빔과 경영 통합을 이루었다.

POINT ────────────────────────────

조직 문화가 달라도 완전한 경영 통합을 달성할 수 있다.

마케팅이 돈이 되는 순간

현장을 통합하는
사원 의식 개혁

의식 개혁을 가로막는 '세계적인 브랜드'

인수합병에 따른 경영 통합은 '통합 위원회'를 설치해서 실행하는 것이 일반적이다. 통합 위원회는 통합에 관한 최고 의사 결정 기관이므로 인수 기업과 피인수 기업 쌍방의 경영 수장으로 구성된다.

통합 위원회가 내린 결정을 따라 통합 추진에 관한 기획, 관리, 조정을 하는 것이 '통합 프로젝트실'이다.

그리고 통합 프로젝트실 설치와 더불어 현장에서 통합 작업을 진행하기 위해 각 분야의 '통합 프로젝트팀'도 만들어야 한다.

여기서 말하는 각 분야란 조달, 제조, 물류, 마케팅, 판매, 재무, 법무, 인사, IT 등을 가리키며, 각 팀은 분야별로 상세한 통합 계획을 세운다.

현장 차원에서 해결하기 어려운 중대한 결단을 요구하는 문제는 통합 프로젝트실을 통해 통합 위원회에 의견을 구한다. 하지만 빔 산토리는 모회사인 산토리보다 역사도 오래되고 세계적인 브랜드라는 자부심이 있어서 대등한 관계로 통합을 진행하는 이상적인 상황과는 거리가 멀었다.

빔 산토리에 산토리의 '현장주의'를 뿌리내리게 하는 것도 통합에서 큰 과제였다. 가장 먼저 착수한 일은 본사 이전이었다.

당시 빔 산토리 본사는 시카고 도심에서 자동차로 1시간 정도 떨어진 교외에 있어 주위에 음식점이나 소매점이 별로 없었기 때문에 본사 직원이 소비 현장에 직접 가 볼 일이 거의 없었다.

사옥 이전은 비용이 많이 들 뿐만 아니라 통근 부담도 커지기 때문에 많은 직원과 간부가 반대했지만, 2년에 걸쳐 설득한 끝에 시카고 중심부로 이전하게 되었다. 이를 계기로 직원들이 짐 빔을 취급하는 음식점이나 인기 음식점 등 소비 현장을 직접 방문하여 소비 트렌드를 파악하게 되었다.

빔의 기존 문화가 분기별로 수익을 계상하는 단기 이익 추구에 맞춰져 있었기 때문에 소비 현장에 나가 음식점별로 특성에 맞는 상품을 제안하는 영업 활동을 비효율적으로 여기는 풍조가 있었다.

이에 산토리는 영업과 마케팅 쪽으로 경험이 풍부한 주력급 사원을 여러 명 보내서 영업을 강화했다. 그들은 유행에 민감한 고객이 모이는 식당이나 바에 새로운 음용법이나 메뉴를 제안하여 자사의 팬을 늘리면 매출은 자연스럽게 따라온다고 빔 산토리 직원들을 설득했다.

그 방법 중 하나가 일본의 하이볼이라는 음용법 제안이었다. 음식점에 위스키의 새로운 음용법으로 하이볼을 소개하고, 하이볼 만드는 법을 설명하는 동영상을 배포했다. 동시에 자동으로 하이볼을 만들어 주는 기계 '하이볼 타워'를 영향력 있는 식당이나 바에 판매했다.

그 결과 미국 전역에서 3,000곳의 가게가 메뉴에 하이볼을 추가했다. 심지어 하이볼 타워는 설치 비용 포함 6,000달러(약 65만 엔)였는데도 총 260곳에서 구매했다.

음식점들이 결코 작다고 할 수 없는 투자를 수락한 이유는 무엇일까? 그 이유는 영업 사원의 접근 방식에서 찾을 수 있다. 원래 빔에서는 자신들이 팔고자 하는 상품을 일방적으로 판매하는 데 집중했는데, 빔 산토리의 영업 사원은 음식점 측의 의견에 귀를 기울여 음료 메뉴를 함께 생각하는 자세로 다가갔다. 팔기만 하면 끝이라는 태도를 버리고 소비 현장에 가까이 다가가자 수요를 확보할 수 있었다. 이에 따라 빔 산토리 직원들의 의식도 점차 바뀌었다.

하이볼 판매는 경쟁 기업의 전략에도 영향을 미쳤다. 빔 산토리가 새로운 수요를 만들어 낸 것을 보고 경쟁 기업도 하이볼을 팔기 시작한 것이다. 미국에서는 원래 위스키를 스트레이트로 마시거나 콜라를 섞어 마시는 것이 보통이었다. 그런데 위스키에 탄산수를 섞어 마시는 새로운 음용법이 잠재 수요를 발굴한 것이다. 짐 빔의 전 세계 판매량은 2014년 기준 789만 병이었는데, 2020년에는 1,616만 병을 기록하며 6년 사이에 2배 이상 증가했다.

자연과 함께하는 활동을 알리다

빔 산토리의 의식 개혁은 여기서 그치지 않았다. 천연수는 산토리의 모든 제품에 원료로 쓰이기 때문에 무엇보다도 중요한 자원이다. 그래서 산토리에는 생명줄이라고 할 수 있는 천연수를 지키는 것이 가장 중요한 사명이었다.

현재 산토리에 공급되는 천연수의 원천 숲은 일본 전역에 21곳 존재한다. 산토리 수과학 연구소에 소속된 전문 연구원 6명이 이들 숲을 방문하여 수질을 조사한다. 나가노현 오마치시 '산토리 천연수 북알프스 시나노 숲 공장' 뒤편에 있는 400헥타르가 넘는 광대한 숲도 그중 하나이다.

숲에서는 물이 솟아나는 지점을 찾아 매번 다른 지점에서 수질을 분석한다. 숲의 수질을 조사하면 눈에 보이지 않는 지하 수맥의 흐름을 파악할 수 있다. 이것을 알면 뽑아낼 수 있는 천연수 양의 한계를 알 수 있으므로 산의 물이 고갈되는 일 없이 몇십 년, 몇백 년 뒤에도 계속 사용할 수 있다.

나무 심기 등의 활동을 통해 숲을 보전하는 직원도 따로 있다. 이를 담당하는 조직이 지속 가능성 추진부로, 정기적으로 상공에서 해충 등에 의한 생태계 이변을 확인한다. 산토리에서는 전 직원이 적어도 한 번은 나무 심기 등의 숲 보전 활동에 참여해야 한다. 이는 사내 방침으로 정해져 있으며 2014년부터 활발하게 시행하고 있다.

이 숲 보전 활동에 빔 산토리 사원도 참여하게 해 미국에서도 위스키 공장이 있는 숲에서 생태계 조사와 나무 심기 등의 활동이 이루어졌다. 현재는 이러한 활동을 지지하는 직원이 많아져서 '향후 100년 동안 자연과 공생하는 시스템'을 구축하자는 목소리가 높아졌다. 이처럼 보전 활동 면에서도 빔산토리 직원의 의식 개혁이 성공적으로 이루어졌다.

산토리는 자연 자산인 천연수로 위스키나 다른 여러 가지 음료를 만든다. 그래서 후세를 위해 자연 자산을 남긴다는 생각으로 오랫동안 노력해 왔다. 어떻게 보면 이것은 양질의 지하 수맥을 확보하기가 점점 어려워지고 있다는 증거이기도 하다.

2050년에는 전 세계에서 40억 명이 물 부족으로 생활에 어려움을 겪을 것이라고 한다. 일본 또한 예외는 아니므로 산토리는 이런 미래를 내다보고 기업 측면에서 대책을 세우고 있는 것이다.

POINT ─────────────────────────

경영 통합의 본질은 협동하는 조직 문화를 정착시키는 것이다.

제4부

결과를 내는
마케팅을 하다

이노베이션은 양손잡이 경영에서 지식의 '심화'와 상대되는 개념인 지식의 '탐색'에 해당한다. 지식의 탐색은 새로운 기술이나 제품 개발에 초점을 맞추기 마련인데, 기존 제품이나 서비스에서 비즈니스 모델을 변경하거나 운영을 진화시키는 방법으로 스케일 확장을 꾀할 수도 있다. 지식의 탐색은 핵심 사업의 회생으로도 이어진다.

13장

마이크로소프트

모바일 클라우드로 전환한 혁신 마케팅

플랫폼 대전환으로 핵심 사업을 진화시킨 개혁의 궤적

마이크로소프트는 1975년 미국 뉴멕시코주 앨버커키에서 창업한 세계 최대 소프트웨어 회사이다. 1985년에 PC용 운영 체제 윈도우즈(Windows)를 개발하고 1990년에는 응용 소프트웨어 마이크로소프트 오피스(Microsoft Office)를 개발하여 수익화에 성공했다. 2000년 이후에는 가정용 게임기 엑스박스(Xbox)를 출시하고 클라우드 서비스 애저(Azure)를 개시하는 등 사업 영역을 확대했다. 2021년도(2020년 7월~2021년 6월) 매출액은 1,680억 8,800만 달러에 달한다.

Case Study

새로운 가치관을 밝히다

마이크로소프트는 1975년 창업 이후 윈도우즈와 MS 오피스를 발매하여 디지털화의 선구자로서 테크놀로지 분야에서 확고한 입지를 구축했다. 이는 소프트웨어 제품을 만들어 라이선스(사용권 허락) 형식으로 고객에게 판매하는 매절형 비즈니스 모델에 의한 성장이었다.

그러나 이 성장 모델은 지나치게 완성도가 높아서 그 이상 혁신이 이루어지지 않았고, 시대 변화의 파도에 대응하지 못한 채 기업 가치는 정체된 상태였다.

이런 상황을 타개한 것은 2014년 새 CEO로 취임한 사티아 나델라였다. 그는 취임 직후 '마이크로소프트는 무엇을 위해 지구상에 존재하는가'라는 회사의 존재 의의를 명확히 하기 위해 '모바일 퍼스트, 클라우드 퍼스트'라는 세계관을 공표했다.

이 세계관의 진정한 의미는 기업 전략의 전환, 즉 PC 퍼스트나 데스크톱 퍼스트를 전제로 하는 기존 마이크로소프트의 매절형 비즈니스 모델을 완전히 버린다는 뜻이다.

스마트폰이나 태블릿 PC 같은 모바일 단말기는 물론, 사물 인터넷 (IoT) 시대에는 자동차 등 모든 물건이 디바이스가 되어 스트리밍 방식으로 고객에게 가치를 제공한다. 이런 사회를 실현한 것은 클라우드 컴퓨팅 기술이며, 윈도우즈의 보급과는 무관하다. 이런 생각을 바탕으로 마이크로소프트는 자사의 존재 의의를 재정의하게 되었다.

비즈니스 모델 대전환

이처럼 기존의 윈도우즈를 기반으로 쌓아 온 사고방식과 성공 경험을 완전히 초기화하는 작업은 매절 방식의 패키지형 소프트웨어 MS 오피스를 구독형인 '오피스(Office) 365(개인용)'와 '애저(Azure, 법인용)'로 전환함으로써 이루어졌다.

소비자는 시대 변화에 발맞춘 이러한 대전환을 빠르게 받아들였다. 2014년 기준 오피스 전체에서 차지하는 비율이 10%에 불과했던 오피스 365 매출액이 3년 뒤인 2017년에는 기존의 패키지형 소프트웨어 MS 오피스의 매출액을 뛰어넘은 것이다. 이로써 마이크로소프트는 오피스를 다시 한번 성공 궤도에 올렸다.

이 대전환을 통해 나델라는 마이크로소프트를 다음 단계로 이끌었다. 2017년에는 2014년에 내건 '모바일 퍼스트, 클라우드 퍼스트' 대신 '인텔리전트 클라우드, 인텔리전트 에지'라는 새로운 세계관을 내걸었다.

여기서 말하는 인텔리전트 클라우드란 단순히 클라우드화하는 것이 아니라 인공 지능 같은 지능형 기술을 활용하여 사용자에게 기여하는 것을 말한다. 또 인텔리전트 에지란 사용자의 단말, 예를 들어 스마트폰 가까이에서 데이터를 처리하여 상위 시스템의 과부하와 통신 지연을 해소하는 것이다.

새로운 세계관은 자사가 고객에게 어떤 가치를 제공할 수 있는지, 회사로서의 존재 의의를 자문하는 것이었다. 마이크로소프트에는, 창업 초기부터 적용한 비즈니스 모델이 가져다준 성과와 성공 경험이 너무 큰 나머지 윈도우즈를 중심으로 구축한 모델을 건드려서는 안 된다는 암묵적인 규칙이 생겼고, 그것이 어느샌가 기업 풍토로 자리 잡았다.

그러나 나델라는 변화를 두려워하지 않고 새로운 세계관을 명확하게 정의했다. 새로운 세계관은 윈도우즈가 지닌 가치를 명시하는 동시에, 클라우드가 외부 플랫폼이나 기술과의 융합을 가능케 한다는 것을 명확히 보여 준다.

고객 가치라는 새로운 평가 기준으로 전환

이러한 비즈니스 모델 전환을 통해 마이크로소프트와 고객의 관계성은 고객과 함께 서비스를 만드는 '협업' 관계로 바뀌었다.

법인 대상 솔루션 영업에서는 산업이라는 측면을 더욱 중시하게 되었다. 마이크로소프트는 금융, 제조, 유통, 정부, 지자체, 교육, 건강 등 자사에서 독자적으로 정의한 산업에 특화한 영업팀을 따로 편성했다. 그리하여 고객의 문제를 이해하는 종래의 시각에서 고객이 몸담은 산업의 본질을 이해하는 시각으로 전환하여 가치 있는 솔루션을 제안하고 있다.

이에 발맞춰 인사 관리 면에서도 새로운 평가 기준을 도입했다. 영업의 경우 클라우드를 얼마나 판매하느냐를 중시하는 기존의 평가 기준에서, 고객이 그 서비스나 기능을 업무에 도입하여 얼마나 유용하게 사용하느냐를 중시하는 평가 기준으로 변경했다.

이전에는 고객과 좋은 관계를 맺어 제품 계약을 따내면 좋은 평가를 받을 수 있었지만, 이제는 고객에게 가치 있는 제안을 해야 좋은 평가를 받을 수 있으므로 고객이 몸담은 산업의 본질을 제대로 이해하는 자세가 필요해졌다.

또 파트너에 관해서도, 자사 제품만이 아니라 파트너가 마이크로소프트의 테크놀로지를 사용해서 개발한 제품까지 영업 범위에 넣는 새로운 접근법을 채택했다. 이로써 영업 담당자는 파트너의 제품을 팔아도 인센티브를 받을 수 있게 되었다.

미국 주식 시장에서 마이크로소프트의 평가는 높다. 2021년 6월에는 시가 총액이 2조 달러(약 221조 엔)에 도달하여 애플에 이어 사상 두 번째로 시가 총액 2조 달러 기업 반열에 올랐다. 주가 상승에 기여한 요인은 코로나19 사태로 인한 소프트웨어 수요 증가와 독점 규제 강화 위험의 저하 등이 있으나, 가장 큰 요인은 소프트웨어 및 클라우드 시장에서의 우위성이었다. 또 GAFA(Google, Amazon, Facebook, Apple)와 다르게 수익의 축이 하나의 사업이 아니라 소프트웨어, 클라우드 서비스, 운영 체제 등 다방면으로 분산되어 있어 균형적이라는 점도 시장의 평가를 높였다. 클라우드 사업을 확대하여 성장하고 있다는 점 또한 높이 평가받았다.

현재 마이크로소프트는 회사 차원에서 목표로 할 미션을 확립하면서 그 성과를 측정하는 방법에 관한 사고방식 자체가 바뀌었다. 윈도우즈와 MS 오피스 같은 소프트웨어 제품을 판매하는 체제에서 클라우드 서비스를 기반으로 고객이 무엇을 원하는지 생각하면서 새로운 사용자 경험을 제안하여 지속적인 사용을 유도하는 방향으로 전환했다.

CEO 나델라는 'Purpose-led goal', 즉 목적이 이끄는 목표를 지향하겠다고 단언했다. 목표를 설정할 때는 금액이나 이익률 같은 데이터가 아니라 거기에 어떤 목적이 존재하느냐가 중요하며, 이를 묻는 경영 모델로 회사 전체를 바꾸었다. 끊임없이 혁신을 일으키지 않으면 플랫폼 기업은 테크놀로지 업계에서 도태된다. 마이크로소프트는 스스로 대전환한 경험을 통해 이것을 배웠다.

시장에서 빠르게 지배적 지위를 차지하는 플랫폼 원리

플랫폼 가치

마이크로소프트는 플랫폼 기업으로서 오랫동안 시장을 지배해 왔다. 여기서 말하는 시장이란 3가지 주력 제품인 윈도우즈(Windows), MS 오피스, 인터넷익스플로러(Internet Explorer)가 거의 독점 상태에 있는 운영 체제, 응용 소프트웨어, 브라우저 시장을 가리킨다. 마이크로소프트는 어떻게 이들 시장에서 독점적인 지위를 구축했을까?

그것은 플랫폼이 가진 특성 때문이다. 1990년 초반에 인터넷이 상용화되고부터 웹은 꾸준히 진화하여 인터넷 비즈니스의 번영을 이룩했다.

지금은 애플리케이션이나 게임은 물론, 일상에서 쓰는 생활용품부터 자동차, 제트기에 이르기까지 모든 것을 인터넷으로 손에 넣을 수 있다. 그리고 페이스북이나 트위터 등 SNS 를 통해 정치 집회 소집, 사이버 테러, 주식·FX 등의 온라인 거래, 크라우드 펀딩, 재해지나 분쟁지에 대한 의연금 활동 등을 할 수 있으므로 가만히 앉아서 세계의 정치, 경제, 사회 에 영향을 미치고 통제할 수 있다.

이런 다양한 활동은 ICT 플랫폼(Information and Communication Technology Platform)을 기반으로, 혹은 매개로 가능해졌다.

인터넷이나 컴퓨터상에 기반 또는 매개가 되는 재화나 서 비스, 즉 플랫폼이 만들어지면 이 플랫폼은 개인이나 기업을 연결하여 가치를 창출한다. 즉, 참여자의 상호 작용을 활성화 해 플랫폼 가치를 높이는 것이다.

시장에서의 지배적 지위 획득

이와 같은 ICT 플랫폼은 참여하는 사람이 많으면 많을수록 경제적 가치와 사회적 효용, 더 나아가 소비자 편익까지 증 폭한다는 특성이 있다. 이 현상을 '네트워크 효과(network effect)'라고 하며, 이용자 수가 티핑 포인트(역치)를 넘으면 플 랫폼 참여자가 자연스럽게 증가하여 이윽고 독점 상태가 된다는 특징이 있다.

예를 들어 SNS 시장의 경우, 페이스북 계정을 가진 사람이 전 세계에 단 1명뿐이면 페이스북은 아무런 가치도 없다. 그러나 페이스북 계정을 가진 사람이 늘어나 보편화되면 그에 비례하여 페이스북의 이용 가치가 높아진다. 더 많은 사람과 친구가 되고 교류할 수 있으므로 회원의 편익이 향상하는 것이다.

페이스북 이용자가 늘어나 회원으로서의 가치가 높아져서 이용자가 더욱 늘어나면, 페이스북은 머지않아 독점 상태를 누리게 될 것이다. 그렇게 되면 SNS 시장에 신규 사업자가 진입해도 페이스북의 독점 상태를 무너뜨릴 수 없다.

따라서 신규 사업자는 페이스북과 다른 비즈니스 모델로 SNS 시장에 진입할 수밖에 없다. 인스타그램이나 틱톡(TikTok)이 그 대표적인 예이다. 특히 인스타그램은 페이스북에서도 그 성장세에 위협을 느껴 창업한 지 고작 1년 반 만에, 직원도 13명밖에 안 되는 기업을 약 10억 달러에 인수했다.

이처럼 플랫폼 기업은 네트워크 효과를 활용해서 이용자 수를 단숨에 늘릴 수 있다. 이를 통해 이른 단계에 독점 상태를 구축하면 타의 추종을 불허하는 지배적 지위를 유지할 수 있다.

마이크로소프트의 네트워크 효과를 이용하기 위한 전략은 명확했다. 1985년에 윈도우즈를 개발하고 5년 뒤인 1990년에는 MS 오피스를 출시했으며 다시 5년 뒤인 1995년에는 인터넷익스플로러를 내놓았다. 윈도우즈는 개방 전략을 채택해서 어느 제조사든 자사의 PC에 윈도우즈를 디폴트로 설치할 수 있었다. 그래서 윈도우즈를 탑재한 PC가 여러 제조사에서 잇달아 출시되었다. 그에 따라 주변 기기나 소프트웨어도 많이 개발되어 윈도우즈를 탑재한 PC의 편리성이 더욱 높아졌다.

한편 윈도우즈의 경쟁 상대였던 애플의 Mac OS는 폐쇄 전략을 채택했기 때문에 제조사들은 Mac OS를 자사의 PC에 탑재할 수 없었다. 게다가 사용자 인터페이스 면에서 윈도우즈와 Mac OS 사이에 큰 차이가 없다는 점도 윈도우즈에 순풍으로 작용했다.

그렇게 윈도우즈를 탑재한 PC의 시장 점유율이 증가하여 티핑 포인트를 넘기자, 이용자 수는 급격하게 늘어났다. 운영 체제 시장에서 거의 독점 상태를 구축한 마이크로소프트에게 응용 소프트웨어 시장과 브라우저 시장에서 지배적 지위를 획득하는 것은 어렵지 않았다. 윈도우즈를 탑재한 PC에

MS 오피스나 인터넷익스플로러를 디폴트로 설정할 수 있었기 때문이다.

새로운 사업에 대한 투자

마이크로소프트는 이렇게 운영 체제, 응용 소프트웨어, 브라우저 3가지 시장에서 단독 1위를 거머쥠으로써 수익화에 성공했다. 윈도우즈, MS 오피스, 인터넷익스플로러가 가져다준 막대한 수익은 소프트웨어에서 클라우드로 비즈니스 모델을 전환하고 새로운 사업에 투자하는 자금으로 활용되었다.

새로운 사업은 클라우드, 인공 지능, 소프트웨어 엔지니어링, 프로그래밍, 알고리즘 등으로 특히 인공 지능에 관해서는 투자 대상이 되는 서비스 분야를 폭넓게 설정했다.

예를 들어 인식 서비스로는 음성 인식, 언어 이해, 화상 인식 등이 있다. 마이크로소프트는 음성 인식 분야에서 IBM과, 언어 번역과 화상 인식 분야에서는 구글과, 얼굴 인식 분야에서는 페이스북과 경쟁하며 모든 분야에서 1위를 다투고 있다. 이런 기업은 오직 마이크로소프트뿐이며 이것이 마이크로소프트의 강점이다.

또 마이크로소프트에서 최근 개발한 '혼합 현실(MR: Mixed Reality)'은 미래를 만드는 기술로 주목받고 있다. 혼합 현실은 '증강 현실(AR: Augmented Reality)'을 더 발전시킨 기술이다.

포켓몬 GO를 예로 들면, 증강 현실에서는 포켓몬에게 직접 다가갈 수 없지만, 혼합 현실에서는 포켓몬에게 직접 다가가거나 뒤로 돌아갈 수 있다. 게다가 눈앞의 공간에 3D로 다양한 정보를 표시하고 터치스크린을 통해 입력할 수도 있다. 또 같은 공간을 여러 사람이 동시에 체험할 수도 있다.

이처럼 가상 세계를 더 진짜같이 느낄 수 있도록 가상 현실과 물리적 현실 2가지를 융합한 완전히 새로운 세계가 바로 혼합 현실이다.

이 혼합 현실을 실현하는 것이 마이크로소프트에서 개발한 '홀로렌즈'로, 이 디바이스를 머리에 장착하고 현실 세계를 보면 혼합 현실이 구현된다. 홀로렌즈는 PC 등 다른 디바이스와 접속할 필요 없이 동작과 시선, 음성 명령으로 모든 조작이 가능하다.

또 홀로렌즈는 눈앞에 있는 실제 사람이나 물건을 '홀로그램' 같은 3D 화상으로 나타낼 수 있다. 예를 들어 비즈니스 현장에서는 전 세계에 분산된 팀 구성원이 하나의 홀로그램을 둘러싸고 의논이나 검토를 할 수도 있다.

홀로렌즈는 이미 다양한 용도로 활용되기 시작했다. 인체 홀로그램을 사용하여 복수의 임상 시나리오에서 환자의 생리학에 대한 이해를 돕는 등 의료 교육을 위한 훈련 교재로도 쓴다.

앞으로 게임이나 엔터테인먼트부터 비즈니스 현장에 이르기까지 다양한 분야에서의 활용이 기대된다.

POINT

플랫폼을 강화하여 '네트워크 효과'를 최대화하라.

이노베이션을 공유하는
지식 재산권 전략

'방어' 중심의 지식 재산권 전략

마이크로소프트는 창업한 지 47년 된 세계 최대 소프트웨어 회사이다. 이런 회사가 자사의 존재 의의를 되돌아보고 창업 이래로 축적해 온 방식과 노하우를 모두 버리고 소프트웨어 라이선스 비즈니스에서 클라우드형 비즈니스로 대전환을 감행했다. 이 대전환은 영업 방식, 조직 체제, 기업 문화, 인사 평가 등 모든 면에서 큰 혁신을 일으켰다.

지식 재산권 전략도 그중 하나이다. 마이크로소프트는 지식 재산권과 관련하여 2000년대 초까지 NAP 조항(Non-Assertion of Patent, 특허 비계쟁 조항)에 의한 '방어' 중심 전략을 펼쳤다. NAP 조항이란 윈도우즈 라이선스를 받은 제조사에 마이크로소프트가 새 버전의 소프트웨어를 출하해도 특허권 침

해로 소송하지 않을 것을 요구하는 규정이다.

이 NAP 조항은 윈도우즈 라이선스를 받은 제조사의 마이크로소프트에 대한 소송뿐만 아니라 윈도우즈 라이선스를 받은 제조사들 사이의 특허 소송도 제한한다. 이러한 제한은 뛰어난 기술을 가진 기업의 강점을 무용지물로 만들기 때문에 하드웨어 관련 강력한 특허를 보유한 일본 제조사 입장에서는 원치 않는 조항이었다.

이처럼 NAP 조항은 마이크로소프트의 안전성을 몇 중으로 지키는 강력한 방어 수단이었지만, 제조사라는 파트너와 양호한 관계를 쌓기에는 적절하지 않았다.

NAP 조항의 재검토 ― 고객의 지식 재산권 리스크를 낮추다

그래서 2003년에는 NAP 조항에 대한 재고가 이루어졌다. 마셜 펠프스가 지식 재산권 담당 부사장으로 새로이 취임하면서 NAP 조항이 폐지된 것이다. 마이크로소프트는 그 후 오픈 이노베이션에 의한 사업 창출을 목표로 파트너, 고객과 더 좋은 관계를 쌓는 지식 재산권 전략을 펼쳤다.

2017년에는 고객의 지식 재산권을 지키는 Shared Inno-vation Principles를 도입한 '애저 IP 어드벤티지 프로그램 (Azure IP Advantage Program)'을 발표했다. 마이크로소프트는 소프트웨어에 관한 이노베이션을 폭넓게 지원하기 위한 오픈 이노베이션으로서 '지식 재산권 공유', '오픈 소스', '오픈 데이터'라는 3개의 축을 내세웠다. 애저는 이를 실천하는 주력 플랫폼이었기 때문에 애저 IP 어드벤티지 프로그램은 사내에서 철저한 논의를 거듭하여 만들어졌다.

이 프로그램은 다음 3가지 관점에서 고객의 지식 재산권 리스크를 저감한다.

❶ 특허 침해에 대한 무제한 보상: 마이크로소프트와 사용 계약을 맺은 고객이 클라우드상에 구축한 애플리케이션과 관련하여 특허 침해가 발생한 경우, 애저상에 마이크로소프트가 도입한 오픈 소스 소프트웨어(OSS)에 관한 무제한 보상을 확약한다.

❷ 지식 재산권 공유를 통한 고객 보호: 고객이 소송에 걸린 경우, 고객의 반론 지원을 위해 마이크로소프트가 보유한 10,000건의 특허 중 임의의 특허를 선택해서 지식 재산권 소송에 대항할 수 있다.

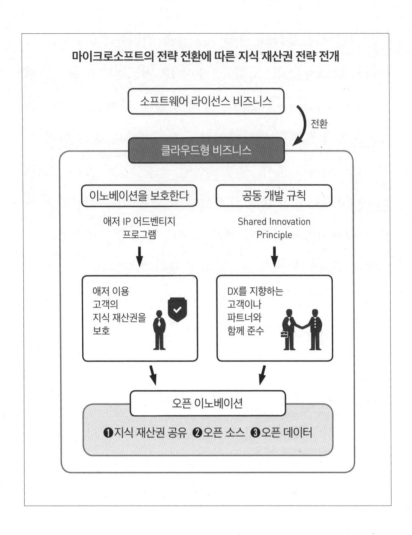

마이크로소프트의 전략 전환에 따른 지식 재산권 전략 전개

소프트웨어 라이선스 비즈니스

전환

클라우드형 비즈니스

이노베이션을 보호한다

애저 IP 어드벤티지
프로그램

애저 이용
고객의
지식 재산권을
보호

공동 개발 규칙

Shared Innovation
Principle

DX를 지향하는
고객이나
파트너와
함께 준수

오픈 이노베이션

❶지식 재산권 공유 ❷오픈 소스 ❸오픈 데이터

❸ 특허 관리 전문 회사(NPE)에의 특허 양도에 따른 고객
보호: 마이크로소프트가 NPE에 특허를 양도한 경우,
애저 고객에게 같은 특허 라이선스가 부여되어(발생적
라이선스) 이 특허에 관해 NPE가 고객을 상대로 소송을

걸 수 없다.

이처럼 애저 IP 어드벤티지 프로그램은 고객의 지식 재산권에 관한 걱정과 불안을 해소하기 위해 만들었다. 하지만 애저의 잠재 고객에서 큰 비중을 차지하는 스타트업 입장에서는 충분한 조치라고 하기 어려웠다.

왜냐하면 스타트업은 대부분 소프트웨어 특허가 충분하지 않고 소송 경험도 부족해서 애저 IP 어드벤티지 프로그램의 3가지 축만으로는 불안이 해소되지 않았기 때문이다. 결과적으로 이 프로그램은 애저를 선택할 만한 유인이 되지 못했다.

마이크로소프트는 스타트업의 이러한 걱정과 불안을 해소하기 위해 'License On Transfer(LOT) Network' 가입을 표명했다. LOT Network는 2014년에 설립된 비영리 단체로, 참가 기업은 NPE에 특허를 양도하지 않는다는 조건이 있다.

참가 기업이 NPE에 자사의 특허를 매각 또는 양도한 경우에는 계약에 따라 그 기업의 특허가 모든 참가 기업에 무상으로 라이선스되며, NPE는 참가 기업에 소송을 제기할 수 없다.

이처럼 LOT Network 가입은 스타트업의 지식 재산권 리스크에 대한 불안을 해소하기에 충분했다.

또 리눅스 지원은 애저 플랫폼에서 OSS 호환성을 확보하기 위해 불가피한 일이었기 때문에 마이크로소프트는 'Open Invention Network(OIN)'에도 참가를 표명했다. OIN은 특허 리스크로부터 OSS를 보호하여 개방적인 협업과 이노베이션을 촉진하는 기업 컨소시엄이다.

마이크로소프트는 원래 리눅스에 적대적이었으나 2010년 경부터 OSS 호환성을 확보하기 위해 애저 플랫폼에 도입을 진행하여 리눅스를 지원하게 되었다. OIN에 참가하면 참가 기업에서 제공한 리눅스 관련 지식 재산권에 의해 서로 보호 받을 수 있기 때문에 리눅스에 관한 계쟁(係爭) 리스크가 줄어들었다.

이노베이션 공유를 지향하는 새로운 지식 재산권 전략

2018년에는 이노베이션 공유를 전면에 내세워 '셰어드 이노베이션 이니셔티브(Shared Innovation Initiative)'를 발표했다.

이것은 현재 클라우드형 플랫폼 비즈니스로서 전개하고 있는 애저상에서 가동하는 디지털 제품 및 서비스를 협업으로 새로이 개발하기 위해, 개발한 기술을 파트너 간에 상호 존중하고 보호하겠다는 강력한 선언이다. 이를 위해 다음 7개 영역을 포괄하는 규범으로 '셰어드 이노베이션 프린시플즈(Shared Innovation Principles)'를 공표했다.

❶ 기존 기술의 소유권 존중: 서로가 가진 지식 재산권이나 협업 결과로서 각자의 기술이 개량된 부분은 각자 소유한다.

❷ 새로운 특허나 의장의 권리는 고객이 소유: 협업으로 만들어진 새로운 기술의 특허나 의장은 마이크로소프트가 아니라 고객이 취득한다.

❸ 오픈 소스 지원: 공동 이노베이션의 성과로 소스 코드가 개발되어 고객이 오픈 소스 라이선스를 희망하는 경우, 마이크로소프트는 오픈 소스화에 협력한다.

❹ 신규 IP의 마이크로소프트에 대한 라이선스 백: 마이크로소프트는 공동 이노베이션의 결과로 얻어진 특허권과 의장권의 라이선스를 취득하나, 그 목적은 애저 등 마이크로소프트의 플랫폼 기술의 기능 향상으로 한정한다.

❺ 소프트웨어 이식성: 마이크로소프트는 고객이 소유한

공동 이노베이션의 성과를 타 플랫폼에 이식하는 것에 대해 이를 제한하는 계약 조항을 넣을 수 없다.

⑥ 투명성과 명확성: 공동 이노베이션 진행에 수반하여 발생하는 지식 재산권상의 모든 과제에 대해 마이크로소프트는 고객과 협력하여 투명성과 명확성을 유지한다.

⑦ 학습과 개선: 마이크로소프트는 이 과정에서 얻은 교훈을 살려 향후의 공동 이노베이션을 더욱 개선한다.

이처럼 마이크로소프트의 지식 재산권 전략은 비즈니스 모델의 변화와 함께 변모해 왔다.

마이크로소프트는 과거의 NAP 조항을 보면 알 수 있듯이 지식 재산권을 경쟁사에 대항하는 수단으로 사용해 왔다. 하지만 애저 같은 클라우드에 의한 플랫폼 지향형 비즈니스 모델로 혁신을 일으킨 뒤, LOT나 OIN에 가입해 소프트웨어를 개발하는 사업자에게 공헌하겠다는 자세를 표명했다.

또 애저를 이용하는 고객은 애저 Ip 어드벤티지 프로그램으로 보호하고, 더 나아가 DX를 함께 지향하는 고객이나 파트너와는 셰어드 이노베이션 프린시플즈를 준수하면서 오픈

이노베이션을 통한 사업 창조를 꾀하여 지식 재산권 전략을
발전시켰다.

POINT

사업을 창조하는 지식 재산권 전략으로 이노베
이션을 공유하라.

14장

아마존

주관 가치 우선의 개인화 전략

데이터로 온·오프라인 고객 경험을 높이는 독창성

amazon

아마존은 1994년 미국 워싱턴주 시애틀에서 창업하여 세계 최대 온라인 마켓플레이스를 구축한 테크놀로지 기업이다. 전자 상거래 외에도 클라우드 서비스, 스트리밍 서비스, 킨들·에코 등의 하드웨어 사업을 전개하고 있다. 고객 제일주의로 단기 이익보다 고객 가치를 우선하여 독자적 브랜드를 구축했으며 쇼루밍, BOPIS 등 새로운 소비 형태를 만들어 냈다. 2021년 매출액은 4,698억 2,200만 달러에 달한다.

Case Study

투자를 우선한 경영

2021년 7월 아마존닷컴 창업자 제프 베조스가 CEO 자리에서 물러났다. 앞으로도 대표이사 회장으로서 아마존에 남지만, 일상적인 경영업무에서는 손을 떼고 신제품 개발과 더불어 환경 기금(베조스 지구펀드), 우주 개발 벤처(블루 오리진), 워싱턴 포스트 등 지금까지 자신이 설립 또는 관여한 사업 경영에 본격적으로 힘을 쏟는다고 한다.

베조스는 아마존을 창업한 1994년부터 약 사반세기 동안 엄청난 마켓플레이스를 만들어 냈다. 그의 남다른 경영 방식은 눈앞의 이윤을 추구하지 않고 주저 없이 선행 투자하는 저이익률 경영이었다.

베조스는 1997년 주주에게 보내는 연차 서한에 "인터넷의 힘을 해방하여 고객에게 서비스를 제공하는 의미를 다시 찾을 수 있는 '영원한 프랜차이즈'를 만들고 싶다"라고 적었다. 이 발언이 보여 주듯이 그는 기존 사업을 고집하지 않고 종래의 상식을 뒤집는 대담한 발상으로 끊임없이 새로운 서비스를 내놓아 시장 점유율을 높여 왔다.

예를 들어 2021년 미국 전자 상거래(EC) 시장에서는 약 40%의 점유율을 차지하여 2위인 월마트(약 7%)와 3위인 이베이(약 4%)를 크게 따돌렸다. 상품별로 보면 더 뚜렷하다. '서적/음악/동영상'은 약 83%, '컴퓨터/가전'은 약 50%로 거의 독주 상태라고 할 수 있다.

최근 두드러진 성장으로 새로운 사업의 축으로 떠오른 '아마존 웹 서비스(AWS)'도 높은 시장 점유율을 자랑한다. 아마존은 세계 클라우드 시장에서 약 41%를 차지하여 여기서도 2위인 마이크로소프트(약 20%)와 3위인 알리바바(약 10%)를 크게 웃도는 퍼센티지를 기록했다.

최고의 '고객 경험' 실현

아마존이 구축한 마켓플레이스는 최고의 '고객 경험'을 기반으로 온라인 스토어에 손님을 끌어들이는 플랫폼이다. 여기서 말하는 최고의 고객 경험은 '최대급 상품 수', '최고의 구매 기능', '최저 가격', '최고의 배송 시스템' 4가지를 모두 실현함으로써 탄생한다.

상품 수의 경우, 고객이 '아마존에는 없는 물건이 없다'라고 생각할 만큼 취급 상품 수를 늘렸다. 상품 수가 늘어나면 고객의 편익이 늘고, 그로 인해 방문 수(페이지 뷰)가 늘어나면 입점 가치가 높아져 상품 수가 더욱 늘어난다. 아마존은 마켓플레이스에 이러한 네트워크 효과를 만들어 지상 최대 규모의 상품 수를 유지해 왔다.

구매 기능의 경우, 원클릭 결제부터 시작해서 고객 리뷰, 추천 기능 등 여러 가지 독자적인 기능을 만들어 고객 경험을 강화했다. 지금은 이런 기능들을 당연하게 여기지만, 이들은 모두 아마존에서 최초로 개발한 기능이다. 특히 추천 기능은 마치 자기만의 전용 사이트처럼 구매 이력을 기반으로 상품을 추천해 주는 인터넷에서만 가능한 맞춤형 서비스이다.

최저 가격의 경우, 인터넷상에서 가격 정보를 수집하여 실시간으로 가격 책정에 반영하는 알고리즘을 개발했다. 자동 가격 책정 로봇이 항시 인터넷을 배회하며 자동으로 경쟁 기업의 가격 정보를 수집하여 실시간으로 자사의 가격에 반영하는 프로그램이다.

아마존은 이 자동 가격 책정 기능을 이용하여 매일 가격을 갱신함으로써 경쟁 기업 대비 5~20%의 가격 우위성을 유지하고 있다. 자동 가격 책정 기능은 아마존이 표방하는 '에브리데이 로 프라이스(everyday low price)'를 실현하여 고객에게 늘 경쟁력 있는 가격, 즉 최저가를 제시할 수 있게 했다.

다만, 외부 입점 업체의 가격은 최저가를 유지하기 어려운 상황이다. 2021년 아마존이 외부 입점 업체의 가격을 위법적으로 제한했다는 혐의로 워싱턴 DC 법무장관이 소송을 제기했다. 2022년 3월에 판결 난 1심에서 워싱턴 DC 상급 재판소가 원고 측의 소송을 기각했지만, 아마존은 외부 입점 업체에 다른 전자 상거래 사이트의 가격과 같거나 낮은 수준으로 가격을 책정하도록 요구하는 계약을 단계적으로 철폐할 수밖에 없는 상황에 놓였다.

배송 시스템의 경우, 물류 네트워크의 효율성을 높여 배송 일수를 극한까지 단축했다. 아마존은 나날이 증가하는 방대한 주문에 대응하기 위해 공급망을 관리하는 알고리즘을 개발했다. 그리고 물류 자동화를 실현하기 위해 피킹용 자주식 로봇을 도입하여 '아마존 로보틱스'를 구축함으로써 물류 네트워크의 효율성을 높였다. 이를 통해 주문한 지 1시간 만에 배송을 완료하는 경지에 이르렀다.

이처럼 아마존은 이 4가지를 실현하여 최고의 고객 경험을 제공함으로써 고객을 확보하는 한편, 고객을 유지하는 데도 노력을 아끼지 않았다. 이 리텐션에 가장 큰 효과를 발휘한 것은 바로 '아마존 프라임'이다.

'브랜드 가치'를 높이는 우위성

아마존 프라임에 가입하면 여러 방면으로 다양한 혜택이 제공된다. 배송 면에서는 최단 1시간 안에 상품이 도착하는 '프라임 나우(일부 지역 한정)'와 '빠른 배송', '도착일 지정 배송', '당일 배송' 혜택을 누릴 수 있다. 콘텐츠에 관해서는 영화, TV 프로그램, 애니메이션을 무제한으로 볼 수 있는 '프라임 비디오', 사진을 용량 제한 없이 보존할 수 있는 '프라임 포토', 좋아하는 트위치 채널 스폰서 등록이 1채널분 무료인 '트위치 프라임'을 이용할 수 있다. 킨들에는 또 '한 달에 1권 무료' 혜택이 있다. 마켓플레이스에서는 타임 세일 상품을 30분 먼저 주문할 수 있는 '선행 타임 세일', 기저귀나 물티슈를 15% 할인해 주는 '아마존 패밀리', 식품이나 생필품 등 매일 사용하는 물건을 필요한 만큼 구매할 수 있는 '아마존 팬트리'를 이용할 수 있다.

이처럼 아마존 프라임은 혜택이 워낙 풍부해서 한번 가입하면 그 편리함에 익숙해져 좀처럼 해지하지 않는다. 프라임 회원이 되면 상품을 구매해도 무료로 배송해 주고, 필요할 때 얼마든지 음악을 듣거나 영화를 볼 수 있다. 그래서 현재 전 세계 프라임 회원 수는 2억 명에 달한다.

아마존 프라임의 우위성은 브랜드 가치에서도 나타난다. 2021년 6월 영국 시장 조사 업체 칸타에서 발표한 최신 브랜드 가치 세계 톱 100 조사 '브랜드 Z'에서는 2위 애플(6,119억 달러)과 3위 구글(4,579억 달러)을 누르고 아마존(6,838억 달러)이 1위를 차지했다. 톱 100 기업의 브랜드 가치 총액이 7조 1,000만 달러이므로 아마존 하나가 전체 브랜드 가치의 약 10%를 창출하는 셈이다.

고객 가치를 높이는 '크레이지한 발명'

베조스는 2021년 2월 직원들에게 전하는 서한에서 처음으로 아마존 CEO 사임을 표명했다. "약 27년 전, 막 창업한 아마존은 아이디어에 불과했지만, 지금은 억 단위의 고객에게 서비스를 제공하는 세계에서 가장 성공한 기업이 되었다"라고 서두를 꺼낸 그는 "이를 실현한 것은 다름 아닌 발명이다"라고 말했다.

발명이야말로 아마존의 성공 근원이며, 베조스의 말을 빌리면 아마존은 '크레이지한 발명'을 거듭해서 그것을 일반적인 것으로 만들었다. 서한의 마지막에는 "끊임없이 발명하라. 처음에는 미친 것처럼 보일지라도 절망하지 마라. 방황하는 것을 잊지 마라. 호기심을 나침반 삼아라. 아직 Day 1이다"라는 힘 있는 메시지를 남겼다.

베조스는 2021년 4월 CEO 재임 중 마지막으로 주주에게 보내는 연차 서한을 공개하여 기존의 목표인 '지구 최고의 고객 제일주의 기업'에 추가로 '지구 최고의 고용주'와 '지구 최고의 안전한 직장'을 목표로 하겠다고 표명했다.

이는 아마존이 '직원에 대한 배려가 부족한 노동 환경'을 조성한다는 기존 언론 보도를 고려한 것이다. 서한 발표에서 베조스는 미국 남부 앨라배마주 물류 시설에서 직원들을 대상으로 시행한 노동조합 결성 찬반 투표에 관해 "다수가 반대라는 결과가 나와 회사와 직원들 사이의 돈독한 관계를 확인할 수 있었다"라고 회고했다. 그리고 "이로써 안심한 것은 아니다"라고 덧붙이며 "직원의 성공을 위한 비전을 더 명확히 할 필요가 있다"라고도 말했다.

한편 "발명가인 나는 대표이사 회장으로서 팀과 함께 일하면서 발명을 통해 목표 달성에 협력할 생각에 설렌다"라는 말로 회장으로서 앞으로의 결의를 표명했다.

베조스가 CEO 시절에 전개한 일련의 사업 활동은 모두 '디지털 전략'에 기반한 활동이었다. 마켓플레이스 구축이나 추천 기능 개발은 디지털 테크놀로지를 비즈니스 모델에 적용하여 독자성과 차별성을 갖춘 새로운 비즈니스를 전개하기 위해 깊이 고민한 결과물이다.

디지털 전략은 창업 초기부터 아마존의 기업 전략으로서 비즈니스 성과 향상에 크게 기여했다. 그것은 디지털 테크놀로지에 의한 파괴적인 이노베이션으로 수많은 시장과 사업자를 집어삼키며 디지털 파괴의 위력을 발휘했다.

이러한 테크놀로지를 활용한 새로운 비즈니스 모델 창출에 조직적으로 임하여 고객 가치를 높인 아마존은 '디지털 트랜스포메이션(DX)'의 선구자로 볼 수 있다. 그런 의미에서 디지털 전략은 아마존의 지속적인 경쟁 우위의 원천이라고 해도 과언이 아니다.

지속 가능한 사회를 위한
웰빙 추구

철저한 '고객 제일주의'

아마존은 지금까지 수많은 발명을 하여 성공으로 연결해 왔다. 마켓플레이스부터 시작해서 원클릭 결제, 고객 리뷰, 추천 기능, 아마존 프라임, 아마존 에코, 킨들, 클라우드 컴퓨팅(AWS), 알렉사(Alexa), 기후 서약 친화(Climate Pledge Friendly), 계산대 없는 매장(Just Walk Out Shopping), 커리어 초이스(Career Choice, 복리 후생 프로그램) 등이 그 예이다. 이런 혁신적인 기술과 서비스가 이제는 우리 생활에 스며들어 당연하게 쓰이고 있다.

아마존은 혁신성을 높이는 한편 효율성을 높이기 위해 경제적인 합리성도 추구해 왔다. 아마존 로보틱스에 의한 운영 효율화가 그 대표적인 예이다.

대체로 기업이 경제적인 합리성을 추구하면 조직이나 개인은 이노베이션을 일으키려 하지 않는 경향이 있다. 왜냐하면 이노베이션 창출에 수반하는 비용이 비경제적이라고 판단하기 때문이다.

이 점에서 아마존은 이노베이션 창출의 기반이 명확했다. 그것은 바로 아마존이 창업 초기부터 내세운 '고객 제일주의'라는 목표이다. 이 목표는 이제 아마존의 레거시로서 계승되고 있다.

고객 제일주의는 고객이 누리는 가치 향상을 주안점으로 삼는다. 이를 위해 아마존은 무엇을 해야 하는지, 어떻게 행동해야 하는지 끊임없이 생각했다.

즉, 아마존은 고객의 신뢰와 경제적인 성과를 양립시킴으로써 기업 가치를 높였고, 지속적인 발전이라는, 어느 기업도 달성하기 어려운 궁극적인 성과를 손에 넣었다.

바꿔 말하면, 단기 수익 최대화나 주주 가치 극대화는 아마존의 경영 철학 반대에 있는 사고방식이다. 실제로 베조스는 창출한 이익을 주주를 위한 배당으로 돌리지 않고 새로운 기술 개발이나 자사의 사업과 시너지를 낼 수 있는 기업 인수에 투자했다.

새로운 '수요 환기'의 흐름을 만들어 내다

아마존의 철저한 고객 제일주의는 마켓플레이스에서 모은 방대한 구매 데이터를 기반으로 수요를 이해하여 그 수요를 확보하는 것이었다. 하지만 이는 어디까지나 고객의 잠재적 수요를 파악하여 그것을 공급하는 것에 불과하다.

앞으로는 고객이 잠재적으로 원하는 것을 공급하는 데서 그치지 않고 기업이 주체적으로 '수요 환기'의 흐름을 만들어 가야 한다. 여기서 말하는 수요 환기란, 세상에 새로운 가치를 제안하여 사람들의 소비 방식을 바꾸는 것이다.

현재 그 흐름의 기준이 되는 것이 바로 SDGs(지속가능발전목표)이다. SDGs는 자연 회귀를 지향하는 사고방식으로, 자연의 지속 가능성 확보를 목표로 한다. 이것도 중요하지만 인간의 지속 가능성을 확보하는 것 또한 중요하다. 그렇다면 인간 회귀라는 관점에서는 어떤 지표를 세우는 것이 바람직할까?

그 지표로서 최근 주목받는 것이 '웰빙(well-being)'이다. 웰빙이란 신체적, 정신적, 경제적, 사회적으로 충족된 상태를 가리키며, 행복하고 건강한 삶을 지향한다는 의미도 들어 있다.

웰빙을 주목하게 된 배경에는 기존에 경제 사회를 지배하던 '객관 가치'를 되돌아보자는 움직임이 있었다. 여기서 말하는 객관 가치란 돈을 기준으로 정해지는 상대적인 가치를 의미한다.

물건의 가치를 돈이라는 지표로 측정하는 세태는 곧 돈을 얼마나 많이 소유하느냐로 경쟁하는 사회를 만들었고, 이러한 객관 가치의 한계가 문제로 떠올랐다. 그래서 객관 가치에 상대되는 개념으로 '주관 가치'를 조명하게 되었다.

가장 알기 쉬운 주관 가치 지표로는 시간을 들 수 있다. 시간은 누구에게나 평등하게 주어지며, 시간을 사용하는 방법은 당연히 각자의 재량에 따라 다르다. 다만 누구든지 어떤 일에 시간을 할애한다는 것은 그 일을 가치 있게 느낀다는 뜻이다.

주관 가치는 객관 가치처럼 돈을 기준으로 상대적인 가치를 정하지 않는다. 개개인이 '웰빙'하기 위해 시간을 어떻게 보내느냐가 곧 가치로 연결된다. 이처럼 행복하고 건강하게 살기 위해 시간을 보낸다는 주관 가치를 우선하고 돈은 이를 실현하기 위한 수단으로 생각하는, 객관 가치에서 주관 가치로 전환하는 자세가 앞으로 점점 더 필요해질 것이다.

기업은 이 전환을 촉진하는 데 중요한 역할을 하는 존재이다. 이를 아마존의 사례에 대입해 보면, 개인의 웰빙 추구를 가능케 하는 것은 바로 개인화(personalization)이다.

다만 개개인의 웰빙을 실현하려면 신체적, 정신적, 경제적, 사회적 측면을 포함하여 다방면으로 행복하고 건강한 상태를 만들어야 하므로 갑자기 난이도가 높아진다. 따라서 아마존은 웰빙을 충분히 이해한 다음 어떤 해결책을 제시해서 그것을 실현할지 설계할 필요가 있다.

기업 활동에는 제품과 서비스의 제공을 통해 수요를 환기하여 가치관을 바꾸는 힘이 있다. 그래서 그런 활동에 종사하는 사람들은 사회와 인간의 바람직한 모습을 끊임없이 생각하고 그런 모습으로 만들어 갈 의무가 있다.

개개인의 사고방식은 천차만별이라는 일반적인 생각에 매몰되어 웰빙에 대한 이해를 포기하고 사회와 사람들이 원하는 대로 욕구를 채워 주는 방식으로 개인화를 전개해서는 안 된다.

웰빙 추구는 반드시 인간의 지속 가능성 향상으로 이어진다. 인간이 신체적, 정신적, 경제적, 사회적으로 충족되면 활기 넘치고 긍정적인 상태를 유지할 수 있고, 삶의 의의와 보람을 느끼면서 심신의 종합적인 능력을 지속적으로 발휘할 수 있기 때문이다.

웰빙이란 무엇인지 깊이 생각하고 심도 있는 논의를 거듭해야만 진정한 개인화에 다가갈 수 있다.

POINT

웰빙을 추구하여 객관 가치에서 '주관 가치'로 전환하라.

온라인과 오프라인을 경계 없이 융합한
새로운 소비 형태

오프라인 사업 진출

베조스는 인터넷의 가능성이 무한하다는 생각에서 아마존을 온라인 사업으로 시작했지만, 2015년경부터 오프라인 사업에도 진출했다. 그 시작은 서점 체인 '아마존 북스(Amazon Books)'로, 2015년 워싱턴주 시애틀에 있는 유니버시티 빌리지(쇼핑센터)에 1호점을 오픈했다.

이후 아마존은 잇달아 콘셉트 매장을 열었다. 2016년에는 키오스크 매장 '아마존 팝업(Amazon Pop Up)', 2017년에는 온라인으로 주문한 상품을 픽업하는 '아마존 프레시 픽업(Amazon Fresh Pickup)'과 고급 슈퍼마켓 '홀 푸드(Whole Foods)', 2018년에는 편의점 '아마존 고(Amazon Go)'와 고객 별점이 4개 이상인 상품을 중심으로 판매하는 '아마존 4 스타(Amazon 4-star)', 2020년에는 식품을 취급하는 슈퍼마켓 '아마존 고 그로서리(Amazon Go Grocery)'를 개점했다.

이들 콘셉트 매장 중에는 처음부터 기간 한정으로 개시한 매장도 있지만, 홀 푸드를 제외하면 모두 느긋한 전략으로 소수 매장만 운영하고 있다. 이 점에서 아마존이 아직 특정한 콘셉트로 가닥을 잡지 않았다는 것을 알 수 있다.

그렇다면 온라인 사업에서 성공을 거머쥔 아마존이 오프라인 사업에 진출한 이유는 무엇일까? 온라인 판매가 소매 전체에서 차지하는 비율은 10% 정도에 불과하다. 이 점에서 일차적인 목적은 시장 마진 확대를 통한 건전한 성장의 지속이라고 볼 수 있다.

온라인 매장에서 오프라인 매장으로 고객의 소비 행동을 촉진하여 저자본 고수익으로 오프라인 매장을 운영할 수 있게 되면 오프라인 시장의 막대한 이윤을 손에 넣을 수 있다. 아마존은 지금까지 온라인 사업에서 개발한 여러 기능과 더불어 방대한 고객 데이터와 경험치를 축적해 왔기 때문에 그것을 활용해서 오프라인 매장에 효율적으로 손님을 끌어모을 수 있다.

하지만 아마존은 이런 O2O(Online to Offline) 접근법만 가지고 마케팅 전략을 펼치지 않았다. 아마존은 온라인과 오프라인의 경계를 허물어 고객 개개인에게 최적의 제품과 서비스를 제공해 고객 경험을 높이는 OMO(Online Merges with Offline) 접근법을 채택했다.

이 접근법은 마케팅 연구의 일인자 필립 코틀러가 제창한 '마케팅 4.0'이라는 개념과 맥을 같이한다. 코틀러는 고객이 온라인과 오프라인을 자유롭게 오가면서(customer journey, 고객 여정) 기호나 상황에 따라 온라인에서 구매하기도 하고 오프라인에서 구매하기도 하는 소비 형태가 보편화할 것으로 보고, 상품이나 서비스 제공자에게 온라인과 오프라인을 경계 없이 융합하는 마케팅의 중요성을 시사했다.

'고객 여정'과 소비 형태

아마존은 일찍이 이러한 고객 여정의 경향을 간파했다. 그래서 온라인 사업을 심화하는 동시에 오프라인 사업을 탐색해 양자를 경계 없이 융합한 새로운 소비 형태를 만들어 내려는 것이다. 다양한 유형의 콘셉트 매장을 운영하는 것은 그 형태를 찾아내려는 시도이다.

온라인 구매 데이터를 활용한 매장 조성 또한 그중 하나

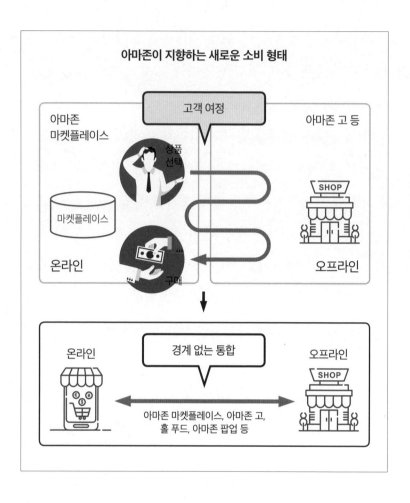

이다. 매장에 있는 서적을 고객 리뷰와 온라인 매출 데이터를 바탕으로 분류해서 진열하거나, 킨들에서 독자가 그은 형광펜 데이터를 기반으로 '킨들에서 가장 밑줄이 많이 그어진 책' 코너를 마련했다. 이런 진열 방법은 아마존이 온라인상에서 제공하는 추천 기능을 오프라인상에서 구현한 것으로

볼 수 있다.

아마존은 2022년 1월 아마존 최초 의류 전문 오프라인 매장 '아마존 스타일'의 론칭을 발표하고 같은 해 5월 성공적으로 오픈했다. 이 매장에서는 온라인과 오프라인의 융합이 한층 더 진화한 형태로 이루어졌다.

예를 들어 매장에 진열된 상품의 QR 코드를 아마존 앱에서 스캔하면 사이즈, 색상·무늬 종류, 구매자 평가를 비롯한 상세한 상품 정보를 확인할 수 있다. 인공 지능이 고객의 취향에 맞는 다른 상품을 추천해 주기도 한다.

옷을 입어 보고 싶을 때 역시 앱에서 버튼 하나만 누르면 매장 직원이 창고에서 탈의실까지 상품을 가져다준다. 입어 보지 않고 구매할 때는 상품을 매장 내 픽업 카운터로 가져다준다.

또 탈의실에 터치스크린이 설치되어 있어 다른 사이즈나 색상·무늬를 원하는 경우 터치스크린을 조작하면 탈의실로 상품을 가져다준다. 아예 다른 상품을 요청할 수도 있으므로 탈의실에서 쇼핑을 계속할 수 있다.

고객의 소비 행동은 하나하나 다 다르다. 온라인이냐, 오프라인이냐 하는 획일적인 분류에서 끝이 아니라 개개인의 기호와 관심사에 따라 다양한 유형의 소비 행동이 만들어진다.

아마존은 고객의 모든 소비 행동에 맞추기 위해 새로운 소비 형태를 독자적으로 만들어 내려는 것이다.

아마존 스타일은 서적과 식품에 이어 의류를 오프라인 사업의 새로운 영역으로 삼으려는 시도이다. 의류에 대한 소비 행동이 서적이나 식품과 다르듯이 소비 행동은 업종·업태에 따라서도 달라진다.

아마존은 앞으로 오프라인 사업 영역을 더 확대해 나갈 것이다. 이를 통해 업종·업태별로 각각의 특성을 파악하여 온라인과 오프라인을 경계 없이 융합한 새로운 소비 형태를 만들어 시장 이윤을 최대화할 것이다.

POINT ─────────────────────────

새로운 소비 형태는 고객 여정을 파악해야만 보이기 시작한다.

15장

애플

끊임없이 이노베이션을 유지하는 전략

점진적인 성장으로 공생과 안정을 얻다

애플은 1976년에 창업한 세계 최대 테크놀로지 기업이다. 기존의 PC 사업과 더불어 최근에는 스마트폰, 클라우드, 스트리밍 서비스 등의 플랫폼 사업을 전개하고 있다. 맥, 아이폰, 아이패드 등 10억 대 이상의 기기로 개발자, 예술가 등을 포함한 전 세계의 사용자를 연결하고 있다. 뛰어난 디자인과 소프트웨어, 하드웨어를 융합한 직감적인 사용자 인터페이스가 강점이다. 2021년 매출액은 3,658억 1,700만 달러에 달한다.

연속적 이노베이션 경영으로 전환

팀 쿡이 스티브 잡스의 뒤를 이어 애플 CEO로 취임한 것은 2011년 8월이었다. 그 후로 벌써 10년 이상이 지났다. 그동안 매출액은 약 3배, 순이익은 약 2배, 주가도 5배 이상 상승했다. 실적만 보면 팀 쿡의 성과는 나쁘지 않다고 할 수 있으나, 경영 수완에 관해서는 이런 실적 지표만으로 충분히 설명할 수 없다.

팀 쿡의 경영은 시작부터 스티브 잡스와의 차이를 확연하게 보여주었다. 그는 취임 다음 해에 배당 재개와 자사주 매입을 통한 주주 환원책을 내놓고 홍하이 등 제조 협력사의 노동 환경 개선에 본격적으로 착수했다. 그 후에도 스스로 동성애자임을 공표하여 다양성의 흐름을 뒷받침하는 등 시대의 요구에 맞게 사회와 공생하는 자세를 취했다.

이러한 지휘는 경영자로서 높이 평가할 만하지만, 애플의 DNA로서 이어 온, 세상을 바꾸는 혁신적인 제품과 서비스 창조라는 측면에서는 충분치 않았다. 2011년 이후 발표한 제품과 서비스는 애플이 경쟁 기업보다 먼저 만들어 낸, 이른바 혁신의 끝을 추구한 것이 아니었기 때문이다.

2015년 4월에 출시한 애플워치는 경쟁사인 소니 에릭슨, 모토로라, LG, 삼성에서 2010년부터 연이어 제품화한 스마트워치의 후발 주자였고, 2017년 6월에 발표한 홈팟은 2014년 아마존 에코 출시 이후 형성된 스마트 스피커 시장에 뒤늦게 투입한 제품이었다.

스트리밍 서비스는 2015년 6월에 애플뮤직을, 2019년 11월에 애플TV플러스를 각각 개시했지만, 이들 역시 아마존, 스포티파이, 넷플릭스 등의 경쟁사가 먼저 구축한 무료 또는 정액제 무제한 스트리밍 서비스의 비즈니스 모델을 답습한 것이었다.

다만 혁신적인 제품과 서비스를 창조하는 힘이 애플에서 자취를 감춘 것은 단순히 팀 쿡의 경영 능력 때문이 아니라, 애플이 기업 조직으로서 성숙 단계에 이르렀기 때문이라고 볼 수도 있다.

안정적인 재무 기반과 최상의 브랜드 가치 구축

우량 기업이 주로 빠지는 이노베이션의 딜레마를 애플도 피해 갈 수 없었다. 애플은 아이폰이라는 파괴적인 혁신을 통해 대대적인 비즈니스 에코 시스템을 구축하여 안정적인 재무 기반과 최상의 브랜드 가치를 손에 넣었다. 그와 동시에 기술의 진보에 발맞춰 아이폰의 강화에 주력하면 경영이 흔들리지 않으리라는 확신이 애플의 혁신성을 둔화했다.

아이폰이 2015년 1분기에 달성한 세계 스마트폰 시장 영업 이익 점유율 92%는 2019년 4분기에 66%까지 떨어졌다. 아이폰이 애플에 가져다준 고수익의 혜택은 다른 한편으로 스마트폰 시장의 치열한 경쟁을 낳았다.

당장 발밑을 보면 스마트폰 시장에 저가 모델로 진입한 후발 주자 샤오미, 오포, 비보 등 중국 세력이 급속하게 생산 효율을 높여 2위인 삼성에 이어 높은 영업 이익 점유율을 획득할 정도로 성장한 상황이다.

2022년 1월에는 애플의 시가 총액이 세계 최초로 3조 달러를 돌파했다. 이로써 2조 달러대에는 2위인 마이크로소프트만 남았고, 1조 달러대인 알파벳, 아마존, 테슬라 등을 크게 앞질렀다. 내부 유보 또한 이미 2,000억 달러를 돌파했다. 어마어마한 자금과 풍부한 인재를 보유한 애플은 현재 경영 자원 면에서 타의 추종을 불허한다.

이 경영 자원을 효과적으로 활용하여 끊임없이 이노베이션을 창출하는 것이 애플의 사명이다. 이 사명을 다하는 것은 팀 쿡을 비롯한 경영진의 역할이다. 세계의 혁신을 견인해 온 애플이 우량 기업의 성공 함정에 빠져 사명을 다하지 못하면 세계의 혁신 속도 둔화는 불 보듯 뻔한 일이다.

앱스토어 수수료 재검토

지난 몇 년간 애플은 포스트 아이폰, 즉 다음 수익원으로서 앱스토어와 스트리밍 서비스 사업을 강화했다. 이는 2021년 분기별 서비스 사업 신장률이 30% 전후를 유지하며 꾸준히 성장하고 있는 데서 확인할 수 있다. 매출액에서 차지하는 비율도 거의 20%에 달하여 약 60%를 점하는 아이폰에 이어 두 번째 사업으로 자리 잡았다.

앱스토어와 스트리밍 서비스의 유료 이용자 수는 2021년 4분기 (7~9월)에 7억 명을 돌파하며 여전히 증가 추세를 보인다. 매출액 이익률은 60%를 넘어 아이폰·아이패드와 비슷한 수준의 수익성을 가진 사업으로 성장했다.

그런데 이런 서비스 사업에서도 재무 면에서 마이너스 요인이 되는 문제가 발생했다. 애플은 2008년 이후 서드파티 개발사에 앱스토어 등록을 개방하여 오랫동안 앱스토어 내 거래에 대해 30%의 수수료를 거뒀다.

앱스토어의 이런 경직적인 수수료가 반경쟁적이라는 이유로 2020

년 8월 에픽 게임즈에서 미국 캘리포니아주 북부 지구 연방 지방 법원에 소송을 제기했다.

이 포트나이트 소송을 계기로 비싼 앱스토어 수수료에 대한 개발 사들의 불만이 수면 위로 떠 올랐다. 애플은 이 일련의 소동을 수습하기 위해 2020년 11월 앱스토어의 애플리케이션 등록 수수료 인하를 발표했다. 인하 대상은 전년도 애플리케이션 판매 수익이 100만 달러 이하인 소규모 사업자로, 2021년 1월부터 수수료를 15%로 변경했다.

포트나이트 소송에 대한 미연방 지방 법원의 판결은 2021년 9월에 내려졌는데, 가장 쟁점이 된 것은 대상 시장을 어떻게 정의하느냐였다. 에픽 게임즈 측에서는 '애플이 앱스토어 및 인앱 결제를 독점하고 있다'라고 주장했지만, 애플 측에서는 '대상 시장은 전 디지털 비디오 게임 시장'이라고 호소했다. 미연방 지방 법원의 이본 곤살레스 로저스 판사는 양측의 주장 중 어느 쪽도 받아들이지 않고 대상 시장을 '모바일 디지털 게임 거래 시장'으로 정의하여 애플이 독점 사업자에 해당하지 않는다는 판결을 했다.

한편 로저스 판사는 앱 내에 외부 결제 사이트 링크를 걸어 결제를 유도하는 것을 엄격하게 금지하는 애플의 정책을 캘리포니아주 법을 위반하는 경쟁 저해 행위로 보고, 에픽 게임즈 측의 주장을 일부 인정하여 애플에 미국 전역을 아우르는 개선책을 마련할 것을 명했다.

애플은 각국 담당 기관으로부터 비슷한 조사를 받는 상황이라 향후 전 세계적인 대응이 필요해지면 이 법적 다툼에서 내려진 개선 명령의 영향력이 커질 수밖에 없다. 앱스토어에서 거두어들이는 막대한 이익 대부분이 게임의 인앱 결제 수수료라서 게임 회사로부터 얻는 수입이 특히 크기 때문이다.

세상을 바꾸는 혁신에 대한 기대

현재 애플의 전략은 서비스 사업에서 볼 수 있듯이 정기 구독 등의 정액 요금제 비즈니스 모델로, 소비자를 자사의 비즈니스 에코 시스템에 끌어들여 묶어 두려는 의도가 있다.

이 비즈니스 모델은 아이폰이라는 '캐시카우'를 지속적으로 활용하기에 적절한 방법이라고 볼 수 있다. 다만, 감각적이고 혁신적인 새 기기를 끊임없이 세상에 내놓던 애플의 본모습과는 거리가 멀다.

세계를 둘러싼 사업 환경은 나날이 혼란을 더해 가고 있다. 트럼프 정권 때 수면 위로 떠오른 미·중 무역 마찰은 세계 경제에 지대한 영향을 미쳤고, 신종 코로나바이러스 감염증의 확산은 국가 내 공급망은 물론이고 세계의 가치 사슬에까지 혼란을 일으켰다. 유럽뿐만 아니라 미국 내에서도 GAFA의 반경쟁적 행위가 문제시되어 회사 분할에 대한 검토가 촉구되고 있다. 가짜 뉴스나 조작 영상은 국가 원수의 결정을 좌우할 정도로 영향력이 커졌고 인공 지능이 인간의 일자리를 빼앗을 수도 있다는 우려가 사회 불안을 야기했다. 이처럼 변수가 많은 환경에서 테크 자이언트를 이끄는 일은 갈수록 쉽지 않을 것이다.

현재 애플은 자율주행차와 건강 관리 분야에서 새로운 핵심 사업을 모색하고 있다. 증강 현실(AR) 헤드셋 개발도 그 일환이다. 사회와 환경이 두드러지게 변화하는 때야말로 그 변화에 맞는 이노베이션이 탄생하는 법이다.

과거 세계 개발자 회의(WWDC: Apple Worldwide Developers Conference)의 기조 강연이나 제품 발표회에서 스티브 잡스는 프레젠테이션이 막바지에 다다르면 반드시 "One more thing"이라는 말과 함께 미발표 제품과 서비스를 소개하곤 했다.

이 말은 단순히 '하나 더'라는 뜻이 아니라, '실은 아직 더 있다'라는 뜻을 내포한다. 애플은 이 말에서 시작해 사회에 도움이 되는 제품과 서비스를 만들어 세상을 바꿔 왔다.

잡스가 즐겨 쓰던 이 말은 애플이 소비자에게 전하는 메시지이지만, 동시에 애플의 혁신을 기대하는 소비자 내면의 목소리이기도 하다는 것을 애플은 잊지 말아야 한다.

마케팅이 돈이 되는 순간

오랜 기간 혁신을 이어 가는
이노베이터의 자질

잡스는 특이한 존재

종래의 경영은 단기 이익과 주주 가치의 최대화에 주안점을 두었지만, 현대의 경영은 장기적이고 지속 가능한 전략과 자연환경과의 공생을 강하게 요구한다. 따라서 기업은 경제적인 성과와 사회의 신뢰를 양립시켜 지속적으로 성장하고 발전하면서 기업 가치 향상을 도모해야 한다.

이를 실현하기란 쉽지 않은 일이다. 오늘날 많은 기업 경영자를 고뇌하게 만드는 이 현대 경영의 '바람직한 자세'를 보란 듯이 실현한 것이 바로 스티브 잡스이다.

그는 아이폰 같은 혁신적인 제품을 만들어 내고 그것을 단순한 하드웨어 단말기가 아닌 플랫폼으로 발전시켜 기반과 매개의 기능을 최대한 발휘하게 했다. 이는 네트워크 효과를 불러일으켜 고객 수를 기하급수적으로 증가시켰고, 장기적인 충성 고객을 확보했다. 그 결과 시가 총액 3조 달러라는 누구도 이루지 못한 위업을 달성했다.

잡스의 이노베이터로서의 뛰어난 자질은 슘페터가 《경제 발전의 이론》에서 시사한 기업가의 정의를 다시 보면 어느 정도인지 눈으로 확인할 수 있다.

슘페터는 이노베이터인 '기업가'를 다음과 같이 정의했다. "누구든지 기본적으로 '새로운 결합을 수행하는' 경우에만 기업가라고 할 수 있다. 따라서 한번 만든 기업을 그저 순환적으로 경영하면 언젠가 기업가라는 속성을 잃게 된다. 그러므로 수십 년간 노력을 통해 계속 기업가로 존재하는 사람은 극히 드물다. 마치 기업가의 자질이 전혀 없는 기업가가 드문 것처럼 말이다."

이 정의에서 말하는 '새로운 결합'이란 이노베이션을 가리킨다. 다시 말해 기업가는 어디까지나 이노베이션을 수행할 수 있는 사람을 가리키며, 이노베이션으로 창조한 제품과 서비스를 기술의 진보에 따라 개량·개선하기만 하면 그는 기업가, 즉 이노베이터라는 속성을 잃게 된다. 이는 곧 수십 년 동안 노력한다고 해서 누구나 기업가로서 계속 존재할 수 있는 것은 아니라는 뜻이다.

애플II를 개발한 1977년부터 아이패드를 세상에 내놓은 2010년까지 30년이 넘는 세월 동안 잡스는 늘 기업가, 즉 이노베이터로서 혁신적인 제품과 서비스를 끊임없이 창조하여 세상을 바꿔 왔다. 이는 슘페터의 정의에 따르면 거의 불가능에 가까운 일이다.

슘페터가 말했듯이 기업은 획기적인 제품과 서비스를 창조하여 스케일 확장에 성공하면 핵심 사업의 개량·개선에 힘을 쏟기 마련이다. 그래서 아무리 노력해도 몇십 년 동안 계속해서 이노베이터로 존재하기는 어렵다. 하지만 스티브 잡스는 이 생각을 보기 좋게 뒤집었다.

이노베이터로 계속 존재할 수 있는 이유

그렇다면 잡스는 어떻게 몇십 년 동안 계속해서 이노베이터로 존재할 수 있었을까? 여러 가지 이유가 있지만 주요 요인은 다음 3가지로 집약할 수 있다.

첫 번째는 잡스의 독자적인 가치관과 인생관이다. 그 근원은 청년 시절에 선(禪)과 LSD에 의해 의식이 고양되는 체험을 한 것이다. 월터 아이작슨의《스티브 잡스》에 따르면 잡스는 이런 체험을 통해 '인생에서 중요한 것은 돈벌이가 아니라 엄청난 것을 만드는 것, 자신이 할 수 있는 한 많은 것을 역사의 흐름으로 되돌리는 것, 사람의 의식이라는 흐름으로 되돌리는 것'이라는 사실을 깨달았다고 한다.

특히 선에서는 사물을 온전하게 인식하여 직관을 발휘하는 수양을 쌓는다. 같은 책에서 잡스는 인도의 시골 마을에서 7개월 동안 지내면서 서구 사회와 합리적 사고의 친화성, 더 나아가 서구 사회의 기묘한 점을 보게 되었다고 서두를 뗐다. 그리고 다음과 같이 말했다. "가만히 앉아 관찰하면 자신의 마음에 침착함이 없다는 것을 깨닫게 된다. 가라앉히려고 하면 더욱 침착함을 잃는다. 천천히 시간을 들이면 마음이 가라앉고 그동안 인식하지 못했던 목소리가 들리기 시작한다. 바로 그때 직감이 꽃을 피운다. 모든 것이 선명하게 보이면서 상황이 파악된다. 느긋한 마음으로 그 순간을 낱낱이 지각할 수 있다. 지금까지 보이지 않던 수많은 것이 보이게 된다. 이것이 수양이며 이를 위해서는 수행이 필요하다."

실제로 잡스는 샌프란시스코 젠(선의 일본 발음) 센터에서 좌선 모임을 열던 승려 스즈키 슌류와 오토가와 고분 지노 두 사람의 가르침을 받아 수행을 쌓았고, 선에 큰 영향을 받았다.

선은 잡스의 날카로운 통찰력과 직관을 만들어 낸 원동력이다. 이는 2005년 스탠퍼드 대학교 연설에서 나온 명언 "오늘이 내 인생의 마지막 날이라면 나는 오늘 하려던 일을 할 것인가"에서 보여 준 생사관과도 연결된다. 인간의 죽음을 직시한 채로 모든 것을 인식하는 잡스의 가치관과 인생관은 이렇게 형성되었다.

고객이 미래에 원할 제품을 간파하는 힘

두 번째는 이노베이션에 필요한 접근법, 즉 고객보다 먼저 혁신적인 제품이나 서비스를 찾아서 내놓는 능력이다.《스티브 잡스》에 서술된 그의 생각에서 이를 엿볼 수 있는데, 그 내용은 다음과 같다. "고객이 원하는 것을 제공하라는 사람도 있지만, 내 생각은 다르다. 고객이 앞으로 무엇을 원할지 고객보다도 먼저 파악하는 것이 우리의 일이다. 헨리 포드도 비슷한 말을 한 적이 있다. '만일 내가 사람들에게 무엇을 원하는지 물었더라면 그들은 더 빠른 말이라고 대답했을 것이다.' 원하는 것을 직접 보여 주지 않으면 사람들은 자신이 그것을 원하는지 모른다. 그래서 나는 시장 조사에 의존하지 않는다.

역사의 페이지에 아직 쓰이지 않은 것을 읽어 내는 것이 우리가 할 일이다."

잡스는 이러한 사고방식으로, 고객이 다음으로 요구할 제품이나 서비스를 생산자가 발 빠르게 간파하여 고객 앞에 내놓는 것이 중요하며, 그것이야말로 생산자의 역할이라고 본다. 이 같은 생각을 슘페터는《경제 발전의 이론》에서 다음과 같이 설명했다. "경제에서 말하는 혁신은 소비자들 사이에서 새로운 욕망이 자연적으로 일어나, 그 압력에 의해 생산자의 선택 방향이 바뀌는 식으로 일어나는 것이 아니다. 우리는 이러한 인과관계가 나타날 수 있다는 것은 부정하지 않지만, 그것은 우리에게 어떠한 문제의식도 불러일으키지 않는다. 오히려 새로운 욕망이 생산자 측에서 소비자 측으로 전달되므로 혁신은 생산자의 주도로 이루어지는 것이 보통이다."

이노베이션은 끊임없이 앞으로 나아가고자 할 때 비로소 탄생한다. 그 기점이 되는 접근법을 잘 아는 것이 중요하며, 이를 전제로 실천하지 않으면 이노베이션은 탄생하지 않는다. 스티브 잡스는 이노베이터로서 이런 관점을 일찍이 깨닫고 실천하는 능력을 갖췄다.

성공으로 이어지는 실패 경험

세 번째는 잡스가 애플에서 추방된 후 1985년에 설립한 컴퓨터 회사 넥스트(NeXT)에서 겪은 다수의 실패 경험이다. 이 경험을 바탕으로 잡스는 애플 복귀 후에 수많은 이노베이션을 만들어 냈다.

잡스가 애플에서 추방당할 즈음에는 이미 사내에서 새로운 프로젝트를 시작하기 어려운 상황이었다. 다양한 발상을 구체화하여 고객에게 새로운 제안을 하는 데 진심이었던 그에게 애플은 이미 비좁고 답답한 공간에 불과했다.

넥스트에서는 누구에게도 속박되지 않고 자유롭게 행동할 수 있었기 때문에 그는 본능이 이끄는 대로 소프트웨어를 중심으로 새로운 컴퓨터 단말을 개발했다. 그 결과물은 운영 체제인 넥스트스텝과 이를 탑재한 워크스테이션 넥스트컴퓨터(통칭 the cube), 넥스트스테이션 등이었다.

넥스트컴퓨터는 개발과 운용이 쉬워 훗날 세계 최초의 웹 서버로서 큰 공적을 남겼다. 하지만 고등 교육용 워크스테이션이라는 한정적인 시장에 특화한 제품이다 보니 판매 대수는 5만 대에 그쳤고, 충분한 이익을 남기지 못했다.

게다가 기술과 디자인 개발에 과도한 자금을 투입하여 자금난에 빠졌고, 잡스는 경영을 유지하기 위해 자금 융통에 발 벗고 나섰다.

잡스는 이미 애플 퇴사 당시, 보유한 애플 주식 약 650만 주 가운데 결산 보고를 받기 위한 1주만 남기고 모두 매각하여 700만 달러를 마련한 뒤 전부 넥스트에 투자한 상황이었다.

그 후의 운영 자금마저 자기 자금에 의지할 수는 없었으므로 외부와의 교섭에 주력하여 GE의 로스 페로에게서 2,000만 달러, 캐논에서 1억 달러의 출자를 끌어냈다.

이처럼 넥스트 시절의 도전과 시도는 모두 상업적으로는 실패했지만, 개발과 경영의 양면에서 비약적인 성장의 원동력이 되었다. 여러 차례의 실패가 애플 복귀 후 획기적인 제품과 서비스 개발이라는 괄목할 만한 약진으로 이어진 것이다.

이 가치관, 능력, 성장이라는 3가지 요인은 어디까지나 스티브 잡스 개인이 지닌 요인이지만, 애플이 아이팟/아이튠즈/아이폰/아이패드처럼 혁신적인 제품과 서비스를 구현할 수 있었던 것은 잡스의 탁월한 리더십 때문만은 아니다. 좋은 세상을 만드는 기업 문화와 소수 정예로 제품 개발에 임할 수 있는 조직 환경, 신제품 개발과 기존 제품 개량의 분업 체제 등을 갖추고 있었기 때문이기도 하다.

이 이노베이션을 창출하는 DNA가 애플에 영구히 존재하리라는 보장은 없지만, 지식의 심화에 주력하는 현재의 애플이 원점으로 돌아갈 때 되새길 만한 '바람직한 자세'라고 할 수 있다.

POINT

고객이 다음으로 원할 제품과 서비스를 가장 먼저 간파하여 제시하라.

이노베이션을 창출하고
유지하는 투자 전략

이노베이션 창출과 유지에 필요한 명확한 방침

이노베이션 창출을 목표로 내세우는 기업은 많지만, 그 목표를 달성하는 것은 극히 일부에 불과하다. 이노베이션을 창출하려면 방대한 시간과 자금을 투입해야 하며 적절한 매니지먼트와 전략도 필요하다. 또 일단 이노베이션 창출에 성공해도 그 성과를 유지하기가 어렵다. 이노베이션을 창출하고 유지하는 것은 왜 이렇게 어려울까?

애플은 아이팟/아이폰/아이패드라는 이노베이션을 창출한 뒤에도 끊임없이 이들 제품을 개량·개선하여 강화함으로써 각각의 브랜드 가치를 높였다. 어떻게 이것이 가능했을까?

이노베이션은 고객이 느끼는 문제를 해결하거나 사회적 편익 향상에 기여하지 않는 이상 가치를 창조한다고 말할 수 없다. 이노베이션을 통해 가치를 창조하는 방법은 무궁무진하다. 제품을 사용하기 쉽게 만들거나 편리성, 기능성, 신뢰성, 내구성을 높여 성능을 향상하거나 가격을 파격적으로 낮추는 등 여러 가지 방법이 있다. 따라서 이노베이션을 통해 어떤 가치를 창조할지 결정해서 그 방침을 관철하는 것이 중요하다.

그 점에서 애플의 방침은 명확했다. 애플은 '경쟁 제품보다 사용하기 쉽고 단순한 제품을 만드는 것'과 '자사의 제품과 서비스를 경계 없이 사용할 수 있게 하는 것'을 이노베이션 전략의 중점에 두었다.

따라서 독자적인 운영 체제 개발과 디자인을 중시하는 자세, 새로 개발한 소프트웨어와 콘텐츠를 하드웨어에 통합하는 방침은 아주 합당한 것이었다. 애플은 자사 제품이 잠재 고객을 위해 어떤 가치를 창조하는지 끊임없이 되물으면서 이노베이션 창출과 유지에 힘써 왔다.

가치를 창조하는 이노베이션은 고객을 끌어들이는 동시에 경쟁 기업의 모방을 유발한다. 2007년 아이폰 출시 이후 아이폰과 유사한 사용자 인터페이스를 가진 스마트폰이 우후죽순으로 쏟아져 나온 것이 그 증거이다.

경쟁 기업은 수단과 방법을 가리지 않고 기술 정보를 수

집·분석하여 획기적인 제품이나 서비스를 모방한다. 그래서 '누출 효과(spillover effect)'라는 문제가 발생한다. 이노베이션을 창출한 기업이 선구자로서 누적 생산량 증가에 의한 저비용을 유지할 수 있는 것은 어디까지나 해당 기술이 경쟁 기업에 누출되어 확산하지 않는 경우에 한한다.

또 모방 제품이 시장에 투입되면 가격 압력이 발생하기 때문에 이노베이션을 창출한 기업이 얻는 가치는 필연적으로 줄어들 수밖에 없다.

따라서 이노베이션을 창출한 기업은 고객이 타사로 빠져나가지 않고 자사의 비즈니스 에코 시스템에 머무르게 하는 방책을 마련해야 한다. 이 리텐션을 강화하려면 거기에 어떤 제품, 서비스, 보완재, 역량이 도움 되는지 철저하게 분석해야 한다. 애플은 아이폰과 그 밖의 자사 기기·서비스에 상보성을 부여해 리텐션을 강화했다.

예를 들어 아이폰으로 앱스토어에서 새로운 게임을 내려받으면, 동시에 아이패드에도 내려받아지므로 사용자는 어느 기기에서나 즉시 게임을 즐길 수 있다.

이런 상보성이 가져다주는 편익은 다른 공급자로 갈아타는 전환 비용을 높이기 때문에, 아이폰 애호가가 타사 기기보다 아이패드나 애플워치를 사용하는 편이 좋다고 생각하도록 유도하는 데 도움이 된다.

이노베이션의 투자 배분

한편 비즈니스 에코 시스템 내에서의 교섭력을 유지하여 고객 리텐션을 강화하면서 모방 기업의 경쟁력을 약화하려면 이노베이션에 대한 지속적인 투자가 필요하다. 이때 문제가 되는 것이 투자 배분이다.

예를 들어 구글은 이노베이션을 위한 적정 투자 비율로 '70:20:10 법칙'을 채택하고 있다. 자원의 70%를 검색 엔진이나 검색 연동형 광고 같은 핵심 사업에, 20%를 성공에 거의 다다른 성장 프로젝트에, 10%를 실패 위험이 크지만 성공하면 큰 수익이 기대되는 신규 프로젝트에 충당하는 것이다.

이 법칙으로부터 구글은 새로운 혁신을 만들어 내기 위해 전체 자원의 10%를 투자한다는 사실을 알 수 있으나, 그것이 어떤 종류의 이노베이션을 대상으로 하는지는 명확히 드러나지 않는다.

이노베이션을 위한 투자 배분에서 중요한 것은 어떤 이노베이션이 가치 창조와 획득에 기여하느냐이다. 종래의 연구에서는 이노베이션을 다양한 기준으로 분류해 왔는데, 가치 창조와 획득에 기여하는 전략으로서 이노베이션은 적어도 다음 4가지 관점으로 분류해야 한다.

❶ 기술 변혁의 관점(기존 기술 활용/새로운 기술 사용)

❷ 지식 재산권 전략의 관점(개방 전략 채택/폐쇄 전략 채택/ 개방과 폐쇄 전략 채택)

❸ 시장 변혁 기회의 관점(기존 시장에 투입/새로운 시장 창조)

❹ 비즈니스 모델 변혁의 관점(기존 비즈니스 모델 활용/새로운 비즈니스 모델 사용)

예를 들어 매년 버전이 갱신되는 아이폰은 이 4가지 이노베이션 유형 가운데 기존 기술을 활용하고 폐쇄 전략을 채택하여 기존 시장에서 기존 비즈니스 모델을 활용하는 유형으로 분류할 수 있다.

폐쇄 전략에 의해 iOS의 시장 점유율은 점차 줄었으나, 기존 기술과 비즈니스 모델을 활용하여 개량과 개선을 거듭함으로써 아이폰은 높은 수익률을 유지하고 있다.

이노베이션의 전략성을 높이려면 각 유형의 이노베이션에

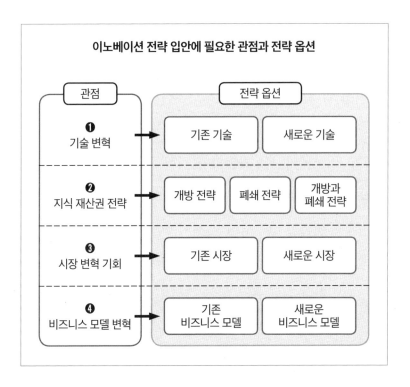

경영 자원을 얼마나 배분할지 구체적으로 정해 둘 필요가 있다. 이때 각 유형이 사업 전략에 얼마나 부합하는지를 고려해야 한다.

각종 이노베이션에 대한 경영 자원 배분은 모든 기업에 공통된 절대적인 지표가 있는 것이 아니라 기업마다 다르다. 다만, 고려할 지표에는 기업 외부 요인뿐만 아니라 내부 요인도 포함된다. 구체적으로는 사업 기회, 잠재 수요, 기술 혁신, 시장 성장률, 경쟁률, 자사의 강점 등이 있다. 자원 배분은 이런 요인을 더해서 정해진다.

구글은 광고 수익 모델을 기반으로 한 검색 서비스를 자사의 핵심 역량으로 설정하고 이노베이션 유지에 주력하는 한편, 웨이모의 자율주행차 개발이나 로봇 운영 체제 표준화 등 새로운 이노베이션을 창출하기 위한 활동에도 경영 자원을 투입하고 있다.

검색 플랫폼이 급성장하던 시기에는 검색 알고리즘과 수익 모델 구축에 대부분의 경영 자원을 투자하다가, 완성도가 높아짐에 따라 신규 프로젝트에 대한 투자를 늘려 현재의 투자 포트폴리오를 확립했다. 이처럼 이노베이션을 전략적으로 생각할 때는 조합과 조화도 고려해야 한다.

경영진의 역할

이노베이션 창출은 기업 조직에 존재하는 거의 모든 역할과 임무가 관여하는 활동이다. 이런 복잡한 활동을 통솔하고 관리하려면 경영진의 질 높은 의사 결정이 필요하다.

경영진이 가장 먼저 착수해야 하는 일은 혁신을 창출하기 위한 전략 수립이다. 전략이란 각종 이노베이션에 대한 경영 자원 배분 방법 및 계획을 말한다. 따라서 전략을 잘 세우면 조직의 목표와 우선순위가 명확해져 조직으로서 보조가 맞춰지고 노력하는 풍토가 형성된다.

조직이 이노베이션의 기회를 발굴하여 구상한 콘셉트를 바탕으로 제품을 설계하고, 프로토타입을 만들면서 시행착오를 거듭한 끝에 제품화에 도달하는 일련의 프로세스에는 경영진의 뛰어난 통솔력과 관리 능력이 필수적이다. 이와 동시에 경영진에게는 최종적인 책임이 따른다.

경영진이 세우는 모든 전략은 가설에 기초하므로 그 가설은 기술 진보, 시장 변화, 경쟁 기업의 동향 등 변화하는 현실에 맞춰 끊임없이 검증해야 한다. 이노베이션 전략 또한 현실에 대한 적응이 필요하므로 계속해서 진화시켜야 한다.

POINT

투자 포트폴리오를 확립하여 이노베이션의 전략성을 높여라.

16장

구글

경쟁 기업을 위협하는
전방위적 다각화 전략

압도적인 기술력으로 시장에 비집고 들어가는 사업 전략의 우위성

Google

구글은 1998년에 창업한 이래 인터넷 관련 서비스와 제품에 특화한 사업을 전개해 왔다. 핵심 사업인 인터넷 검색 서비스와 인터넷 광고 사업 외에 웹 애플리케이션, 클라우드, 스트리밍 서비스, 하드웨어(스마트폰, 스마트 스피커) 사업에도 진출하여 사업 영역을 확장했다. 프로토타입을 통한 애자일형 접근법으로 신속하게 서비스화하는 기동성이 강점이다. 모회사 알파벳의 2021년 매출액은 2,576억 3,600만 달러에 달한다.

Case Study

<u>인터넷 광고 시장의 새로운 라이벌</u>

전 세계적으로 위세를 떨치고 있는 GAFA는 최근 주력 사업의 성장이 둔화하는 추세이다. 그래서 경쟁 기업의 핵심 사업 분야에 뛰어드는 경향이 한층 강해졌다.

GAFA의 사업 진출 현황을 보면 각 기업이 1~3개의 핵심 사업을 중심으로 다양한 사업 분야에 진출했음을 알 수 있다. 그중에서도 구글은 거의 모든 사업 분야에 진출하여 경쟁 기업과 치열하게 싸우고 있다. 각 사업 분야의 경쟁 상황을 살펴보면 네 기업의 역학 관계가 뚜렷하게 보인다.

이 중 데이터에 기초한 인터넷 광고가 주력 사업 분야인 기업은 구글과 페이스북으로, 2021년 2분기 기준 양사의 매출액에서 인터넷 광고 사업이 차지하는 비율은 각각 82%, 98%이다.

구글의 광고 사업은 검색 연동형 광고인 구글 애즈와 콘텐츠 연동형 광고인 애드센스가 주축을 이룬다. 페이스북의 경우 기존의 표적 광고와 더불어 인스타그램 광고 수입이 전체의 4분의 1을 차지한다.

이 광고 분야에서 최근 아마존이 강력한 공세를 펴고 있다. 아마존은 자사의 전자 상거래 사이트 내에서 이용자가 입력한 검색어나 열람한 내용을 바탕으로, 이와 관련된 스폰서 기업의 상품을 검색 결과 및 상품 상세 페이지에 표시한다.

이런 광고를 '스폰서 제품'이라고 한다. 검색 결과의 상단에 이 스폰서 제품을 최대 6건까지 표시할 수 있는데, 최근에는 게재를 희망하는 사업자가 증가하여 최대로 표시되는 일이 많아졌다. 이로 인해 아마존의 광고 수입이 급격하게 늘었다.

아마존의 2021년 2분기 수지 보고에서 광고 수입이 대부분을 차지하는 매출액의 '기타' 항목은 지난해 같은 기간보다 87% 증가하여 79억 2,000만 달러를 기록했다. 그 배경을 들여다보면 미국에서 인터넷 검색 방법이 변화하고 있다는 사정이 존재한다.

전자 상거래 사이트 이용객이 상품을 찾을 때, 기존에는 구글 등의 인터넷 검색 사이트를 거쳐 아마존 같은 전자 상거래 사이트에 접속했지만 최근에는 구글 등을 경유하지 않고 아마존에서 직접 검색하는 사람이 많아졌다. 그래서 제조사나 소매업자가 이런 효과를 기대하고 아마존에 광고를 내는 것이다.

경쟁 기업의 핵심 사업에 도전하다

스마트폰이 주력 사업 분야인 기업은 애플이다. 이에 구글은 최근 자사 개발 스마트폰 픽셀로 시장 공세를 강화하고 있다. 기존 스마트폰 시장은 애플의 선도로 10만 엔이 넘는 고가 모델을 앞다퉈 내놓는 형국이었지만, 샤오미나 오포 같은 중국 제조사에서 저가 모델을 내놓으면서 시장에 새바람이 불었다. 이후 화웨이 등이 중저가 기종으로 점유율을 늘리면서 시장의 다양화가 이루어졌다.

구글도 화웨이의 뒤를 이어 2019년 픽셀이라는 중저가 기종을 상위 기종의 절반 정도인 4~6만 엔대의 가격으로 시장에 투입했다. 구글은 가격을 낮추면서도 상위 기종과 같은 고객 경험을 제공했다.

인공 지능을 탑재한 카메라로 상위 기종과 같은 수준의 품질을 유지하는 한편, 전면 카메라를 2개에서 1개로 줄이고 연산 처리용 퀄컴 칩의 등급을 낮추는 등 일부 성능을 제한해 비용 절감을 실현했다. 이러한 노력이 빛을 발하여 2019년에는 픽셀의 출하 대수가 전년 대비 약 1.5배 증가한 720만 대에 이르러 역대 최고치를 기록했다.

인터넷 소매는 아마존의 주력 사업으로, 경쟁 3사 모두 이 분야에 진출했으나 아마존의 아성을 무너뜨리기에는 역부족이었다.

구글은 2019년 5월 구글 쇼핑의 구상안을 내놓았지만, 아직은 검색어와 관련된 상품의 사진, 가격, 판매처 링크만 표시되는 수준으로

마케팅이 돈이 되는 순간

본격적인 전자 상거래 사이트 구현에는 도달하지 못했다.

페이스북은 2020년 6월 일본에서 페이스북숍을 오픈했다. 회원은 페이스북 사이트상에 온라인숍을 무료로 개설할 수 있다. 이용자는 기업의 페이스북 페이지나 인스타그램 비즈니스 프로필, 스토리, 광고를 통해 페이스북숍에 접속하여 상품을 구매할 수 있다.

동영상 서비스는 4사 모두 이미 진입한 분야이다. 가장 먼저 시장에 진출한 것은 아마존으로, 유료 회원 수 1억 명을 달성하여 4사 중 최다 회원 수를 자랑한다. 하지만 주목할 만한 것은 2019년 11월에 서비스를 개시한 애플TV플러스가 회원 3,790만 명을 확보한 사실이다. 이는 2008년에 개시한 훌루의 회원 수 3,040만 명을 뛰어넘는 수치이다.

애플TV플러스가 약 2년이라는 단기간에 이처럼 많은 유료 회원을 확보한 것은 일찍이 세계 시장을 염두에 두고 전략을 짰기 때문이다. 애플은 서비스 시작 당시에 이미 100여 개국을 타깃 시장으로 정하고 동시에 서비스하기 위한 준비를 마친 상태였다.

먼저 애플은 애플TV플러스 시청 가능 기기를 아이폰, 아이패드 같은 자사 단말로 한정하지 않고 자사의 영상 재생 소프트웨어를 지원하는 타사 단말이나 TV로도 시청할 수 있게 했다. 이로써 애플은 전 세계에 15억 대라고 알려진 애플 제품 지원 단말을 중심으로 잠재 수요를 극적으로 끌어낼 준비를 마쳤다.

주요 사업	구글	애플	페이스북	아마존
인터넷 검색	●			
인터넷 광고	●	●	●	●
스마트폰	●	●		
인터넷 소매	●	●	●	●
동영상 스트리밍	●	●	●	●
음악 스트리밍	●	●	●	●
클라우드 게임	●	●	●	●
스마트 스피커	●	●	△	●
기업용 클라우드	●			●
자율주행차	●	△		△
인공 지능 반도체	●	●	●	●

● … 시장에서 압도적인 입지를 구축함
● … 일정 수의 이용자를 확보함
△ … 개발 중 또는 향후 진출 예정

또 서비스 개시 전부터 각 작품에 자막이나 더빙 작업을 하여 약 40개 언어로 즐길 수 있게 하는 동시에 오리지널 콘텐츠 제작에도 힘을 기울였다. 이처럼 애플은 창작과 배급이라는 2가지 측면에서 비즈니스 기회를 파악했다. 실제로 애플은 2017년 6월 소니 픽처스 TV 임원인 제이미 일리크트와 잭 반 앰버그를 영입하여 콘텐츠 제작 전반을 감독하는 직책을 맡겼다.

월 요금의 경우 미국은 4.99달러, 일본은 600엔으로 저렴하게 설정했다. 미국 기준 넷플릭스는 월 13.99달러, 훌루는 월 12.99달러이므로 약 3분의 1 가격이다. 그리고 아이폰 등의 하드웨어 제품을 구매하면 애플TV플러스를 1년간 무료로 시청할 수 있는 혜택도 마련했다.

차세대 사업 '운영 체제 표준화'에 초점을 맞추다

스마트 스피커는 아마존에서 먼저 시장 점유율을 확보한 분야이다. 아마존은 2014년 아마존 에코를 출시한 이후 지금까지 '스탠더드 모델', '소형 모델', '고음질 모델', '액정 디스플레이 탑재 모델' 등 다양한 모델을 만들어 개량을 거듭하면서 기능과 품질을 높였다.

아마존 에코는 2010년 미국 매사추세츠주 케임브리지와 실리콘밸리에서 개발하기 시작하여 약 4년 만에 제품화되었다. 발매 당시에는 아마존 프라임 회원 또는 초대받은 사람만 구매할 수 있었는데, 이후 미국 일반 시장에 풀리면서 점차 세계로 뻗어 나갔다.

모든 모델에 공통으로 탑재된 기능은 음성 대화(뉴스, 날씨, 타이머, 쇼핑 등), 음악 재생, 오디오북 재생, 팟캐스트 스트리밍, 스마트 리모컨을 이용한 가전 조작, 블루투스 연결 등이다.

에코를 작동시키는 웨이크업 워드는 에코에 탑재된 인공 지능 어시스턴트 이름인 '알렉사(Alexa)'이다. 이 웨이크업 워드는 '아마존', '에코', '컴퓨터'라는 단어로 변경할 수 있다. 웨이크업 워드 대신 수동 또는 음성으로 리모컨을 조작하여 작동시킬 수도 있다.

이처럼 에코가 구축한 일련의 규격은 사실상의 표준(de facto standard)으로서 스마트 스피커의 개념을 확립했기 때문에 후발 주자인 구글과 애플도 이를 따를 수밖에 없었다. 이미 스마트 스피커 시장의 약 70%를 점유한 아마존 에코를 구글 홈과 애플 홈팟이 따라잡으려면 독창성 있는 차별화가 필요하다.

자율주행차 개발에서 앞서 나가는 기업은 단연 구글로, 알파벳 산하의 웨이모에서 개발을 맡고 있다. 공도(公道) 시험 주행 거리는 이미 1,000만 마일을 돌파했고 경쟁 기업 중에서 가장 많은 실주행 데이터를 가지고 있다.

2019년에는 웨이모의 공도 시험 주행 차량이 수집한 주행 데이터를 연구용으로 외부에 개방했다. 물론 핵심 기술의 알고리즘까지는 공개하지 않았기 때문에 개방한 데이터만으로는 자율주행차를 만들 수 없다. 이는 경쟁력의 원천인 데이터를 과감하게 공개해 업계 내 인공 지능 연구 개발을 촉진하여 자율주행차 실용화를 위한 협업을 확대하기 위함이다.

미국 캘리포니아주에서는 2020년 한 해 동안 총 200만 마일의 자율주행차 주행 실험이 이루어졌는데, 그중 1위가 웨이모였다. 주행 거리는 628,838마일이고 인간의 개입 횟수는 21회로 1,000마일당 0.033회이다. 전년도 기록인 0.076회의 약 절반으로 개선되어 미국에서 가장 안전한 자율주행 시스템이라는 평가를 받았다.

한편 애플의 주행 거리는 18,805마일로 전년도 기록인 7,544마일과 비교해서 2배 이상 늘었지만, 개입 횟수는 130회로 1,000마일당 6.89회를 기록했다. 웨이모와 비교하면 상당히 정밀도가 떨어지는 결과이다. 아마존에서 인수한 자율주행 스타트업 죽스도 주행 거리 102,521마일에 그쳤다. 현재로서는 자율주행차 개발에서 웨이모를 따라올 자가 없는 상황이다.

성장이 더뎌진 핵심 사업의
스케일 확장 방법

'자연어 처리 검색' 기술 개발

현재 구글은 경쟁 기업들의 핵심 사업에 손을 뻗어 거의 모든 사업 분야에 진출한 상태이다. 그런 와중에도 꾸준히 경영 자원을 투입하여 강화해 온 것이 인터넷 검색 사업이다. 인터넷 검색 사업의 강화는 어디까지나 키워드 검색 차원에서 진행되었고 알고리즘을 끊임없이 개량하여 점진적으로 검색 정확도를 높여 왔다.

그러나 데이터를 찾는 키워드 검색 방식은 웹상에 유입되는 정보량이 폭발적으로 증가함에 따라 한계가 드러나기 시작했다. 그래서 대체 수단으로 '소셜 검색', '오픈 검색', '시맨틱 검색', '자연어 처리 검색' 등의 방법을 검토하게 되었다. 이들의 실용화를 위해 스타트업을 포함한 많은 기업이 연구에 매진하고 있다.

그중에서도 자연어 처리 검색은 고도의 해석 능력이 필요하다는 점에서 기술 개발에 많은 어려움이 예상되었다. 그런데 2018년에 구글이 그 예상을 깨고 자연어 처리 기술 개발에 성공한 것이다.

이 기술은 '버트(BERT: Bidirectional Encoder Representations from Transformers)'라고 불리며, 심층 학습 언어 모델로서 2019년부터 구글의 검색 서비스에 이용되고 있다.

'문맥'을 읽는 능력 향상

버트는 웹상에 존재하는 빅데이터를 활용해서 인공 지능에게 자연어(구어와 문어)를 효율적으로 학습시키는 기술이므로 문장 검색의 정확도를 높일 수 있다. 버트 이전의 언어 모델은 문장에서 앞에 있는 단어로부터 뒤에 이어질 단어를 예측하거나 가까운 거리에 있는 단어 사이의 관계를 파악하는 정도만 가능했다.

그러나 버트는 문장에서 멀리 떨어져 있는 단어들의 관계를 파악하거나 문맥을 읽어 내서 문장의 각 절에 들어갈 단어를 예측할 수 있다. 이 문맥을 읽는 능력은 버트의 주목할 만한 특징이다. 사전 학습 모델인 트랜스포머로 구성된 버트는 문장을 첫머리와 끝머리 양방향으로 학습하여 문맥을 읽어 낸다.

지금까지 문장 검색은 인터넷 검색에서 넘어야 할 산이었기 때문에 버트의 개발은 획기적인 돌파구가 되었다. 버트는 2018년 10월 구글의 제이컵 데블린 등이 발표한 논문을 통해 자연어 처리 모델로서 세상에 알려졌다.

자연어 처리는 '태스크'라고 불리는 다양한 작업, 예를 들어 번역, 문서 분류, 질의응답 등에 적용할 수 있다. 버트는 다양한 태스크에서 인간의 기록을 넘어 역대 최고 기록을 남겼고, '인공 지능이 인간을 뛰어넘었다'라는 찬사를 받았다.

처음에 구글은 검색 결과의 일부를 강조 표시하기 위해 버트를 사용했는데, 그 후 검색 결과의 순위 표시 시스템에도 버트를 도입했다. 버트를 도입하게 된 배경으로는 앞서 말한 웹상의 폭발적인 정보량 증가와 더불어 검색 쿼리, 즉 사용자가 검색할 때 입력하는 단어나 구절의 다양화를 들 수 있다.

그렇다면 버트 도입으로 해결된 검색상의 문제는 어떤 것이 있을까?

첫 번째로 문맥을 이해할 수 있게 되었다. 버트 도입 이전에는 검색어에 'to'와 같이 앞말과 뒷말을 연결하는 단어가 들어 있으면 이를 처리하지 못하는 문제가 있었다. 이에 관해 구글은 '2019 brazil traveler to usa need a visa(2019년 미국 가는 브라질 여행자 비자 필요)'라는 검색어를 예로 들어 설명한다.

이 예에서 검색자의 의도는 브라질 여행자가 미국에 갈 때 비자가 필요한지 알아내는 것이다. 버트 도입 전에는 'to'를 처리하지 못하고 '브라질에 가는 미국 여행자'라고 해석하여 검색자의 의도에 부합하지 않는 검색 결과를 도출했다. 버트 도입 후에는 '미국에 가는 브라질 여행자'라고 올바르게 해석하여 미국 대사관이 브라질 여행자를 대상으로 게재한 비자 정보 페이지를 상단에 표시하게 되었다.

두 번째는 데이터 부족 문제의 극복이다. 버트는 기존의 자연어 처리 모델과 달리 레이블(이름)이 지정되지 않은 데이터 세트를 처리할 수 있다. 인터넷이 보급되면서 레이블 없는 데이터가 대량으로 생겨났고, 자연어 처리에 필요한 레이블링된 데이터 세트를 입수하기가 어려워졌다. 데이터에 직접 레이블을 붙이려고 해도 시간과 노력이 든다. 버트를 통해 이런 상황을 극복하여 인터넷상에 존재하는 모든 데이터를 처리할 수 있게 되었다.

이처럼 버트는 문장 검색을 가능하게 하여 구글 검색의 비약적인 스케일 확장에 기여했지만, 아직 몇 가지 과제가 남아 있었다. 버트의 가장 큰 문제는 계산할 때 매개 변수가 많아 층이 두꺼운 거대 모델이 된다는 점이다.

거대 모델의 난점은 사전 학습에 시간이 걸리고 큰 메모리 용량을 필요로 한다는 점이다. 일반에 배포된 버트 모델에서 16개의 TPU(Tensor Processing Unit)를 사용하면 학습에 4일이 걸린다. 참고로 TPU는 구글에서 자체적으로 개발한 기계 학습 연산에 특화한 프로세서이다.

그리고 정확도 향상을 위해 새로운 매개 변수를 추가해도 일정한 수준에 도달하면 오히려 정확도가 떨어지며, 모델의 용량이 커지면 예기치 못한 버그가 발생할 확률이 높아지므로 무작정 용량을 늘릴 수 없다. 이러한 구조상의 복잡함도 고려해야 했다.

이 문제를 극복하기 위해 버트를 개량하여 만든 것이 알버트(ALBERT: A Lite BERT)이다. 알버트는 매개 변수화한 학습 데이터에 모델 용량이 적절하게 할당되도록 설계해 퍼포먼스 최적화를 꾀했다. 문맥에 의존하지 않는 매개 변수는 저차원,

문맥을 이해하는 매개 변수는 버트와 마찬가지로 고차원 입력값을 사용해 데이터 용량을 80% 삭감했다.

구글은 2019년 10월 미국에서 검색 엔진에 버트를 도입했다. 그리고 2개월이 지난 12월에는 일본어를 포함한 70개 이상의 언어에 적용했다. 버트의 개량도 순차적으로 진행되어 알버트뿐만 아니라 버트를 일부 개량한 XLNeT 등 새로운 버전이 차례차례 개발되었다.

목표는 '범용 인공 지능'

버트는 지금까지 어떤 인공 지능도 해내지 못한 문맥 이해에 성공하여 인간의 기록을 넘어서면서 인간의 능력을 뛰어넘은 인공 지능으로 주목받았다. 그러나 구글의 자체 평가에 따르면 버트 도입으로 올라간 검색 정확도는 겨우 10%로 인간 수준의 범용 지능을 손에 넣었다고 보기 어렵다.

버트의 자연어 처리 대상은 글뿐만 아니라 말도 포함하므로 스마트 스피커에도 도입할 수 있다. 실제로 2021년 4월에 구글은 구글 홈에 탑재된 구글 어시스턴트에 버트를 도입한다고 발표했다.

버트 도입으로 구글 어시스턴트는 대화를 주고받을 때 문맥을 이해하는 능력이 비약적으로 향상했다. 예를 들어 "오케이 구글, 오후 4시로 알람 맞춰 줘"라고 지시하면 구글 어시스턴트가 알람을 오후 4시로 설정해 주는데, 그 직후에 "오케이 구글, 알람을 1시간 뒤로 바꿔 줘"라고 말하면 알람 시각을 오후 5시로 재설정해 준다. 이처럼 구글 어시스턴트는 대화 속에서 문맥을 파악하여 설정 시각을 수정하기 때문에 새로 지시할 필요가 없다.

버트 개발은 스마트 크리에이티브의 끊임없는 탐구심이 만들어 낸 성과라고 할 수 있다. 다만 '70:20:10 법칙'에 따른 투자 포트폴리오와 '20% 법칙'에 따른 인재 포트폴리오의 역할도 컸다. 스마트 크리에이티브는 의사 결정자의 지시 없이도 자발적, 능동적으로 업무에 임한다. 이런 그들이 각자의 능력을 100% 발휘하여 서비스를 실용화하려면 체계적이고 명확한 규칙과 거리낌 없이 이의를 제기하는 기업 문화 등이 뒷받침되어야 한다.

성장이 더뎌진 핵심 사업에 새로운 가치를 부여해서 스케일 확장을 꾀하기란 쉽지 않다. 하지만 구글은 개인 능력은 물론 조직 능력까지 핵심 역량으로 승화하여 이를 달성했다.

기존 자원과 역량으로
전략성을 높이는 전방위적 다각화

조직 재편으로 다각화의 전략성을 높이다

구글은 2015년 10월에 대규모 경영 조직 재편을 시행했다. 그 내용은 지주회사 체제로의 이행이었다. 구글의 매출액은 '구글 광고(Google advertising)', '기타 수입(Google other)', '구글 클라우드(Google Cloud)'로 구성되는데, 이 3가지가 구글이 종사하는 모든 사업을 보여 주지는 않는다. 엄밀히 따지면 기타 수입에는 픽셀 같은 하드웨어나 구글 플레이의 매출도 포함되며, 그 밖에도 웹 애플리케이션처럼 직접 수익을 창출하지 않는 사업이 존재한다.

조직 재편에서 새로 지주회사 알파벳을 설립한 이유는 구글의 핵심 사업인 광고 사업을 이러한 기타 사업과 분리하여 각 사업을 더 효율적으로 성장시키기 위해서였다. 각 사업에는 강력한 리더를 배치하여 스케일 확장을 노렸다.

또 조직 재편은 그룹 전체의 사업 영역 확장으로도 이어졌다. 구글의 사업 범위에 들어가지 않는 사업도 알파벳 산하의 연구 개발 조직 X나 다른 회사를 통해 성장시킬 수 있게 되었다. 그리고 성장한 사업의 효율성을 높이기도 쉬워졌다.

경영학에서는 다각화 전략을 논할 때 보통 매출액으로 다각화의 유형을 나눈다. 예를 들어 제이 B. 바니는《기업 전략론 下 전사 전략 편》에서 기업이 취하는 다각화 전략을 '한정적 다각화', '관련 다각화', '비관련 다각화' 3가지로 분류했다.

한정적 다각화는 복수의 사업을 운영하는 기업에서 각 사업이 전부 또는 대부분 동일 업계에 속하는 경우를 말한다. 매출액의 95% 이상이 동일 업계에서 나오면 '단일 사업형', 매출액의 70% 이상 95% 미만이 동일 업계에서 나오면 '주요 사업형'으로 분류한다. 이 한정적 다각화 전략에서는 자사의 경영 자원과 역량을 단일 시장, 단일 업계에서만 사용한다.

관련 다각화는 단일 시장, 단일 업계가 아니라 복수의 업계에서 사업을 전개하는 경우를 말한다. 최대 단독 사업의 매출액이 전체의 70% 미만이어야 하며, 기업이 운영하는 모든 사업에서 생산 요소(자산, 원재료, 인재 등), 제조 기술, 유통망, 고객층을 공유하면 '관련 한정형', 공유하는 특성이 적거나 다른 특성을 가지면 '관련 연쇄형'으로 세분화한다.

비관련 다각화는 관련 다각화와 마찬가지로 단일 시장, 단일 업계가 아니라 복수의 업계에서 사업을 전개하고 최대 단독 사업의 매출액이 전체의 70% 미만이지만, 기업이 운영하는 사업들 사이에 공유하는 특성이 전혀 없는 경우를 말한다.

이 정의에 따르면 알파벳은 광고 수입이 80% 이상인 수익 모델로 운영되므로 주요 사업형 한정적 다각화 전략을 취하는 기업으로 분류할 수 있다. 하지만 한정적 다각화 전략에서는 자사의 경영 자원과 역량을 단일 시장, 단일 업계에서만 사용하므로 알파벳의 다각화 전략이 반드시 여기에 속한다고 할 수는 없다.

실제로 알파벳에는 광고 수입으로 연결되는 검색 서비스 등 수많은 웹 애플리케이션과 기반 기술을 다루는 사업이 존재한다. 자사의 경영 자원과 역량을 단일 시장, 단일 업계를 넘어 폭넓게 활용하므로 알파벳은 다각화 수준이 높고 전략이 뛰어난 기업이라고 할 수 있다.

인터넷 검색 서비스라는 하나의 사업에서 출발한 구글은 이제 다양한 웹 애플리케이션을 서비스하는 동시에 안드로이드 같은 기반 기술을 개발하여 전략적으로 사업 다각화를 진행하고 있다. 모든 사업 기회를 주도면밀하게 조사하여 광고 수익 모델과 연동 가능한 모든 사업에 투자해 잉여 현금 흐름을 만들어 냈다.

구글의 다각화 전략에서 기반이 된 자금은 말할 것도 없이 검색 연동형 광고 수익이었다. 이 수익을 최대화하기 위해 구글은 어떤 식으로 다각화에 대한 투자 판단을 내렸을까?

통상적으로 이익을 최대화하려는 기업은 자사가 이미 경쟁 우위를 점한 사업에서 새로운 활동을 시작하는 쪽을 택한다. 구글은 검색 서비스 사업에서 경쟁 우위 확립의 원천이 된 경영 자원과 역량을 돌려쓸 수 있고, 그 자원과 역량의 희소성 및 모방 곤란성이 유지되어 계속 활용할 수 있는 사업에 투자하기로 방향을 정했다.

이처럼 구글은 기존 사업에서의 경영 자원과 역량을 활용하여 다각화를 진행했기 때문에, 이런 자원과 역량 없이 사업을 시작하는 기업과 비교해서 원가 우위를 확보하는 동시에 더 많은 매출을 광고 수익 모델로 이전할 수 있었다. 조직 체제도 충분히 갖춰져 있어 신규 사업이 늘어남에 따라 이익률이 상승하여 표준을 훨씬 웃도는 이익을 낼 수 있게 되었다.

검색 서비스 사업에서 경영 자원과 역량을 쌓은 것처럼 신규 사업 수행 과정에서도 새로운 경영 자원과 역량을 쌓아갔다. 다각화 전략을 거듭 전개하는 동안 기업 내에는 여러 사업을 성공으로 이끈 경영 자원과 역량이 축적되었다. 이렇게 축적한 경영 자원과 역량은 기업의 핵심 역량이 된다. 구글 역시 기존 사업에서 배양한 기술, 지식, 경험, 지혜 등을 신규 사업에 옮겨 적용해 핵심 역량을 형성했다.

구글은 핵심 사업의 스케일을 확장하여 우위성을 유지하는 동시에 다양한 사업에 진출하여 전방위적인 다각화를 꾀했다. 막대한 시장 이윤을 획득할 수 있는 사업이라면 아무리 경쟁 기업의 핵심 사업이라고 해도 주저하지 않고 투자했다. 프로토타입을 만들어 점차 완성도를 높여 제품화와 서비스화를 이루었다. 스마트폰 사업에서는 아이폰, 스마트 스피커 사업에서는 에코, 기업용 클라우드 사업에서는 AWS에 과감하게 도전했다.

이미 시장에서 자리 잡은 경쟁 기업의 주력 상품이나 서비스에 대항하여 브랜드 가치를 높이기란 쉽지 않다. 하지만 구

글은 다양한 사업에서 축적한 경영 자원과 역량을 핵심 역량
으로 승화하여 이를 달성했다.

POINT ─────────────────────────────

다각화에는 핵심 사업에서 축적한 경영 자원과
역량을 활용하라.

마치며 '차이'를 만들어 내라

2020년 이후 일어난 일에 관해서라면 많은 사람이 가장 먼저 신종 코로나바이러스 감염증을 떠올릴 것이다. 하지만 인류에 닥친 위기로서 전 세계적으로 지침을 마련하여 제대로 맞서야 하는 더 큰 문제가 있다. 바로 기후 변화이다. 2020년은 이 기후 변화 대응에 관한 결단을 내려야 하는 중요한 해로 설정되었다.

현재 기후 변화 대응은 '유엔 기후 변화 협약 당사국 총회(COP: Conference of the Parties)'의 주도로 진행하고 있는데, 그 구체적인 내용은 교토와 파리에서 개최된 회의에서 정해졌다.

교토에서는 유엔 기후 변화 협약의 목적을 달성하기 위한 2020년까지의 구체적인 골자가 정해졌고(교토 의정서), 파리에서는 2020년 이후의 계획, 즉 '15℃ 목표'가 정해졌다(파리 협약).

2021년 10월 영국 글래스고에서 열린 '제26차 유엔 기후 변화 협약 당사국 총회(COP26)'는 아직 기억에 생생하다. 각국 정상이 파리 협약 실행에 관한 지침을 합의하여 온도 상승을 1.5℃로 억제하는 상세한 지침서를 완성했다.

기후 변화의 주원인이 세계 각국의 경제 활동에 의한 온실가스 배출이라는 사실은 모두 알지만, 대기 중 이산화탄소는 이미 산업 혁명 이전 수준을 50% 웃돈다고 한다. 이런 상황이다 보니 환경 보호 단체를 시작으로 정치가, 투자가들이 기업에 온실가스 배출량을 줄이도록 압력을 넣고 있으며 그 기세는 해마다 강해지고 있다.

이를 받아들여 자사의 공급망을 재검토하고 온실가스 배출량 감축에 대한 구체적인 목표를 세워 실행하는 기업이 늘어났다. 그 실행에는 엄청난 비용과 노력이 필요하므로 이런 명제를 자사의 전략에 확실히 집어넣고 비용 대비 효과를 철저히 고려해서 실행해야 한다.

SDGs(지속가능발전목표)를 토대로 ESG(환경·사회·지배 구조) 경영을 추진하는 것도 그러한 전략의 선택지 중 하나이다. 다만 ESG 경영의 난점은, 환경(E)·사회(S)·지배 구조(G)와 관련해서 해결해야 할 과제가 각기 다르기 때문에, 이들 사이에서 발생하는 수많은 상반 관계를 해소하면서 수익을 내기가 몹시 어렵다는 점이다. 기업의 이익으로 연결하지 못하면 ESG를 전략에 집어넣는 의미가 없다.

기업 경영의 역사에는 다양한 설과 다양한 해석이 존재하는데, '주식회사'라는 형태의 등장에 관해서는 1602년 네덜란드에 설립된 동인도 회사를 시초로 본다. 이후 400년 이상이 지났는데, 그 과정을 더듬어 올라가면 '경영'이 다양한 형태로 변모해 왔다는 사실을 알 수 있다.

그렇다면 경영은 어떤 요소로 구성될까? 경영을 구성하는 요소로는 '사업', '인재', '조직', '자금', '제도', '문화' 등을 생각해 볼 수 있다. 각각의 요소가 서로 얽히면서 경영의 형태를 갖추는데, 무질서하게 얽히면 복잡해지기만 할 뿐 반드시 기대하는 성과를 가져오리라는 보장은 없다.

이러한 복잡성을 관리하기 위해 필요한 것이 '전략'이다. 기업이 취하는 전략은 천차만별인데, 오랜 기간 고객의 신뢰와 가치를 추구하여 '차이'를 만들어 내는 전략이야말로 동서양을 막론하고 기업의 존속 여부를 결정 짓는 전략이라고 할 수 있다.

특히 2020년 이후 혼란이 가중되고 불확실성이 커진 현대 사회에서는 '차이'를 만들어 내는 전략이 더더욱 중요해졌

마케팅이 돈이 되는 순간

다. 이 책에서 거론한 16개 기업은 모두 차이를 만들어 내는 데 성공한 기업이다. 이들의 살아 있는 경영을 살피다 보면 전략의 본질이 보일 것이다.

저자로서 최종적으로 독자 여러분께 바라는 것은 '이 책의 내용을 살려 실천하는 것'이다. 이 책을 읽은 뒤에 보이는 풍경은 사람마다 다르겠지만, 각자의 해석과 의미 부여를 토대로 각자의 인생을 개척하기를 바란다. 이 책이 여러분의 인생에서 길을 여는 데 도움이 된다면 더할 나위 없이 기쁠 것이다.

마지막으로 이 책은 KADOKAWA의 많은 분께 도움을 받아 출판되었다. 특히 편집장 기쿠치 사토시 씨는 이 책의 기획에 큰 힘을 보태 주었고, 히로세 아키하루 씨는 기획, 편집, 교정 단계에서 크게 힘써 주었다. 진심으로 감사의 뜻을 표한다. 또 이 책을 집필할 환경을 마련해 주고 뒷받침해 준 아내와 항상 따뜻한 말로 격려해 준 아이들에게 깊은 감사의 말을 전한다.

2022년 5월 아메미야 간지

참고 자료

제1부 유연한 마케팅을 하다

1장 기무라야: 노포의 교만함을 버린 신제품 개발

- 기무라야 총본점 웹사이트

  https://www.kimuraya-sohonten.co.jp

- TV도쿄 캄브리아 궁전 2021년 6월 10일 방송 〈제빵 업계의 선구자 노포 빵집의 만족을 모르는 도전〉

- IGPI 리포트《공동 창조》2017년 가을호 Vol. 28 〈경영자 인터뷰 기무라야 총본점 대표이사 부사장 후쿠나가 노부히코〉

- Business Journal: 야마다 오사무 〈단팥빵 유명한 기무라야 총본점, 봉지 빵 사업 '버리는 경영'으로 V자 회복〉 2018년 1월 12일 게재

  https://biz-journal.jp/2018/01/post_21964_3.html

- Hax, A. C. and Majluf, N. S. 1983. "The Use of the Growth-Share Matrix in Strategic Planning," *Interfaces*, Vol.13(1), pp.46-60.

- Henderson, B. D. [1979] *Henderson on Corporate Strategy*, Cambridge, Mass.: AbtBooks.(도키 마모루 역 [1981]《경영 전략의 핵심》다이아몬드사)

2장 화이자: 초고속 백신 개발

- 화이자 주식회사 웹사이트 〈사명과 목적〉

  https://careers.pfizer.com/ja/

- Answers News 〈[2021년 판] 제약 회사 세계 랭킹 톱3 로슈, 노바티스, 머크 … 인수합병으로 애브비와 브리스틀도 매출 확대〉 (2021년 5월 17일)

  https://answers.ten-navi.com/pharmanews/21056/

- Answers News 〈[2020년 판] 제약 회사 세계 랭킹 로슈가 톱 유지 … 2위 화이자, 3위는 노바티스〉(2020년 5월 18일)

  https://answers.ten-navi.com/pharmanews/18365/

- Gigerenzer, G. & Brighton, H. 2009. "Homo Heuristics: Why Biased Minds Make Better Inferences," *Topics in Cognitive Science*, Vol.1, Issue 1, pp.107-143.

- Hackman, J. R. & Oldham, G. R. 1976. "Motivation Through the Design of Work: Test of a Theory," *Organizational Behavior and Human Performance*, Vol.16, pp.250-279.

- Mitchell, T. R. & Daniels, D. 2003. "Motivation," *Handbook of Psychology*, Vol.12, pp.225-254.

- Grant, A. M. et al, 2008. "Giving Commitment: Employee Support Programs and the Prosocial Sensemaking Process," *Academy of Management Journal*, Vol.51, No.5, pp.898-918.

- Grant, A. M. 2012. "Leading with Meaning: Beneficiary Contact, Prosocial Impact, and the Performance Effects of Transformational Leadership," *Academy of Management Journal*, Vol.55, No.2, pp.458-476.

- 《다이아몬드 하버드 비즈니스 리뷰》 2021년 7월호 〈번아웃 처방전〉 다이아몬드사

- Pfizer Inc. 2020 Annual Report. 2020 Annual Report on Form 10-k(PDF).

  https://s28.q4cdn.com/781576035/files/doc_financials/2020/AR/PFE-2020-Form-10K-FINAL.pdf

3장 아이리스 오야마: 실천 지식을 키우는 양손잡이 전략

- 노나카 이쿠지로·다케우치 히로타카 [2020] 《와이즈 컴퍼니—지식 창조에서 지식 실천으로 가는 새로운 모델》 도요케이자이신보사

- 제이 B. 바니 저, 오카다 마사히로 역 [2003] 《기업 전략론 上

기본 편》 다이아몬드사

- 찰스 A. 오라일리·마이클 L. 투시먼 저, 이리야마 아키에 감수·역 [2019] 《양손잡이 경영 ─ '두 마리 토끼를 잡는' 전략이 미래를 연다》 도요케이자이신보사

- 《다이아몬드 하버드 비즈니스 리뷰》 2021년 2월호 〈조직의 리질리언스 ─ 무슨 일이 있어도 무너지지 않는 구조를 만든다〉 다이아몬드사

- 아메미야 간지 [2021] 《그림으로 배우는 경영 매니지먼트 ─ 사례로 해석하는 12가지 관점》 게이소쇼보

- ITmedia News 〈아이리스 오야마, 국내 마스크 공장 본격 가동 월 생산량 1억 5,000만 장〉 2020년 7월 9일
  https://www.itmedia.co.jp/news/articles/2007/09/news108.html

4장 스바루: 고수익을 실현하는 차별화 집중 전략

- 《다이아몬드 하버드 비즈니스 리뷰》 2021년 5월호 〈경쟁과 협조 ─ 게임 이론을 다시 쓰다〉 다이아몬드사

- 아메미야 간지 [2021] 《그림으로 배우는 경영 매니지먼트 ─ 사례로 해석하는 12가지 관점》 게이소쇼보

- 배리 J. 네일버프·애덤 M. 브랜든버거 저, 시마즈 유이치·히가

시다 게이사쿠 역 [1997]《코피티션 경영 — 게임 이론이 비즈니스를 바꾼다》니혼케이자이신문사

제2부 지속 가능한 마케팅을 하다

5장 **소니: 퍼포스 중심 전략과 전지구적 관점의 전략**

- 아메미야 간지 [2021]《그림으로 배우는 경영 매니지먼트 — 사례로 해석하는 12가지 관점》게이소쇼보

- 《다이아몬드 하버드 비즈니스 리뷰》2020년 7월호 〈리더라는 일〉다이아몬드사

- PRI 웹사이트

  https://www.unpri.org/

- 니혼케이자이 신문 온라인 〈세계 ESG 투자액 35조 달러, 2년 만에 15% 증가〉 2021년 7월 19일

  https://www.nikkei.com/article/DGXZQOUB163QV0W1A710
  C2000000/

6장 오므론: 스스로 건강을 지키는 기업 이념 전략

- 《다이아몬드 하버드 비즈니스 리뷰》2020년 10월호 〈퍼포스 브 랜딩〉 다이아몬드사

- 짐 콜린스·제리 포라스 저, 야마오카 요이치 역 [1995] 《비저너 리 컴퍼니 — 시대를 초월한 생존 원칙》 닛케이BP사

- 오므론 웹사이트 〈기업 이념 경영에 관하여: TOGA(The OM-RON Global Awards)〉

https://www.omron.com/jp/ja/about/corporate/vision/initiative/

7장 스타벅스: 있는 그대로의 자신을 지키는 다이버시티 전략

- TV도쿄 캄브리아 궁전 2021년 6월 24일 방송 〈사람을 행복하 게! 지역을 활기차게! 스타벅스 신념 경영술〉

- Weick, K. E. 2006. "Managing the Unexpected: Complexity as Distributed Sensemaking," McDaniel, R. R. Jr. and Driebe, D. J. (Eds.), *Uncertainty and Surprise in Complex Systems: Questions on Working with the Unexpected*, pp.51-65, Springer-Verlag.

- Weick, K. E. et al, 2005. "Organizing and the Process of Sensemaking," *Organization Science*, Vol.16, No.4, pp.409-

421.

- HONDA 웹사이트: Super Cub Story Vol.3 해외 진출 〈슈퍼커브 세계를 달리다〉

  https://www.honda.co.jp/supercub-anniv/story/vol3.html

- 스타벅스 커피 재팬 주식회사 웹사이트 회사 개요(2021년 9월 말 시점)

  https://www.starbucks.co.jp/company/summary/

- 주식회사 도토루 커피 웹사이트 도토루 그룹 총매장 수(2021년 11월 말 시점)

  https://www.doutor.co.jp/about_us/ir/report/fcinfo.html

- 고메다 커피점 웹사이트 회사 개요(2021년 12월 말 시점)

  https://www.komeda.co.jp/company/outline.html

8장 양품계획: 독자 세계관을 창조하는 브랜드 전략

- 주식회사 양품계획 웹사이트 기업 개요(2021년 8월 말 시점)

  https://ryohin-keikaku.jp/corporate/overview.html

- 아메미야 간지 [2021] 《그림으로 배우는 경영 매니지먼트 —사례로 해석하는 12가지 관점》 게이소쇼보

- 《다이아몬드 하버드 비즈니스 리뷰》 2018년 5월호 〈회사는 어

떻게 해야 바뀌는가〉 다이아몬드사

- 서비스 산업 생산성 협의회 글로벌 서비스 포럼 〈국내 베스트 프랙티스(3) 양품계획〉

  https://www.service-js.jp/uploads/fckeditor/uid000003_2014031 0144323c753d1a7.pdf

- 주식회사 양품계획: MUJI NEWS 〈'MUJI Berlin Ku'damm' 오픈했습니다〉 2021년 6월 23일

- MUJI 무인양품 웹사이트 〈What is MUJI?〉

  https://www.muji.com/jp/about/

- 필립 코틀러·게리 암스트롱 저, 온조 나오토 감수, 쓰키타니 마키 역 [2014] 《코틀러의 마케팅 입문 제4판》 마루젠출판

제3부 무너지지 않는 마케팅을 하다

9장 니토리: 가격과 품질이 공존하는 수직 통합 전략

- TV도쿄 캄브리아 궁전 2020년 12월 24일 방송 〈33년 연속 매출 상승·수익 증대 실현! 가구의 왕 니토리 대변혁의 비밀〉

- 주식회사 니토리 홀딩스 〈2020년도(2020년 3월~2021년 2월)

결산 설명회 자료〉

https://www.nitorihd.co.jp/news/items/NITORI%20FY2020_4Q

Financial%20Report.pdf

- OfferBox 취업 활동 칼럼 인터뷰 〈고정관념을 뒤집어라! 신규
채용 담당자가 말하는 니토리의 매력과 기업의 눈길을 끄는 자
기소개 요령은?: 주식회사 니토리〉 2020년 1월 7일

https://offerbox.jp/columns/interview/17806.html

10장 리크루트: 개인을 존중하는 전략

- 《다이아몬드 하버드 비즈니스 리뷰》 2021년 6월호 〈변화하는
영업〉 다이아몬드사
- Pearce, C. L. 2004. "The Future of Leadership: Combining
Vertical and Shared Leadership to Transform Knowledge
Work," *Academy of Management Executive*, Vol.18, No.1,
pp.47-59.

11장 푸드앤라이프 컴퍼니: 모방 불가능한 스시로 성장 전략

- TV도쿄 캄브리아 궁전 2021년 6월 3일 방송 〈이색 경영자의
도전! 스시로 혁명의 전모〉

- 업계 동향 SEARCH.COM 〈초밥 업계 매출액 랭킹(2020~2021)〉

  https://gyokai-search.com/4-susi-uriage.html

12장 산토리: 시너지를 최대화하는 통합 전략

- 아메미야 간지 [2021]《그림으로 배우는 경영 매니지먼트 — 사례로 해석하는 12가지 관점》게이소쇼보
- 《다이아몬드 하버드 비즈니스 리뷰》2019년 11월호 〈종업원 인게이지먼트〉 다이아몬드사
- TV도쿄 캄브리아 궁전 2021년 8월 12일 방송 〈시나닷컴식 '일단 해 봐' 정신의 진수〉
- 닛케이 비즈니스 웹사이트: 요시오카 아키라 〈산토리, 인수 이후 빔을 제압한 3가지 개혁〉2019년 11월 22일

  https://business.nikkei.com/atcl/NBD/19/00114/00048/

제4부 결과를 내는 마케팅을 하다

13장 마이크로소프트: 모바일 클라우드로 전환한 혁신 마케팅

- Japan News Center 〈마이크로소프트 메시로 혼합 현실(Mixed

Reality)에서의 공유 체험 제공: 같은 장소에 있는 듯한 감각 실현〉

https://news.microsoft.com/ja-jp/features/210303-microsoft-mesh/

- 마셜 펠프스·데이비드 클라인 저, 가토 고이치로 감수·역 [2010] 《마이크로소프트를 변혁한 지식 재산권 전략》발명협회
- 우에사카 도루 [2018]《마이크로소프트 재시동하는 최강 기업》 다이아몬드사
- 아메미야 간지 [2017]《IT 비즈니스 경쟁 전략》KADOKAWA
- 특허청 〈경영 전략을 성공으로 이끄는 지식 재산권 전략 ~실천 사례집~〉 2020년 6월

  https://www.jpo.go.jp/support/example/document/chizai_senryaku_2020/all.pdf

- 아메미야 간지 [2021]《그림으로 배우는 경영 매니지먼트—사례로 해석하는 12가지 관점》게이소쇼보
- 《다이아몬드 하버드 비즈니스 리뷰》2018년 11월호 〈AI 어시스턴트가 바꾸는 고객 전략〉 다이아몬드사
- 니혼케이자이 신문 온라인 〈마이크로소프트 38% 증익 전기 최고, 클라우드 견인〉 2021년 7월 29일

  https://www.nikkei.com/article/DGKKZO74272710Y1A720C2TB

2000/

14장 아마존: 주관 가치 우선의 개인화 전략

- INSIDER INTELLIGENCE. Marketer. Blake Droesch. "Amazon dominates US ecommerce, though its market share varies by category" April 27, 2021.

  https://www.emarketer.com/content/amazon-dominates-us-ecommerce-though-its-market-share-varies-by-category

- 가트너《2020년 세계 클라우드 컴퓨팅 IaaS 시장 데이터》 2021년 4월 21일

- Kantar. Global "Discover the Kantar BrandZ Most Valuable Global Brands"

  https://www.kantar.com/campaigns/brandz/global

- Amazon. Jeff Bezos "2020 Letter to Shareholders" April 15, 2021.

- 니혼케이자이 신문 온라인 〈아마존 "최고의 고용주가 목표" 베조스 주주에게 약속〉 2021년 4월 16일

  https://www.nikkei.com/article/DGXZQOGN15EPD0V10C21A4000000/

- 아메미야 간지 [2015]《애플, 아마존, 구글의 이노베이션 전략》 NTT출판
- 아메미야 간지 [2019]《서브스크립션 — 제품 중심에서 고객 중심 비즈니스 모델로》KADOKAWA
- Amazon.com. Press center. Press release. "Amazon.com Announces Fourth Quarter Results" February 3, 2022 at 4:01 PM EST.

  https://press.aboutamazon.com/news-releases/news-release-details/amazoncom-announces-fourth-quarter-results
- 니혼케이자이 신문 온라인 〈미 독점 금지 당국, 아마존에도 패소 1심 기각〉 2022년 3월 20일

  https://www.nikkei.com/article/DGXZQOGN200C00Q2A320C 2000000/

15장 애플: 끊임없이 이노베이션을 유지하는 전략

- Counterpoint Technology Market Research. "Apple Continues to Lead Global Handset Industry Profit Share" December 19, 2019.

  https://www.counterpointresearch.com/apple-continues-leadglobal-handset-industry-profit-share/

- 아메미야 간지 [2017] 《IT 비즈니스 경쟁 전략》 KADOKAWA

- 니혼케이자이 신문 온라인 〈애플, 앱스토어 수수료 인하 중소 대상 15%로 삭감〉 2020년 11월 18일

  https://www.nikkei.com/article/DGXMZO66380680Y0A111C2MM8000/

- 아사히 신문 디지털 〈게임 이익 큰 애플에는 엄격한 판결 포트나이트 소송〉 2021년 9월 11일

  https://www.asahi.com/articles/ASP9C6R1RP9CUHBI01X.html

- Apple Inc. Investor Relations. Financial Data. 2021 Q4 Financial Statements. "Apple Inc. CONDENSED CONSOLIDATED STATEMENTS OF OPERATIONS (Unaudited)"

  https://www.apple.com/newsroom/pdfs/FY21_Q4_Consolidated_Financial_Statements.pdf

- 슘페터 저, 시오노야 유이치 외 역 [1977] 《경제 발전의 이론》 이와나미쇼텐

- 월터 아이작슨 저, 이노쿠치 고지 역 [2011] 《스티브 잡스》 고단샤

16장 구글: 경쟁 기업을 위협하는 전방위적 다각화 전략

- 요미우리 신문 온라인 〈구글 모회사, 4~6월 최고 이익 2조 엔
  … 유튜브 광고 수입 80% 증가〉 2021년 7월 28일

  https://www.yomiuri.co.jp/economy/20210728-OYT1T50223/

- Bloomberg 〈아마존, 7~9월 매출액 전망 시장 예상 밑돌아—
  주가 하락〉 2021년 7월 30일

  https://www.bloomberg.co.jp/news/articles/2021-07-29/

  QX0WGVT0AFB401

- 닛케이 XTECH 〈급성장 구글 '픽셀' 5G 모델, 가격 낮춰 아이
  폰SE에 대항〉 2020년 10월 1일

  https://xtech.nikkei.com/atcl/nxt/column/18/00001/04672/

- 니혼케이자이 신문 온라인 〈구글, 소매업에서 아마존에 대항하
  여 신규 서비스 개시〉 2019년 5월 15일

  https://www.nikkei.com/article/DGXMZO44812480V10C19

  A5000000/

- Meta.Newsroom 〈페이스북숍 국내 서비스 개시, 중소 비즈니
  스 온라인 사업 지원〉 2020년 6월 16일

  https://about.fb.com/ja/news/2020/06/introducing-facebook-

  shops/

- TechCrunch 〈미 훌루, 온디맨드 서비스 월 요금 10월 8일부터 약 110엔 인상〉 2021년 9월 8일

  https://techcrunch.com/2021/09/07/hulu-is-raising-the-price-on-its-on-demand-plans-by-1-starting-oct-8/

- CAR and DRIVER 〈시험 주행 연간 총 320만km. 캘리포니아주에서 벌어지는 치열한 자율주행 개발 경쟁 최신 리포트〉 2021년 4월 13일

  https://www.caranddriver.co.jp/business_technology/3295/

- Devlin, J., Chang, M-W., Lee, K. and Toutanova, K., 2018, "BERT: Pre-training of Deep Bidirectional Transformers for Language Understanding," Cornell University Review.

  https://static.aminer.cn/upload/pdf/program/5bdc31b417c44a1f5 8a0b8c2_0.pdf

- Google website. The Keyword. Product updates. SEARCH. Pandu Nayak. "Understanding searches better than ever before" October 25, 2019.

  https://www.blog.google/products/search/search-language-understanding-bert/

- Google website. The Keyword. Product updates. GOOGLE

ASSISTANT. Yury Pinsky. "Loud and clear: AI is improving Assistant conversations" April 28, 2021.
https://blog.google/products/assistant/loud-and-clear-ai-improving-assistant-conversations/

- 제이 B. 바니 저, 오카다 마사히로 역 [2003] 《기업 전략론 上 전사 전략 편》 다이아몬드사

- Alphabet. Investor Relations. Earnings. 2021 Q4 & fiscal year. Press release. "Alphabet Announces Fourth Quarter and Fiscal Year 2021 Results"
https://abc.xyz/investor/static/pdf/2021Q4_alphabet_earnings_release.pdf